U0523455

国家社科基金后期资助项目

《五灯会元》训诂

The Exegetical Studies on *Wudeng Huiyuan*

邱震强 著

商务印书馆
The Commercial Press

图书在版编目(CIP)数据

《五灯会元》训诂/邱震强著. —北京:商务印书馆,2024
ISBN 978-7-100-23282-1

Ⅰ.①五… Ⅱ.①邱… Ⅲ.①禅宗—研究—中国—北宋 Ⅳ.①B946.5

中国国家版本馆 CIP 数据核字(2024)第 000865 号

权利保留,侵权必究。

《五灯会元》训诂

邱震强 著

商 务 印 书 馆 出 版
(北京王府井大街 36 号 邮政编码 100710)
商 务 印 书 馆 发 行
北京盛通印刷股份有限公司印刷
ISBN 978-7-100-23282-1

2024 年 7 月第 1 版　　　　开本 710×1000　1/16
2024 年 7 月北京第 1 次印刷　印张 23½
定价:118.00 元

国家社科基金后期资助项目
出版说明

　　后期资助项目是国家社科基金设立的一类重要项目,旨在鼓励广大社科研究者潜心治学,支持基础研究多出优秀成果。它是经过严格评审,从接近完成的科研成果中遴选立项的。为扩大后期资助项目的影响,更好地推动学术发展,促进成果转化,全国哲学社会科学工作办公室按照"统一设计、统一标识、统一版式、形成系列"的总体要求,组织出版国家社科基金后期资助项目成果。

全国哲学社会科学工作办公室

目 录

自序 …………………………………………………………………… 1
前言 …………………………………………………………………… 3

第一章 《五灯会元》的作者、版本及相关文献 …………………… 6
1.1 《五灯会元》的作者 ………………………………………… 6
1.2 《五灯会元》的版本 ………………………………………… 9
1.3 "五灯"及其版本 …………………………………………… 11
1.3.1 《景德传灯录》 ………………………………………… 11
1.3.2 《天圣广灯录》 ………………………………………… 12
1.3.3 《建中靖国续灯录》 …………………………………… 13
1.3.4 《联灯会要》 …………………………………………… 13
1.3.5 《嘉泰普灯录》 ………………………………………… 14
1.4 《五灯会元》的理论源头文献 ……………………………… 14
1.4.1 《六祖坛经》 …………………………………………… 14
1.4.2 《金刚经》 ……………………………………………… 15
1.5 《五灯会元》的传记类源头文献及其版本 ………………… 16
1.5.1 《禅林僧宝传》 ………………………………………… 16
1.5.2 《罗湖野录》 …………………………………………… 16
1.5.3 《云卧纪谭》 …………………………………………… 17
1.6 《五灯会元》的语录类源头文献及其版本 ………………… 17
1.6.1 《洞山良价语录》 ……………………………………… 17
1.6.2 《镇州临济慧照禅师语录》 …………………………… 17
1.6.3 《祖堂集》 ……………………………………………… 17
1.6.4 《大慧普觉禅师语录》 ………………………………… 18
1.6.5 《圆悟佛果禅师语录》 ………………………………… 19
1.6.6 《义青禅师语录》 ……………………………………… 19

  1.6.7《黄龙慧南禅师语录》……19
  1.6.8《林泉老人评唱投子丹霞颂古》……19
  1.6.9《曹山本寂语录》……20
  1.6.10《宏智禅师广录》……20
 1.7《五灯会元》的后继文献及其版本……20
  1.7.1《五灯会元续略》……21
  1.7.2《五灯严统》……21
  1.7.3《增集续传灯录》……21
  1.7.4《五灯全书》……21

第二章 广义语义场及其对训诂的制约 …… 23
 2.1 广义语义场理论概说……23
 2.2 语言习惯制约理论……25
 2.3 语言能力制约理论……33
 2.4 背景知识制约理论……35
  2.4.1 语言知识对语义的制约……35
  2.4.2 与言语所指对象有关的社会文化背景知识对语义的制约……36
  2.4.3 反映事物间各种联系的知识对语义的制约……50
 2.5 语言三要素制约理论……50
  2.5.1 语音制约理论……50
  2.5.2 语义制约理论……52
  2.5.3 语法制约理论……53
 2.6 语境制约理论……56
 2.7 文字制约理论……57
 2.8 修辞制约理论……58
 2.9 广义语义场七要素的可能制约与现实制约……58
 2.10 广义语义场理论对我国训诂学理论的继承和发展……60

第三章 广义语义场视域下的校勘研究 …… 63
 3.1 主要基于语言习惯的校勘……64
  3.1.1 跨跳……65
  3.1.2 持义张弓……68
  3.1.3 翠蔼……69
  3.1.4 都来……70

目 录

  3.1.5 锋起 ··· 73
  3.1.6 勃诉 ··· 74
  3.1.7 紧峭 ··· 76
  3.1.8 榔栗 榔栗 ··· 78
  3.1.9 拿云攫浪 ·· 80
  3.1.10 母大清净妙位 ·· 82
  3.1.11 水消瓦解 ·· 82
  3.1.12 当衙 ··· 83
  3.1.13 喽唕 ··· 84
  3.1.14 钩客 ··· 85
  3.1.15 火筯 ··· 87
  3.1.16 横挑 ··· 88
  3.1.17 贫篓 ··· 89
  3.1.18 榆 ·· 91
  3.1.19 灸脂帽子 ·· 92
  3.1.20 拘留孙佛偈 ··· 94

 3.2 主要基于语言能力的校勘 ··· 98
  3.2.1 糊饼 ·· 98
  3.2.2 角馱 ·· 100
  3.2.3 田库 田庳 ··· 101
  3.2.4 金槌 ·· 102
  3.2.5 敦 ··· 103
  3.2.6 朕兆 ·· 105
  3.2.7 襄襄 ·· 106

 3.3 主要基于背景知识的校勘 ·· 106
  3.3.1 宋齐止 ··· 106
  3.3.2 劳生惜死 ·· 107

 3.4 基于广义语义场其他综合要素的校勘 ······································· 109
  3.4.1 优昙花拆 ·· 109
  3.4.2 钝置 ·· 111
  3.4.3 "司空本净禅师"相关句子 ··· 114
  3.4.4 耳根无觉识知,故不能闻 ··· 117

第四章 广义语义场视域下的词语训诂研究 ·· 124
 4.1 基于语言习惯的词语训诂 ·· 124

- 4.1.1 好与 …… 125
- 4.1.2 赚 …… 126
- 4.1.3 成褫 成襥 …… 128
- 4.1.4 啐啄 嗒啄 哈啄 …… 129
- 4.1.5 纷拿 …… 133
- 4.1.6 贵 …… 135
- 4.1.7 科段 …… 135
- 4.1.8 御 …… 137
- 4.1.9 周由 …… 138
- 4.1.10 知有 …… 140
- 4.1.11 四十九年 …… 144

4.2 主要基于语言能力的词语训诂 …… 154
- 4.2.1 逗（机） …… 154
- 4.2.2 掉 …… 156
- 4.2.3 埭子 …… 158
- 4.2.4 露布 …… 159
- 4.2.5 掠虚 …… 160
- 4.2.6 名邈 …… 161
- 4.2.7 瞥地 …… 163
- 4.2.8 聚沫 …… 164
- 4.2.9 法 …… 165
- 4.2.10 本来 …… 167
- 4.2.11 本心 …… 168
- 4.2.12 心地 …… 169
- 4.2.13 因地 …… 170
- 4.2.14 因缘 …… 171
- 4.2.15 三恶道 …… 171
- 4.2.16 婆婆 …… 172
- 4.2.17 科文 …… 173
- 4.2.18 三祇 …… 174
- 4.2.19 我我 …… 176
- 4.2.20 鼻孔辽天 …… 177

4.3 基于背景知识的词语训诂 …… 179
- 4.3.1 主要基于与言语所指对象有关的社会文化背景

知识的词语训诂 ·· 179
　　4.3.2　主要基于反映事物及其联系的知识的词语训诂·············· 206
　4.4　基于语境的词语训诂 ··· 220
　　4.4.1　健 ·· 220
　　4.4.2　详 ·· 221
　　4.4.3　乱统 ··· 224
　　4.4.4　蓦 ·· 224
　　4.4.5　不辞 ··· 226
　　4.4.6　把 ·· 227
　　4.4.7　将 ·· 244
　　4.4.8　出兴 ··· 255
　　4.4.9　不着便 ·· 257
　　4.4.10　保任此事 ·· 259
　　4.4.11　问问 ·· 261

第五章　广义语义场视域下的一般句子训诂研究················· 262
　5.1　基于语言习惯的一般句子训诂 ·································· 262
　　5.1.1　卷十九——只是未在 ······································· 262
　　5.1.2　卷二十——难可测 ·· 263
　　5.1.3　卷二十——众中忽有个衲僧出来道 ····················· 265
　5.2　主要基于语言能力的一般句子训诂 ··························· 266
　　5.2.1　卷十五——我事不获已,向你诸人道 ··················· 266
　　5.2.2　卷十六——大方无外,含裹十虚 ························ 268
　　5.2.3　卷十八——知见立知,即无明本 ························ 269
　5.3　基于背景知识的一般句子训诂 ································· 271
　　5.3.1　主要基于与言语所指对象有关的社会文化背景知识的
　　　　　一般句子训诂 ··· 271
　　5.3.2　主要基于反映事物及其联系的知识的一般句子训诂 ··· 292
　　5.3.3　主要基于语言背景知识的一般句子训诂 ··············· 304
　5.4　基于语法、语义规律的一般句子训诂 ······················· 313
　　5.4.1　卷二——所以道心能转物,即同如来 ·················· 313
　　5.4.2　卷十一——去果八万四千 ································ 314
　　5.4.3　卷十一——大凡参学未必学 ····························· 315
　　5.4.4　卷十二——击拂子 ·· 316

第六章　广义语义场视域下的偈颂训诂研究 ································ 320
6.1　主要基于语言能力的偈颂训诂 ································ 321
6.1.1　十二祖马鸣尊者偈研究 ································ 321
6.1.2　十八祖伽耶舍多尊者偈研究 ································ 324
6.1.3　二十祖阇夜多尊者偈研究 ································ 324
6.2　主要基于语言背景知识的偈颂训诂 ································ 326
6.2.1　拘那含牟尼佛偈研究 ································ 326
6.2.2　一祖摩诃迦叶尊者偈研究 ································ 327
6.2.3　五祖提多迦尊者偈研究 ································ 328
6.3　基于语法规律的偈颂训诂 ································ 329
6.3.1　毗婆尸佛偈研究 ································ 329
6.3.2　十五祖迦那提婆尊者偈研究 ································ 331
6.3.3　二十一祖婆修盘头尊者偈研究 ································ 332
6.4　基于广义语义场综合要素的偈颂训诂 ································ 334
6.4.1　六祖弥遮迦尊者偈研究 ································ 334
6.4.2　十四祖龙树尊者偈研究 ································ 337

第七章　结语 ································ 339
7.1　禅籍训诂应重视语言习惯对语言的制约 ································ 339
7.2　禅籍训诂应重视前人的语言能力 ································ 342
7.3　禅籍训诂应重视佛学背景知识 ································ 347
7.4　禅籍训诂应重视激活广义语义场诸要素的线索 ································ 348

参考文献 ································ 355
后记 ································ 365

自　序

约在1988年上学的时候,末学见一位同学桌上常摆着一部《六祖坛经》。偶取一阅,发现里面讲的无念法门十分有理,渐渐地为其吸引,对禅宗产生了浓厚的兴趣。于是广搜禅书,如《金刚经》《心经》《禅宗大意》《日日禅》《般若之旅》《禅话》《中国禅学》等。后来读到《五灯会元》,便读不下去了,语言障碍太大。只好找白话本来读,感到白话竟比七八百年前的原本还要难以理解,比如"空把山童赠铁鞭"被释成了"拉住山里孩子,送给他一根铁鞭,徒劳","宜作舟航"被释成了"你应当坐船航行","昔日灵山分半座"被释成了"以前灵山只有半个法座",等等。丁福保先生在《佛学大辞典·自序一》中说:"佛经译自天竺,彼国典籍浩繁,未能尽译,文献无征,像法陵替。鸿生巨儒,日操盈尺之简,而遇释氏之僻典,往往有瞠目结舌,不能诠解其一字者,所以注佛经较注他书为尤难也。"而诠解禅语,则更是难上加难了,所以出现误释自是在所难免。

但禅学是中华文明的精髓,我们有责任正确解读老祖宗留下来的重要经典。于是末学就有了一个小小的梦想,要把《五灯会元》的语言重新梳理一遍,让大家都能理解,让这部禅宗巨典重放异彩。

要实现梦想是不容易的,首先必须要有一套行之有效的理论。传统的训诂理论在训释一般古籍的时候也许很有效,但在禅典面前,常常束手无策,或者费力不讨好。比如传统训诂专家引经据典地把"肥边"释成了"大腹便便",把"顾鉴咦"释成了"于谋面尴尬之中察其笑容易交之色",把"啐啄同时,微言颇多"释成了"推求同时流辈,多获其微言大义",等等。训诂方法完全正确,专家功力深厚,但结论却令人难以认同。所以末学想,之所以这样,一定是理论有待改进。

恰遇前辈专家胡正微教授提出了语法场论,使末学颇受启发。于是末学就以传播学理论为依据,提出了包含7个要素的广义语义场理论。该理论并不排斥训诂学理论,而是将各种训诂理论融入广义语义场的各要素中。它还能包容现代语言学理论,比如构式理论就被归入到语言习惯这一要素中。

　　按照这一理论进行训诂,解决了很多具体问题,但也遇到了一些新的问题,比如7个要素同时制约语言,根据不同要素得出的结论不一致怎么办?因此我们还要按重要性给7个要素排序。通过研究,我们把习惯要素排在首位,其次是语言能力要素,再次是背景知识要素。排好了这3个要素,基本上就没有什么问题了,根据其他要素得出的结论一般是一致的。

　　用这样的理论,末学有信心实现自己的目标。禅宗说言语道断心行处灭,那是对七八百年前的修行者而言的。三世如来始于学,终于无学,果有不学而至者,鲜矣!对于包括末学在内的自顾不暇的末法众生,只能是不惜眉毛扯葛藤了。是为序。

前　言

自1929年黄茂林英译《六祖坛经》①，多个国家和地区先后出版了《坛经》译本，迄今所见，共有12种英译本；此外，还有德文、法文、西班牙文、日文、韩文等译本②。《坛经》在世界各地的传播，奠定了作者慧能大师的国际地位。据禅宗六祖慧能弘扬"南宗禅法"的发源地南华寺2001年11月举办的建寺1500周年庆典的统计，有多达20多个国家和地区的佛教禅寺前来参拜"祖庭"，就连佛教发祥地印度也承认六祖是"佛家至圣"（黄伟宗2004：1~3）。

《五灯会元》就是主要记录六祖慧能及其弟子们思想的史书。"灯"能照亮世间，驱除黑暗，"灯录"是佛教禅宗历代传法过程的记载，主要记载历代禅师的法脉传承、修行经历、师资契证的机缘语句、接化语句及悟道的偈语等。

《五灯会元》内容上纵由七佛、六祖至"黄龙""杨岐"，横由帝王征召延请至禅师开堂说法，语言上汇集了六位或以上作者的成果，记录了两千多位来自国内各地的禅师的言语（口语），因而可以说该书较全面地反映了唐宋白话的面貌。

现代先后出现了3个点校本：苏渊雷点校本，李艳琴等点校的《〈祖堂集〉〈五灯会元〉校读》，朱俊红点校本。

先后出版了4个白话本：蒋宗福、李海霞主译的《〈五灯会元〉白话全译》，张恩富等编译的《五灯会元》（精译彩图本），李英健、李克主编的《五灯会元》（插图本），苏泽恩编译的《图解〈五灯会元〉》。

---

① 最早的《坛经》英文本就是1929年黄茂林应狄平子之邀而翻译的，由当时上海的有正书局出版发行。1994年上海佛学书局出版黄茂林《六祖法宝坛经》英汉对照本。

② 目前可以查阅到的最早对《六祖坛经》英译本进行总结的材料出自1975年4月出版的美国夏威夷大学的《东西方哲学杂志》（第25卷）。该刊物一篇文章（第195页）提及了7个节译本。国内最早对《六祖坛经》英译本进行总结的是香港学者高秉业，他发表于1997年的论文《英译〈六祖坛经〉版本的历史研究》总结了6个英译本。

学界发表了一些有价值的论文:袁宾《〈五灯会元〉词语续释》《〈五灯会元〉口语词探义》,项楚《〈五灯会元〉点校献疑三百例》,张锡德《〈五灯会元〉词语拾零》,刘凯鸣《〈五灯会元〉补校》,滕志贤《〈五灯会元〉词语考释》,张美兰《〈五灯会元〉词语二则》,黄灵庚《〈五灯会元〉词语札记》,谭伟《〈庞居士语录〉校读札记》,冯国栋《〈五灯会元〉版本与流传》。笔者也完成了一些拙文,如《〈五灯会元〉"把"字研究》《"回向"及其源流》《〈五灯会元〉释词二则》《〈庞居士语录〉校读札记》等。

　　以上点校本、白话本、论文,对《五灯会元》做了大量训诂研究,有助于我们阅读这部重要古籍。

　　然而,毕竟我们与《五灯会元》成书的年代相去久远(将近八百年),古人的言语难以理解,古人的思想难以把握,在释读过程中难免偏离原意。为了使这部典籍重放光芒,为了使世人真正认识慧能这位东方圣人,对这部典籍展开全面训诂就显得很有必要了。

　　本书分为七章。第一章对《五灯会元》的作者、版本、"五灯"及其版本、《五灯会元》的理论源头文献、《五灯会元》的传记类源头文献、《五灯会元》的语录类源头文献、《五灯会元》的后继文献展开研究。主要是对《五灯会元》的文献源流进行全面梳理。

　　为了有效地开展研究,我们在充分吸取前辈成果的基础上提出了一个贯穿始终的广义语义场理论,其创新点主要在于"广义语义场训诂法",这就是第二章介绍的内容。具体有:广义语义场理论概说,语言习惯制约理论,语言能力制约理论,背景知识制约理论,语言三要素制约理论,语境制约理论,文字制约理论,修辞制约理论,广义语义场七要素的可能制约与现实制约,广义语义场理论对我国训诂学理论的继承和发展。

　　第三章是运用广义语义场理论在前辈已有成果的基础上进行校勘。具体分为四类。第一类是主要基于语言习惯的校勘,校勘的内容有:踔跳、持义张弓、翠蔼、都来、锋起、勃诉、紧峭、榴栗 椰栗、拿云攊浪、母大清净妙位、水消瓦解、当衢、喽啰、钩客、火筋、横桃、贫婆、榆、灸脂帽子、拘留孙佛偈。第二类是主要基于语言能力的校勘,校勘的内容有:糊饼、角駄、田库 田库、金槌、敦、朕兆、裹裹。第三类是基于背景知识的校勘,校勘的内容有:宋齐止、劳生惜死。第四类是主要基于广义语义场其他综合要素的校勘,校勘的内容有:优昙花拆;钝置;"司空本净禅师"相关句子;耳根无觉识知,故不能闻。

　　第四章是本书的主体,运用广义语义场理论对《五灯会元》的词语做了比较全面的训诂。具体分为四类。第一类是基于语言习惯的词语训诂,训释的词语有:好与、赚、成褫 成襹、啐啄 啗啄 咯啄、纷拿、贵、科段、御、周由、知有、四十九年。第二类是主要基于语言能力的词语训诂,训释的词语有:逗(机)、掉、堠子、露布、掠虚、名邈、瞥地、聚沫、法、本来、本心、心地、因地、因缘、三恶道、婆婆、科文、三祇、我我、鼻孔辽天。第三类是基于背景知识的词语训诂,训释的词语有:案山、不惜眉毛 惜取眉毛、出队、肥边、回向、归真、诡名挟佁、顾鉴 顾鉴咦、背后、巴鼻、当阳、定动、打失鼻孔、停囚长智、偒侻。第四类是基于语境的词语训诂,训释的词语有:健、详、乱统、蓦、不辞、把、将、出兴、不着便、保任此事、问问。

　　训释禅宗典籍时有一个普遍现象,那就是即使每一个字、每一个词我们都能释读,但整个句子却无法释读。这有多方面的原因,但主要的原因应是,禅语与广义语义场的要素之背景知识即禅宗理论、佛教理论背景知识有密切关系,要正确释读禅籍,就必须熟悉禅宗理论、佛教理论。否则句意不明,我们对古代优秀文化的继承就无从谈起。可见,句子训诂在禅籍训诂中是很有必要的。

　　第五章运用广义语义场理论对《五灯会元》一般句子进行训诂。具体分为四类:第一类是基于语言习惯的一般句子训诂,共训释了3个句子;第二类是主要基于语言能力的一般句子训诂,共训释了3个句子;第三类是基于背景知识的一般句子训诂,共训释了25个句子;第四类是基于语法、语义规律的一般句子训诂,共训释了4个句子。

　　第六章运用广义语义场理论对《五灯会元》的偈颂进行训诂。《五灯会元》共二十卷,各卷皆有偈颂,我们只研究理解有疑难或可能有疑难的偈颂。研究步骤是先列出有疑难或可能有疑难的偈颂,再列出源头文献的偈颂,再用语料库及广义语义场理论抉择文献、评价现有训诂成果,最后用语料库及广义语义场理论进行训诂。具体分为四类:第一类是主要基于语言能力的偈颂训诂,训诂的偈颂有十二祖马鸣尊者偈、十八祖伽耶舍多尊者偈、二十祖阇夜多尊者偈;第二类是主要基于语言背景知识的偈颂训诂,训诂的偈颂有拘那含牟尼佛偈、一祖摩诃迦叶尊者偈、五祖提多迦尊者偈;第三类是基于语法规律的偈颂训诂,训诂的偈颂有毗婆尸佛偈、十五祖迦那提婆尊者偈、二十一祖婆修盘头尊者偈;第四类是基于广义语义场综合要素的偈颂训诂,训诂的偈颂有六祖弥遮迦尊者偈、十四祖龙树尊者偈。

　　最后一章是结语,我们结合广义语义场理论在《五灯会元》的训诂实践提出了几个观点:语言习惯要素对禅籍训诂有极其重要的制约作用,应优先考虑语言习惯要素;语言能力要素、背景知识要素对禅籍训诂也都有很重要的制约作用,应重视前人的语言能力,应熟悉佛教背景知识特别是禅宗背景知识;激活广义语义场诸要素的是线索,禅籍训诂者不应放过任何线索。

第一章 《五灯会元》的作者、版本及相关文献

1.1 《五灯会元》的作者

《五灯会元》的作者，旧时一般题作普济编，此说最迟可以追溯到元代，元至正刻本书首收录有元至正二十四年(1364)夏四月杭州中天竺万寿永祚禅寺住持释延俊[①]所作序，云："灵隐大川禅师济公以五灯为书浩博，学者罕能通究。乃集学徒作《五灯会元》以惠后学，恩至渥也。"这里已将编集《五灯会元》的功劳记到普济的头上了，故在以后的各种版本里面，基本都是将此书题作"普济"作或编。比如明代元来禅师(1575～1630)之《元来禅师广录》卷十四《继灯录序》中记载："禅家历世相传，喻之为灯。取其能破暗以显物，亦取其能继照于无尽也。自宋景德间，道原大师始为传灯。嗣是则有《广灯》《续灯》《联灯》《普灯》之作。所述互有详略，学者难以尽考。由是大川济公，合之为《会元》。始终一贯，后学便之。"

光绪年间，宝祐本从东土归来，通庵王埔序云："今慧明首座萃五灯为一集，名曰《五灯会元》，便于观览。"光绪三十二年贵池刘世衍影宋宝祐本序、1930年长沙缩影宝祐本刘善泽跋皆主此说，胡适亦持此论。陈垣、莫伯骥则认为此书乃大川普济发凡起例，慧明等禅人为之。冯国栋(2004:89)则认为是书编撰出于众手，非普济、慧明二人为之。

我们认为，此书的成书过程应为：沈净明提出编书要求，住持普济接受编书任务，命大弟子率众僧编书，书成后由普济住持题词，沈净明出资印刷推广。以下材料支持我们的观点：

[①] 胡适在很多年前就曾经指出"延俊"当为"延俊"，见《胡适学术文集·中国佛教史》，中华书局，1997年，第514页。

1.《灵隐大川禅师行状》:"(灵隐大川禅师)即往天童。见无用。一单深稳。赴众外。不出僧堂。静定中发明。语默无滞。用室中举。有句无句。如藤倚树。师云。斩丁截铁。用云。沩山呵呵大笑。蕈。师云。寸钉入木。用器之。令入侍司。师逊不就。乃之玉几。时佛照禅师。佚老东庵。一见别为法器。……荼毗得舍利。五色如菽。诸徒欲遵治命水葬　前资尹赵公。特捐金币。命建塔焉。于是塔于寺西麓。童禅师塔之左。宝祐元年(1253)。正月十八日也。寿七十五。腊五十六。弟子七十余人。"(《卍续藏》第69册第772页)

2.宋·宝祐本普济题词:"世尊拈花如虫御木迦叶微笑偶尔成文累他后代儿孙一一联芳续焰大居士就文挑剔亘千古光明灿烂　淳祐壬子(1252)冬住山普济书于直指堂"。

3.宋·宝祐本沈净明题记:"安吉州武康县崇仁乡禹山里正信弟子沈净明幸生中国忝预人伦涉世多艰幼失怙恃本将知命遂阅华严大经传灯诸录深信此道不从外得切见禅宗语要具在五灯卷帙浩繁颇难兼阅谨就景德灵隐寺命诸禅人集成一书名曰五灯会元以便观览"。

以上第1、2则材料表明,普济题词时已经74岁了,而其门下有"弟子七十余人",大可不必亲自动手,因而作者不可能是普济,他的作用仅仅是个领导作用。

第2、3则材料表明,沈净明是赞助者。普济题词中的"大居士"就是指沈净明。沈净明题记中也说"谨就景德灵隐寺,命诸禅人,集成一书",这句的主语无疑是"沈净明"。

沈净明何许人也?黄俊铨(2007:13)认为:"编撰刊刻《五灯会元》的始末由来,就是首先由武康县的里正沈净明提出刊刻的请求,里正这种农村里的基层管理者,一般都是比较有财力和能力的,这就是他能够成为《五灯会元》刊行之赞助人的原因。"

我们认为,此说似有可商榷之处。"禹山里正信弟子沈净明"中的"禹山里"实乃地名;"正信",慈怡主编《佛光大辞典》:"谓正直之信念。系相对于邪信而言,即指虔信佛所说正法之心,此信心不因遭逢诸异道而稍生疑念。"(第1996页)如下面诸例中的"正信":

(1)满度摩城人民炽盛。宿植善本有八万人。闻欠拏太子帝苏噜

正信出家。佛为说法现通而成圣果。①(《大正藏②》第 1 册第 157 页《毗婆尸佛经》)

(2)如大梵所说伽陀中言。修无我者是即净行。我于此义已能解了。谓一类人起正信心。修出家法。剃除须发。被袈裟衣。舍诸富乐。(《大正藏》第 1 册第 211 页《大坚固婆罗门缘起经》)

(3)若人于我。安住正信。是人即得坚固增长。根本出生。不坏净信。(《大正藏》第 1 册第 218 页《白衣金幢二婆罗门缘起经》)

(4)起正信心向佛出家。剃除须发被于法服。而为苾刍。常持梵行无所缺犯。证须陀洹斯陀含果。乃至获得尽苦边际。(《大正藏》第 1 册第 250 页《帝释所问经》)

(5)教诲以成其正信。教诲以成其戒行。教诲以成其多闻。教诲以成其布施。教诲以成其智慧。(《大正藏》第 1 册第 254 页《善生子经》)

(6)我于尔时。既出家已。和合不久。便于善男子。为何事故。得正信解。从家出家。无上梵行所尽之处。现见法中。自得通证。(《大正藏》第 1 册第 330 页《起世经》)

(7)复有一种刹利。正信出家修习。证于三十七助道。(《大正藏》第 1 册第 419 页《起世因本经》)

(8)恶魔外道障碍正法。愿得菩萨坐于道场。降伏恶魔及诸外道。正信之人悉令见法。(《大正藏》第 8 册第 695 页《胜天王般若波罗蜜经》)

丁福保《佛学大辞典》云:"正信(术语)正者对邪而言。正信者信正法之心也。维摩经方便品曰:'受诸异道不毁正信。'起信论曰:'起大乘正信。'"(第 826 页)《信力入印法门经》云:"有言恭敬心者。所谓正信。言正信者。谓住般若根本业故。"(《大正藏》第 10 册第 929 页)《瑜伽师地论》云:"言正信者。谓于大师说正法时。于此正法既听闻已获得净信。"(《大正藏》第 30 册第 761 页)

可见,"禹山里正信弟子"中的"里",不是和"正"结合,而是与"禹山"组合成"禹山里"。

---

① 本书对所引古籍句读不做改动,尽可能保持原貌。
② 本书所引《大正藏》,全称《大正新修大藏经》。日本大正十三年(1924)由高楠顺次郎和渡边海旭发起,组织大正一切经刊行会;小野玄妙等人负责编辑校勘,1934 年印行。《大正藏》全藏共 100 册,收录汉文佛教典籍,包括图像、总目录,总计 3493 部,13 520 卷。其中中国历代汉文佛教大藏经传统的收录内容计 55 册(第 1~55 卷),日本佛教著述 29 册(第 56~84 卷),敦煌写经及其他新发现的古佚佛典 1 册(称"古逸部"或"疑似部",第 85 卷)。

第3则材料中"安吉州武康县崇仁乡"的安吉州即浙江省湖州。臧励龢《中国古今地名大辞典》："宋宝庆初改湖州为安吉州。元为湖州路,即今浙江吴兴县治。明升安吉县为州。"(第303页)刘钧仁《中国地名大辞典》："今县名。在浙江吴兴县西南百二十里,春秋吴地。秦鄣郡地。汉故鄣县地。东汉末析置安吉县。晋属扬州吴兴郡。南宋、南齐因之。……宋属两浙路湖州。元属江浙省湖州路。故城在今治东南四里;明升州,属浙江省湖州府。清复降县,属浙江省湖州府。民国三年六月,划属浙江钱塘道;国民政府成立,废道,直属浙江省政府。"(第232页)

武康县,臧励龢《中国古今地名大辞典》："古防风氏国。后汉置永安县。晋初改为永康。寻改武康。明清皆属浙江湖州府。今属浙江钱塘道。"(第507页)刘钧仁《中国地名大辞典》："今县名。在浙江吴兴县西南百十里,古防风氏国。……东汉析乌程、余杭二县地置永安县。晋初改永康;后改武康,属扬州吴兴郡。南宋、南齐因之。隋属扬州余杭郡。唐属江南道湖州。宋属两浙路湖州。……国民政府成立,废道,直属浙江省政府。"(第517页)《浙江地名简志》记载:"1958年武康县撤销,并入德清县。今武康镇于宋景德年间曾一度设镇,建国前称余英镇,以余英溪得名。现为县属镇。"(第328页)

崇仁乡,据《德清县志》介绍,三合乡明清时为崇仁乡,中华人民共和国成立前夕为禹山乡;1950年建制为杨坟、松合、新桥乡,1956年合并,称三合乡;1958年10月与秋山、二都乡合并,成立二都公社;1961年8月从二都划出,建立三合公社;1984年1月5日改公社为乡。(第31页)

那么"禹山里"在什么地方？我们先看"禹山"。查阅"百度地图",三合乡政府正北附近即为"防风山",即宋时的禹山。再看"里"。《汉语大词典》第10卷"里"的前3个义项是:①人所聚居的地方。②指故乡。③古代地方行政组织,如《旧唐书·食货志上》:"百户为里,五里为乡。"《明史·食货志二》:"迨造黄册成,以一百十户为一里,里分十甲曰里甲。"(第367页)在"禹山里"这个组合里,"里"应为第一或三个义项。综合起来看,"禹山里"应是一个地名。

可见,沈净明的籍贯应在今浙江省德清县三合乡北面的防风山附近。

1.2 《五灯会元》的版本

陈垣(1933:264~266)《元典章校补释例》曾经指出:"昔人所用校书之

9

法不一，今校元典章所用者四端。一为对校法，即以同书之祖本或别本对读，遇不同之处，则注于其旁。……"

要展开对校工作，就有必要理清版本源流，确定"祖本"。《五灯会元》的版本有宋宝祐本、宋椠本、贞治戊申刊本、元至正刻本、明嘉靖辛酉刻本、明万历嘉兴藏本、明崇祯曹学佺刻本、日本《卍续藏》经本、清龙藏本、长沙刻经处刻本等版本。

其中南宋宝祐本最为珍贵。宝祐本的价值在于它是目前为止所知的《五灯会元》最早的版本，为文本校订提供了早期的文字依据。早期佛教史学家对此本的诸多问题展开过讨论，其中最突出的是中国禅宗研究的先驱者胡适，在其文集里就有一系列关于此本研究的文章，如《与周法高论所谓景宋宝祐本〈五灯会元〉的底本的信》《与黄彰健论刘世珩翻刻〈五灯会元〉的年代的信》《记中央图书馆藏的宋宝祐本〈五灯会元〉附：后记四则》《论刘世珩翻刻〈五灯会元〉的"贞治马儿年"》。

宋宝祐本在我国久已失传，光绪六年（1880）杨守敬访日时才从日本带回。后此书为贵池刘世珩所得，光绪二十八年（1902）交由当时影刻专家陶子麟影刻，成于光绪三十二年（1906）。1930年童子谅、郭涵斋等人缩印宝祐本，后有海遗居士浏阳刘善泽（字腴深）跋一通。

1976年台北德昌出版社影印版《五灯会元》，其版式为左右双栏白口，为宋版之典型特征。宋版大多为左右双边，另有四周双边者，绝少左右单边。白口为蜀刻、浙刻所多采用。此本二十卷无总目，每卷目录连属正文。半页十三行，每行二十四字，卷首有淳祐壬子年（淳祐十二年，1252）冬普济书于直指堂的题词、宝祐改元（1253）清明日通庵王楙序、宝祐元年正月旦日沈净明题记。书后有海遗居士浏阳刘善泽跋：

　　右五灯会元二十卷南宋宝祐刻本前有淳祐壬子普济序又有宝祐改元王楙序及沈净明跋……独山莫氏郘亭知见传本书目载苏城汪氏有宋本光绪间宜都杨氏复得宝祐本于日本东京是为旧椠之最朔者元明以来刊本卷数悉如宋椠之旧唯雍正十三年重刻龙藏本析作六十卷与古本分合迥殊长沙明印长老师募刻本因之运际迁移未几毁于兵燹顷岁童子谅居士光业郭涵斋居士振墉万荀庄居士方传童梅岑居士锡梁等集资倡用宋本缩影广布津逮来兹甚盛事也……世尊降世二千九百五十七年岁次庚午孟夏月浴佛日海遗居士浏阳刘善泽腴深甫敬跋于长沙之天隐庐

"佛历二千九百五十七年"即1930年①。从刘善泽跋可知,该版即为宋宝祐本之影印本。因而可用作祖本进行校勘。

中华书局1982年出版的苏渊雷点校本,即以缩印宝祐本为底本。该本"点校凡例"云:"本书点校,以景宋宝祐本为底本,以清龙藏本、日本《卍续藏》经本为参校本。"

此本为学术界最常利用之版本,除目录外,分二十卷,卷首有普济题词、通庵王楙序、沈净明题记各一通。书尾有1930年民国时人刘善泽所作跋一通。另有附录二:一为"禅宗史略"和"禅宗传法世系表";二为"灯录与《五灯会元》",简单地介绍了在《五灯会元》以前和以后的灯录史。最后有苏渊雷自己所作后记一则。1992年中华书局重印该版。

此本《五灯会元》除了选择使用珍贵的宋刻本作为底本以外,还以清龙藏本和《卍续藏》经本作为参校本,校对精审。另外就全书整体而言,其断句、标点和分段都堪称甚高水平。因而此本可以称为迄今为止《五灯会元》最好的一种版本,成为当今学界研究所普遍使用的版本。

我们在研究中,以宝祐本②为底本,以苏渊雷点校本为主要研究对象。

1.3 "五灯"及其版本

陈垣《元典章校补释例》总结的第三种校勘之法曰他校,以他书校本书也。苏渊雷点校本以清龙藏本和《卍续藏》经本作为参校本,这属于他校。其实这种"他校"是远远不够的。《五灯会元》是对"五灯"的编集,最起码的要求,在出点校本时,亦当参照"五灯"。下面,我们对"五灯"的情况做一初步考察。

"五灯"指《景德传灯录》《天圣广灯录》《建中靖国续灯录》《联灯会要》《嘉泰普灯录》。

1.3.1 《景德传灯录》

全书三十卷,宋景德元年(1004)东吴道原撰。灯能照暗,禅宗祖祖相授,以法传人,犹如传灯,故名。先是有唐金陵沙门慧炬(或作智炬)、天竺三藏胜持,于贞元十七年(801)编次禅宗诸祖传记偈谶及宗师机缘为《宝林

---

① 以佛历元年为公元前1027年起算。
② 本书所用宋宝祐本《五灯会元》为1976年台北德昌出版社影印版。

传》。光化二年(899),又有华岳玄伟禅师,编次贞元以来禅宗宗师机缘,为《玄门圣胄集》。道原续后梁开平(907～911)以来宗师机缘,统集《宝林》《圣胄》等传,撰成此书。书成以后,诣阙进呈,宋真宗诏翰林学士杨亿等刊削裁定,历时一年,于大中祥符二年正月完成。杨亿等人刊订后,被敕准编入"大藏"流通。

该书所记禅宗世系源流,上起七佛,下止大法眼文益禅师法嗣,共计52世,1701人。其中951人有机缘语句,其他有名无文。全书无总目,但各卷目录对"见录"与"不录"都一一注明。

《景德传灯录》在宋、元、明各代流行颇广,特别是对宋代佛教界和文坛产生过很大的影响。

《景德传灯录》之初刻本今已不可复见。据《大中祥符法宝录》只可知其初刻于大中祥符四年之后。杨亿《武夷新集·〈佛祖同参集〉序》云:"新集既成,咨予为序,聊摅梗概,冠于篇首云耳。""咨予为序"是指道原《传灯录》之后,曾征序于杨亿。杨亿文中不曾言及刊刻之事,疑此书其时并不曾刻印,而仅作抄本流传。

《景德传灯录》初刻之年代约在大中祥符四年(1011)之后,而景祐元年(1034)之前已有刊本传世。《景德传灯录》刊刻之后即编入大藏,其时福州万寿大藏尚未开雕,故《景德传灯录》所入之藏,即为完成于太平兴国八年(983)之《开宝藏》。《景德传灯录》之初刻已无印本传世,最早著录是书之书目者为赵安仁、杨亿所编《大中祥符法宝录》,此录约成于大中祥符八年(1015),故所载之《传灯录》或即是初刻本。以故,可据此推测初刻之面貌,与后出之本体例对照,总体内容差别不大,知后世诸本对正文无太大之改动。

宋代曾多次刻印《景德传灯录》,其中洪州、福州、两浙皆有单刻本。20世纪前期《四部丛刊》三编所收的上海涵芬楼影印常熟瞿氏铁琴铜剑楼藏宋刻本,号称合三本宋代旧刊而成,但亦非道原、杨亿之原本。此本当为北宋后期或南宋时所刻印。

在他校过程中,对于《景德传灯录》我们主要采用《大正藏》本第51册的文献。

至于释读成果,则有顾宏义的《景德传灯录译注》,可参考。

1.3.2 《天圣广灯录》

据《禅籍志》卷上,此灯录为宋代镇国军节度使李遵勖(988～1038)编。李氏在宋仁宗时官拜镇国军节度使、驸马都尉,为一颇有声誉的佛门居士。

相传他曾参访南岳九世下襄州慈照蕴聪禅师而颇有省悟。天圣七年（1029），遵勖献所编灯录于仁宗，仁宗赐"天圣"二字并序。

该书继《景德传灯录》之后，收录释尊、西天二十七祖、东土六祖、南岳下九世、青原下十二世370余人之略传及机缘。而于南岳下禅师之叙述特别详细，马祖以后之诸师语录几乎全部收录。

该书在高宗绍兴十八年（1148）刊行。其后曾被收入《崇宁藏》与《毗卢藏》两种大藏经。《金藏》雕印时，此书也曾入藏。但元、明、清各种藏经皆未收此书。《禅宗全书》收于第5册。

《崇宁藏》与《毗卢藏》①我们无缘得见，在他校过程中，对于《天圣广灯录》我们主要采用东京株式会社国书刊行会版《卍新纂大日本续藏经》（以下简称《卍续藏》）②的文献。日本编印《卍续藏》时，此书重新入藏。

至于释读成果，则有朱俊红的《天圣广灯录》点校本，可参。

1.3.3 《建中靖国续灯录》

北宋法云寺住持佛国禅师惟白于建中靖国元年（1101）编成，三十卷。收在《卍续藏》第78册、《禅宗全书》第4册，是承继《景德传灯录》及《天圣广灯录》而来的传灯录，故名《续灯录》。"建中靖国"是徽宗皇帝年号。

该书依禅门法脉相续的次第，集录师资略历、机缘语句、古则公案及偈颂等，而特别偏重云门宗禅者语录的记载。

在他校过程中，对于《建中靖国续灯录》我们主要采用《卍续藏》的文献。

朱俊红亦有《建中靖国续灯录》点校本，可参。

1.3.4 《联灯会要》

晦翁悟明集于南宋淳熙十年（1183）之永嘉江心寺，三十卷。淳熙十六年（1189）附李泳所撰之序文刊行。刊行未久，即于泉州崇福寺为学人所倡导。

该书又名《宗门联灯会要》《禅宗联灯录》。该书内容，选录自《景德传灯录》《天圣广灯录》等书。自卷一至卷二十九前半部分计收录过去七佛以至天童正觉禅师法嗣净慈慧晖禅师等六百余人之示众法语与机缘问答。卷二十九后半部分为《应化贤圣》《亡名尊者》，收录佛陀波利等21位应化贤圣以

---

① 我国仅有少数单位收藏有《崇宁藏》《毗卢藏》的零本，日本的多个收藏单位几乎全部是两种藏的混合装。

② 以下引用《卍续藏》文献，均为东京株式会社国书刊行会1989年出版，台北白马精舍印经会影印。本版系由《大日本续藏经》《日本校订大藏经》中国撰述部及若干新增补的典籍组成。

及27位无名尊者。卷三十为《傅大士心王铭》等14篇短文。

收于《卍续藏》第79册,《禅宗全书》第5、6册。

在日本,该书有嘉庆三年(1389)临川寺所刊行之五山版,以及元禄三年(1690)大应寺祖泰印行本。

在他校过程中,对于《联灯会要》我们主要采用《卍续藏》的文献。

1.3.5 《嘉泰普灯录》

南宋雷庵正受编,三十卷,别有目录三卷。作者雷庵正受(1146~1208),为平江府报国光孝寺僧,属云门宗雪窦下第七世。鉴于向来之传灯录偏重于禅门师徒传法的记录,乃着手补充《景德传灯录》《天圣广灯录》及《建中靖国续灯录》等书之不足。由于内容普及王侯、士庶、女流、尼师等圣贤众庶,故名"普灯录"。全书耗时17年,于嘉泰四年(1204)编成;成书后,宁宗敕许入藏。

该书卷一至卷二十一,主要收录六代祖师至南岳以下十七世、青原以下十六世诸师的示众机要,卷二十二以下则广录圣君、贤臣、应化圣贤、拾遗、诸方广语、拈古、颂古、偈赞、杂著等。

该书收于《卍续藏》第79册、《禅宗全书》第6册。在日本除了宋刊本外,另有五山版等数种版本。

在他校过程中,对于《嘉泰普灯录》我们主要采用《卍续藏》的文献。

朱俊红亦有《嘉泰普灯录》点校本,可参考。

1.4 《五灯会元》的理论源头文献

1.4.1 《六祖坛经》

亦称《坛经》《六祖大师法宝坛经》。禅宗六祖慧能(一作惠能)说,弟子法海集录。

《坛经》在流传过程中曾多次被修改补充,形成各种不尽相同的本子,其中以法海本最为古老。

学者多认为法海本是法海据慧能讲法记录而成,是现存的最早版本。因直到近代才在敦煌发现,又称"敦煌写本",全名《南宗顿教最上大乘摩诃般若波罗蜜经六祖惠能大师于韶州大梵寺施法坛经》("波罗蜜经"一作"婆罗密经"),一卷,约1.2万字,这也是我国书名最长的古籍。原不分节段,日本学者铃木大拙把它分为57节。

它的内容以慧能在大梵寺授无相戒和说摩诃般若蜜法的部分占据最大篇幅,后面附属缘记部分较少。

1983年中华书局出版、郭朋校释的《坛经校释》,即是以日本学者铃木大拙、公田连太郎校订的敦煌写本——法海本《坛经》(收于《大正藏》第48册)为底本,参照惠昕、契嵩、宗宝3个改编本《坛经》进行校订而成。

在他校过程中,我们采用《大正藏》第48册所收的法海原本《南宗顿教最上大乘摩诃般若波罗蜜经六祖惠能大师于韶州大梵寺施法坛经》、中华书局出版的《坛经校释》的文献。

1.4.2 《金刚经》

根据不同译本,《金刚经》全名略有不同,鸠摩罗什所译全名为《金刚般若波罗蜜经》,唐·玄奘译本则为《能断金刚般若波罗蜜经》。《金刚经》传入中国后,自东晋到唐朝共有6个译本,以鸠摩罗什所译《金刚般若波罗蜜经》最为流行(5176字或5180字)。唐·玄奘译本《能断金刚般若波罗蜜经》共8208字,为鸠摩罗什译本的一个重要补充。其他译本则流传不广。

《金刚经》是中国禅宗所依据的重要经典之一。六祖当年砍柴为生时,听人诵《金刚经》诵到"应无所住而生其心"时,当下有悟,立即决定投五祖出家。最后五祖决定把衣钵传给六祖慧能时,秘密地单独给他讲解《金刚经》。当讲到"应无所住而生其心"时,六祖恍然大悟:万法万物不离自性。当即作偈:

"何期自性,本自清净;何期自性,本不生灭;何期自性,本自具足;何期自性,本无动摇;何期自性,能生万法。"

禅宗自达摩祖师在东土开创以来,一直以《楞伽经》印心,自五祖、六祖后,改成了以《金刚经》印心。可见禅宗语录的主要思想源头在《金刚经》。

在中国,由于金刚经流传很广,所以多个时代、多个宗派都有对它的注疏传世。最早有僧肇的《金刚般若波罗蜜经注》,随后三论宗吉藏有《金刚般若疏》。天台宗智𫖮有《金刚般若经疏》,华严宗智俨有《佛说金刚般若波罗蜜经略疏》,唯识宗窥基有《金刚般若经赞述》《金刚般若论会释》,禅宗祖师慧能相传有《金刚般若波罗蜜经口诀》传世,而后宗密作《金刚般若经疏论纂要》,以上各注疏都被收入《大正藏》内。此后明清历代高僧,如真可、藕益也有注疏流传;进入近现代后,太虚、慈舟、印顺、圆瑛等也有相关论述和讲记。

15

在引述《金刚经》时，我们采用《大正藏》第 8 册后秦天竺三藏鸠摩罗什所译《金刚般若波罗蜜经》，同时参阅相关注疏。

1.5 《五灯会元》的传记类源头文献及其版本

1.5.1 《禅林僧宝传》

三十卷。北宋慧洪（德洪）撰。略称《僧宝传》。收于《卍续藏》第 79 册、《禅宗全书》第 4 册。系兼载僧传与语录之禅宗史传类典籍。

慧洪，又名德洪，字觉范，自号寂音尊者；为宋徽宗时名僧，颇为丞相张商英所赏识，著有《林间录》《石门文字禅》等书。此书卷首有宣和六年（1124）长沙侯延庆序，载其撰述缘起甚详。

此书虽为三十卷，但每卷分量甚少。一卷所述，至多六人，少则仅一人而已。全书所载，计含唐懿宗咸通年间之曹山本寂、云门文偃、清凉文益等，及至宋徽宗政和年间之黄龙佛寿清禅师止，共 81 位禅宗名师。《卍续藏》本书末附有舟峰庵沙门庆老所撰之《补禅林僧宝传》数则，含法演、悟新、怀志等 3 位禅师。

慧洪此书问世后，晁公武《郡斋读书志》、祖琇《僧宝正续传》、惠彬《丛林公论》等书对之皆有微词，大抵皆讥其书之浮夸失实。近人陈援庵亦曾指摘其书之舛误（《中国佛教史籍概论》卷六）。然亦有推崇其书者，清僧自融、性磊师徒即是。

在他校过程中，对于《禅林僧宝传》我们采用《卍续藏》的文献。

1.5.2 《罗湖野录》

南宋仲温晓莹撰，二卷。仲温晓莹系大慧宗杲之法嗣，壮年游历丛林，悟禅门大事，晚年归憩江西临川之罗湖。该书即其隐居罗湖时所撰，故书名有"罗湖"二字。

此书实即笔记体之佛门见闻录。由于作者之撰述态度尚称朴实，故该书颇具史料价值，其书亦因而成为南宋以来修僧史者之重要史料。

此书收于《卍续藏》第 83 册、《禅宗全书》第 32 册。

在他校过程中，对于《罗湖野录》我们采用《卍续藏》的文献。

1.5.3 《云卧纪谭》

又称《感山云卧纪谭》。南宋仲温晓莹撰，凡二卷。系绍兴年间(1131～1162)晓莹于丰城曲江感山之云卧庵闲居中，随笔所记诸方尊宿之遗言逸迹、士大夫之嘉言懿行。凡可资修行警策、学人龟鉴者悉皆收录。卷末并附云卧庵主书，记述其师大慧宗杲与学人之机缘问答。

此书收于《卍续藏》第 86 册。在他校过程中，对于《云卧纪谭》我们采用《卍续藏》的文献。

1.6 《五灯会元》的语录类源头文献及其版本

1.6.1 《洞山良价语录》

唐代禅宗典籍。又名《洞山良价禅师事录》《悟本大师语录》。唐代禅宗曹洞宗创始人之一洞山良价撰，明代圆信、郭凝之编集。

《洞山良价语录》版本亦有多种。日本慧印校订的一卷本《洞山良价禅师语录》，除经文外增补了自诫、规戒和良价写给母亲的信《辞北堂书》《后寄北堂书》等，并附录其母回信。

收于《大正藏》第 47 册、《禅宗全书》第 39 册。在他校过程中，我们采用《大正藏》的文献。

1.6.2 《镇州临济慧照禅师语录》

唐代三圣慧然集，一卷。又称《镇州临济慧照禅师语录》《临济慧照禅师语录》《临济义玄禅师语录》《慧照禅师语录》《临济录》。该书系三圣慧然汇集其师临济义玄(?～866)一代言教编录而成。全书内容分为语录、勘辨、行录等三部分。语录部分收录三玄三要、四料拣、四宾主、三句等话则，勘辨部分收录历参诸方时所商量之语要，行录收载其行状及记传。

该书收于《大正藏》第 47 册、《禅宗全书》第 39 册。在他校过程中，我们采用《大正藏》的文献。

1.6.3 《祖堂集》

静、筠二禅师撰于五代南唐保大十年(952)，初名《古今诸方法要》，是禅宗的早期著作。

该书共二十卷。卷一、卷二记载七佛、西土二十八祖、东土六祖；卷三记载四祖道信、五祖弘忍的旁出法嗣，六祖慧能法嗣行思、怀让等；卷四至卷十三记载青原下七代法嗣，始自石头和尚，止于雪峰义存的法孙；卷十四至二十记载南岳下六代法嗣，始自马祖道一，止于临济义玄之法孙。

该书编成后曾在国内流通，北宋契嵩（1007～1075）在自撰自注的《夹注辅教编》中说他见过《祖堂集》，北宋皇家图书馆目录《崇文总目》中也有《祖堂集》。南宋郑樵（1104～1162）《通志》（成书于1161年）卷六十七《艺文五·释家·语录》提到《祖堂集》一卷，未具撰人。宗晓（1151～1214）编《四明尊者教行录》卷四中曾三次提及《祖堂集》。可见《祖堂集》952年成书后仍在国内流传了100多年，然后才在本土消失，流入朝鲜。而《景德传灯录》撰于北宋景德元年即1004年，因此可以推断《祖堂集》应与《景德传灯录》同时流传过一段时间（50年左右），对后者应该有一定影响。

《祖堂集》流入朝鲜的年代不详，只知分司大藏都监匡隽于高丽高宗三十二年（1245）开雕《祖堂集》二十卷的完整版本。《祖堂集》在朝鲜雕刻完成后，在远离京城的伽耶山海印寺保管起来。直到近代，日本学者关野贞、小野玄妙才发现《祖堂集》。1993年12月，中华全国图书馆文献缩微复制中心对高丽高宗三十二年海印寺《祖堂集》刻本进行了影印。

2001年中州古籍出版社出版张华点校本《祖堂集》，2009年商务印书馆出版张美兰点校之《〈祖堂集〉校注》。

在他校过程中，我们采用中华全国图书馆文献缩微复制中心影印的高丽再雕版大藏经的文献，参考相关点校本。

1.6.4 《大慧普觉禅师语录》

宋代临济宗禅僧大慧宗杲（1089～1163）的语录。弟子雪峰蕴闻集录。又称《大慧语录》《大慧录》。

全书凡三十卷。卷一至卷九为宗杲历住各寺时的语录，其中，卷六附有张浚所撰的《大慧普觉禅师塔铭》。卷十为《颂古》，卷十一为《偈颂》，卷十二《赞佛祖》《自赞》，均为宗杲所作的短偈。卷十三至卷十八为《普说》，其内容为宗杲对宋代各派禅匠之宗旨的说明，是了解宋代禅宗诸家宗旨的指南。此普说部分，另有单行本行世，俗称《大慧普说》。卷十九至卷二十四为《法语》，是宗杲对僧俗弟子的开示。卷二十五至卷三十为《书》，搜录宗杲对门下缙绅居士所提问题的书信回答，其中颇具宗门要旨。

该书现收于《大正藏》第47册、《嘉兴藏》（新文丰版）第1册。在他校过程中，我们采用《大正藏》的文献。

1.6.5 《圆悟佛果禅师语录》

北宋圆悟克勤撰，虎丘绍隆等编。

圆悟克勤，俗姓骆，字无着，号佛果，北宋嘉祐八年（1063）生，彭州崇宁（今四川崇宁）人，为临济宗杨岐派僧。

该书二十卷。卷首载耿延禧、张浚之序，卷一至卷八收成都府崇宁万寿禅寺等诸会的上堂语，卷八至卷十二收小参，卷十三收小参、普说，卷十四至卷十六收法语，卷十六至卷十八收书、拈古，卷十八、卷十九收颂古，卷二十收偈颂、真赞、杂著、佛事。

该书收于《大正藏》第47册、《禅宗全书》第41册。在他校过程中，我们采用《大正藏》的文献。

1.6.6 《义青禅师语录》

《义青禅师语录》又作《投子义青禅师语录》《舒州投子青禅师语录》《投子青和尚录》《妙续大师语录》，凡二卷。宋代投子义青禅师撰，自觉重编。舒州投子义青禅师（1032～1083），俗姓李，大阳警玄禅师（948～1027）之法嗣。

该书编集白云山海会禅院语录、投子山胜因禅院语录、师答同霖十问、偈颂真赞、颂古公案一百则等。

该书收于《卍续藏》第71册。在他校过程中，我们采用《卍续藏》的文献。

1.6.7 《黄龙慧南禅师语录》

北宋黄龙慧南撰，黄龙四世之法孙九顶惠泉编集。又作《普觉禅师语录》《黄龙录》，系集录黄龙派宗祖黄龙慧南之语要、偈颂等而成。

该书共一卷。卷首载有钱密撰于南宋绍兴十一年（1141）三月五日之"黄龙四家语录序"（《大正藏》所收无此序）。其次收有黄龙初住于同安崇胜禅院之上堂语十一条、迁住归宗寺语录十三条、筠州黄檗山法语十四条、黄龙山语录十四条及偈颂四十首。卷末另附日本京都建仁寺两足院东睃所辑《黄龙慧南禅师语录续补》。

该书收于《大正藏》第47册、《禅宗全书》第41册。在他校过程中，我们采用《大正藏》的文献。

1.6.8 《林泉老人评唱投子丹霞颂古》

《林泉老人评唱投子丹霞颂古》系青原下二十三世报恩秀禅师法嗣燕京

报恩寺住持林泉从伦禅师摘取《丹霞子淳禅师语录》卷下之颂古百则,重新编纂,加入示众、著语、评唱等,以表达宗乘见解。元成宗元贞元年(1295)刊行。

丹霞子淳(1064~1117)为曹洞宗传人。出住河南邓州丹霞山,世称"丹霞子淳",为青原下十二世之祖。

该书收于《卍续藏》第67册。在他校过程中,我们采用《卍续藏》的文献。

1.6.9 《曹山本寂语录》

又名《抚州曹山本寂禅师语录》,二卷,唐代本寂述,明代郭凝之编集,日僧宜默玄契补编。本寂(840~901),俗姓黄,福建莆田人,为洞山良价禅师高足,住抚州(今江西省内)曹山等处,与其师共创曹洞宗。该书卷上为郭凝之编集,记载本寂示众、垂语、问答等语录,卷首、卷末记禅师生平简历。卷下为玄契补编,补录本寂上堂问答、举古代语等。此书系五家[①]宗主语录[②]之一,是研究曹洞思想的极重要文献。

该书收于《大正藏》第47册。在他校过程中,我们采用《大正藏》的文献。

1.6.10 《宏智禅师广录》

南宋宏智正觉撰,侍者宗法等编,日僧天桂传尊再编。别称《宏智正觉禅师广录》《天童觉和尚语录》《普照觉和尚语录》《宏智广录》《宏智录》等。1708年刊行。

该书系改编自日本大分县泉福寺所藏的六卷本《宏智禅师语录》,为宋代默照禅之弘扬者宏智正觉一生语录之集大成者。共九卷。

该书收于《大正藏》第48册、《禅宗全书》第44册。在他校过程中,我们采用《大正藏》的文献。

1.7 《五灯会元》的后继文献及其版本

《五灯会元》的继作有明代净柱辑《五灯会元续略》四卷,通容《五灯严统》二十五卷,文琇《增集续传灯录》一卷等。

[①] 我国禅宗至晚唐五代出现五家宗派,南岳怀让一系就出现有临济宗、沩仰宗两家,青原行思一系分出了曹洞宗、云门宗和法眼宗三家。唐宋时期尤以临济宗和曹洞宗为盛,有"临天下,洞一隅"之说(禅宗五宗七派只有这两宗还比较完整,其他的都渐渐失传了)。

[②] 《五家语录》五卷,明代郭凝之编。收在《嘉兴大藏经》(新文丰版)第23册、《禅宗全书》第39册。康熙四年(1665)刊。又作《五宗录》。系辑录中国禅宗五家诸祖师的语录七部而成。

1.7.1 《五灯会元续略》

略称《五灯续略》。明代曹洞宗僧净柱(1601～1654)撰于崇祯十七年(1644)。该书体例类似于《五灯会元》。共四卷，每卷分上下，起于曹洞宗青原下十五世净慈晖禅师法嗣之华藏慧祚禅师，讫于南岳下三十四世磐山修禅师法嗣之山茨通际禅师，收录《五灯会元》以后至明崇祯年间(1628～1644)576位禅师的语录。

该书收于《卍续藏》第80册。在他校过程中，我们采用《卍续藏》的文献。

1.7.2 《五灯严统》

临济宗第三十一代传人明代费隐通容(1593～1661)编，二十五卷。

该书前二十卷的内容大致与《五灯会元》相同，叙述过去七佛及西天诸祖、东天诸祖的列传；第二十一卷至二十五卷，则收录《五灯会元》之后诸耆宿的列传，截至南岳下三十四世报恩通琇、青原下三十六世百文明雪等为止，内容多述及机锋、公案及接引学人的风格，对各禅僧的生平介绍较少。

该书收于《卍续藏》第80册、《禅宗全书》第17～18册。在他校过程中，我们采用《卍续藏》的文献。

1.7.3 《增集续传灯录》

明代径山禅寺前住持文琇(1345～1418)集，一卷。凡例云："大报恩寺重刊大藏经新收《续传灯录》。其立名亦甚定当。但此书成于仓卒。所收太略。自大鉴第十八世至二十世三世止。收得四十一人有机缘语句。其他皆空名而已。况四十一人中差误又多。今于《续传灯录》所收外又增集之。故名《增集续传灯录》……大鉴第十七世虽已具收于《五灯会元》，其间亦有收不尽者，今别集作一编目曰'会元补遗'，以俟后之重刊《五灯会元》者补入，庶不泯灭。"全书主要收录大鉴下第十七世华藏明极祚禅师法嗣灵隐东谷光以下至第二十五世圣寿千岩长禅师法嗣松隐唯庵德然禅师多人传记。

该书收于《卍续藏》第83册。在他校过程中，我们采用《卍续藏》的文献。

1.7.4 《五灯全书》

清代禅僧超永编，一百二十卷。该书大部分系根据五部灯录及各禅宗史书编集而成，内容收录自七佛时代至清康熙年间(1662～1722)的禅门传法弘化之事迹，而一般历史事实及僧人生平则甚少提及。

该书与《指月录》《续指月录》等书性质相仿,基本不具有一般佛教史之史料价值。

该书收于《卍续藏》第81～82册、《禅宗全书》第25～27册。在他校过程中,我们采用《卍续藏》的文献。

第二章　广义语义场及其对训诂的制约

2.1　广义语义场理论概说

广义语义场理论是根据传播学理论提出的。

传播学(Communicology 或 Communication Science)作为一门独立的新兴学科,它是一门探索和揭示人类传播的本质和规律的科学,也是传播研究者在最近几十年对人类传播现象和传播研究成果进行系统分析和有机整合而发展成的知识体系。

传播学产生于美国。美国传播学的产生与两次世界大战密不可分。第一次世界大战期间,同盟国(德国、奥地利和意大利等)与协约国(英国、法国、俄国等)在战场上展开厮杀的同时,在另一领域也展开了较量,即"宣传战"。美国1917年正式参战后,威尔逊总统就下令成立了一个机构,即"公共信息委员会",专门负责美国的战时宣传。它为了宣传美国参战的意义,向社会倾泻了大量有关战争的广告、宣传小册子、新闻电影等,还组织演讲。协约国之间为了协调战时宣传,还组建了协约国联合宣传委员会,定期召开宣传工作会议。

一战结束之后,人们对宣传在现代战争中的作用以及宣传对社会生活的巨大影响,有了充分的认识。英、法、德、美等国的学者从各自的研究领域出发研究一战中的宣传。

拉斯韦尔(Harold Dwight Lasswell)在《思想传播》一书中,发表了传播学的经典论文《传播在社会中的结构与功能》。在这篇文章中,他第一次明确提出"传播"概念的范围,提出了传播研究就是研究传播行为过程,进而研究传播行为过程的5个要素:谁传播,传播什么,通过什么渠道传播,向谁传播,传播的效果怎样。他(1949:199)指出:我们在对传播过程进行科学的研究时,一般都集中研究其中的一个问题,相对应上述5个要素的研究,称为控制分析、内容分析、媒介分析、对象分析、效果分析。人们为了方便，简称为"传播的5个W"，这也就成了后人研究传播学的基本对象范围。

依据传播范围的大小，传播可以分为内向传播、人际传播、组织传播、大众传播、跨国传播等。其中前二者都属于语言传播。

内向传播属于内部语言传播，是人们头脑里"主我"（I）同"客我"（Me）之间的信息交流活动，如自言自语、自我推敲、自我反省、自我克制、沉思默想、内心矛盾等。它是人类最基本的传播活动，是人类一切传播活动的前提和基础，既有传播的一般特性，又有自身的特点：隐蔽性、内动性、短途性、思维性，同时还具备语言传播活动的基本条件：传播者（主我）、信息（内储信息）、语（内部语言）、接受者（客我）。

人际传播属于外部语言传播，是指两个或两个以上的人之间借助语言和非语言符号互通信息、交流思想感情的活动。人际传播是传播者与受传者之间的信息互动过程，是人际关系得以建立、维持和发展的润滑剂。人际传播可以是面对面的信息传播，如交谈、交往、约谈、讨论、对话等，也可以是借助传播媒介进行的传播，如写信、打电话、发传真等。

组织传播、大众传播、跨国传播等都跟语言密切相关。

无论是哪种语言传播，都必须具备传播行为过程的5个要素。语言表达作为一种传播行为，必然要受到五要素的制约。

"场"是物理学上的概念，物理学上有电场、磁场等概念。场是物质普遍联系的结果。上述制约语言的五要素对语言而言其实就是"场"。

恩格斯（Friedrich Engels）（中共中央马克思恩格斯、列宁斯大林著作编译局，1972：492）说："整个自然界形成一个体系，即各种物体相互联系的总体，而我们在这里所说的物体，是指所有的物质存在。"

从马克思主义理论的角度看，"宇宙空间充满了各种物质运动形式，除了各类实物之外，还有各种场，如引力场、电磁场等。"（叶敦平 2003：35）语义是客观物质世界在人类大脑中的反映（人类思维、精神世界归根结底仍是客观世界的反映），自然也有场。这就是语义场，是语义表达和理解的综合因素。

这个"语义场"和一般语义学论著所说的语义场有很大区别，后者指的是由语义表达中的一组有关联的义位组成的、具有一定共同语义特征的聚合体，其实应该叫做义位场，不能叫语义场，研究范围非常狭窄。为了区分这两个概念，我们把前者叫做"广义语义场"，后者叫"狭义语义场"。前者才是真正意义上的、名副其实的语义场。

拉斯韦尔传播行为过程的"谁传播""传播什么""通过什么渠道传播"

"向谁传播""传播的效果怎样"这5个要素,从语言的传播过程看,"谁传播""向谁传播"这两个要素对语言的制约体现在语言习惯、语言能力、背景知识方面,"传播什么"这个要素对语言的制约体现在语言的三要素、语境方面,"通过什么渠道传播"这个要素对语言的制约体现在文字、语言三要素之一的语音方面,"传播的效果怎样"这个要素对语言的制约体现在修辞方面。列表如下:

表2-1 传播行为过程五要素与广义语义场相应要素的对应关系

序号	传播行为过程五要素	广义语义场的相应要素
1	谁传播	语言习惯、语言能力、背景知识
2	传播什么	语言三要素、语境
3	通过什么渠道传播	文字、语言三要素之一的语音
4	向谁传播	语言习惯、语言能力、背景知识
5	传播的效果	修辞

可见,广义语义场应该包含7个因素:语言习惯、语言能力、背景知识、语言的三要素、语境、文字、修辞。

有两点值得注意,一是广义语义场制约语义理解的线索有时代线索、表达者线索、标题线索、上下文线索、版本线索等,二是广义语义场对语义表达和理解制约的方式有显性制约与隐性制约、直接制约与间接制约、复合制约与简单制约等。

下面我们以广义语义场的七要素为经,分别考察其制约语义的情况。

2.2 语言习惯制约理论

《现代汉语词典》(2016:1403)对"习惯"的解释是:"在长时期里逐渐养成的、一时不容易改变的行为、倾向或社会风尚。"

习惯是如何产生的呢?美国学者都希格(Charles Duhigg)(2013:17)认为"是因为大脑一直在寻找可以省力的方式。如果让大脑自由发挥,那大脑就会让几乎所有的惯常行为活动变成习惯,因为习惯能让大脑得到更多的休息。这种省力的本能是一大优势。"

都希格(2013:18)还认为:"我们每天做出的大部分选择似乎都是精心考虑的决策结果,其实不然。这些选择都是习惯的结果。虽然每种习惯的影响相对有限,但随着时间的推移,你吃饭时点的菜,每天晚上对孩子们说的话,你是储蓄还是消费,锻炼的频率,以及你的思维组织与日常工作安排,对你的健康、工作效率、经济保障以及幸福都会有巨大的影响。杜克大学2006年发布的研究报告表明,人每天有40％的行为并不是真正由决定促成的,而是出于习惯。"

习惯有各种类型。"语言习惯"就是指在长时期里逐渐养成的、一时不容易改变的表达规律,一种表达惯性。

其实,当前的研究热点构式理论研究就很重视语言习惯,只是很少有人意识到而已。

Adele E. Goldberg(2007:4)认为:

如果语法中存在的其他构式的知识不能完全预测某个构式的一个或多个特征,那么该构式在语法中独立存在:C 是一个构式当且仅当 C 是一个形式—意义的配对〈Fi, Si〉,且 C 的形式(Fi)或意义(Si)的某些方面不能从 C 的构成成分或其他先前已有的构式中得到完全预测。

Goldberg 强调一个构式的整体不等于各个构成成分之和。即根据各个构成成分的形式或意义,并不能推导出该构式的整体意义。

后来 Goldberg(2013:5)补充了自己的观点:"即使有些语言格式可以得到完全预测,只要它们的出现频率很高,这些格式仍然会被语言使用者存储为构式。"她反复重申并进一步阐述了这一观点。也就是说,任何格式只要是高频率的,就可以成为构式。

Goldberg 把出现频率作为判定构式的依据,就是认识到了语言习惯的作用,因为出现频率是语言习惯的表现。

在训诂学领域,对语言习惯的把握,有时可以帮助我们纠正点校失误。

《祖堂集》卷四"药山和尚"高丽再雕版原文如下:

> 相公别问如何是戒定慧师曰贫道这里无这个闲家具问己事未明乞和尚指示师沉吟良久曰吾今为汝道一句亦不难只宜汝于言下便见去师因唤沙弥道吾曰用沙弥童行作什么师曰为有这个吾曰何不弃却师曰有来多少时(第88页)

佛光山本(台湾佛光山宗务委员会 1994:201~202)点校为:

> 相公别问:"如何是戒定慧?"师曰:"贫道这里无这个闲家具。"问:"己事未明,乞和尚指示。"师沉吟良久,曰:"吾今为汝道一句亦不难,只宜汝于言下便见去。"师因唤沙弥,道吾曰:"用沙弥童行作什么?"师曰:"为有这个。"吾曰:"何不弃却?"师曰:"有来多少时?"

岳麓书社本(吴福祥、顾之川 1996:104)为：

　　相公□问："如何是戒定慧？"师曰："贫道这里无这个闲家具。"问："己事未明,乞和尚指旨。"师沉吟良久曰："吾今为汝道一句亦不难,只宜汝于言下□□去。"师因唤沙弥。道吾曰："用沙弥童行作什么？"师曰："为有这个。"吾曰："何不弃却？"师曰："有来多少时？"

中州古籍出版社本(张华 2001:129)为：

　　相公则问："如何是戒定慧？"师曰："贫道这里无这个闲家具。"问："己事未明,乞和尚指示。"师沉吟良久,曰："吾今为汝道一句亦不难,只宜汝于言下便见去。"师因问沙弥。道吾曰："用沙弥童行作什么？"师曰："为有这个。"吾曰："何不弃却？"师曰："有来多少时？"

中华书局本(孙昌武、衣川贤次、西口芳男 2007:225—226)为：

　　相公别问："如何是戒、定、慧？"师曰："贫道这里无这个闲家具。"问："己事未明,乞和尚指示。"师沉吟良久,曰："吾今为汝道一句亦不难,只宜汝于言下便见去。"师因唤沙弥。道吾曰："用沙弥童行作什么？"师曰："为有这个。"吾曰："何不弃却？"师曰："有来多少时？"

商务印书馆本(张美兰 2009:130)为：

　　相公别问："如何是戒定慧？"师曰："贫道这里无这个闲家具。"问："己事未明,乞和尚指示。"师沉吟良久,曰："吾今为汝道一句亦不难,只宜汝于言下□□去。"师因唤沙弥,道吾曰："用沙弥童行作什么？"师曰："为有这个。"吾曰："何不弃却？"师曰："有来多少时？"

日本花园大学本(古贺英彦 2003:103)校点与上大同小异,以保持影印本原貌为主,在此略过。

以上诸本的校点,都有一个共同的问题,那就是不符合表达习惯:前半部分是李翱相公向药山请教,请药山说一句话以解决根本疑惑,而从"师因唤沙弥"起,却变成了药山和一个小孩的对话,李翱相公不再出现了。

这就促使我们去寻找问题所在。在佛经里,有两个字宜特别注意,那就是"吾、我"。"吾、我"二字在佛经里有两个特点：

一是经常连用,检索《CBETA 电子佛典集成 June2016》得"吾我"1273 次。

二是经常做"有、无"的宾语。检索《CBETA 电子佛典集成 June2016》,得"有吾"362 例、"无吾"295 例,例如：

察色之本见无常苦无吾非身。虚妄见者而反自缚。(《大正藏》第 15 册 198 页《修行道地经》)

无得念言是我所 于是无我亦无吾 无得不尊自谓势 摄身诸事伏其心(《大正藏》第 3 册第 83 页《生经》)

如诸法者。无吾无我亦无寿命。分别法观平等无二。如来至真解脱无碍。唯佛能察演布说耳。(《大正藏》16 册第 126 页《菩萨璎珞经》)

曼坻谓言。计有吾我人者。何时当得道耶。虽久在山中亦如树木无异。不计吾我人者乃可得道。(《大正藏》第 3 册第 421 页《太子须大拿经》)

菩萨修定无有吾我。具足如来诸禅定故。(《大正藏》第 13 册第 194 页《大方等大集经》)

无所想念而无邪想。求诸尘劳无有吾我。以无吾我便无所受。则无所生无造业者。悉能善修于一切法。是则名曰为圣路矣。(《大正藏》第 13 册第 454 页《宝女所问经》)

可见,在佛经里,"吾"前出现存在动词"有、无"时,"吾"很有可能是存在动词"有、无"的宾语。

佛教修行,重在"无吾(我)",只有到了"无吾(我)"境界,才能悟道。《金刚般若波罗蜜经》："若当来世后五百岁。其有众生得闻是经信解受持。是人则为第一稀有。何以故。此人无我相人相众生相寿者相。所以者何。我相即是非相。人相众生相寿者相即是非相。何以故。离一切诸相则名诸佛。"(《大正藏》第 8 册第 750 页)《佛说阿惟越致遮经》："心常思终始 若空无吾我 于慧有大力 是则谓持信"。(《大正藏》第 9 册第 203 页)《渐备一切智德经》："摄持无吾我 其意伏尘劳 便得入第五 人中师子住"。(《大正藏》第 10 册第 474 页)《大宝积经》："无我慢故则无吾我。无吾我故则无分别。"(《大正藏》第 11 册第 584 页)凡圣之别,就在是否有我,可见修行"无吾(我)"的重要性。

因此,药山和尚唤道吾,并非日常打招呼,而是因为道吾的名字里有个"吾"字,药山意在借此表达"无我"之意。

按以上思路加上标点，前后语意就顺畅了：

相公别问："如何是戒定慧？"师曰："贫道这里无这个闲家具。"问："己事未明，乞和尚指示。"师沉吟良久，曰："吾今为汝道一句亦不难，只宜汝于言下便见去。"师因唤沙弥道吾。曰："用沙弥童行作什么？"师曰："为有这个'吾'。"曰："何不弃却？"师曰："有来多少时？"

译成白话就是：

相公另外问："什么是戒定慧？"药山禅师说："贫道这里没有这个闲东西。"相公问："个人的大事没有弄明白，乞求老师指导。"药山禅师沉吟了很久，才说："我现在给你说一句倒也不难，你应该听了就直接见到自己的本来面目。"药山禅师就喊了一声沙弥道吾的名字："道吾！"相公说："叫小沙弥做什么？"药山禅师说："因为他有这个'吾'（我），所以不得悟道。"相公说："何不丢掉这个'吾'？"药山禅师说："你的心里什么时候开始有这个'吾'字的？"

变成了相公和药山禅师的一问一答，这就符合禅宗语录的一般习惯了。再看一个语言习惯帮助纠正点校失误的实例。下面是出自中华书局版《五灯会元》的例子[①]：

居士问洞山道："有一物上拄天，下拄地，未审是什么物？"师曰："担铁枷，吃铁棒。"（第357页）

前面是居士问洞山，按表达习惯，后面应该是洞山回答，校点版却是"师"的回答，这就违背了语言习惯，语言习惯可以促使我们寻找正确的校点。查《卍续藏》第83册第472页《指月录》相关文献的标点为：

有居士问。洞山道。有一物上拄天下拄地。未审是什么物。师曰。担铁枷吃铁棒。

[①] 本书所举《五灯会元》例句，如无特别说明，均出自中华书局2012年12月第12次印刷苏渊雷点校本，不再一一说明。原文为繁体的，改为简体，原文有异体字的，改为规范字。只要不影响原意，非必要的繁体、异体字，均用通用规范字体。

加上现代标点就是：

> 有居士问："洞山道,'有一物上拄天下拄地',未审是什么物?"师曰:"担铁枷,吃铁棒。"

在"问"后断开,就符合表达习惯了。

禅宗语录,一般是师徒之间一问一答,这就是表达习惯。如果校点变成二问一答或一问二答,就不合习惯了,一般就有问题了:

> 僧欲跨门,师却唤回,问:"汝是洪州观音来否。"曰:"是。"师曰:"只如适来左边一圆相作么生?"曰:"是有句。"师曰:"右边圆相聻?"曰:"是无句。"师曰:"中心圆相作么生?"曰:"是不有不无句。"师曰:"只如吾与么又作么生?"曰:"如刀画水。"师便打。瑞岩问:"如何是毗卢师?"曰:"道什么!"岩再问,师曰:"汝年十七八,未问弓折箭尽时如何?"师曰:"去。"问:"如何是岩中的意?"师曰:"谢指示。"曰:"请和尚答话。"师曰:"珍重。"问:"三界竞起时如何?"师曰:"坐却着。"曰:"未审师意如何?"师曰:"移取庐山来,即向汝道。"(第378页)

这段话,基本上都体现了一问一答的习惯,唯独从"岩再问"处后面开始,连续出现了两个"师曰",这就违背了表达习惯,从"岩再问"处开始正确的标点应作:

> 岩再问,师曰:"汝年十七八未?"问:"弓折箭尽时如何?"师曰:"去。"

一问一答,符合了习惯,文意也顺畅了。

依据语言习惯,还可以发现文字校勘错误。具体说来,语言习惯形成了构式,构式可以帮助我们发现文字校勘错误。刘大为(2010:12)认为"语言中的基本构式都是可推导的,而在使用过程中构式会在一定动因的作用下发生不可推导的情况,开始都只是一种偶然的临时形式,表现为一种实体性的构式"。

如佛典中的"四十九年"是一个构式,其构式义来自古代佛教典籍记载的知识,这种知识具有一贯性,因而该构式一开始出现时就是固定形式,并非临时形式。这种不可推导的构式因为具有固定性,因而可以在校勘中起到提示文字校勘失误的作用。例如,在《五灯会元》中,"四十九年"似乎并非一个构式。如：

> （涌泉景欣禅师）上堂："我四十九年在这里，尚自有时走作。汝等诸人莫开大口……"（第307页）

从上文看，这里的"四十九年"应该是陈述涌泉景欣禅师的。但"四十九年"既然出现于佛典中，就应该是一个构式，应该专指释迦牟尼佛说法的时间量。据此，我们就可以怀疑中华书局本《五灯会元》校勘有误。

《五灯会元》的源头文献可以证明这一点。《卍续藏》第79册第189页宋·悟明集《联灯会要》卷第二十二《台州涌泉景欣禅师》："示众云。我四十年。在这里。尚自有走作。汝等诸人。莫开大口。"

《五灯会元》的同时代文献亦可佐证。《卍续藏》第71册第57页宋·石溪心月撰、住显等编《石溪心月禅师语录》："西竺初祖。呼二祖谓曰。倒却门前刹竿着。八字打开。两手分付。何故。涌泉道。我四十年。犹有走作。香林道。我四十年。方打成一片。"石溪心月生卒年不详，但他于淳祐庚戌年（1250）曾作《书遯斋居士题后》，而《五灯会元》是宋理宗淳祐十二年（1252）普济编集。石溪心月与普济是同时代人。

《五灯会元》的后续文献可为旁证。《嘉兴藏》第27册第29页《三宜盂禅师语录》："涌泉景欣禅师云我四十年在里许尚有走作汝等诸人莫开大口"。

可见，构式在训诂方面有提示校勘失误的作用。我们不妨再举一例如下：

> 诞日上堂四十五年前过去事已过去了四十五年后未来事诚然未来正当现在变幻纷纭刻刻不住何者即是拈起拄杖云腾腾任运无今古岂肯钉桩去摇橹有时虚堂兀坐似愚若鲁有时赤手入尘张弓架弩羚羊挂角绝形踪丹凤翀霄因风舞一卉开时蜂竞采苗枯花谢谁依怙卓拄杖云皓月当窗清梦回此道今人弃如土（《嘉兴藏》第40册第455页《博山粟如瀚禅师语录》）

根据构式理论，这里的"四十五年"应为"四十九年"。因为该构式义的形成依赖于这个构式整体与言者主观意图的关系，不是从成分中推导出来的，"四十九年"只能以习语的方式重复使用，构成成分的变化会导致构式义消失。

我们还可以从其他角度来辅证。从用例看，佛典极少出现这种用例，说明很可能有误。

从来源看，这是清人编的语录，应改编自"四十九年后事即不问。四十九年前事如何。(《卍续藏》第 80 册第 146 页《五灯会元》)"

而"四十九年后事"在《大正藏》第 51 册第 327 页《景德传灯录》、《卍续藏》第 67 册第 356 页《林泉老人评唱丹霞淳禅师颂古虚堂集》、《卍续藏》第 68 册第 239 页《古尊宿语录》、《卍续藏》第 80 册第 695 页《五灯严统》、《卍续藏》第 81 册第 522 页《五灯全书》、《中华藏》第 77 册第 885 页《古尊宿语录》中都有用例。

"四十九年前事"在《大正藏》第 51 册第 327 页《景德传灯录》、《卍续藏》第 67 册第 356 页《林泉老人评唱丹霞淳禅师颂古虚堂集》、《卍续藏》第 69 册第 73 页《雪峰义存禅师语录》、《卍续藏》第 80 册第 695 页《五灯严统》、《卍续藏》第 81 册第 522 页《五灯全书》、《嘉兴藏》第 33 册第 549 页《自闲觉禅师语录》中也都有用例。

这些材料都可证明上例"四十五年"的失误。

只要我们能证明某一个语言单位是不可推导的构式，那么该构式本身就可以作为证明文字校勘失误的重要证据。这好比如果确认了"不管三七二十一"是个不可推导的构式，犹如一团固化物，那么只要我们发现有一部典籍中出现"不管四七二十八"，就可以根据构式"不管三七二十一"对其证误。简言之，不可推导的构式就是文字校勘证据。而这种构式是基于出现频率形成的，较高的出现频率是基于语言习惯。

掌握了作者的语言习惯，还可以给脱文还原。例如《荀子·王制》："王者之政也。"念孙案："王者"上当有"是"字。"是王者之政也"乃总承上文之词，下文"是王者之人也""是王者之制也""是王者之论也"，皆与此文同一例，今本脱"是"字(王念孙《读书杂志》第十一册，荀子第三"王者之政也"条)。王念孙判断脱文的依据就是表达者的语言习惯。

再如王重民、王庆菽等编的《敦煌变文集·长兴四年中兴殿应圣节讲经文》：

> 沙门△乙言：千年河变，万乘君生。饮乌兔之灵光，抱乾坤之正气。年□□日，彤庭别布于祥烟，岁岁重阳，寰海皆荣于佳节。(第411页)

"□"表示底本均缺字。"年□□日"周绍良(1984:69)校作"年年吉日"，项楚《敦煌变文选注》(2006:1111)作"年年九月"。

笔者认为当作"年年九日"。原卷第一个缺字，应作"年"，因为"年年"与

"岁岁"相对为文,这是语言习惯决定的。语言习惯表现为语言符号、语言结构的出现频率,我们可以从语料中找到大量用例[①]:

(1)年年岁岁花相似,岁岁年年人不同。(刘希夷《相和歌辞·白头吟》)

(2)容鬓年年异,春华岁岁同。(骆宾王《畴昔篇》)

(3)年年此游玩,岁岁来追随。(陈子昂《鸳鸯篇》)

(4)红颜岁岁老金微,砂碛年年卧铁衣。(王烈《塞上曲二首》)

(5)岁岁云山玉泉寺,年年车马洛阳尘。(徐凝《和夜题玉泉寺》)

(6)天边雨露年年在,上苑芳华岁岁新。(徐铉《柳枝词十首》)

(7)酒幸年年有,花应岁岁开。(李绛《花下醉中联句》)

当然,"岁岁"也可以与"朝朝""日日""时时"等相对为文,但第一个缺字前面已出现了"年"字,那么第一个缺字就只能在习惯的作用下用"年"字了。

2.3 语言能力制约理论

一般认为,语言能力指听说读写的能力。最早从语言角度关注并研究语言能力者是乔姆斯基,人类为什么能说出他从未说过的话？为什么能听懂他从未听过的话？这是因为人类有一种语言能力,揭示这种能力,将有助于智能机器人用自然语言表达并理解人类的自然语言。这是乔姆斯基的转换生成语法的研究目的。他认为,人类的语言能力都是相同的,相同的部分叫深层结构,人类的语言之所以不同,是表层结构不同,我们只需弄清深层结构转换成表层结构的规律,就了解了人类的语言能力。乔姆斯基的理论对机器处理自然语言是有很大帮助的,但机器人仍然不可能像人类一样自由地表达、准确地理解。这表明对语言能力的把握不是那么简单的事情,语言学家仍需努力。

胡正微(1992:76~77)认为,语言能力"是一种根据特定的交际意图和特定的语境创造性地运用某种语言进行信息交流(编码和译码)的能力","语言能力实际上是在语言知识基础上进行思维,也即以语言为工具进行思维的能力";并且认为,"在生成言语的过程中,根据对外界的反应产生说话

---

① 以下所引 7 例诗词皆出自中华书局编辑部点校、1992 年出版的《全唐诗》。

意图,根据头脑中的表象、背景知识和语境选择词语,选择句型,都靠基于思维的语言能力"。

我们认为,首先需要解释能力,能力是看不见摸不着的,但却实实在在地存在着,它的存在体现在使用上,如果不用,也就体现不出它的存在。用的时候,我们不但能感觉到它的存在,而且能用一定的尺度来衡量它,并且还能知道决定尺度位置的诸因素。

也许正因为语言能力看不见摸不着且只有在使用时才可感知的特点,所以语言学家多回避对它进行正面描述以避免不必要的麻烦。其实这不是科学应有的态度,正好像科学家不能回避对电、对空气的正面描述一样,正是因为有正面描述,才能真正认识它并且利用它为人类服务。

下面我们要进一步考察的问题是,在使用语言能力时,我们会感觉到什么呢?我们至少可以感觉到6种情况的存在:使用语言不正确,使用语言正确但不好,使用语言好;理解语言不正确,理解语言正确但不深刻,理解语言深刻。这就是语言能力存在的6种状态,前三种是表达能力的状态,后三种是理解能力的状态。

那么,为什么会有这6种不同的状态呢?是哪些因素决定的呢?我们认为,如下因素决定语言能力存在的6种状态:(1)语言知识储量;(2)记忆力;(3)根据语境选择语言单位的能力;(4)思维能力。

表达能力指说、写能力,理解能力指听、读能力。表达能力强者未必理解能力强,理解能力强者未必表达能力强,因此,决定表达能力和理解能力的因素应该是有区别的。上列四种因素中,(1)(2)(3)对表达能力影响的程度大些,(1)(4)对理解能力影响的程度大些。

语言能力和禅籍训诂有什么关系呢?我们认为,主要表现为今人训诂应科学评估前贤的学术能力尤其是训诂能力,从而科学地借鉴前贤的训诂成果。前贤的禅籍训诂能力一般有以下差异。

一是与待训文献时代越近,前贤的训诂能力越强。同时代或相近时代的学者所做的训诂研究,必须充分重视、借鉴,不要轻易否定。比如我们要训诂唐宋文献,就应该首先参看唐宋学者对唐宋文献所做的训诂;如果唐宋学者没有训诂,那么再参看元代的;元代的没有,再参看明代的。总之,训诂学者年代越早,在其他条件不变的情况下,训诂能力越强。

二是专家的训诂能力强于杂家。因为一个人的时间和精力毕竟是有限的,在同样的时间和精力条件下,专心做一件事比同时做几件事的成果可靠得多。比如我们要训诂唐宋禅籍,就应该考虑训诂学者是否是佛教徒这一因素。一般情况下,佛门学者的训诂能力强于非佛门学者,因为佛门学者有充分的时间和精力保障。《大乘本生心地观经》:"出家菩萨胜在家 算分喻分莫能比 在家逼迫如牢狱 欲求解脱甚为难 出家闲旷若虚空 自在无为离系着。"(《大正藏》第3册第307页)爱新觉罗·福临《西山天太山慈善寺题壁诗》:"朕为大地山河主,忧国忧民事转烦。百年三万六千日,不及僧家半日闲。"僧家有的是时间和精力。所以本专著所引用的训诂成果,作者一般是出家修行者。如我们多次引用《祖庭事苑》的成果,主要就是考虑四明比丘法英《祖庭事苑·序》对作者北宋睦庵(善卿)的介绍。《祖庭事苑·序》云:"上人生东越。姓陈氏。号善卿。字师节。幼去家。事开元慈惠师为弟子。访道诸方。"其中,"幼去家。事开元慈惠师为弟子"这个记载很重要,表明睦庵是位出家人,而且是从小出家,有的是时间研读佛经,而且无须"为稻粱谋",无须赶进度,那么他对佛典的训诂能力一般会很强。

　　三是有信仰者的训诂能力强于无信仰者。信仰的力量是巨大的,可以令拥有最高权力的人(譬如皇帝)出家,令拥有世间名利、财富的人出家,令跟随修行的人舍身殉道。信仰的力量足可以保证训诂成果的可信度。我们大量引用丁福保《佛学大辞典》的成果,因为他在《佛学大辞典·自序》中说:"余自四十以后,皈依象教,发愿笺注佛经。"(第5页、第7页)"象教"即指佛教。"余注经之愿于此已偿,此后便当烧却毛颖,碎却端溪,兀然作一不识字之人,而专修禅净矣。"可见他中年后开始学佛、信佛,研究佛学,属于在家学佛者,应该具有较强的佛典训诂能力。当然,实事求是地说,丁福保对唐宋佛典的训诂能力,毕竟无法与睦庵相比,后者既是北宋人,又是从小出家者,所以我们首先看重睦庵的训诂成果。

2.4　背景知识制约理论

　　"背景"是个内涵比较丰富的概念。《现代汉语词典》对"背景"有这样的解释:"对人物、事件起作用的历史情况或现实环境。"(第57页)"背景"顾名思义是相对于现场而言的。胡正微(1992:70～75)认为,与语言的生成和理解有关的背景知识可以分为三类:一是语言知识,二是与言语所指对象有关的社会文化背景知识,三是反映事物及其联系的知识。

2.4.1　语言知识对语义的制约

　　语言知识指人们基于对语言的认识而形成的知识。人们在用某种语言表达的时候知道用哪些词,用什么样的规则把它们组合起来;在理解的时候,人们熟悉语法规则,明白语言单位之间的关系,这是语言知识对语法的制约。在表达的时候,人们知道用哪些概念,这些概念如何排列才能更好地表达自己的意义;在理解的时候,人们知道哪些概念是什么含义,概念排列是什么含义,这是语言知识对语义的制约。

语言知识表现为语音知识、词汇知识、语法知识、修辞知识,这些方面都可能制约对语义的理解。这个内容目前的训诂学论著多有涉及,这里就不再举例说明了。在以后的各章中,我们会谈到这些知识对语义理解的制约。

2.4.2 与言语所指对象有关的社会文化背景知识对语义的制约

社会文化背景知识随着人的经历、阅历的不断丰富,不断被人类储存。我们一般认为这些知识存储在人的大脑中,佛教认为不是存储在大脑,而是存储在阿赖耶识中,此阿赖耶识大约相当于现代科学所说的黑洞,并不能说在大脑中,也不能说在身体的某个部位,但又不能离开身体而存在,它无处不在,无始无终,无边无际,因而其容量就是无限地大,或者说人类的记忆能力是无限的。社会文化背景知识总是被语言记录,和语言密切相关,当我们运用语言进行交际时,被储存的相关文化背景知识就会显现出来发挥作用。

比如佛教有这样的背景知识:人有觉悟者、未觉悟者,觉悟者有天人、二乘圣者、十方一切诸佛、菩萨。"十方一切诸佛、菩萨"就和"大人"一词联系在一起。有一部佛经叫《八大人觉经》,就跟这个背景知识有关,受这个背景知识的制约,"八大人觉经"的层次就应该分析为:

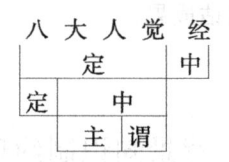

八	大	人	觉	经
			定	中
定		中		
	主	谓		

明末清初画家八大山人取名奇特,"八大山人"的层次划分也就与众不同了。如考虑画家朱耷题诗作画署款时常把"八大山人"四字连缀起来,仿佛像"哭之""笑之"字样,以寄托他哭笑皆非的痛苦心情这个背景知识,则"八大山人"应为"八大"与"山人"构成的联合结构。

在《五灯会元》训诂中,对训释起关键作用的一般是背景知识,特别是与言语所指对象有关的佛教禅宗文化背景知识。

在《五灯会元》中,两千多位禅师说法,各有特色:有的苦口婆心,不厌其烦;有的三言两语,不肯多言;有的问东答西,指鹿为马;有的大喝一声,有的抢棒就打;有的动动眉毛,挤挤眼睛。如不抓住根本,就会使人如坠五里云雾之中。其实万变不离其宗,这个"宗"是什么呢?《五灯会元》主要是一种禅宗教学日记,教学必有内容与方式,方式为内容服务。因此这个"宗"就是其教学内容,这个教学内容就是《五灯会元》的佛教禅宗文化背景知识。

因不明禅宗的教学内容而误解《五灯会元》禅师语录的例子并不少见,下面略举四例[①]。

(1)问曰:"我欲识佛,何者即是?"祖(十一祖富那夜奢尊者)曰:"汝欲识佛,不识者是。"(第20页)

《〈五灯会元〉白话全译》[②]把"汝欲识佛,不识者是"释为"你想认识佛,不认识的这位,我就是"(第19页)。

(2)(蕲州黄梅龙华寺晓愚禅师)到五祖戒和尚处,祖问曰:"不落唇吻一句,作么生道?"师曰:"老老大大,话头也不照顾。"祖便喝,师亦喝。祖拈棒,师拍手便出。祖召曰:"阇黎且住,话在。"师将坐具搭在肩上,更不回首。(第713页)

《白话全译》把"话头也不照顾"释为"说话也不考虑一下",把"阇黎且住,话在"释为"阇黎将不再说话了"(第19页)。

(3)师在泐潭,见初首座,有语曰:"也大奇,也大奇。佛界道界不思议。"师遂问曰:"佛界道界即不问,只如说佛界道界底是什么人?"初良久无对。(第779页)

《白话全译》把"只如说佛界道界底是什么人"释为"只说说佛界道界各是些什么人"。(第733页)

(4)僧问:"此事久远,又如何用心?"师曰:"牛皮鞔露柱,露柱啾啾叫。凡耳听不闻,诸圣呵呵笑。"(第144页)

《白话全译》把"凡耳听不闻"释为"凡耳听不见"(第134页)。
以上释读欠妥的原因,都是译者对禅宗的教学内容不太理解所致。

---

① 如无特别说明,本书《五灯会元》例句后所标页码均为中华书局1992年版的页码。
② 《〈五灯会元〉白话全译》以下简称《白话全译》。

所有的禅宗灯录,都有一个主要教学内容,就是解答"佛是什么"的问题。这个主要教学内容就是"与言语所指对象有关的社会文化背景知识"。明白了这种背景知识对《五灯会元》语义的制约,绝大部分禅宗语录便可顺利训释了。

禅宗灯录的主要教学内容是解答"佛是什么"的问题,我们可以据此给禅宗语录分类如下。

2.4.2.1 总体解答类

本类语录从整体上解答"什么是佛"的问题。

《五灯会元》中对这个问题有多次解答。首次解答见于二十八祖菩提达摩大师之弟子无相宗中首领波罗提与轻毁三宝的异见王的对话中:

(1)王(异见王)怒而问曰:"何者是佛?"提(波罗提)曰:"见性是佛。"王曰:"师见性否?"提曰:"我见佛性。"王曰:"性在何处?"提曰:"性在作用。"王曰:"是何作用?我今不见。"提曰:"今现作用,王自不见。"王曰:"于我有否?"提曰:"王若作用,无有不是。王若不用,体亦难见。"王曰:"若当用时,几处出现?"提曰:"若出现时,当有其八。"王曰:"其八出现,当为我说。"波罗提即说偈曰:"在胎为身,处世为人。在眼曰见,在耳曰闻。在鼻辨香,在口谈论。在手执捉,在足运奔。遍现俱该沙界,收摄在一微尘。识者知是佛性,不识唤作精魂。"王闻偈已,心即开悟,悔谢前非,咨询法要,朝夕忘倦,迄于九旬。(第41~42页)

波罗提尊者的回答可以概括为:见性是佛,性在作用。所以六祖慧能大师很重视"见性",《六祖坛经》有如下记载:"宗复问曰。黄梅付嘱如何指授。惠能曰。指授即无。惟论见性。不论禅定解脱。"(《大正藏》第48册第349页)"惟论见性",这表明"见性"是禅宗教学内容的核心。

《五灯会元》接下来多次对"性"进行了描述。

(2)他日,祖告众曰:"吾有一物,无头无尾,无名无字,无背无面,诸人还识否?"师乃出曰:"是诸法之本源,乃神会之佛性。"(第102页)

这是从总体上描述"性"的特征:"无头无尾""无名无字""无背无面"。

(3)(双林善慧禅师)又曰:"有物先天地,无形本寂寥。能为万象主,不逐四时凋。"(第119页)

这是从总体上描述"性"的 4 个特征:"先天地""无形""能为万象主""不逐四时凋"。

(4)帝曰:"何为佛心?"对曰:"佛者西天之语,唐言觉。谓人有智慧觉照为佛心。心者佛之别名,有百千异号,体唯其一,无形状,非青黄赤白、男女等相,在天非天,在人非人,而现天现人,能男能女,非始非终,无生无灭,故号灵觉之性。如陛下日应万机,即是陛下佛心。假使千佛共传,而不念别有所得也。"(第 225 页)

前面说明"性"的别名:佛、觉、心,有百千异号。后面说明"性"的特性:无形状,非青黄赤白、男女等相,在天非天,在人非人,而现天现人,能男能女,非始非终,无生无灭。

(5)有一鱼兮伟莫裁,混融包纳信奇哉。能变化,吐风雷,下线何曾钓得来。(第 275 页)

这是把"性"比作"鱼",其特点是:伟莫裁,混融包纳,能变化,吐风雷,下线何曾钓得来(如如不动)。

(6)师(香严智闲禅师)又成颂曰:"去年贫未是贫,今年贫始是贫。去年贫,犹有卓锥之地,今年贫,锥也无。"(第 537 页)

这是从总体上描述"性"的特征:"今年贫,锥也无"。也就是"绝对空"的意思。

(7)师与泰首座冬节吃果子次,乃问:"有一物上挂天,下挂地,黑似漆,常在动用中。动用中收不得,且道过在什么处?"泰曰:"过在动用中。"师唤侍者,掇退果桌。(第 780 页)

这也是从总体上描述"性"的特征:"上挂天、下挂地""黑似漆""常在动用中"。

(8)上堂:"黄檗手中六十棒,不会佛法的的大意,却较些子。大愚肋下筑三拳,便道黄檗佛法无多子,钝置杀人!须知有一人,大棒蓦头

39

打,他不回头。老拳劈面槌,他亦不顾。且道是谁?"(第1211页)

这还是从总体上描述"性"的特征:大棒蓦头打,他不回头。老拳劈面槌,他亦不顾。也就是"如如不动"的意思。

古今高僧中,对心性说得最明白的应首推元音老人,他在《略论明心见性》(2004:10)中说:"一切经论、所有法门,无不围绕着这一中心——明心见性——来阐扬发明,使人们得以觉破迷情,消除无明,离妄返真,就路归家。佛教之所以异于他教,超越外道者,其原因即在切中众生生死与还灭之根源,而此根源又在明心见性与否。故明心见性,实乃佛教之精髓,超生脱死之重要关键也。"那么"性"究竟是什么呢?元音老人在《略论明心见性》(2004:14)中也有很通俗明确的表述:"性是生起心的根本,是心的本原。现代学说认为,它是生起心的能量。没有它,对境生不起心来。我们之所以能对境生心,全是它的作用。它是无形无相的,所以眼不能见,但它能起种种作用,故确实是有。古人比为色里胶青,水中盐味,虽不可目睹,但事实上确实在起作用,在佛经上它有很多异名,如一真法界、真如、如来藏、佛性、真心、大圆胜慧等等。"

2.4.2.2 分别解答类

《五灯会元》中本类语录以波罗提尊者对异见王的回答为纲,从8个不同角度解答"什么是佛"。"性"体现在作用中,对人体而言,有8种作用。任何一种作用,都能让人认识其体,认识佛性。

2.4.2.2.1 "在胎为身"类

(1)问:"如何是诸佛出身处?"师曰:"驴胎马腹。"(第730页)

(2)问曰:"一灵真性,不假胞胎时如何?"师曰:"未是妙。"(第791页)

(3)上堂:"今朝是如来降生之节,天下缁流,莫不以香汤灌沐,共报洪恩。为什么教中却道,如来者无所从来?既是无所从来,不知降生底是谁?试请道看。若道得,其恩自报。若道不得,明年四月八,还是蓦头浇。"(第1054页)

(4)问:"一切含灵具有佛性。既有佛性,为什么却撞入驴胎马腹?"师曰:"知而故犯。"(第1252页)

"驴胎马腹""不假胞胎未是妙""降生""撞入驴胎马腹",说的都是佛性的"在胎为身"的作用。因为学人基本都是成年人,早已不"在胎"了,所以佛性"在胎为身"的作用学人难以感受,故从这方面进行教学的例子不多见。

2.4.2.2.2 "处世为人"类

(1)师垂语曰:"终日拈香择火,不知身是道场。"(第117页)

(2)问:"如何是佛?"师曰:"汝是阿谁?"曰:"某甲。"师曰:"汝识某甲否?"曰:"分明个。"(第133页)

(3)僧问:"如何是佛?"师曰:"即汝便是。"(第493页)

(4)僧问:"如何是道?"师曰:"无心是道。"曰:"某甲不会。"师曰:"会取不会底好!"曰:"如何是不会底?"师曰:"只汝是,不是别人。"(第524页)

(5)僧问:"如何是佛?"师曰:"速礼三拜。"僧礼拜,师曰:"一拨便转。"(第559页)

(6)时有僧问:"如何是诸佛正宗?"师曰:"汝是什么宗?"(第576页)

(7)(百丈道恒禅师)乃曰:"实是无事,诸人各各是佛,更有何疑得到这里?……"(第579页)

(8)问:"如何是佛?"师(罗汉智依禅师)曰:"汝是行脚僧。"(第588页)

此类与第一类相对。因为佛性"处世为人",所以例(1)说"身是道场",修人身即可得道。例(2)禅师反问"汝是阿谁",实际上是说"汝是佛"。例(3)"即汝便是"、例(4)"只汝是,不是别人"说得很明确。例(5)蕲州三角山志谦禅师似乎并未明说此义,但"速礼三拜""便转"的主体都是"僧",所以可以说暗含佛性"处世为人"之义。例(6)同例(2)。例(7)说得很明白。例(8)似乎答非所问,实际上是说"你这个行脚僧是佛"之意。

2.4.2.2.3 "在眼曰见"类

(1)有坦然、怀让二僧来参问曰:"如何是祖师西来意?"师(嵩岳慧安国师)曰:"何不问自己意?"曰:"如何是自己意?"师曰:"当观密作用。"曰:"如何是密作用?"师以目开合示之。然于言下知归,让乃即谒曹溪。(第72页)

(2)(生法师)曰:"涅槃之义,岂有二邪?某甲只如此,未审禅师如何说涅槃?"师(跋陀禅师)拈起如意曰:"还见么?"曰:"见。"师曰:"见个什么?"曰:"见禅师手中如意。"师将如意掷于地曰:"见么?"曰:"见。"师曰:"见个什么?"曰:"见禅师手中如意堕地。"师斥曰:"观公见解,未出常流,何得名喧宇宙!"拂衣而去。(第116页)

(3)师(百丈怀海禅师)侍马祖行次,见一群野鸭飞过。祖曰:"是什么?"师曰:"野鸭子。"祖曰:"什处去也?"师曰:"飞过去也。"祖遂把师鼻

扭,负痛失声。(第131页)

(4)(福州灵云志勤禅师)本州长溪人也。初在沩山,因见桃花悟道。有偈曰:"三十年来寻剑客,几回落叶又抽枝。自从一见桃花后,直至如今更不疑。"(第239页)

(5)僧问:"如何是祖师西来意?"师曰:"还见庭前花药栏么?"(第242页)

(6)师(光孝慧觉禅师)领众出,见露柱,乃合掌曰:"不审世尊。"(第244页)

(7)有一供过童子,每见人问事,亦竖指祇对。人谓师曰:"和尚,童子亦会佛法,凡有问皆如和尚竖指。"师一日潜袖刀子,问童曰:"闻你会佛法,是否?"童曰:"是。"师曰:"如何是佛?"童竖起指头,师以刀断其指,童叫唤走出。师召童子,童回首。师曰:"如何是佛?"童举手不见指头,豁然大悟。(第250~251页)

(8)师(神山僧密禅师)与洞山行次,忽见白兔走过,师曰:"俊哉!"洞曰:"作么生?"师曰:"大似白衣拜相。"(第291页)

(9)僧侍立次,师(玄沙师备禅师)以杖指面前地上白点曰:"还见么?"曰:"见。"如是三问,僧亦如是答。师曰:"你也见,我也见,为什么道不会?"(第396页)

例(1)"师以目开合示之",嵩岳慧安国师说的是,能使目开合的是佛性。例(2)跋陀禅师引导生法师见性,生法师却只能见如意。例(3)用见一群野鸭飞来飞去进行现场教学,马祖试图引导百丈怀海禅师注意那个能见野鸭的主体。例(4)记载了灵云志勤禅师因见桃花悟道的经验,供后世借鉴。例(5)潞州渌水和尚提醒学人注意"见庭前花药栏"的那个主体。例(6)光孝慧觉禅师见露柱如见世尊,对象不同,主体一样。例(7)介绍童子因不见指头而显露主体的悟道经历。例(8)介绍神山僧密禅师见白兔走过的悟道经历。例(9)玄沙师备禅师以见不见面前地上白点的机缘进行教学。

2.4.2.2.4 "在耳曰闻"类

(1)普请䦆地次,忽有一僧闻鼓鸣,举起䦆头,大笑便归。师(百丈怀海禅师)曰:"俊哉!此是观音入理之门。"(第133页)

(2)师游山见蝉蜕,侍者问曰:"壳在这里,蝉向什么处去也?"师拈壳就耳畔摇三五下,作蝉声。侍者于是开悟。(第327页)

(3)师(同安院常察禅师)闻鹊声,谓众曰:"喜鹊鸣寒桧,心印是渠传。"(第336页)

(4)(唐朝因禅师)微时,尝运槌击土次,见一大块,戏槌猛击之,应碎。豁然大悟。(第355页)

(5)昔有僧因看《法华经》至"诸法从本来,常自寂灭相"。忽疑不决,行住坐卧,每自体究,都无所得。忽春月闻莺声,顿然开悟。遂续前偈曰:"诸法从本来,常自寂灭相。春至百花开,黄莺啼柳上。"(第363页)

(6)师(玄沙师备禅师)因参次,闻燕子声,乃曰:"深谈实相,善说法要。"便下座。(第396页)

(7)僧问:"学人乍入丛林,乞师指个入路。"师(玄沙师备禅师)曰:"还闻偃溪水声么?"曰:"闻。"师曰:"从这里入。"(第401页)

(8)资严长老问:"如何是现前三昧?"师曰:"还闻么?"严曰:"某甲不患聋。"师曰:"果然患聋。"(第583页)

(9)(杭州兴教洪寿禅师)同国师普请次,闻堕薪有省,作偈曰:"扑落非他物,纵横不是尘。山河及大地,全露法王身。"(第620页)

(10)僧问:"如何是观其音声而得解脱?"师将火筯敲柴曰:"汝还闻么?"曰:"闻。"师曰:"谁不解脱?"(第658页)

(11)(明州香山道渊禅师)上堂:"酒市鱼行,头头宝所。鸦鸣鹊噪,一一妙音。"(第772页)

(12)未几,(无垢居士张九成)留苏氏馆,一夕如厕,以栢树子话究之。闻蛙鸣,释然契入。有偈曰:"春天月夜一声蛙,撞破乾坤共一家。正恁么时谁会得?岭头脚痛有玄沙。"(第1349页)。

"在耳曰闻"类实为观音法门。唐天竺沙门般剌密帝译《大佛顶如来密因修证了义诸菩萨万行首楞严经》中介绍了二十五位无学诸大菩萨及阿罗汉的最初成道方便法门,最后文殊菩萨做了总结:"此方真教体 清净在音闻 欲取三摩提 实以闻中入"(《大正藏》第19册130页),"大众及阿难 旋汝倒闻机 反闻闻自性 性成无上道 圆通实如是 此是微尘佛 一路涅槃门 过去诸如来 斯门已成就 现在诸菩萨 今各入圆明 未来修学人 当依如是法 我亦从中证 非唯观世音 诚如佛世尊 询我诸方便 以救诸末劫 求出世间人 成就涅槃心 观世音为最"(《大正藏》第19册131页)。文殊菩萨的观点就是佛的观点,观音法门位列第一,所以本类在《五灯会元》中出现最多。上面所举各例,例(1)是"闻鼓鸣",例(2)是闻拈壳就耳畔摇三五下发出的声音,例(3)是"闻鹊声",例(4)是闻戏槌猛击之声,例(5)是"春月闻莺声",例(6)是"闻燕子声",例(7)是"闻偃溪水声",例(8)只有一个"闻",例(9)是"闻堕薪",例(10)是闻"将火筯敲柴声",例(11)是闻"鸦鸣鹊噪",例(12)是"闻蛙鸣",都是观音法门。

2.4.2.2.5 "在手执捉"类

(1)有侍者会通,忽一日欲辞去。师(鸟窠道林禅师)问曰:"汝今何往?"对曰:"会通为法出家,和尚不垂慈诲,今往诸方学佛法去。"师曰:"若是佛法,吾此间亦有少许。"曰:"如何是和尚佛法?"师于身上拈起布毛吹之,通遂领悟玄旨。(第71页)

(2)尊者一日说法次,帝释雨花。者乃问:"此花从天得邪?从地得邪?从人得邪?"释曰:"弗也。"者曰:"从何得邪?"释乃举手。者曰:"如是,如是!"(第114页)

(3)言讫,宾头卢(尊者)从空而下。王请就座,礼敬。者不顾,王乃问:"承闻尊者亲见佛来,是否?"者以手策起眉,曰:"会么?"王曰:"不会。"(第115页)

(4)梁武帝请讲《金刚经》。士(双林善慧大士)才升座,以尺挥按一下,便下座。帝愕然。圣师曰:"陛下还会么?"帝曰:"不会。"圣师曰:"大士讲经竟。"(第117页)

(5)(善慧大士)又曰:"空手把锄头,步行骑水牛。人从桥上过,桥流水不流。"(第119页)

(6)僧参,师(平田普岸禅师)打一拄杖。其僧近前把住拄杖。师曰:"老僧适来造次。"僧却打师一拄杖。师曰:"作家!作家!"僧礼拜。(第193页)

(7)一日谓众曰:"汝等与我开田,我与汝说大义。"众开田了,归请说大义。师乃展两手,众罔措。(第198页)

(8)僧参,师乃展手示之。(第279页)

(9)僧参,才展坐具,师(仙天禅师)曰:"不用通时暄,还我文彩未生时道理来!"曰:"某甲有口,哑却即闲,苦死觅个腊月扇子作么?"师拈棒作打势。僧把住曰:"还我未拈棒时道理。"(第281页)

例(1)是"于身上拈起布毛",例(2)是"举手",例(3)是"以手策起眉",例(4)是"以尺挥按一下",例(5)是"把锄头",例(6)是"打一拄杖",例(7)是"展两手",例(8)是"展手示之",例(9)是"拈棒",都是"性"外化为手的作用。

2.4.2.2.6 "在鼻辨香"类

(1)问:"语默涉离微,如何通不犯?"师(风穴延沼禅师)曰:"常忆江南三月里,鹧鸪啼处百花香。"(第677页)

(2)(长芦真歇清了禅师)上堂:"幻化空身即法身。"遂作舞云:"见么见么?怎么见得?过桥村酒美。"又作舞云:"见么见么,怎么不见?隔岸野花香。"(第899页)

(3)住后,(雪窦智鉴禅师)上堂:"世尊有密语,迦叶不覆藏。一夜落花雨,满城流水香。"(第920页)

(4)(黄州护国院寿禅师)僧问:"如何是一路涅槃门?"师曰:"寒松青有千年色,一径风飘四季香。"(第997页)

(5)(安吉州天圣守道禅师)良久曰:"柳色黄金嫩,梨花白雪香。参!"(1014页)

(6)(宝林果昌宝觉禅师)上堂:"一即一,二即二,嗅着直是无香气。"(第1078页)

(7)(清凉慧洪觉范禅师)示众,举《首楞严》如来语阿难曰:"汝应嗅此炉中栴檀,此香若复然于一铢,室罗筏城四十里内同时闻气。于意云何?此香为复生栴檀木,生于汝鼻,为生于空?阿难,若复此香生于汝鼻,称鼻所生,当从鼻出。鼻非栴檀,云何鼻中有栴檀气?称汝闻香,当于鼻入,鼻中出香,说闻非义。若生于空,空性常恒,香应常在,何借炉中爇此枯木?若生于木,则此香质,因爇成烟。若鼻得闻,合蒙烟气,其烟腾空,未及遥远。四十里内,云何已闻?是故,当知香鼻与闻,俱无处所。即嗅与香,二处虚妄。本非因缘,非自然性。"师曰:"入此鼻观,亲证无生。"(第1159页)。

(8)(莫将尚书)适如厕,俄闻秽气,急以手掩鼻。遂有省,即呈以偈曰:"从来姿韵爱风流,几笑时人向外求。万别千差无觅处,得来元在鼻尖头。"(第1327页)

例(1)是嗅"百花香",例(2)是嗅"隔岸野花香",例(3)是嗅"满城流水香",例(4)是嗅"一径风飘四季香",例(5)是嗅"梨花白雪香",例(6)是嗅"无香",例(7)是嗅"栴檀香",例(8)是嗅"秽气",均属"性"的"在鼻辨香"的作用。值得注意的是,这里的"香",既包括香气,也包括秽气,包括一切气。《说文解字·香部》:"香,芳也。从黍、从甘。《春秋传》曰:'黍稷馨香。'凡香之属皆从香。"(第406页)《汉语大词典》第12卷:"香,本指谷物熟后的气味,引申指一切好闻的气味,芳香。"(第423页)仅指香气。朱芾煌《法相辞典》:"瑜伽三卷十六页云:离质潜形,屡随风转;故名为香。二解 显扬一卷十三页云:香、谓鼻所行境,鼻识所缘,四大所造,可嗅物为体。色蕴所摄;无见有对性。此复三种。谓好香、恶香、及俱非香。彼复云何?所谓根茎皮叶

45

华果烟末等香。或俱生,或和合,或变异。是名为香。"(第871页)

丁福保《佛学大辞典》:"梵语健达、Gandha译曰香。玄应音义三曰:'健达,此译云香也。'有情非情之气分一切鼻可嗅者。大乘义章八末曰:'芬馥名香,此名不足,于中亦有腥臊臭,不可备举,且存香称。'俱舍论一曰:'香有四种:好香恶香,等不等香,有差别故。'"(第1610页)可见佛典中的"香"与一般典籍中的"香"含义是不同的,《汉语大词典》应该补上"香"的佛典含义。

2.4.2.2.7 "在口谈论"类

(1)一日唤侍者,者应诺。如是三召三应。师(南阳慧忠国师)曰:"将谓吾孤负汝,却是汝孤负吾?"(第99页)

(2)(庞蕴居士)尝游讲肆,随喜《金刚经》,至"无我无人"处致问曰:"座主!既无我无人,是谁讲谁听?"主无对。(第186页)

(3)问:"如何是祖师西来意?"师(石霜山庆诸禅师)乃咬齿示之。(第287页)

(4)(玄沙师备禅师)师与韦监军吃果子。韦问:"如何是日用而不知?"师拈起果子曰:"吃。"韦吃果子了,再问。师曰:"只这是日用而不知。"(第401页)

(5)问:"如何是第三句?"师(首山省念禅师)曰:"解问无人答。"曰:"即今祇对者是谁?"师曰:"莫使外人知。"(第681页)

(6)师(洞山良价禅师)与密师伯行次,指路旁院曰:"里面有人说心说性?"伯曰:"是谁?"师曰:"被师伯一问,直得去死十分。"(第785页)

(7)小参,(法演禅师)举:"陆亘大夫问南泉:'弟子家中有一片石,也曾坐,也曾卧,拟镌作佛,得么?'云:'得。'陆曰:'莫不得么?'云:'不得。'大众,夫为善知识,须明决择。为什么他人道'得'也道'得',他人道'不得'也道'不得'?还知南泉落处么?白云不惜眉毛,与汝注破。'得'又是谁道来,'不得'又是谁道来?汝若更不会,老僧今夜为汝作个样子。"(第1245页)

(8)(径山宗杲禅师)又举问僧,僧曰:"瓮里怕走却鳖那!"师下禅床擒住,曰:"此是谁语?速道!"(第1278页)

(9)福州东禅蒙庵思岳禅师,上堂:"蛾羊蚁子说一切法,墙壁瓦砾现无边身。见处既精明,闻中必透脱。所以雪峰和尚凡见僧来,辊出三个木球,如弄杂剧相似。玄沙便作斫牌势,卑末谩道将来,普贤今日谤古人,千佛出世,不通忏悔。这里有人谤普贤,定入拔舌地狱。且道谤与不谤者是谁?心不负人,面无惭色。"(第1333页)

例(1)"唤侍者",例(2)是"讲",例(3)是"咬",例(4)是"吃果子",例(5)是"祗对",例(6)是"说心说性",例(7)是"道得,道不得",例(8)是"速道",例(9)是"谤普贤",都是"性"的"在口谈论"的作用。这里有两点需要说明。第一,"在口谈论"只是一个大致的类别名称,"口"的作用不仅在于"谈论",还有很多别的作用,口的别的作用也应归入此类,如例(3)说的是口的"咬"的作用,例(4)说的是口的"吃"的作用。第二,例(7)中华书局版标点有误,"为什么他人道得也道得,他人道不得也道不得？还知南泉落处么？白云不惜眉毛,与汝注破。得又是谁道来,不得又是谁道来"应标点为"为什么他人道'得'也道'得',他人道'不得'也道'不得'？还知南泉落处么？白云不惜眉毛,与汝注破。'得'又是谁道来,'不得'又是谁道来"。

2.4.2.2.8 "在足运奔"类

(1)为国师侍者时,一日国师在法堂中,师入来。国师乃放下一足,师见便出,良久却回。(第103页)

(2)师(南泉普愿禅师)因入菜园,见一僧,师乃将瓦子打之。其僧回顾,师乃翘足。僧无语。师便归方丈,僧随后入,问讯曰:"和尚适来掷瓦子打某甲,岂不是警觉某甲？"师曰:"翘足又作么生？"僧无对。(第139页)

(3)师(青原行思禅师)令迁(希迁)持书与南岳让和尚曰:"汝达书了,速回。吾有个钝斧子,与汝住山。"迁至彼,未呈书便问:"不慕诸圣不重己灵时如何？"岳曰:"子问太高生,何不向下问？"迁曰:"宁可永劫受沉沦,不从诸圣求解脱。"岳便休。迁便回。师问:"子返何速？书信达否？"迁曰:"书亦不通,信亦不达。去日蒙和尚许个钝斧子,祗今便请。"师垂一足,迁便礼拜,寻辞往南岳。(第254页)

(4)师(长髭旷禅师)曰:"成就久矣,只欠点眼在。"头(石头)曰:"莫要点眼么？"师曰:"便请。"头乃垂下一足。师礼拜,头曰:"汝见个什么道理便礼拜？"师曰:"据某甲所见,如红炉上一点雪。"(第266页)

(5)僧曰:"请师直指。"师(枣山光仁禅师)乃垂足曰:"舒缩一任老僧。"(第302页)

(6)问:"如何是物物上辨明？"师(福清玄讷禅师)展一足示之。(第427页)

(7)(明招德谦禅师)临迁化,上堂告众,嘱付讫,僧问:"和尚百年后向什么处去？"师抬起一足曰:"足下看取。"中夜问侍者:"昔日灵山会上,释迦如来展开双足,放百宝光。"遂展足曰:"吾今放多少？"者曰:"昔

47

日世尊,今宵和尚。"(第 441 页)

(8)一日,师(沩山灵祐禅师)翘起一足谓仰山曰:"我每日得他负载,感伊不彻。"仰曰:"当时给孤园中,与此无别。"师曰:"更须道始得。"仰曰:"寒时与他袜着,也不为分外。"师曰:"不负当初,子今已彻。"(第 525 页)

(9)师(太原孚上座)在库前立,有僧问:"如何是触目菩提?"师踢狗子,作声走。(第 434 页)

例(1)是"放下一足",例(2)是"翘足",例(3)是"垂一足",例(4)是"垂下一足",例(5)是"垂足",例(6)是"展一足",例(7)是"抬起一足""展足",例(8)是"翘起一足",都是"性"的"在足运奔"的作用。"运奔"何义?《汉语大词典》第 10 卷(1091 页):"运,移动,挪动。"第 2 卷(1516 页):"奔,急走,跑。""足"显然不仅仅能"运奔",还有其他作用,"足"的其他作用也应归入此类,如例(9)说的就是"足"的"踢"的作用。

很多时候,禅师是综合以上各类进行教学。

(10)师(香严智闲禅师)又成颂曰:"去年贫未是贫,今年贫始是贫。去年贫,犹有卓锥之地,今年贫,锥也无。"仰曰:"如来禅许师弟会,祖师禅未梦见在。"师复有颂曰:"我有一机,瞬目视伊。若人不会,别唤沙弥。"(第 538 页)

第一个颂属于第 1 大类,总体陈述"性"的特点,第二个颂"瞬目视伊"属于第 2 大类第 3 小类的"在眼曰见"类,"别唤沙弥"属于第 2 大类第 7 小类的"在口谈论"类。

(11)问:"如何是佛?"师(百丈怀海禅师)曰:"汝是阿谁?"曰:"某甲。"师曰:"汝识某甲否?"曰:"分明个。"师乃举起拂子曰:"汝还见么?"曰:"见。"师乃不语。普请钁地次,忽有一僧闻鼓鸣,举起钁头,大笑便归。师曰:"俊哉!此是观音入理之门。"(第 133 页)

"汝是阿谁"属于第 2 大类第 2 小类的"处世为人"类,"汝还见么"属于第 2 大类第 3 小类的"在眼曰见"类,"闻鼓鸣"属于第 2 大类第 4 小类的"在耳曰闻"类。

(12)(庞蕴居士)尝游讲肆,随喜《金刚经》,至"无我无人"处致问曰:"座主!既无我无人,是谁讲谁听?"主无对。(第186页)

"谁讲"属于第2大类第7小类的"在口谈论"类,"谁听"属于第2大类第4小类的"在耳曰闻"类。

(13)(报国院照禅师)乃敲绳床两下曰:"还见么?还闻么?若见便见,若闻便闻。莫向意识里卜度,却成妄想颠倒,无有出期。珍重!"(第483页)

"还见么"属于第2大类第3小类的"在眼曰见"类,"还闻么"属于第2大类第4小类的"在耳曰闻"类。

(14)(桂州寿宁齐晓禅师)上堂:"触目不会道,犹较些子。运足焉知路,错下名言。诸仁者,山僧今日将错就错,汝等诸人,见有眼,闻有耳,嗅有鼻,味有舌,因什么却不会?"(第760页)

"见有眼"属于第2大类第3小类的"在眼曰见"类,"闻有耳"属于第2大类第4小类的"在耳曰闻"类,"嗅有鼻"属于第2大类第6小类的"在鼻辨香"类,"味有舌"属于第2大类第7小类的"在口谈论"类。

我们再回到前面"2.4.2"所举《白话全译》误释的4个例子。例(1)"不识者是"属于第2大类第2小类"处世为人"类,可译为"不认识佛的那个主体就是佛"。例(2)"话头""话"属于第2大类第7小类"在口谈论"类,字面义为"话的前头",可译为"能说话的那个主体"。虚云大师(2009:14)说:"什么叫话头,话就是说话,头就是说话之前。如念'阿弥陀佛'是句话,未念之前,就是话头。所谓话头,即是一念未生之际,一念才生,已成话尾。"例(3)"说佛界道界底是什么人"也属于第2大类第7小类"在口谈论"类,可译为"能说佛界道界的那个主体是什么"。例(4)"凡耳听不闻"属于第2大类第4小类"在耳曰闻"类,可释为"凡夫的耳朵听得到声音但不能反闻自性"。本类属于"观音法门",此法讲究"倒闻""反闻"。唐·般剌蜜帝译《大佛顶如来密因修证了义诸菩萨万行首楞严经》卷第六:"大众及阿难 旋汝倒闻机 反闻闻自性 性成无上道 圆通实如是。"(《大正藏》第19册131页)例(4)"听不闻"的"听"是听声音,"闻"是"闻自性",凡耳听声音,圣人闻自性。

可见,理解了禅宗的第一大教学内容,不少禅宗语录都可顺利释读。

49

2.4.3 反映事物间各种联系的知识对语义的制约

一个语言单位成立与否,受到三方面知识的制约,一是习惯要求,二是语法要求,三是语义要求。语义要求体现的就是反映事物间各种联系的知识对语义的制约。

胡正微(1992:74)认为:"这类背景知识对言语的结构具有最广泛、最普遍的制约作用。事物间的联系概括地反映到大脑中成为各种背景知识,与语言单位结合而成为各种语义联系,从各种语义联系又可以进一步抽象出各种语法关系。由于语法关系归根结底是事物间联系的映射,因此,关于事理的背景知识对言语结构有很强的制约作用。"

在《五灯会元》训诂中,反映事物间各种联系的知识主要就是禅理、佛理。

2.5 语言三要素制约理论

2.5.1 语音制约理论

语音是语言的三要素之一,三要素之间相互影响是很自然的事情。马建忠(2005:232、233、234)早就注意到了语音对语素的制约作用,但只是提到而已,并没有也不可能展开。

具体说来,语音对语义的制约,体现在语音修辞的要求对语义表达的制约,比如语音要讲究节奏,讲究平仄,讲究押韵等等,就必然对语义表达构成制约。

例如,"毛笋",《现代汉语词典》给两个不同意义的"毛"列出的义项是:毛^1:①动植物的皮上所生的丝状物,鸟类的羽毛;②东西上长的霉;③粗糙,还没有加工的;④不纯净的;⑤粗略;⑥做事粗心;⑦细、小;⑧货币贬值;⑨一圆的十分之一,角;⑩姓。毛^2:①惊慌;②发怒,发火。(第880页)

以上共12个义项,但"毛笋"一词中的"毛",不能解释为其中任何一个义项。"毛笋"意为"毛竹之笋",因此"毛"实际代表的意义是"毛竹"。《现代汉语词典》给"竹"列出的义项是:竹:①竹子;②姓。(第1708页)

因此,"毛笋"的"毛"的语素义,应该是"毛^1"的第一个义项加上"竹"的第一个义项。

"毛笋"在静态领域里是"毛竹笋",但由于"毛竹笋"是双音节"毛竹"和单音节"笋"的组合,不符合音节搭配单音节和单音节组合、双音节和双音节组合的规律,受此制约,在动态领域就变成了"毛笋"。单音节和单音节组合、双音节和双音节组合的规律,本身又决定于某种观念("对称是美,不对称不美"),观念又成于语境(社会物质与精神环境)。例示如下:

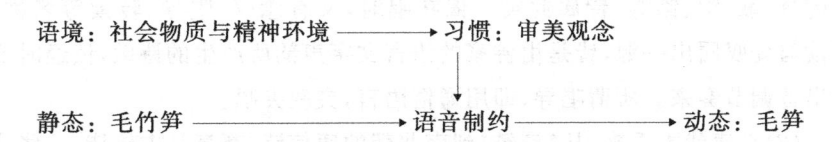

语境:社会物质与精神环境 ——→ 习惯:审美观念
                                    ↓
静态:毛竹笋 ————————→ 语音制约 ————————→ 动态:毛笋

"柳眉(柳叶眉)"的"柳","翅席(鱼翅席)"的"翅","丹皮(牡丹皮)"的"丹","狼烟(狼粪烟)"的"狼",都属于这类情况。

音节制约语素的情况,《马氏文通》(2005:232)早已注意到了:"汉书樊哙传云:'东攻秦军尸乡,南攻秦军于犨。——曰'尸'曰'犨',两地名皆单字,皆加'于'字以足之。至'尸乡'则双字矣,不加'于'字者,殆为此耶?"音节制约语素,实际上也制约了语素义:"尸"是一个语素义,"尸乡"则是两个语素义。

至于平仄、押韵要求制约语义的情况,我们可以用中华书局1992年苏渊雷点校本《五灯会元》第2页记载的拘留孙佛说的偈语为例说明。该偈语是:

"见身无实是佛身,了心如幻是佛幻。了得身心本性空,斯人与佛何殊别?"

《禅门诸祖师偈颂上之上》录为:"见身无实是佛见(得什么椀)。了心如幻是佛了(诸圣如今说个梦幻)。了得身心本性空(体用如如廓周沙界)。斯人与佛何殊别(青黄赤白函盖机锋)。"(《卍续藏》第66册第721页)

《联灯会要》录为:"见身无实是佛见 了心如幻是佛了 了得身心本性空 斯人与佛何殊别。"(《卍续藏》第79册第12页)

《景德传灯录》录为:"见身无实是佛身 了心如幻是佛幻 了得身心本性空 斯人与佛何殊别。"(《大正藏》第51册第205页)

高丽再雕版《祖堂集》录为:"见身无实是见佛 了心如幻是了佛 了得身心本性空 斯人与佛何殊别。"①(第4页)

第二句最后两字是"佛幻""佛了",还是"了佛"? 对于这个问题,我们可以从语音角度解决。这里有两个线索值得注意:这是一首有偈名的偈,最早

---

① 高丽再雕版《祖堂集》本无标点,为便于理解,笔者在停顿处加上空格。

的文献是五代南唐作品《祖堂集》。背景知识显示：

(1)偈是要求基本合音律的。佛教诗偈，为佛经中的唱词，也可以说是能唱之诗。在梵文中，偈为偈陀的简称，意译为颂。佛经和佛学著作中所出现的赞、歌、颂、铭等，皆属此类。偈在唱时，又有念叹、唱导、转读等名称。转读与梵叹同出一源，皆是由佛家的语言文字声韵所产生的诗歌，读经时要念出音调节奏来。所谓唱导，即用通俗语言，夹叙夹唱。

(2)在唐代人看来，从《诗经》到南北朝的庾信诗，都算是古体诗，这些诗不受近体诗格律的束缚。凡不受近体格律的束缚的诗，都是古体诗。

这样，语音规律就发挥制约作用了：

(1)《祖堂集》是五代南唐作品，而自从中古音时期的唐代有了律诗以后，古体诗也不能不受律诗的影响。古体诗既可以押平声韵，又可以押仄声韵。在仄声韵当中，还要区别上声韵、去声韵、入声韵；一般地说，不同声调是不可以押韵的。

(2)偈应该属于古体诗的范畴。所以偈也不能不受律诗的影响。

从上下文语境中看，本偈第四句最后一字是"别"为入声字，平水韵部为"屑"韵，在入声第四大类。"了"是上声字，"幻"是去声字；按照押韵的要求，在诗词中，不同声调的字一般不能押韵，"了""幻"均可排除。"佛"字如何？"佛"是入声字，平水韵部为"物"韵，在入声第三大类，读若'byot。古体诗邻韵可以通用，也就是说，"别"与"佛"在古体诗中是押韵的。由此可证"了心如幻是了佛"是可靠的。

2.5.2 语义制约理论

语义制约主要体现在词义制约方面。传统训诂学已经认识到先秦词义具有严密的系统，不仅表现于单个词的词义构成词义系统，而且表现于众多词的词义由于相互联系、相互作用而构成词义系统。众多词的词义构成的词义系统是错综纷繁的、体大思精的。也就是说，某个特定词的词义不是孤立的个体，而是受词义系统制约的，是整体中的个体。

现代语义学理论提出了语义场(实际上是义位场)的概念，对部分义场、分类义场、顺序义场、关系义场、同义义场、反义义场、两极义场、部分否定义场进行了研究。从语义场的角度看，同一个义位，就可能同时处于不同的几个场中，就可能同时受到这些场的制约。

从训诂的角度看，我们训释某一个词，就要考虑到词义的系统，而不是孤立地训释。比如我们训释《五灯会元》的"出队"一词，并不是把"出队"解释清楚就可以了，还需要对其同义义场的"出乡"做出训释，并进行比较。再如训释"钝踬",还需要对其同义义场的"顿踬"做出训释;训释"不惜眉毛",需要对其反义义场的"惜取眉毛"做出训释。把义位场展示出来,义位才会更加清晰。

2.5.3 语法制约理论

语法规则对语义的制约都主要体现在组合、聚合关系上。

组合关系和聚合关系是现代语言学的奠基人、瑞士语言学家索绪尔(1916:170~176)提出来的,他在谈到"句段关系和联想关系"时深刻地阐述了这对关系。

组合关系就是符号和符号组合起来的关系,也就是在一个结构中的词与词之间的关系。语句中的各个符号,作为语言链条中的一环,相互之间的组合是有一定条件的,构成一定的关系,从而形成语言的结构。所以组合关系直接体现了语言的结构规则要求,并非是任意两个词就能构成组合关系。如"白"和"马"两个符号可以组成"白马"和"马白",它们在两个组合中的关系不同,前者是偏正关系,后者是主谓关系,整个组合的性质也不同。符号和符号的组合形成语言的结构。

组合关系制约语义,在理解阶段,主要是明确意义,使可能意义确定为现实意义,可能意义一般有几种,现实意义一般只有一种。

在禅籍训诂中,我们一般是根据组合关系来确定词语的现实意义。

如《五灯会元》中有这样的表述:"师发长不剪,弊衣楚音,通谒称法侄,一众大笑。"(第701页)"楚音"只是一种语音,本无好坏,但"楚音"和"弊衣"并列组合,接受者就可以这样推理了:物以类聚,言以类合,既然"弊衣"表示衣服很差,那么"楚音"也当表示语言很差(土)了。"楚音"因为组合导致联想而产生了评价义。

又如对《五灯会元》"勃诉"的训诂。

　　仰曰:"正恁么时,切忌勃诉。"师曰:"停囚长智。"(第523页)

"勃诉"一词,张美兰(1997:30)认为:"勃诉"为一词,其中"勃"当为"悖",乖戾荒谬也。蒋宗福、李海霞(1997:495)将"勃诉"释译为"突然发问",顾宏义(2010:555)释译为"迟缓不决"。

释"勃"当为"悖",理由充分。但释"勃诉"为"胡乱诉说",则与下面的文献不符了:

我有一张口。临事无可说。我有一双眼。和盲悖诉瞎。(《大正藏》第 47 册第 655 页宋·才良编《法演禅师语录》,《卍续藏》第 68 册第 135 页、第 771 页宋·赜藏主集《古尊宿语录》)

上面的文献表明,"和盲悖诉瞎"是陈述"一双眼"的,在组合中,"悖诉"与"一双眼"为直接组成成分之间的关系,因而"悖诉"必受"一双眼"的制约,"悖诉"前的"盲"和后面的"瞎"均陈述"一双眼","悖诉"无疑也是陈述"一双眼"的。我们如果不考虑"悖诉"的直接组成成分,不在组合中训释其意义,就难免会出错。

下面再探讨聚合关系对语义的制约。聚合关系其实就是具有相同功能特点的一群符号之间的关系,由于它们的功能相同,所以在同一结构关系中可以互相替换,替换后虽然具体内容有所改变,但功能与结构关系没有变化。如果替换后发生了变化,那就说明替换的符号和被替换的符号功能不同,没有聚合关系。

如"白马"这个符号的链条,能出现在"白"这个位置上的有"红、黑、黄"等颜色词(是形容词),也有"大、小、好、快"等形容词;能出现在"马"这个位置上的有"光、线、旗、纸、房子、皮肤"等名词,这两组词各构成一个聚合。从横向看是组合关系,从纵向看是聚合关系。

凡是在意义、功能上相近而具有互补、互换关系的,都是聚合关系。从这个角度看,聚合可以分为形式聚合、意义聚合,前者属于语法,后者属于语义。词的同义、反义是意义聚合,"把"字句、"被"字句、兼语句、连动句等,这是功能聚合、形式聚合。语言单位是有层次的,因此聚合也应该有层次。聚合的层次性,语法上体现为语素的聚合、词的聚合、短语的聚合、句的聚合等等,语义上体现为语素义的聚合、义位的聚合、义丛的聚合、义句的聚合等等。

那么,聚合是如何制约语义的呢?

特定的形式聚合,往往只表达特定的意义。这是聚合制约语义的一种方式。当我们对某个意义不理解时,我们就可以根据表达该意义的特定形式的类聚去寻找线索。例如,《五灯会元》中出现了"案山"一词:

(1)师曰:"师意如何?"霜(石霜)曰:"待案山点头,即向汝道。"(第315页)

"待案山点头,即向汝道"是什么意思呢?要正确训释句意,如果从句型

聚合的角度去考察,就容易得到答案。在《五灯会元》中与"待案山点头,即向汝道"同类的句型有很多:

(2)问:"如何是祖师西来意?"师曰:"汝问不当。"曰:"如何得当?"师曰:"待吾灭后,即向汝说。"(第69页)

(3)后参马祖,问曰:"不与万法为侣者是甚么人?"祖曰:"待汝一口吸尽西江水,即向汝道。"士于言下顿领玄旨。(第186页)

(4)师垂语曰:"我有一句子,待特牛生儿,即向你道。"(第260页)

(5)太尉曰:"道取一句。"尉曰:"待铁牛能啮草,木马解含烟。"(第471页)

(6)有僧举:"……未审玄沙意旨如何?"师曰:"待汝移却石耳峰,我即向汝道。"(第603页)

(7)师曰:"同姓即且从汝,本来姓个什么?"曰:"待汉水逆流,却向和尚道。"(第846页)

我们发现,在《五灯会元》等禅宗语录中,当禅师遇到和"佛性"密切相关的问题时,常用"待x,(我)y"的条件复句来作答,条件分句"待x"陈述一种不可能实现的条件,"(我)y"陈述不可能实现的结果(有时省略)。

以上规律我们是通过归纳得出的。然后再用演绎法得知,"待案山点头,即向汝道"符合"待x,(我)y"格式的形式特征,因而也应表示不可能实现的条件和不可能达到的结果。"案山点头"为什么不可能实现呢?"案山"应释为"形如几案的山"。清《嘉庆重修一统志》第2290册提到汜水南的"案山"时说:"案山:在汜水县南,峭壁面坟,状如几案。"第2388册提到龙川县南的"案山"时说:"案山:在川县南隔江二里,圆平如几案。"案山"形如几案",自然无"头"可"点","待案山点头"当然不可能实现。

意义聚合对语义的制约表现在相同的个体在不同的聚合中意义不同,这是义位场(也就是一般所说的语义场)对义位的制约。如商代和西周前期的"春""秋"和现代的"春""秋"就不同,因为它们处在不同的聚合之中。在商代和西周前期,一年只包含春秋两季。《诗经·鲁颂》:"春秋匪懈。"《庄子·逍遥游》:"朝菌不知晦朔,蟪蛄不知春秋:此小年也。"可见这一时期"春""秋"的时段比现代的"春""秋"要长。再如古代的"妻"和现代的"妻",含义也不同,我国古代的婚姻制度是一夫多妻制,因此就有"夫、妻、妾"这样的聚合,"妻"是相对于"夫、妾"而言的,"妻"与"夫"的地位并不对等。现代实行一夫一妻制,聚合的个体少了"妾","妻"是相对"夫"而言的,二者地位对等。

2.6 语境制约理论

早在春秋战国时代,我国学者就已经注意到了语境对语言的制约作用。据《墨子·鲁问》(孙诒让,2001:475)载,墨子有一次要去游说各地诸侯,他的学生魏越问他:"既得见四方之君,子则将奚语?"墨子便说了这样一段话:"凡入国,必择务而从事焉:国家昏乱,则语之尚贤尚同;国家贫,则语之节用节葬;国家喜音沉湎,则语之非乐非命;国家淫僻无礼,则语之尊天事鬼;国家务夺侵凌,则语之兼爱非攻。故曰:择务而从事焉。"

传统训诂学是以解释词义为基础工作的,其内容涉及解释词义、分析句读、阐述语法、说明修辞手段、阐明表达方法、串讲大意、分析篇章结构等。传统训诂学中虽然没有出现"语境"这个概念,没有使用"语境"的术语,但训诂家们在分析具体的语言材料时,对语言材料所涉及的言语交际的时间、地点、场合、对象和语言使用者的身份、思想、性格、职业、修养、处境、心情等语境因素给予了充分的揭示,这就为今天的语境研究提供了丰富的材料和充足的范例。

传统训诂学总是依据上下文语境来解释词义、阐述句子结构、串讲字句意义的。如《说文·马部》:"骙,马行有威仪也。"段玉裁注云:"马行上当有'骙骙'二字。《诗》三言'四牡骙骙',《采薇》传曰'强也';《桑柔》传曰'不息也';《烝民》传曰'犹彭彭也',各随文解之。许櫽括之曰'马行威仪貌'。"段玉裁指出,《说文》作为训诂专著解释"骙"的词义是概括义,而毛传解释《诗经》中三处"骙"的词义是上下文中显示的具体意义。训诂学中常说的"随文"释义,就是依据上下文语境解释词义。

20世纪30年代,陈望道(1997:7)在《修辞学发凡》中说,修辞以适应题旨情境为第一义。他在书中提出"六何"(何故、何事、何人、何地、何时、何如)说,就是构成语境的因素。

20世纪60年代出版的张弓(1963:3)撰写的《现代汉语修辞学》提出修辞的原则是"结合现实语境,注意实际效果",结合现实语境包括如下内容:联系说话时的情境;利用时间、地点等条件;利用自然景物的特点;适合说话人和听者的关系;适合听众、读者的情况;照顾上下文的关系;等等。

王德春、陈晨(2001:37)认为,语境指使用语言的环境,狭义的指言语环境,广义的还包括语言环境。构成语境的客观因素有:时间、地点、场合、对象;主观因素有:身份、职业、思想、修养;临时性主观因素有:处境、心情。共计10个因素。

在禅籍训诂中,语境是制约表达和理解的重要因素。如《五灯会元》第394页的一段话:

"仁者!宗乘是什么事?不可由汝用工庄严便得去,不可他心宿命便得去。会么?只如释迦出头来作许多变弄,说十二分教,如瓶灌水,大作一场佛事。向此门中用一点不得,用一毛头伎俩不得。知么?如同梦事,亦如寐语,沙门不应出头来,不同梦事,盖为识得。知么?识得即是大出脱、大彻头人,所以超凡越圣,出生离死,离因离果,超毗卢,越释迦,不被凡圣因果所谩,一切处无人识得。汝知?"

这段话中有3个"知么",前面两个"知么"单独出现,最后一个"知么"前出现"汝"字,显得跟语境不协调。语境使我们产生了疑问,从而进一步寻找问题所在。只有"汝"属上,才跟语境协调。

2.7 文字制约理论

一般情况下,文字是被动记录言语的,不会制约言语的表达。只有表达者是要用文字来表意,文字才会制约言语的表达。"镶嵌"这种修辞格就是这样。如《水浒传》中的梁山为了拉卢俊义入伙,"智多星"吴用口占的"芦花丛中一扁舟,俊杰俄从此地游;义士若能知此理,反躬难逃可无忧"四句卦歌,暗藏"卢俊义反"四字。每句歌词都必须把一个特定的字嵌进去,每句歌词的意义也就都被特定的字制约了。

文字制约言语一般表现为对言语理解的制约。传统训诂学有"以形索义"的方法,是运用表意汉字的字形与它所记录的词汇相互适应的关系来推求本义的方法。古代书面语言是用汉字记录的,汉字是我们通向古汉语的一个枢纽,最早的汉字是根据字义来绘形的,所以相当一部分字的字形和字义有关联,这就确定了分析字形对了解字义的重要作用。

东汉许慎的《说文解字》,是中国语言学史上第一部分析字形、说解字义、辨识声读的专书。我们阅读古书、研究训诂,往往离不开这部书的帮助。许慎在《说文解字》中坚持的"以形说义"的方法,是训诂学的一个重要方法。

2.8 修辞制约理论

早在几千年前，汉民族就有了自己的文字，文字产生之后，修辞学的萌芽就在文字记载的典籍中出现并被保存下来。早在春秋战国时代人们就很重视修辞了。诸侯割据、战乱迭起的动荡社会，使纵横学士、诸子百家唇枪舌剑、激烈交锋。论辩和争鸣都十分重视言辞的准确、犀利和幽默。不同观点的争鸣需要修辞，外交活动需要修辞，诗歌和文章的发展也需要修辞。人们是否具有修辞意识，是否熟练地掌握修辞技巧，往往成为事业成败的重要因素。正是在言语交际实践的基础上，对修辞技巧的探索上升到理论，于是产生了修辞思想，以后又发展成为修辞学。

修辞技巧、理论一旦被约定俗成，就会反过来制约言语表达和理解。这从哲学上讲，就是"异化"，指主体发展到了一定阶段，分裂出自己的对立面，变为了外在的异己的力量。

如王重民、王庆菽等编的《敦煌变文集·长兴四年中兴殿应圣节讲经文》中的记载：

沙门△乙言：千年河变，万乘君生。饮乌兔之灵光，抱乾坤之正气。年□□日，彤庭别布于祥烟，岁岁重阳，寰海皆荣于佳节。（第411页）

"□"表示底本缺字。"年□□日"周绍良(1984:69)校作"年年吉日"；项楚《敦煌变文选注》(2006:1111)作"年年九月"。

可以看出，缺字部分是受修辞的对偶规律制约的。第一个缺字必然是"年"，因为下句是"岁岁"开头，上句自然是"年年"开头。

下句"岁岁重阳"是仄仄平平，上句"年□□日"按对偶规律应是平平仄仄，周绍良校的"年年吉日"、项楚校的"年年九月"均是平平仄仄，均符合对偶规律。当然，两位先生的校勘均可商榷，在此不讨论。

2.9 广义语义场七要素的可能制约与现实制约

那么，是不是以上七要素都在时刻制约语义的理解呢？我们认为不是这样，只有那些被言语线索激活了的要素才会发挥作用，言语线索包括文体、上下文、作者、时代背景等。在七要素被激活之前,它们对语义的制约只是可能制约,激活之后,就变为现实制约。

如上文提到过的《五灯会元》中的拘留孙佛偈:"见身无实是佛身,了心如幻是佛幻。了得身心本性空,斯人与佛何殊别?"(第2页)

《禅门诸祖师偈颂上之上》此偈作:"见身无实是佛见(得什么椀)。了心如幻是佛了(诸圣如今说个梦幻)。了得身心本性空(体用如如廓周沙界)。斯人与佛何殊别(青黄赤白函盖机锋)。"(《卍续藏》第66册第721页)

《联灯会要》录为:"见身无实是佛见 了心如幻是佛了 了得身心本性空 斯人与佛何殊别。"(《卍续藏》第79册第12页)

《景德传灯录》录为:"见身无实是佛身 了心如幻是佛幻 了得身心本性空 斯人与佛何殊别。"(《大正藏》第51册第205页)

高丽再雕版《祖堂集》录为:"见身无实是见佛 了心如幻是了佛 了得身心本性空 斯人与佛何殊别。"(第4页)

综合起来,有3种版本,一种是《五灯会元》《景德传灯录》的文献(可知《五灯会元》采用的是《景德传灯录》的文献),一种是《禅门诸祖师偈颂》《联灯会要》的文献(可知《禅门诸祖师偈颂》用的是《联灯会要》的文献),第三种是《祖堂集》的文献。

3种版本的一个分歧是,第一句最后两字是"佛见""佛身",还是"见佛"?这3种组合在佛典中都能找到,因而语料库方法不能解决问题,这样我们就尝试用广义语义场理论来解决了。

"见身无实是佛见"之"佛"字,激活了佛教背景知识。这样,我们就可以先从佛教背景知识角度排除"见身无实是佛见"。《佛光大辞典》:"【佛见】……指执着于对佛之见解。禅宗之立场,乃否定一切之执着,即使对佛、对法抱持一定之看法,亦属偏执,皆应排斥之。又对佛之执见与对法之执见,亦并称为佛见法见。"(第2628页)"见身无实"并非"偏执",可见,"见身无实是佛见"判断不成立,因而可以排除。

语法规则与语音规则总是处于被激活状态的,因为这是语言的两个要素。这样,我们可以从语法角度对"见身无实是佛身""见身无实是见佛"做出选择。这两个句子都是判断句,前者主语是动宾结构,而宾语是偏正结构,主宾结构不一致,有违语言习惯;后者就好多了,主宾均是动宾结构。

3种版本的第二个分歧是,第二句最后两字是"佛幻""佛了",还是"了佛"?对于这个分歧,我们可以从语音角度解决。这里有两个线索值得注意:这是一首有偈名的偈,最早的文献是五代南唐作品(《祖堂集》),这两个线索就激活了广义语义场的一个要素"背景知识"。"背景知识"显示:

(1)偈是要求基本符合音律的。佛教诗偈,为佛经中的唱词,也可以说是能唱之诗。

(2)在唐代人看来,从《诗经》到南北朝的庾信诗,都算是古体诗,这些诗不受近体诗格律的束缚。凡不受近体格律束缚的诗,都是古体诗。

"背景知识"又激活了广义语义场的另一个要素"语音规律":

(1)《祖堂集》是五代南唐作品,而自从中古音时期的唐代有了律诗以后,古体诗也不能不受律诗的影响。古体诗既可以押平声韵,又可以押仄声韵。在仄声韵当中,还要区别上声韵、去声韵、入声韵;一般地说,不同声调是不可以押韵的。

(2)偈应该属于古体诗的范畴。所以偈也不能不受律诗的影响。

"语音规律"又激活了广义语义场的另一个要素"语境"。语音规律总是在上下文语境中体现出来的。本偈第四句最后一字是"别"为入声字,平水韵部为"屑"韵,在入声第四大类。按照押韵的要求,在诗词中,不同声调的字一般不能押韵,"了"是上声字,"幻"是去声字,"了""幻"均可排除。"佛"字如何?"佛"是入声字,平水韵部为"物"韵,在入声第三大类。古体诗邻韵可以通用,也就是说,"别"与"佛"在古体诗中是押韵的。由此可证"了心如幻是了佛"是可靠的。

"偈名"这个线索在帮助激活广义语义场的"背景知识"要素的同时,也激活了广义语义场的"语言习惯"要素:"偈"是佛教徒用来传法的,不以辞害意是佛教传法僧侣的普遍心理,这种心理就决定了佛偈不会刻意追求音律。因此,前两句为"见身无实是见佛,了心如幻是了佛",两个判断句同字相对(句尾都是"佛"字),不合近体诗的规律,就可以得到解释了。

2.10 广义语义场理论对我国训诂学理论的继承和发展

在训诂学的不同时期,产生了一些理论和方法,这些都是中华民族的宝贵财富,值得我们继承和发扬。广义语义场理论是我们根据马克思主义原理,引进传播学理论所创立的理论,虽然名义上很新,但也是对我国训诂学理论的继承和发扬。

传统训诂学方法基本上可以被广义语义场方法所统摄。

如"以形说义"法就是这样。东汉许慎的《说文解字》是我国语言学史上第一部分析字形、说解字义的专书。研究训诂,往往离不开这部书的帮助。许慎在《说文解字》中坚持的"以形说义"的方法,是训诂学的一个重要方法。所谓"以形说义",是指通过对字形的分析,来了解字所记录的词的本义,即体现在造字意图中的基本词义。

在广义语义场理论中,"以形说义"法可以归入到广义语义场的七要素之一——文字中,已如前文所述。

"因声求义"法也是这样。清代自乾嘉以来,训诂学者特别重视"因声求义"法,认为"故训声音,相为表里"(段玉裁,1983:戴震序),特别强调"训诂之旨,本于声音。故有声同字异,声近义同。虽或类聚群分,实亦同条共贯,譬如振裘必提其领,举网必挈其纲"(王念孙,1983:自序)。他们把声音的研究作为文献语言的头等大事,认为它是研究训诂的"纲"。王氏父子主张训诂主要在声音,不在文字(王引之,2018:序)。

在广义语义场理论中,"因声求义"法也可以归入到广义语义场的七要素之一——语言三要素(次类"语音")中,已如前文所述。

再看"核证文献语言"法。《说文解字》是一部依据六艺群书实际语言资料做出训诂的专著,它一再指出"经艺之本",这就是说,剖析字形、分辨训诂必须以古代文献中生动的语言为本。许慎在这里提出了一个重要的原则和方法。如果离开确凿的文献语言的佐证,仅仅根据声音妄加推测,势必多有谬误,所以历来有成就的训诂学家莫不循此而把它发扬光大。这里仅举段玉裁为例以见一斑。

段玉裁《说文解字注》,是清代训诂学的杰作,其突出的优点在于深入文献语言实际来阐释同义。段氏应用文献语言解释训诂有两种方法:第一,旁征博引古籍群书,细密、深入、全面地说明训义。第二,对文献语言先有正确的了解,而后得出正确的训诂。

在广义语义场理论中,"核证文献语言"法可以归入到广义语义场的七要素之一——背景知识(次类"语言背景知识")中,已如前文所述。

再看"义训"法。所谓义训,是指字义的解释不以字音或字形为训、只求说明其相当的意义,也就是直陈字义,而不借助于音和形的方法。这是古代训诂的常用方法。义训的范围很广,种类很多,凡是不属于音训、形训者,都包括在义训之中。义训从形式上可分为单词释义和词组句子释义两类,然后在每一大类中按训释的方式和内容分为若干小类。无论是哪一种"义训",都必须具备古今意义联系的语言背景知识并受其制约,可以归入到广义语义场的七要素之一——背景知识(次类"语言背景知识")中。

再看"考察古代社会"法。我国训诂学家很重视通过考察古代社会来训诂。因为语言属于社会现象,词和词义的发展都是和人类的社会生活密切地联系着的。具体说来,第一,与词义发展有直接联系的是社会生活,语言中词的意义与生产劳动是最密切相连的;第二,社会生产也直接影响词义的发展,与社会生产直接有关系的,是古代科学文化的发展,如果不了解古代数学、医学、建筑学等的发展状况,缺乏古代礼仪服装、器物等方面的文化知识,就很难对某些词语做出正确的训释;第三,词义的发展与社会制度有关,训诂学家训释词义时,对当时的社会制度必须有所了解,有所分析,才能做出正确的解说。

"考察古代社会"法可以归入到广义语义场的七要素之一——背景知识(次类"与言语所指对象有关的社会文化背景知识")中。

我们再看校勘方法,著名的有"校勘四法"。

"本校"法,是以同一文本前后内容相互校正的方法,实际上表明了广义语义场的七要素之一——语境对语言的制约。

"对校"法,是参照祖本校正的方法,实际上说明了广义语义场的七要素之一——背景知识的次类"文本背景知识"对语言的制约。

"他校"法,是参照别的文本校正的方法,别的文本早于待校文本的,其语言习惯可能影响待校文本,别的文本晚于待校文本的,其语言习惯可能被待校文本影响。文本的相似度及出现频率高低决定语言习惯影响或被语言习惯影响的可能度。实际上这都是对广义语义场的七要素之一——语言习惯要素的利用。

"理校"法,一般是就事理来判断,这是对广义语义场的七要素之一——背景知识的次类"反映事物及其联系的知识"的利用。有的是引证前人观点,这是对广义语义场的七要素之一——语言能力要素的利用。

我们把广义语义场要素对传统训诂学方法的继承情况列表如下:

表2-2 广义语义场要素与传统训诂学方法的继承关系

传统训诂学方法	广义语义场要素	
一级分类	一级分类	二级分类
"以形说义"法	文字	
"因声求义"法	语言三要素	语音
"核证文献语言"法	背景知识	语言背景知识
"义训"法	背景知识	语言背景知识
"考察古代社会"法	背景知识	与言语所指对象有关的社会文化背景知识
本校法	语境	上下文语境
对校法	背景知识	文本背景知识
他校法	语言习惯	
理校法	背景知识	反映事物及其联系的知识
	语言能力	

可见,广义语义场理论是在充分继承传统训诂学理论的前提下,运用当代传播学理论发展起来的。

第三章　广义语义场视域下的校勘研究

中华书局1984年出版了《五灯会元》点校本,其后,1989年、1997年、2002年、2012年多次陆续重印,共重印达12次之多。其间,项楚(1987)、董志翘(1991)、刘凯鸣(1992)、阚绪良(2003)、冯国栋(2004)、乔立智(2012)、任连明(2013)等专家发表文章,指出了书中在校点和印制方面的不少问题。

校勘学上有句名言:校书犹扫落叶,随扫随有。之所以如此,可能跟没有始终如一地坚持校勘方法有关。我们认为,校勘步骤当有三步:

第一步,根据广义语义场理论发现问题。无论标点还是词句,都是广义语义场中的标点和词句,都必须和广义语义场保持一致。不一致者必是校勘有问题者。比如《五灯会元》中有"尽乾坤大地都来,是汝当人个体"的句子,"都来"属上,就和广义语义场的习惯要素相冲突,就表明校点存在问题。

第二步,用一定的校勘方法找出待校勘的文献选项。陈垣(1933:264~265)的校勘方法值得学习:

> 昔人所用校书之法不一,今校《元典章》所用者四端。一为对校法,即以同书之祖本或别本对读,遇不同之处,则注于其旁,刘向《别录》所谓'一人持本,一人读书,若冤家相对'者,即此法也。此法最简便,最稳当,纯属机械法,其主旨在校异同,不校是非,故其短处在不负责任,虽祖本或别本有讹,亦照式录之,而其长处则在不参已见,得此校本,可知祖本或别本之本来面目。故凡校一书,必须先用对校法,然后再用其他校法。
>
> 二为本校法,本校法者,以本书前后互证,而抉摘其异同,则知其中之谬误。吴缜之《新唐书纠谬》,汪辉祖之《元史本证》,即用此法。此法于未得祖本或别本以前,最宜用……
>
> 三为他校法,他校法者,以他书校本书,凡其书有采自前人者,可以前人之书校之;有为后人所引用者,可以后人之书校之;其史料有为同时之书所并载者,可以同时之书校之。此等校法,范围较广,用力较劳,

而有时非此不能证明其讹误。丁国钧之《晋书校文》,岑刻之《旧唐书校勘记》,皆此法也。

第三步,根据广义语义场理论在待校勘的文献选项中选择最合适的一项。陈垣(1933:266)在《元典章校补释例》中提到的"理校",与广义语义场理论有异曲同工之妙:

> 四为理校法。段玉裁曰:校书之难,非照本改字不伪不漏之难,定其是非之难。所谓理校法也。遇无古本可据,或数本互异,而无所适从之时,则须用此法。此法须通识为之,否则卤莽灭裂,以不误为误,而纠纷愈甚矣。故最高妙者此法,最危险者亦此法。昔钱竹汀先生读《后汉书·郭太传》,太至南州过袁奉高一段,疑其词句不伦,举出四证,后得闽嘉靖本,乃知此七十四字为章怀注引谢承书之文,诸本皆儳入正文,惟闽本独不失其旧。今廿二史考异中所谓某当作某者,后得古本证之,往往良是,始服先生之精思为不可及。经学中之王段,亦庶几焉。若《元典章》之理校法,只敢用之于最显然易见之错误而已,非有确证,不敢借口理校而凭臆见也。

其实陈垣所言之"校勘四法",都不出广义语义场的范围,校勘四法是表层的,广义语义场是深层的,校勘四法都可以从广义语义场理论中得到合理的解释(上文已有说明)。下面我们从广义语义场的角度对《五灯会元》进行校勘研究。

3.1 主要基于语言习惯的校勘

编撰年代早于待校文本的公开文献,对待校文本而言,一般属于语言习惯影响下的文献。用这种文献去校勘,就属于基于语言习惯的校勘。这种习惯不是某个个体的习惯,而是一种群体习惯。举个例子,美国铁路两条铁轨之间的标准距离为什么是4.85英尺?因为美国的铁路最早是由英国人按英国的铁路标准设计建造的。那么,为什么英国人用了这个标准呢?原来英国的铁路是由建电车轨道者按电车所用的标准设计的。电车轨道标准又是从哪里来的?原来最先造电车者以前是造马车的,所以他们是用马车的轮宽做标准。那么,马车为什么要用这个一定的轮距标准呢?因为英国老路辙迹的宽度为 4.85 英尺。这些辙迹又是从何而来呢？是古罗马人定的，4.85 英尺正是罗马战车的宽度。古罗马人为什么用 4.85 英尺为战车的轮距宽度呢？因为这是 2 匹拉战车的马的屁股的宽度。古罗马人的习惯影响到美国人的习惯，就是群体受习惯影响的情形，语言中也存在类似情形。

3.1.1 踌跳

"踌跳"在《五灯会元》中用例甚多：

(1) 良久曰："苦哉！虾蟆蚯蚓，踌跳上三十三天，撞着须弥山百杂碎。"(卷十一《广慧元琏禅师》，第 694 页)

(2) 年曰："三脚虾蟆跳上天。"师曰："一任踌跳。"(卷十二《石霜楚圆禅师》，第 700 页)

(3) 上堂："要识祖师么？"以拄杖指曰："祖师在你头上踌跳。要识祖师眼睛么？在你脚跟下。"(卷十五《云门文偃禅师》，第 932 页)

对校：以上例句分别在宋宝祐本第 261 页、第 265 页、第 351 页，后者均亦作"踌跳"。

《汉语大词典》失收"踌跳"。

张锡德(1987:45)认为：

从以上诸例看，"踌跳"就是跳的意思，例 2 句的"踌跳"与"跳"对应，即见其义，然"踌"一字不见字书，考其字，当是"踾"。《说文》《方言》均云："踾，跳也。"古无轻唇音。"弗"做音旁的字和"孛"做音旁的字可通，"佛"与"悖"二字，《广韵》中均属并纽，韵亦很近，古多通。韩愈《送齐皋下第·序》："有违心之行，有怫志之言。"怫志即悖志。可见用"踌"表"跳"义有其语音关系。

蒋宗福、李海霞(1997:660、665、882)将例(1)至(3)中的"踌跳"分别释译为"蹦跳""扑跳""蹦跳"。

我们认为，"踌"应为"勃"之误，二者形体相近，有共同的声旁；而且佛典中有"勃跳"的大量用例，足以支撑我们的观点：

(4) 师乃云。火炉勃跳上三十三天 见么见么。众无语。(《大正藏》第 47 册第 554 页《云门匡真禅师广录》)

(5) 师云。地神恶发。把须弥山。一捆教跳上梵天。拶破帝释鼻孔。……问新到。尔是什处人。僧云。新罗人。师云。将什么过海。

65

僧云。草贼大败。师云。尔为什么。在我手里。僧云恰是。师云敩跳。无对。代前语云。常得此便。又云。一任敩跳。(《大正藏》第47册第567页《云门匡真禅师广录》)

(6)上堂。结夏方得五日。露柱却知端的。勃跳撞入灯笼。(《大正藏》第47册第832页《大慧普觉禅师语录》)

(7)一日。拈起拄杖云。解脱深坑勃跳。……一日。云。说即天地悬殊。不说即眼睫里藏身。眉毛上勃跳。 (《卍续藏》第68册第109页《古尊宿语录》)

(8)师拈起扇子云。扇子勃跳。上三十三天。筑着帝释鼻孔。(《卍续藏》第68册第370页《续古尊宿语要》)

(9)昨夜泥牛勃跳。带庵金刚发颠。(《卍续藏》第87册第25页《枯崖漫录》)

(10)虾蟆勃跳上天。鸭儿惊得區嘴。(《卍续藏》第69册第558页《瞎堂慧远禅师广录》)

(11)平地和声便拶。等闲勃跳上天。(《卍续藏》第69册第596页《瞎堂慧远禅师广录》)

(12)蓦卓拄杖云拄杖子勃跳出来道也不难也不易(《嘉兴藏》第25册第526页《天隐和尚语录》)

(13)意到句不到出窟狮儿任勃跳古今多少英灵汉撮来收拾得恰好(《嘉兴藏》第37册第17页《佛冤禅师语录》)

(14)看看寒山拾得扫地。倒转苕帚柄把露柱。一搣勃跳上兜率陀天。触破非非想天人鼻孔。毗卢遮那如来忍痛不禁。走入云门拄杖子里藏身。(《大正藏》第47册第838页《大慧普觉禅师语录》)

(15)良久云。驴唇先生开口笑。阿修罗王打勃跳。海神失却夜明珠。擘破弥卢穿七窍。(《大正藏》第47册第843页《大慧普觉禅师语录》)

"敩"同"勃"。佛典中尚有"踣跳"一词,义同"勃跳"。

(16)还有人道得么。试出来踣跳看。(《大正藏》第47册第641页《杨岐方会和尚语录》)

(17)僧举问云门。门云。扇子踣跳上三十三天。筑着帝释鼻孔。(《大正藏》第48册第24页《宏智禅师广录》)

(18)金刚脚底踣跳。蟭螟眼里藏身。(《卍续藏》第69册第280页《保宁仁勇禅师语录》)

(19)拈拄杖云。须是莫被拄杖谩始得。看看。拄杖子穿过汝诸人

髑髅。踣跳入鼻孔里去也。卓一下。(《卍续藏》第78册第664页《建中靖国续灯录》)

(20)良久云。适来有一人。为蛇画足。踣跳上梵天。筑着帝释鼻孔。帝释恶发。雨似盆倾。(《卍续藏》第79册第520页《禅林僧宝传》)

(21)上堂。锋刃上踣跳。微尘里走马。(《卍续藏》第81册第629页《五灯全书》)

宋代睦庵(善卿)编正的《祖庭事苑》认为《云门录·下》中的"踣跳""正作勃趉。音孛眺。排越也。"(第319页)

睦庵是宋朝人,又是佛学专家兼语言专家,所释应该可靠。我们再看看"勃/敦趉"的用例:

(22)宝华侍者来看师。师问。宝华多少众。侍者云。不劳和尚如此。师云。我好好问。尔勃趉作什么。侍者云。不得放过。(《大正藏》第47册第673页《明觉禅师语录》)

(23)门云。为什么在我手里。云恰是。门云。一任敦趉。师云。云门老汉龙头蛇尾。放过者僧为什么在我手里。恰是劈脊便打。(《大正藏》第47册第689页《明觉禅师语录》)

(24)公曰。请别道看。琏以手作拽鼻孔势曰。这畜生。更敦趉。公于言下知有。遂酬酢达旦。(《卍续藏》第83册第388页《罗湖野录》)

"勃趉"何意?《祖庭事苑》释"勃趉"为"排越"(第319页),"排"之义应来自"勃"。《说文》:"勃,排也。"段玉裁注:"排者,挤也。今俗语谓以力旋转曰勃,当用此字。"清·张慎仪《方言别录》卷下之一:"今苏俗语以力旋转物曰勃。"章炳麟《新方言·释言》:"今江南运河而东至于浙江谓推排重物曰勃,若通语言般矣。"1930年版《嘉定县续志》:"俗谓推排重物曰勃。"

"越"之义应来自"趉"。《广韵·啸韵》:"趉,越也。"《一切经音义》卷三十五:"《韵英》云:趉,越也。"《集韵·啸韵》:"趉,越也。或从兆。"《古今韵会举要·啸韵》:"趉,越也。《集韵》本作趒,今作趉。"这就是睦庵释"勃趉"为"排越"的"越"之理据。《说文》:"越,雀行也。从走,兆声。"王筠释例:"若云雀行。专指雀之行,则非许君之意。雀能跃不能步,人之跳似之,故雀行仍指人。"段玉裁注:"今人概用跳字。"徐灏注笺:"此谓人之跃行如雀也,与《足部》跳音义同。"清·梦麟《雉朝飞》："雉朝飞,其羽灼灼,雌前趉,子后趉。"

综上,"勃趉"可以释为"以力旋转如雀跃行"。

可见,《汉语大词典》应该收入的是"勃趉""勃跳""蹈跳"。

以上校释,早于《五灯会元》(1252)的文献资料如《云门匡真禅师广录》(宋熙宁九年〔1076〕序刊)、《大慧普觉禅师语录》(南宋孝宗乾道八年〔1172〕刊行)、《瞎堂慧远禅师广录》(宋淳熙四年〔1177〕序刊)、《杨岐方会和尚语录》(卷末附文政和尚于宋仁宗皇祐二年〔1050〕所撰之《潭州云盖山会和尚语录序》及宋哲宗于元祐三年〔1088〕所题之语《题杨岐会老语录》)、《保宁仁勇禅师语录》(卷首收有宋元丰元年〔1078〕杨杰的序文)、《建中靖国续灯录》(书成于建中靖国元年〔1101〕)、《禅林僧宝传》(宋代慧洪觉范〔1071～1128〕撰),是主要校勘依据。

3.1.2 持义张弓

故或瞬目扬眉,擎拳举指。或行棒行喝,竖拂拈槌。或持义张弓,辊球舞笏。或拽石般土,打鼓吹毛。或一默一言,一吁一笑。乃至种种方便,皆是亲切为人。(卷十六《签判刘经臣居士》,第1058页)

《白话全译》亦作"持义张弓"(下册,第984页)。对校:"持义张弓",宋宝祐本(第394页)同。《卍续藏》第80册《五灯会元》(第340页)作"持叉张弓"。

本校:《五灯会元》仅见一例,无法进行严格意义的本校。《五灯会元》基本上源自"五灯",故以"五灯"校《五灯会元》,亦属本校,可称"广义本校"。而"五灯"之中,唯《嘉泰普灯录》收录"签判刘经臣居士",可见《五灯会元》本例源自《嘉泰普灯录》。后者作"持叉张弓"(《卍续藏》第79册,正受编,第425页)。

他校:宋代文献中,有《卍续藏》第24册宗镜禅师述《销释金刚经科仪会要批注》(第747页)作"持叉张弓"。宋以后的文献中,《卍续藏》第81册费隐编《五灯严统》(第145页)、《卍续藏》第83册瞿汝稷集《指月录》(第686页)、《卍续藏》第82册超永编《五灯全书》(第15页)、《卍续藏》第88册彭际清述《居士传》(第228页)均作"持叉张弓"。

理校:"持叉张弓"是禅宗祖师接引学人的手段之一。"持叉"与"张弓"对举,动词"持"与动词"张"相对,具体名词"叉"与具体名词"弓"相对,如为"义",则不与"弓"相对。

这里遇到了一个问题:"校勘四法"的结果不一致(具体地说,就是对校结论与他校、理校结论冲突)时该当如何处理? 我们认为,应该优先考虑习惯的因素,古罗马著名诗人奥维德(Ovid)曾说过:"Nothing is more powerful than habit.(没有什么比习惯的力量更强大。)"因此,在这里,我们认为《嘉泰普灯录》《销释金刚经科仪会要批注》的文献记载是支持"持叉张弓"的主要证据。

3.1.3 翠蔼

众卖花兮独卖松,青青颜色不如红。算来终不与时合,归去来兮翠蔼中。(卷十九《华藏安民禅师》,第1290页)

刘凯鸣(1992:174)认为:"'翠蔼'不词。蔼为霭之音同而讹。一二〇二页同句'归去来兮……'作'翠霭',是。"本例源自《嘉泰普灯录》,作"霭"(《卍续藏》第79册第376页)。但我们认为尚有可商榷处。

对校:宋宝祐本作"蔼"(第480页)。

他校一:

撰写年代早于《五灯会元》的唐宋文献中有如下例证:

(1)商山包楚邓,积翠蔼沉沉。(《全唐诗》卷一百二十七,王维《送李太守赴上洛》)

(2)树蔼悬书阁,烟含作赋台。(《全唐诗》卷八十八,张说《春雨早雷》)

(3)杳蔼江天外,空堂生百忧。(《全唐诗》卷一百四十八,刘长卿《长沙馆中与郭夏对雨》)

(4)荷花好处,是红酣落照,翠蔼余凉。(韩淲〔1159~1224〕《绕池游慢》)

他校二:

编撰年代晚于《五灯会元》的佛典用例不少,可为旁证:

(5)算来终不与时合。归去来兮翠蔼中。(《卍续藏》第81册第224页《五灯严统》、《卍续藏》第64册第67页《列祖提纲录》、《卍续藏》第79册第606页《禅林僧宝传》、《卍续藏》第82册第100页《五灯全书》、《卍续藏》第84册第416页《续灯正统》)

(6)信步寻芳径逍遥翠蔼中(《嘉兴藏》第26册第797页《入就瑞白禅师语录》)

(7)野花近笑语翠霭露清容(《嘉兴藏》第26册第800页《入就瑞白禅师语录》)

　　(8)密簇簇的人烟翠霭霭的田畴千村万落。(《永乐北藏》第178册第681页《诸佛世尊如来菩萨尊者神僧名经》)

　　(9)南来一段伤心事泪滴香风翠霭间(《卍续藏》第66册第703页《宗鉴法林》)

　　(10)九峰翠霭乘时玩莫待霜飞惜悴颜(《嘉兴藏》第28册第480页《二隐谧禅师语录》)

　　(11)以拂击香几云一击心通圆耳顺南山翠霭寿山高(《嘉兴藏》第28册第488页《二隐谧禅师语录》)

　　(12)殷勤直上最高峰拨草撩风翠霭中(《嘉兴藏》第36册第553页《绿萝恒秀林禅师语录》)

　　(13)携笻徐步入幽深松桧参天翠霭森(《嘉兴藏》第37册第429页《古宿尊禅师语录》)

　　(14)安南来震旦语别话头同谁是知音者山禽翠霭中(《嘉兴藏》第38册第911页《密行忍禅师语录》)

　　(15)层峦浮翠霭碧海漾清波(《嘉兴藏》第39册第523页《赤松领禅师语录》)

　　(16)卓锡东郊外方塘翠霭间(《嘉兴藏》第39册第764页《性空臻禅师语录》)

　　理校：前人训诂。

　　《文选·陆机〈挽歌〉》："悲风徽行轨，倾云结流霭。"李善注："《文字集略》曰：'霭，云雨状也。'霭与霭，古字同。"

　　可见，"霭为霭之音同而讹"的说法是值得商榷的。

　　支持以上结论的主要依据是撰写年代早于《五灯会元》(1252)的唐宋文献及李善(630～689)的注解。

3.1.4 都来

　　师乃曰："……所以道：声前抛不出，句后不藏形。尽乾坤大地都来，是汝当人个体，向什么处安眼耳鼻舌？莫但向意根下图度作解，尽未来际亦未有休歇分。所以洞山道：'拟将心意学玄宗，大似西行却向东。'珍重！"(卷六《九峰道虔禅师》，第304页)

《白话全译》：

禅师于是说："所以这样说：不借用声音表达不出意义，在语句后边藏不住形状。连着整个乾坤大地都来到，是你具备了一个人的身体，在什么地方去安放你的眼耳鼻舌？不要只在意根的局限下想方设法做解答，整个未来的边际也没有休息停顿的道理。所以洞山禅师说：'带着个人的思维意识学佛法，很像是目的地在西边却向东边行走。'你们要珍重啊！"（第280～281页）

"尽乾坤大地都来，是汝当人个体"中华书局本标点不妥，导致《白话全译》将"都来"误译为"都来到"。

对校：宋宝祐本无标点（第122页）。

他校：《卍续藏》第13册第903页明·钱谦益钞《楞严经疏解蒙钞》、《卍续藏》第80册第677页明·费隐编《五灯严统》、《卍续藏》第83册第583页明·瞿汝稷集《指月录》、《卍续藏》第64册第45页清·行悦集《列祖提纲录》、《卍续藏》第81册第501页清·超永编《五灯全书》均作"尽乾坤大地。都来是汝当人个体"，只有《卍续藏》第85册第667页明·朱时恩著《佛祖纲目》、《卍续藏》第68册第623页清·世宗皇帝御选《御选语录》作"尽乾坤大地都来。是汝当人个体"。

佛典中"都来"出现频率颇高，以下是宋代及更早文献的例子：

（1）一切时中莫乱斟酌。会与不会都来是错。（《大正藏》第47册第497页唐·慧然集《镇州临济慧照禅师语录》）

（2）山河大地日月星辰。总不出汝心。三千世界都来是汝个自己。（《大正藏》第48册第385页唐·裴休集《黄檗断际禅师宛陵录》）

（3）无余涅槃之中。都来无事。（《卍续藏》第34册第225页唐·栖复集《法华经玄赞要集》）

（4）亘古亘今。都来是一法。（《大正藏》第47册第615页宋·善昭〔947～1024〕撰《汾阳无德禅师语录》）

（5）扬尽大千沙界。都来只在一尘。（《大正藏》第47册宋·才良编《法演禅师语录》，淳熙五年〔1178〕年被收入于《古尊宿语要》）

（6）都来只有一个父母所生底肉块子。一点气不来。便属他人所管。肉块子外更有什么。（《大正藏》第47册第899页宋·蕴闻集《大慧普觉禅师语录》，南宋孝宗乾道八年〔1172〕刊行）

从上面的例子可以看出,"都来"是一个副词,做状语,置于谓语中心前。例(1)"会与不会都来是错"是"会与不会全部是错的"之意,例(2)"三千世界都来是汝个自己"是"三千世界全部是你自己"的意思,例(3)"都来无事"是"完全无事"的意思,例(4)"都来是一法"是"全部是一法"的意思,例(5)"都来只在一尘"是"全部只在一点尘埃上"的意思,例(6)"都来只有一个父母所生底肉块子"是"全都是只有一个父母所生的肉块子"的意思。

本校:

《五灯会元》共 6 处"都来":

(7)尽乾坤大地都来,是汝当人个体,向什么处安眼耳鼻舌?(第 304 页)

(8)问:"尽乾坤都来是个眼,如何是乾坤眼?"(第 306 页)

(9)师曰:"千眼都来一只收。"(第 668 页)

(10)上堂:"……用之,则敢与八大龙王斗富。不用,都来不直半分钱。参!"(第 1016 页)

(11)举玄沙示众曰:"尽大地都来是一颗明珠。"(第 1163 页)

(12)上堂:"我手何似佛手?天上南星北斗。我脚何似驴脚?往事都来忘却。……"(第 1315 页)

例(8)至例(12)"都来"均置于动词前,做状语。唯独例(7)置于分句尾,与普济的表达习惯不符。

《景德传灯录》共见 3 例"都来":

(13)所以道。声前抛不出。句后不藏形。尽乾坤都来是汝当人个体。向什么处安眼耳鼻舌。(《大正藏》第 51 册第 329 页《景德传灯录》)

(14)脱汝髑髅前意想。都来只是汝真实人体。何处更别有一法解盖覆。(同上,第 344 页)

(15)若未会得莫道。总是都来圆取。(同上,第 448 页)

例(14)(15)"都来"明显均置于动词前,做状语。《天圣广灯录》《建中靖国续灯录》《联灯会要》《嘉泰普灯录》类似的例子很多。

可见,"都来"是"全部""完全"之意,置于动词前,做状语。

支持以上结论的主要依据是撰写年代早于《五灯会元》(1252)的唐宋文

献及《五灯会元》的文献。

3.1.5 锋起

瞥尔爆动,便有五行金土相生相克,胡来汉现,四姓杂居。各任方隅,是非锋起。(卷十七《黄龙祖心禅师》,第1109页)

刘凯鸣(1992:174)认为:

"锋"盖"蜂"字之讹。《史记·项羽本纪》:"陈涉首难,豪杰蜂起。"第46页作"是非蜂起",是。

我们以为,"锋"为钟声、敷韵、平声字,"蜂"亦为钟声、敷韵、平声字,二者在中古完全同音,应该可以通假。而且在宋代及更早的佛典中,有"锋起"的大量用例:

(1)彼国明试瓦官大集众论锋起。(《大正藏》第50册第197页隋·灌顶撰《隋天台智者大师别传》)

(2)智者昔入陈朝。彼国明式瓦官大集。众论锋起。(《大正藏》第46册第807页隋·灌顶撰《国清百录》)

(3)慧远就席。攻数番。问责锋起。(《大正藏》第45册第171页唐·元康撰《肇论疏》)

(4)阿难言此结若存。是非锋起于中自生。此结非彼彼结非此。如来今日若总解除。结若不生则无彼此。尚不名一六云何成。(《大正藏》第19册第125页唐·般剌蜜帝译《大佛顶如来密因修证了义诸菩萨万行首楞严经》)

(5)但以内外不同行已各异。言戏之间。是非锋起。(《大正藏》第50册第263页唐·慧立本、彦悰笺《大唐大慈恩寺三藏法师传》)

(6)帝以般若之义真谛所宗。偏令化导故。咨质锋起悬辩若流。(《大正藏》第50册第468页唐·道宣撰《续高僧传》)

(7)但缙绅之士祖述多途。各师所学异论锋起。(《大正藏》第52册第187页唐·道宣撰《广弘明集》)

(8)秦徐义者。高陆人也。少奉法。为苻坚尚书。坚末兵革锋起。(《大正藏》第53册第409页唐·道世撰《法苑珠林》)

(9)讖虽攻难锋起。而禅师终不肯屈。(《大正藏》第55册第520页唐·智升撰《开元释教录》)

(10)是非锋起。人我山高。恣怒即是修罗见解。终成外道。(《卍

续藏》第 63 册第 37 页唐·文益撰《宗门十规论》）

(11)而碌碌之徒妄理信目锥画。管窥异见锋起。(《大正藏》第 52 册第 63 页梁·僧祐撰《弘明集》)

(12)咸言。须待后次当难杀昆仑子。即安后更覆讲疑难锋起。安挫锐解纷行有余力。(《大正藏》第 50 册第 351 页南朝梁·慧皎撰《高僧传》)

(13)如今共上坐在遮里。聚集少时。早是欺屈诸人了也。更若停腾。是非锋起。不如且歇。珍重。(《卍续藏》第 78 册第 652 页宋·惟白集《建中靖国续灯录》)

(14)今人不了。妄涉尘劳。见惑由存。是非锋起。(《卍续藏》第 78 册第 753 页宋·惟白集《建中靖国续灯录》)

(15)如今与上座。在这里。聚集少时。早是欺屈诸人了也。更若停腾是非锋起。不如且歇。(《卍续藏》第 79 册第 236 页宋·悟明集《联灯会要》)

(16)四姓杂居。各任方隅。是非锋起。致使玄黄不辨。水乳不分。(《卍续藏》第 79 册第 311 页宋·正受编《嘉泰普灯录》)

在《CBETA 电子佛典集成 June 2016》中，"锋起"177 例，"蜂起"反而只有 103 例，我们显然不能说"锋起"属"蜂起"的误用。《五灯会元》"锋起""蜂起"各一例，"五灯"之中，《天圣广灯录》未见用例，《建中靖国续灯录》《联灯会要》《嘉泰普灯录》均作"锋起"。《全宋词》未见"蜂起"用例，有 2 例"锋起"。

《汉语大词典》第 11 卷："【锋起】喻纷纷发生。锋，通'蜂'。"(第 1303 页)第 8 卷："【蜂起】像群蜂飞舞，纷然并起。"(第 904 页)

当然，支持以上结论的主要依据是隋唐文献中的大量例证。

3.1.6 勃诉

仰曰："正恁么时，切忌勃诉。"师曰："停囚长智。"(卷九《沩山灵祐禅师》，第 523 页)

《白话全译》：

仰山说："正这样的时候，切忌突然发问。"灵祐说："停顿一下，以思考应对办法。"(第 495 页)

《景德传灯录译注》：

仰山回答："正这样的时候，切忌迟缓不决。"灵枯骂道："这是停囚长智。"（第 2 册第 555 页）

"勃诉"一词，《白话全译》释为"突然发问"，《景德传灯录译注》则释为"迟缓不决"，都有商榷余地。

张美兰（1997：30）释曰：

"勃诉"为一词，其中"勃"当为"悖"，乖戾荒谬也。《玉篇·心部》："悖，逆也。"朱骏声《说文通训定声·泰部》："勃，假借为悖。"《荀子·修身》："不由礼则勃乱提僈。"王先谦集解引郝懿行曰："勃与悖，僈与慢并同。"《淮南子·泛论》："为论如此，岂不勃哉！"《新唐书·崔祐甫传》："天以河北乱唐，故君臣不肖，勃谬其谋，惜哉！"故"勃诉"即胡乱诉说。该词又写作"憨憨"。卷十一风穴延沼禅师，问："满目荒郊翠，瑞草却滋荣时如何？"师曰："新出红炉金弹子，筶破阇黎铁面皮。"问："如何是互换之机？"师曰："和盲憨憨瞎。"（第 675 页）"憨憨"当为"悖诉"的异体书写形式。憨，《正字通·心部》："憨同悖。"憨，《说文·言部》："诉，告也。憨，诉或从朔、心。"《集韵·莫韵》："诉或作憨。"故憨憨、悖诉实为一词，"和盲憨憨瞎"即连带盲乱说瞎。查检《汉语大词典》无"憨"字，又"悖"条"悖诉"一词失收。

我们认为以上释译似有可商榷处。先看下面的文献：

我有一张口。临事无可说。我有一双眼。和盲悖诉瞎。（《大正藏》第 47 册第 655 页宋·才良编《法演禅师语录》，又见《卍续藏》第 68 册第 135 页、771 页宋·赜藏主集《古尊宿语录》）

上面的文献表明，"和盲悖诉瞎"是陈述"一双眼"的，在组合中，"悖诉"与"一双眼"为直接组成成分之间的关系，因而"悖诉"必受"一双眼"的制约，"悖诉"前的"盲"和后面的"瞎"均陈述"一双眼"，"悖诉"无疑也是陈述"一双眼"的。释"勃诉"为"胡乱诉说"，是陈述"口"而不是"眼"，是不可取的。《风穴众吼集》中亦出现"和盲""悖诉"，《祖庭事苑》认为："和盲当作如盲悖诉当作悖搡悖乱也搡暗取物也悖搡亦方言谓摸搡"（第 392 页）"搡"与"诉"，中古音均为桑故切，暮韵心纽去声，完全可以通假。

《广韵·暮韵》："搡，暗取物也。"一说"搡"同"搡"。《正字通》："搡，俗搡字。"《集韵·陌韵》："索，《博雅》：取也，一曰求也。通作搡。"海印寺刻本《祖堂集》作"勃素"。"素"在中古亦为桑故切,暮韵心纽去声,与"捼"可以相通。

我们再看上面的文献,"我有一张口。临事无可说"是说口是多余的,是无用的;同样地,"我有一双眼。和盲悖诉瞎"是说眼是多余的,是无用的。那么,将"悖捼"释为"胡乱地暗中取物",眼自然就是多余的,是无用的了。这样,两句才能在形式和意义上相对。这也符合禅理,禅宗认为言语道断,心行处灭,开口即错,着相即乖,所以说不得,看不得,口也闲,眼也闲。同时,将"悖捼"释为"胡乱地暗中取物",也能够使"我有一双眼,和盲悖诉瞎"两句产生紧密的语义联系,二者构成让转复句,可以释译为:我虽然有一双眼睛,但好像瞎子一般胡乱地暗中取物。那么,为什么前面仰山禅师又说"切忌勃诉",对"勃诉"加以否定呢?我们看沩山灵祐禅师接下来的回答就知道了,沩山禅师回答"停囚长智","停囚长智"是"长时间思考产生智慧"的意思,这是禅宗所反对的,因为禅宗认为佛性"心行处灭",也就是说,沩山禅师对仰山禅师的观点是否定的。

综上,《汉语大词典》应该收入的是"悖捼"一词。

支持以上结论的主要依据是《法演禅师语录》(淳熙五年〔1178〕被收入于《古尊宿语要》)。《祖庭事苑》的解释亦为重要参考。《祖庭事苑》序言中有"大观二年春。吾以辅道之缘。寓都寺之华严。会睦庵卿上人过予手书一编甚巨。其目曰祖庭事苑。以尽读之"之句,大观二年即宋徽宗大观二年(1108),可见《祖庭事苑》成书于1108年以前,比《五灯会元》早100多年。

3.1.7 紧峭

(1)僧问:"如何是出身一路?"师曰:"三门前。"曰:"如何领会?"师曰:"紧峭草鞋。"(卷九《觉城院信禅师》,第558页)

(2)上堂:"衲僧家向针眼里藏身稍宽,大海中走马甚窄。将军不上便桥,勇士徒劳挂甲。昼行三千,夜行八百即不问,不动步一句作么生道?若也道得,观音、势至、文殊、普贤只在目前。若道不得,直须撩起布裙,紧峭草鞋。参!"(卷十六《开元智孜禅师》,第1045页)

(3)紧峭离水靴,踏破湖湘月。(卷十七《云盖守智禅师》,第1120页)

"紧峭"应是"系紧、缚紧"之义。"紧峭草鞋""撩起布裙,紧峭草鞋""紧峭离水靴"均是专心行脚参访之意。其中,"峭"又作"悄",如:

(4)进云。学人不会。师云。紧悄草鞋。(《大正藏》第47册第

669页《明觉禅师语录》)

(5)十五日以前。诸佛本不曾生。十五日以后。诸佛本不曾灭。十五日以前。你若离我这里。我也不用钩钩你。一任横担拄杖。紧悄草鞋。十五日以后。你若住我这里。我也不用锥锥你。一任拗折拄杖。高挂钵囊。(《卍续藏》第 67 册第 493 页《万松老人评唱天童觉和尚拈古请益录》)

(6)僧曰。金风吹落叶。玉露滴青松。师云。紧悄草鞋。(《卍续藏》第 78 册第 655 页《建中靖国续灯录》)

例(4)"紧悄草鞋"出现在"学人不会"语境下,例(5)"紧悄草鞋"与"高挂钵囊"对举,例(6)"紧悄草鞋"出现在学人尚未开悟的语境下,这三例"紧悄草鞋"均是专心行脚参访的意思。"悄"偶作"梢",如:

(7)若向者里辨得出。不妨紧梢草鞋。如辨不出。莫道通玄山势险。(《卍续藏》第 84 册第 139 页《续指月录》)

《CBETA 电子佛典集成 June 2016》中仅见此一例。《续指月录》是清代人聂先编集,应该是校对失误,《祖庭事苑》释《云门录·上》中的"紧梢"云:"当作悄。七笑切。缚也。梢。音筲。非义。"(第 317 页)悄、悄皆读七肖切,《广韵》笑韵:"悄,悄缚。"《集韵》笑韵:"悄,缚也。"可见,"紧悄"之"悄"本当作"悄"。例如:

(8)进云。未审师意如何。师云。紧悄草鞋。(《大正藏》第 47 册第 550 页《云门匡真禅师广录》,宋熙宁九年〔1076〕序刊)

(9)僧曰。学人不会。师云。紧悄草鞋。(《卍续藏》第 78 册第 667 页《建中靖国续灯录》)

(10)若道不得。直须撩起布裙。紧悄草鞋。(《卍续藏》第 78 册第 704 页《建中靖国续灯录》)

(11)上堂。紧悄履水靴。踏破湖湘月。(《卍续藏》第 79 册第 313 页《嘉泰普灯录》)

(12)云。莫便是不动尊么。曰。却须紧悄草鞋。(《卍续藏》第 79 册第 320 页《嘉泰普灯录》)

(13)云。此外还更有也无。曰。紧悄草鞋。(《卍续藏》第 79 册第

328 页《嘉泰普灯录》)

为什么"紧峭"常与"草鞋"搭配呢?《佛光大辞典》:"【草鞋】又称芒鞋。古代僧侣于行脚时所着之鞋。故亦称僧侣行脚时所须之旅费为草鞋钱。"(第 4316 页)佛教认为,草鞋钱为信众所提供,如行脚僧侣未能悟道,则来生须加倍偿还。《法演禅师语录》:"如来者无所从来亦无所去。莫是法身无来去。化身有来去么。若人于此见得。日销万两黄金。其或未然。草鞋钱教什么人还。"(《大正藏》第 47 册第 660 页)《古尊宿语录》:"若是宗门中儿孙。须瞻祖师机。方可是祖师苗裔。不可吃却祖师饭。着却祖师衣。趁谩过日。便道我是行脚僧。者个只唤作名字比丘。徒消信施。阎罗王久后征你草鞋钱有日在。"(《卍续藏》第 68 册第 255 页)所以,"紧峭草鞋"在禅籍中就有"系紧草鞋抓紧时间行脚参禅"之意,如果开悟了,就不用还"草鞋钱"债了。

支持以上校勘结论的主要依据是《云门匡真禅师广录》《建中靖国续灯录》《嘉泰普灯录》的文献。《祖庭事苑》的解释是重要参考。

3.1.8 槲栗 榔栗

《五灯会元》共见有关"槲栗"的语句 5 例:

(1)问:"寻枝摘叶即不问,如何是直截根源?"师曰:"槲栗拄杖。"(第 704 页)

(2)上堂,拈拄杖曰:"槲栗木杖子,善能谈佛祖。……"(第 748 页)

(3)且道衲僧门下,有什长处?槲栗横担不顾人,直入千峰万峰去。(第 1110 页)

(4)一条槲栗任纵横,野狐跳入金毛队。(第 1127 页)

(5)汝等诸人,个个顶天立地,肩横槲栗,到处行脚,勘验诸方,更来这里觅个什么?(第 1358 页)

有关"榔栗"的语句 4 例:

(6)上堂拈拄杖曰:"天亲菩萨无端变作一条榔栗杖。"乃画一画曰:"尘沙诸佛尽在这里葛藤。"便下座。(第 928 页)

(7)师乃曰:"为他途路不得力。"复曰:"毕竟如何?"以杖横肩曰:"榔栗横担不顾人,直入千峰万峰去。"(第 980 页)

(8)曰:"意旨如何?"师曰:"五彩金装。"曰:"怎么则顶礼去也。"师

曰:"天台榔栗。"(第990页)

(9)暮拈拄杖卓一下,曰:"识得山僧榔栗条,莫向南山寻鳖鼻。"(第1078页)

共见有关"榔栗"的语句6例:

(10)问:"牛头未见四祖时如何?"师曰:"榔栗木拄杖。"(第941页)
(11)榔栗未担时,为汝说了也。(第1193页)
(12)华藏木榔栗,等闲乱拈出。不是不惜手,山家无固必。(第1251页)
(13)向曲录木上唱二作三,于榔栗杖头指南为北。(第1252页)
(14)榔栗横担不顾人,直入千峰万峰去。(第1255页)
(15)曰:"未审如何趣向?"师曰:"榔栗横担。"(第1335页)

究竟何者为是？查各语料及各大汉语词典,均未见"榔栗""梛栗"的组合,"榔栗""梛栗"应不是词。"栵栗"的组合在语料中却很常见:

(16)七百里山水,手中栵栗粗。(唐·贾岛《送空公往金州》)
(17)倦就盘陀坐,闲拈栵栗行。(宋·陆游《小园》)
(18)震风威,横担栵栗万山归。(元·耶律楚材《和张敏之〈鸣凤曲〉韵》)
(19)缓携栵栗访山家,一路斜阳五色霞。(清·溥畹《虎丘访卖花老人》)
(20)郑痴庵……为人颀长白须冉,携柳栵杖,有出尘之表。(清·恽敬《子惠府君逸事》)

佛典中更为常见,宋代及以前的文献如:

(21)栵栗横担不顾人。直入千峰万峰去。(《大正藏》第47册第742页《圆悟佛果禅师语录》)
(22)今朝四月初一。衲僧放下栵栗。虽然不许默照。须要人人面壁。(《大正藏》第47册第828页《大慧普觉禅师语录》)
(23)与么则栵栗横担不顾人。直入千峰万峰去。(《大正藏》第47册第994页《虚堂和尚语录》)

79

(24)问牛头未见四祖时如何。曰栁栗木拄杖。(《卍续藏》第67册第565页《正法眼藏》)

(25)栁栗横担不顾人。却入千峰万峰去。(《卍续藏》第68册第192页《古尊宿语录》)

(26)诸人者。欲得不相瞒昧么。天台栁栗杖。南岳万岁藤。(《卍续藏》第68册第376页《续古尊宿语要》)

(27)问。如何是直截根源。师云。栁栗拄杖。(《卍续藏》第78册第507页《天圣广灯录》)

(28)一条栁栗任纵横。野狐跳入金毛队。(《卍续藏》第79册第315页《嘉泰普灯录》)

(29)识得山僧栁栗条。莫向南山寻鳖鼻。(《卍续藏》第79册第345页《嘉泰普灯录》)

《汉语大词典》第4卷:"【栁栗】亦作"栁枥"。木名。可为杖。后借为手杖、禅杖的代称。"(第1069页)《辞源》:"【栁栗】木名。可作杖。后借为杖的代称。"(第1609页)

支持以上校勘结论的主要依据是《送空公往金州》《小园》《圆悟佛果禅师语录》《大慧普觉禅师语录》《天圣广灯录》《嘉泰普灯录》等文献。

3.1.9 拿云攫浪

问:"学人拿云攫浪,上来请师展钵。"(第441页)

公曰:"忽遇拿云攫浪来时作么生?"(第468页)

《白话全译》分别释为:

僧人说:"学禅的人纷纷攘攘,上来请老师展钵。"(第426页)

居士说:"忽然遇到腾云驾雾来时怎么办?"(第451页)

同是"拿云攫浪",前面译作"纷纷攘攘",值得商榷。后面译作"腾云驾雾",但施事不明。

对校:宋宝祐本(第172页)、《卍续藏》第80册《五灯会元》(第408页)均作"拿云攫浪"。

本校:第1024页有"拿云攫浪数如麻,点着铜睛眼便花"之句。

从他校的角度看,在宋代及更早的不少文献里,"拿云攫浪"作"拿云攫

浪"或"攫浪拿云":

(1)拿云攫浪数如麻。点着铜睛眼便花。(《卍续藏》第 79 册宋·正受编《嘉泰普灯录》,第 299 页)

(2)有时拿云攫浪游戏自如。有时截铁斩钉纪干不可。(《卍续藏》第 68 册第 150 页《古尊宿语录》)

(3)太尉云忽遇拿云攫浪来又作么生(《嘉兴藏》第 23 册第 551 页《五家语录》)

(4)尉云。忽遇拏云攫浪来。又怎么生。僧云。他亦不顾。尉云。话堕也。(《大正藏》第 47 册第 561 页《云门匡真禅师广录》)

(5)攫浪拿云势可平。惊空骤雨似盆倾。不因放却淮河闸。九曲潮头卒未平。(《卍续藏》第 65 册第 654 页宋·法应集、元·普会续集《禅宗颂古联珠通集》)

(6)有时拏云攫浪游戏自如。有时截铁斩钉纪干不可。(《大正藏》第 47 册第 669 页《法演禅师语录》)

故"拿云𤘦浪"当作"拿云攫浪",宋代及更早的用于他校的文献是主要证据。

"攫"亦可和"雾"组合:

(7)竖拂拈槌于无事之世。拿云攫雾于格外之天。(《嘉兴藏》第 26 册第 126 页《费隐禅师语录》)

理校:"𤘦"未见字典收录,不知何意。《汉语大词典》第 6 卷:"攫¹[wò《广韵》一虢切,入陌,影。]捕取。《文选·张衡〈西京赋〉》:'杪木末,攫猱猢。'薛综注:'攫,谓握取之也。'"(第 907 页)

从上面的例子可以看出,"拿云攫浪"从语法上看是两个动宾结构的联合,本义是"拿住云、握住浪(展示令人惊骇的神通)",引申为"修行时不得要领"(犹言"捕风捉影")等意思。

因此,在"学人拿云攫浪,上来请师展钵"一句中,"拿云攫浪"用的是引申义,全句当译为"学禅人不得要领,请老师指示佛法大意"。在"忽遇拿云攫浪来时么生"一句中,"拿云攫浪"用的是本义,全句当译为"忽然遇到腾云驾雾来时怎么办?"

可见,中华书局版与祖本均误,前者之误应是后者之误导致的。

3.1.10 母大清净妙位

释迦牟尼佛。姓刹利,父净饭天,母大清净妙位。登补处,生兜率天上,名曰胜善天人,亦名护明大士。度诸天众,说补处行,于十方界中,现身说法。(卷一《释迦牟尼佛》第3页)

对校:宋宝祐本无标点,故无法对校。
本校:《五灯会元》仅此一例,无法进行本校。
他校:《大正藏》第51册第205页《景德传灯录》"母大清净妙位。登补处,生兜率天上"作"母大清净妙。位登补处生兜率天上"。
理校:"大清净妙"是佛母的名字。《大正藏》第1册第3页《长阿含经》:"我父'名净饭'。刹利王种。母名'大清净妙'。王所治城名'迦毗罗卫'。"《大正藏》第50册第9页《释迦谱》:"释迦文佛父名净饭刹利王种。母名大清净妙。王所治城名迦毗罗卫"。

"位"属下句,"位登补处"是佛典中的习惯组合。《大正藏》第50册第88页《释迦氏谱》:"因果经云。释迦如来未成佛时。为大菩萨名曰善慧。功行满已位登补处。生兜率天名曰圣善。"《卍续藏》第34册第207页《〈法华经〉玄赞要集》:"弥勒位登补处。"《卍续藏》第38册第399页《〈梵网经〉菩萨戒本述记》:"弥勒菩萨位登补处。"《大藏经补编》第25册第303页《祖堂集》:"释迦如来未成佛时,为大菩萨,名曰善慧,亦名忍辱。功行已满,位登补处,生兜率天。"

项楚(1991:175)认为:第四句应作"母大清净妙",释迦牟尼生母,通常译为摩诃摩耶(省称摩耶),但亦有译为大清净妙者,或有省称为清妙或净妙者。"位"改属下句,"位登补处,生兜率天上"二句是说,生于兜率天之内院,前佛既灭,将由此出兴于世,补其位而成佛也。

支持以上校勘结论的主要依据是佛典中的表达习惯。

3.1.11 水消瓦解

曰:"还有升进处也无?"师曰:"水消瓦解。"(卷八《云龙院归禅师》第482页)

《白话全译》释为:

禅师说:"还有升进的地方吗?"禅师说:"水消瓦解。"(第462页)

对校:"水消瓦解"宋宝祐本(第185页)、《卍续藏》第80册第317页《五灯会元》均作"冰消瓦解"。

本校:卷六第360页《天竺证悟法师》:儿孙不是无料理,要见冰消瓦解时。卷十一第683~684页《天竺证悟法师》:"冰消瓦解。"

他校:宋代文献《大正藏》第47册守坚集《云门匡真禅师广录》(第550页、第576页),《大正藏》第47册惟盖竺编《明觉禅师语录》(第686页),《大正藏》第47册绍隆编《圆悟佛果禅师语录》(第716页、第776页),《大正藏》第47册蕴闻编《大慧普觉禅师语录》(第919页),《大正藏》第48册智昭集《人天眼目》(第312页),《大正藏》第51册道原撰《景德传灯录》(第380页),《卍续藏》第66册子升《禅门诸祖师偈颂》(第721页),《卍续藏》第67册宗杲集《正法眼藏》(第585页),《卍续藏》第68册赜藏主集《古尊宿语录》(第96页、第119页、第256页),《卍续藏》第68册师明集《续古尊宿语要》(第407页、第460页、第499页),《卍续藏》第78册李遵勖编《天圣广灯录》(第495页),《卍续藏》第78册惟白集《建中靖国续灯录》(第659页),《卍续藏》第79册悟明集《联灯会要》(第156页、第226页、第268页)等,均记载该段语录,且均作"冰消瓦解";佛典中未见"水消瓦解"。另外,佛典中有147例"瓦解冰消",10例"瓦解水消"。

"氷"同"冰"。明·梅膺祚著《字汇·水部》:"氷,俗冰字。"(清刻本,一函十三册)

理校:"冰消瓦解"是成语,词典未见"水消瓦解"。另外,"消瓦解"本身提供了"冰"的信息:"消"与"解"对(意义相同),"冰"与"瓦"对(都是硬物,才需消解)。

可见,"冰""水"是一笔之差导致的校对失误。

以上校勘,"校勘四法"虽然都使用了,但起关键作用的证据还是对校及他校中早于《五灯会元》的《天圣广灯录》《建中靖国续灯录》《联灯会要》的文献,因为这些文献属于源头文献。

3.1.12 当衙

时有僧问:"师子未出窟时如何?"师曰:"众兽徒然。"曰:"出窟后如何?"师曰:"狐绝万里。"曰:"欲出不出时如何?"师曰:"当衙者丧。"(卷八《普照院瑜禅师》,第499页)

《白话全译》释为:

当时有僧人问:"狮子没有出洞窟时怎样?"禅师说:"徒然有其余的

野兽。"问:"出洞窟后怎样?"禅师说:"万里无狐狸。"问:"将出来未出来时怎样?"禅师说:"当差的人丧命。"(第475页)

《白话全译》把"当衙者"释为"当差的人",与上下文衔接不上。

对校:"当衙者",宋宝祐本(第190页)同。《卍续藏》第80册《五灯会元》(第180页)作"当冲者"。

本校:《五灯会元》仅见一例,无法进行本校。

他校:这段语录出自《景德传灯录》,原文如下:"僧问。师子未出窟时如何。师曰。众兽徒然。曰出窟后如何。师曰。孤绝万里。曰欲出不出时如何。曰当冲者丧。问向去事如何。师曰。决在临锋。"(《大正藏》第51册第405页《景德传灯录》)又,《卍续藏》第9册532页唐·宗密述《圆觉经大疏释义钞》、《卍续藏》第80册第729页明·费隐编《五灯严统》、《卍续藏》第74册第535页明·禅修述《依楞严究竟事忏》、《卍续藏》第81册第556页清·超永编《五灯全书》,均作"当冲"。

理校:"当衙"非义,"当冲"可解。《汉语大词典》第7卷:"【当冲】在道路的冲要处。宋·王谠《唐语林·补遗四》:'明皇朝,海内殷赡,送葬者或当冲设祭。'"(第1400页)

本例的关键证据是对校及他校中的《景德传灯录》的文献记载。

3.1.13 唵唵

问:"如何是和尚妙药?"师曰:"不离众味。"曰:"吃者如何?"师曰:"唵唵看。"(卷十五《香林澄远禅师》第938页)

对校:宋宝祐本亦作"唵唵看"(第355页)。

本校:《五灯会元》中共出现3次"唵",第626页原文为"试唵嗽看",第925页为"逗唵将去",第938页为"唵唵看"。因此可以推测"唵唵"可能为"唵嗽"之误。

他校:《大正藏》第51册第387页《景德传灯录》、《卍续藏》第80册第309页《五灯会元》、《卍续藏》第81册第115页《五灯严统》、《卍续藏》第81册第695页《五灯全书》、《卍续藏》第85册第130页《锦江禅灯》与《五灯会元》同一内容的记载均作"问。如何是和尚妙药。师曰。不离众味。曰。吃者如何。师曰。唵嗽看"。

理校:明代《字汇·口部》:"嗽,啗字之讹。"(第三卷,十画)《说文》:"啗,食也。从口,臽声。读与含同。"《汉语大字典》第二版:"同'啖'。吃;咬。"

(第695页)可见,"唵"为"啗"之误。

"啖",《广韵》徒敢切,上敢定,谈部。《说文·口部》:"啖,噍啖也。一曰啗。"《集韵·敢韵》:"啖,或作啗。"《颜氏家训·风操》:"母以烧死,终身不忍啖炙。"唐·杜甫《壮游》:"翠花拥吴岳,驱虎啖豺狼。"清·纪昀《阅微草堂笔记·姑妄听之一》:"吹火燔熟,环坐吞啖。"

"唼啗看"何义?《汉语大字典》第二版:"唼,水鸟、鱼类争食。也作'唼喋'、'嗻喋'。唐·玄应《一切经音义》卷八引《埤苍》曰:'唼,鸭食也。'《集韵·狎韵》:'嗻,嗻喋,水鸟食貌。或从妾(作唼)。'"(第696页)"唼""啗"连文同义,"唼啗看"犹言"吃吃看"。

他校中的"问。如何是和尚妙药。师曰。不离众味。曰。吃者如何。师曰。唼啗看",其意为:

> 学僧问:"和尚的妙药怎么样?"禅师答:"离不开各种味道。"学僧问:"吃的人会怎么样?"禅师答:"你吃吃看就知道了。"

本例的关键证据是本校第626页"试唼啗看"及他校中的《大正藏》第51册第387页《景德传灯录》的文献记载,后者为文献源头,更加重要。

3.1.14 钩客

> 开堂日,僧官宣疏,至"推倒回头,跃翻不托。七轴之莲经未诵,一声之渔父先闻",师止之。遂登座拈香,祝圣罢,引声吟曰:"本是潇湘一钩客,自西自东自南北。"大众杂然称善。(卷十二《西余净端禅师》,第756页)

对校:"钩客",宋宝祐本(第284页)、《卍续藏》第80册《五灯会元》(第255页)均作"钓客"。

本校:未见"钩客"或"钓客",但有相关组合。卷十七第1159页《清凉慧洪禅师》:"厮耐钓鱼船上客,却来平地拢鱼鳃。"卷十九第1242页《五祖法演禅师》:"钓鱼船上谢三郎。"卷二十第1395页《华藏有权禅师》:"黑漆昆仑把钓竿,古帆高挂下惊湍。芦花影里弄明月,引得盲龟上钓船。"

他校:宋代文献《卍续藏》第78册宗晓编《法华经显应录》(第48页)、《卍续藏》第79册正受编《嘉泰普灯录》(第305页)、《卍续藏》第79册惠洪撰《禅林僧宝传》(第530页)、《卍续藏》第83册晓莹撰《罗湖野录》(第385页)、《卍续藏》第87册惠洪集《林间录》(第257页)等,均有"本是潇湘一钓客"。宋以后的文献,如元代的《历朝释氏资鉴》(《卍续藏》第76册第237页),明代的《五灯严统》(《卍续藏》第81册第59页)、《指月录》(《卍续藏》第83册第682页)、《教外别传》(《卍续藏》第84册第265页)、《三宜盂禅师语录》(《嘉兴藏》第27册第16页)、明代的《续传灯录》(《大正藏》第51册第522页)、清代的《列祖提纲录》(《卍续藏》第64册第200页)、《御选语录》(《卍续藏》第68册第707页)、《五灯全书》(《卍续藏》第81册第635页)、《雨山和尚语录》(《嘉兴藏》第40册第588页)等,亦均有"本是潇湘一钓客"。"钓客"出现于其他语境的用例也不少,却未见"钩客"用例:

(1)师初入寺。上堂云。归宗上寺。是大禅河。既是禅河。岂无钓客。莫有问话者么。(《大正藏》第47册第631页《黄龙慧南禅师语录》)

(2)孤舟选胜傍江干。乘兴幽游思未阑。向日望来春色晚。顺潮归去野情宽。高歌钓客收纶线。弄影沙禽刷羽翰。(《大正藏》第47册第679页《明觉禅师语录》)

(3)鱼隐深潭。必招钓客。(《卍续藏》第67册第689页《拈八方珠玉集》)

(4)若论此事。如鱼遁深渊。必招钓客。(《卍续藏》第68册第378页《续古尊宿语要》)

(5)问。十二分教即不问。如何是衲僧分上事。师云。牧人爱山水。钓客恋渔舟。(《卍续藏》第78册第550页《天圣广灯录》)

(6)曾作潇湘钓客渔竿任掷西东(《嘉兴藏》第27册第549页《雪关和尚语录》)

(7)当日上堂。报慈古寺先圣道场。门枕湘江必多钓客。况是风恬浪静正好垂纶。有么。(《卍续藏》第69册第330页《开福道宁禅师语录》)

(8)师乃云。沿流无定止。真照不留踪。千峰秀处鹤难栖。万水澄时鱼自稳。樵人罢赏。钓客迷巢。古渡深云。同歌绝韵。正恁么时。知音底在什么处。(《卍续藏》第71册第772页《真歇清了禅师语录》)

理校:各词典及国家语委语料库、北大语料库均不见"钩客",且"潇湘"是水名,水边的理应是"钓客"。另外,例(1)至例(8)的各种语境均提供了与"钩客"相关的线索:例(1)"大禅河"、例(2)"孤舟""江""顺潮""野情"、例(3)"鱼""深潭"、例(4)"鱼""深渊"、例(5)"渔舟"、例(6)"潇湘""渔竿"、例(7)

"湘江""风恬""浪静""垂纶""开福古寺"、例（8）"流""万水澄时""鱼自稳""古渡"均是明确的线索。

《汉语大词典》第 11 卷第 1207 页："【钓客】垂钓的人。"

以上校勘，宋代文献《卍续藏》第 78 册宗晓编《法华经显应录》（第 48 页）、《卍续藏》第 79 册正受编《嘉泰普灯录》（第 305 页）、《卍续藏》第 79 册惠洪撰《禅林僧宝传》（第 530 页）、《卍续藏》第 83 册晓莹撰《罗湖野录》（第 385 页）、《卍续藏》第 87 册惠洪集《林间录》（第 257 页）等的记载是关键证据。

3.1.15 火筯

师拟举，泉拈火筯便撼，师豁然大悟。（卷十五《云盖继鹏禅师》，第 997 页）

"火筯"不可解。我们认为，"火筯"当作"火筋"或"火箸"。

对校：宋宝祐本第 370 页、《卍续藏》第 80 册《五灯会元》第 323 页均作"火箸"。

本校：卷七第 400 页《玄沙师备禅师》："师以铁火箸敲铜炉，问：'是什么声？'"卷七第 417 页《镜清道怤禅师》："师将火箸插向炉中。"

他校：《卍续藏》第 67 册第 618 页宋·大慧宗杲编《正法眼藏》，《卍续藏》第 63 册第 558 页宋·无量宗寿著《入众日用》，《中华藏》第 78 册第 835 页宋·法应集、元·普会续集《禅宗颂古联珠通集》，《卍续藏》第 81 册第 128 页明·费隐通容编《五灯严统》、《卍续藏》第 85 册第 505 页明·如卺撰《禅宗正脉》，均记载该段语录，均作"火筋"。

其他语境的例子如：

（1）大宁宽和尚。僧问如何是露地白牛。宽以火筋横火炉上。云会么。（《卍续藏》第 67 册 618 页《正法眼藏》）

（2）寒月向火。先坐炉上。然后转身入炉。问讯方坐。有虔脱鞋在外。不得弄香匙火筋。不得拨火。不得聚头说话。不得煨点心等物。（《卍续藏》第 63 册 558 页《入众日用》）

（3）仰山向火次。有僧参。师曰。一言说尽山河大地。僧问。如何是一言。师以火筋插向炉中。又移向旧处。（《卍续藏》第 65 册 632 页《禅宗颂古联珠通集》）

《卍续藏》第 65 册第 711 页宋·法应集、元·普会续集《禅宗颂古联珠通集》、《卍续藏》第 66 册第 591 页清·迦陵性音编《宗鉴法林》,均记载该段语录,均作"火箸"。其他语境的例子如:

(4)师与杉山向火次乃云不用指东画西本分事直下道将来杉以火箸插向炉内(《永乐北藏》第 154 册 574 页《宗门统要正续集》)

(5)师将火箸敲柴曰。汝还闻么。(《卍续藏》第 85 册 464 页《禅宗正脉》)

理校:《汉语大字典》第二版:"筯,《广韵》迟倨切,去御澄。①同'箸',筷子。《玉篇·竹部》:'筯,匙箸。与箸同。'……②火筴。唐·陆羽《茶经·四之器》:'火筴,一名筯。若常用者,圆直一尺三寸,顶平截,无葱台勾金巢之属,以铁或熟铜制之。'"(第 3171 页)在禅典中,"火箸"一般是"火筴"之意,例(1)至例(5)提供了相关线索:例(1)的"横火炉上"、例(2)的"寒月向火。先坐炉上""脱鞋在外""拨火"、例(3)的"插向炉中"、例(4)的"向火次""插向炉内"、例(5)的"敲柴"均表明"火箸"是"火筴"而非"筷子"。

可见,"筯""箾"是一笔之误。

以上校勘,对校中宋宝祐本第 370 页、《卍续藏》第 80 册《五灯会元》第 323 页的文献是关键证据。

3.1.16 横桃

问:"庵内人为什么不知庵外事?"师曰:"拄杖横桃铁蒺藜。"(卷十九《灵隐慧远禅师》,第 1288 页)

《白话全译》把"拄杖横桃铁蒺藜"译作"拄杖横挑起挡路的铁蒺藜"(第 1198 页),可取。

对校:"桃",宋宝祐本(第 479 页)、《卍续藏》第 80 册《五灯会元》(第 408 页)均作"挑"。

本校:第 916 页《石门法真禅师》:宾中有主,拄杖横挑日月轮。第 1011 页《令滔首座》:有人问我西来意,拄杖横挑啰哩啰。

他校:佛典中常见"拄杖横挑"用例,未见"拄杖横桃"例。如:

(1)拄杖横挑香水海。倒骑铁马出重城。(《卍续藏》第 68 册第 471 页《续古尊宿语要》)

(2)宾中有主。拄杖横挑日月轮。主中有宾。踏破草鞋赤脚走。《卍续藏》第79册第370页《嘉泰普灯录》)

(3)问。庵内人为什么不知庵外事。曰。拄杖横挑铁蒺藜。(《卍续藏》第79册386页《嘉泰普灯录》)

(4)谢蒋山石溪和尚上堂。面皮擘破。喝散钟山之云。拄杖横挑。穷尽天台之境。(《卍续藏》第70册第48页《痴绝道冲禅师语录》)

(5)拄杖横挑日月。钵盂倒覆乾坤。(《卍续藏》第71册第583页《楚石梵琦禅师语录》)

(6)今朝拄杖横挑出。那个男儿肯活埋。(《卍续藏》第72册第242页《无异元来禅师广录》)

(7)净心即是西方土。拄杖横挑布袋行。(《卍续藏》第72册第313页《无异元来禅师广录》)

(8)今年八十复有一。拄杖横挑消白日。(《卍续藏》第72册第372页《无异元来禅师广录》)

理校:"拄杖横桃铁蒺藜"全句无谓语中心,全是名词,语义上无联系,语法上不通,"桃"应为"挑"之误,"挑"是动词,可做谓语中心。例(1)至例(8)显示出"拄杖横"后面出现的必须是动词:如例(1)由"拄杖横挑香水海""倒骑铁马出重城"两句构成,后句有动词"骑",则前句必须出现动词才能相对;例(4)"面皮擘破"与"拄杖横挑"相对为文,"擘"为动词,则"横"后必须出现动词。

以上校勘,对校中宋宝祐本(第479页)、《卍续藏》第80册《五灯会元》(第408页)的文献为关键证据。

3.1.17 贫窭

六祖慧能大师者,俗姓卢氏,其先范阳人。父行瑫,武德中左官于南海之新州,遂占籍焉。三岁丧父,其母守志。鞠养及长,家尤贫窭,师樵采以给。(卷一《六祖慧能大鉴禅师》,第53页)

对校:"家尤贫窭",宋宝祐版(第24页)、《卍续藏》第80册《五灯会元》(第46页)均作"家尤贫窭"。

本校:《五灯会元》仅见一例,无法进行本校。

他校:《大正藏》第51册《景德传灯录》亦作"家尤贫窭"(第235页)。《中华藏》第56册唐·玄应撰《一切经音义》第十二卷:"贫窭 瞿庾反 苍颉

篇 无财曰贫 无财备礼曰窭 诗云 终窭且贫 传曰 窭无礼 是也 字书 窭 空也 贫陋也"。(第 816 页)《高丽藏》第 34 册后晋·可洪撰《新集藏经音义随函录》:"贫窭 其禹反 贫无财备礼曰窭 亦空也"。(第 735 页)

理校:佛典中,"贫篓"未见 1 例,"贫窭"见 129 例:

(1)一时佛在"舍卫国祇树给孤独园"。是时四姓家遭"宿命殃"。贫窭尤困。草衣草席。菜糜自供。虽为极困足不蹈"无道之宅"。手不执"无道之惠"。志行清净。众邪不能染其心。(《大正藏》第 3 册第 11 页《六度集经》)

(2)彼慈力王久遇先佛植众善本。乐修慈行仁恕和平。于诸众生施之快乐。复起悲心矜恤贫窭。有苦众生皆蒙拯拔。(《大正藏》第 3 册第 339~340 页《菩萨本生鬘论》)

(3)时有一人家极贫窭。欲为婚娶无容办食。以命大将即自思念。我贫无力请大将来。今此新妻身未相触。宜当进奉以表素心。(《大正藏》第 23 册第 884 页《根本说一切有部毗奈耶》)

(4)虽处豪富。如贫窭者。(《大正藏》第 32 册第 726 页《福盖正行所集经》)

(5)所谓夜叉。罗刹娑。毕舍遮。部多。矩畔拿。布单那。羯咤布单那。塞建那。嗢摩那等。设得为人。其形极丑。身皮黑涩。状若烟熏。诸根闭塞。眼不明了。贫窭饥赢。以乞自济。(《大正藏》第 32 册第 730 页《福盖正行所集经》)

(6)释法开。姓俞。吴兴余杭人。稚年出家住北仓寺。为昙贞弟子。贞清素澄严殊有解行。开少聪敏家业贫窭。身服不充食噉粗涩。(《大正藏》第 50 册第 474 页《续高僧传》)

(7)东魏末。邺下人。共入西山采银钞。出穴未毕。而穴崩。有一人在后。为石塞门不得出。而无伤损。其穴崩处。有小穴不合。微见日光。此人自念终无理。乃一心念佛。其父闻子已压。无处求尸。家又贫窭。无以追福。乃持粗饭一钵。往诣僧寺。(《大正藏》第 51 册第 790 页《冥报记》)

(8)王刹利种也。有智略性勇烈。威慑邻境统十余国。爱育百姓。敬崇三宝。岁造丈八尺银佛像。兼设无遮大会。周给贫窭惠施鳏寡。(《大正藏》第 51 册第 873 页《大唐西域记》)

篓:《广韵》落侯切。《集韵》郎侯切,音楼,竹笼也。《急就篇》卷三:"筐箪箕帚筐筴篓。"颜师古注："篓者疏目之笼,言其孔楼楼然也。"可见,"贫篓"不可解,理当是"贫篓"之误。《汉语大词典》第 10 卷："【贫篓】贫乏,贫穷。"(第 121 页)

例(1)有"遭宿命殃""尤困""草衣草席""菜糜自供""极困"等线索提示"贫篓"的含义,例(2)有"矜恤""有苦众生""皆蒙拯拔"等线索提示"贫篓"的含义,例(3)有"欲为婚娶无容办食""贫无力"等线索提示"贫篓"的含义,例(4)"豪富"这一线索反向提示"贫篓"的含义,例(5)有"饥赢""以乞自济"二线索提示"贫篓"的含义,例(6)有"身服不充""食噉粗涩"二线索提示"贫篓"的含义,例(7)"无以追福""持粗饭一钵"二线索提示"贫篓"的含义,例(8)"贫篓"与"鳏寡"对举,后者提示"贫篓"的含义。

以上校勘,对校中宋宝祐版(第 24 页)、《卍续藏》第 80 册《五灯会元》(第 46 页)的文献为关键证据。

3.1.18 榆

侍者请师吃茶,问:"适来祗对和尚,道住持不易,意旨如何?"师曰:"真榆不博金。"(卷十一《谷隐蕴聪禅师》第 692 页)

《白话全译》释为:

侍者请禅师喝茶,问:"刚才回答和尚说住持不易,是什么意思?"禅师说:"真喻不换金。"(第 657 页)

对校:"榆",宋宝祐本(第 260 页)、《卍续藏》第 80 册普济撰《五灯会元》第 236 页、第 274 页,均作"鍮"。

本校:第 818 页《金峰从志禅师》:曰:"不可须要人点检。"师曰:"真鍮不博金。"

他校:宋代文献《大正藏》第 47 册崇岳、了悟等编《密庵和尚语录》(第 978 页),《卍续藏》第 65 册法应集《禅宗颂古联珠通集》(第 519 页、第 618 页、第 658 页、第 700 页、第 722 页),《卍续藏》第 67 册宗杲集《正法眼藏》(第 565 页),《卍续藏》第 67 册祖庆重编《拈八方珠玉集》(第 671 页、第 685 页),《卍续藏》第 68 册赜藏主集《古尊宿语录》(第 326 页),《卍续藏》第 68 册师明集《续古尊宿语要》(第 425 页、第 506 页),《卍续藏》第 78 册李遵勖编《天圣广灯录》(第 499 页),《卍续藏》第 79 册悟明集《联灯会要》(第 218 页、第 243 页),《卍续藏》第 79 册正受编《嘉泰普灯录》(第 332 页),《卍续藏》第 79 册祖琇撰《僧宝正续传》(第 577 页)、《中华藏》第 78 册法应集《禅宗颂古联珠通集》(第 651 页、第 657 页、第 750 页、第 786 页、第 825 页、第 846 页)等,均作"真鍮不博金"。

理校:《大正藏》第 54 册第 710 页唐代翻经沙门慧琳撰《一切经音义》:"鍮石(上音偷 埤仓云 鍮石似金 似而非金 西戎蕃国药炼铜所成 有二种鍮石 善恶不等 恶者挍白 名为灰折 善者挍黄 名为金折 亦名为金折 亦名真鍮 俗云不博金是也)。"

《汉语大词典》第 11 卷:"鍮,[tōu《广韵》讬侯切,平侯,透。]黄铜矿或自然铜。《新唐书·西域传下·康》:'绵地四千里,山周其外,土沃,产鍮、水精。'《敦煌变文集·维摩诘经菩萨品变文甲》:'以小计大,将鍮喻金。'明·贾仲名《对玉梳》第一折:'生铁钩搭脊觔,鍮镖杓剜眼轮。'亦指铜与炉甘石共炼而成的黄铜。"(第 1357 页)

"博"有"获取、得到"义。《汉语大词典》第 1 卷第 907 页已有释义。

"不博金",犹言"金不换"。禅家常用"真鍮"喻自家宝藏,"真鍮不博金"譬喻自家宝藏不可与人交换。

以上校勘,对校中宋宝祐本(第 260 页)、《卍续藏》第 80 册普济撰《五灯会元》第 236 页、第 274 页的文献为关键证据。

3.1.19 炙脂帽子

师于言下大悟。遂曰:"他后向无人烟处,不蓄一粒米,不种一茎菜,接待十方往来,尽与伊抽钉拔楔,拈却炙脂帽子,脱却鹘臭布衫,教伊洒洒地,作个无事衲僧,岂不快哉!"(卷十五《襄州洞山守初宗慧禅师》,第 940 页)

"灸脂帽子"当作"炙脂帽子"或"臕脂帽子"。

对校:宋宝祐本(第 355 页)、《卍续藏》第 80 册《五灯会元》(第 309 页),"灸脂帽子"均作"炙脂帽子"。

本校:卷二十第 1356 页《天童昙华禅师》:"直饶拈却臕脂帽子,脱却鹘臭布衫,向报恩门下,正好吃棒。"

他校:宋代文献《大正藏》第 47 册《大慧普觉禅师语录》(第 883 页)、《卍续藏》第 68 册《古尊宿语录》(第 251 页、第 293 页)、《卍续藏》第 68 册《续古尊宿语要》(第 514 页)、《卍续藏》第 79 册《联灯会要》(第 248 页)、《卍续藏》第 87 册《林间录》(第 251 页)、《卍正藏》第 59 册《大慧普觉禅师普说》(第 841 页、第 924 页、第 1008 页),"灸脂帽子"均作"炙脂帽子"。例如:

(1)乃曰。他后向无人烟处住个草庵。不蓄一粒米。不种一茎菜。接待十方往来。尽与伊出却钉拔却楔。拈却炙脂帽子。脱却鹘臭布衫。教伊洒洒地作个衲僧。岂不俊哉。(《大正藏》第47册第883页《大慧普觉禅师语录》)

(2)奇怪诸禅德。文殊普贤。化作寒山拾得。头戴炙脂帽子。脚踏无底麻鞋。身着鹘臭布衫。腰系断鞿腰带。手持拍板。口唱高歌。(《卍续藏》第68册第514页《续古尊宿语要》)

宋代文献《大正藏》第47册《云门匡真禅师广录》(第572页),《大正藏》第48册《佛果圜悟禅师碧岩录》(第153页),《大正藏》第51册《景德传灯录》(第389页),《卍续藏》第67册《正法眼藏》(第610页),《卍续藏》第68册《古尊宿语录》(第118页),《卍续藏》第79册《嘉泰普灯录》(第408页),《卍续藏》第80册《五灯会元》(第430页),《中华藏》第77册《古尊宿语录》(第749页),"炙脂帽子"均作"臘脂帽子"。例如:

(3)遂云从今已去。向十字街头。不畜一粒米。不种一茎菜。接待十方往来一个个。教伊拈却臘脂帽子脱却鹘臭布衫。教伊洒洒落落地作个明眼衲僧。岂不快哉。(《大正藏》第51册第389页《景德传灯录》)

理校:《说文》:"炙,炮肉也。"中古音属昔韵、章纽、入声。通"臘","臘"中古音属臘韵、章纽、入声。

《汉语大词典》第6卷:臘:"①干肉条。《仪礼·乡射礼》:'荐脯用笾五臘,祭半臘横于上。醢以豆,出自东房。臘长尺二寸。'郑玄注:'臘,犹脡也。'②见'臘脂'。""【臘脂】油肉腐败。引申为黏糊糊的。《古尊宿语录·勘辨·云门匡真禅师》:'接待十方往来知识,与他出却钉,去却楔,除却臘脂帽子,脱却氆臭布衫。'"(第1380页)

另外,例(1)至例(3)的语境均提供了与"臘脂帽子"相关的线索:例(1)的"钉拔却楔""鹘臭布衫"、例(2)的"寒山拾得""头戴""无底麻鞋"、例(3)的"不畜一粒米。不种一茎菜""鹘臭布衫""洒洒落落"等均暗示"臘脂"所形容的状态。

以上校勘,对校中宋宝祐本(第355页)、《卍续藏》第80册《五灯会元》(第309页)的文献为关键证据。

3.1.20 拘留孙佛偈

见身无实是佛身，了心如幻是佛幻。了得身心本性空，斯人与佛何殊别？（卷一《拘留孙佛》，第2页）

该偈《白话全译》释曰："现身而出无实体，是佛身。明白之心如虚幻，是佛幻。知道身心本是空，此人与佛何不同？"（第2页）所释第一句"现身而出无实体，是佛身"，不可理解；第二句把"了心"释为"明白之心"，欠妥。

《禅门诸祖师偈颂上之上》："见身无实是佛见（得什么椀）。了心如幻是佛了（诸圣如今说个梦幻）。了得身心本性空（体用如如廓周沙界）。斯人与佛何殊别（青黄赤白函盖机锋）。"（《卍续藏》第66册第2页）

从文献角度比较，子升记录的部分有两处不同：《五灯会元》的"佛身"，子升录为"佛见"；《五灯会元》的"佛幻"，子升录为"佛了"。文献不同，意义就大不一样。那么为什么文献会不同呢？这是我们首先要弄清楚的问题。

我们认为，很可能是文献来源不同造成的。《五灯会元》是由五部"灯录"汇编而成。这五部灯录是：《景德传灯录》（三十卷，宋·释道原撰于北宋景德元年〔1004〕）、《天圣广灯录》（三十卷，宋·李遵勖编于北宋仁宗天圣七年〔1029〕）、《建中靖国续灯录》（三十卷，宋·释惟白集于北宋建中靖国元年〔1101〕之前）、《联灯会要》（三十卷，宋·释悟明集于南宋孝宗淳熙十年〔1183〕）、《嘉泰普灯录》（三十卷，宋·正受编于南宋宁宗嘉泰年间〔1201～1204〕）。

《嘉泰普灯录》《建中靖国续灯录》《天圣广灯录》均未录此偈。

《联灯会要》录为：见身无实是佛见 了心如幻是佛了 了得身心本性空 斯人与佛何殊别。（《卍续藏》第79册第12页）

《景德传灯录》录为：见身无实是佛身 了心如幻是佛幻 了得身心本性空 斯人与佛何殊别。（《大正藏》第51册第205页）

很明显，《五灯会元》采用的是《景德传灯录》的文献，而《禅门诸祖师偈颂》用的却是《联灯会要》的文献。

在禅宗语录中，史料价值最大的应该是《祖堂集》了。《祖堂集》是我国现存最早的一部禅宗史料总集，大约成书于五代南唐宝大十年（952），由泉州招庆寺静、筠二位禅师编集而成，凡二十卷。在失传近千年后，于二十世纪初被重新发现，它真实反映了唐五代口语的特点。

南宋郑樵（1104～1162）《通志》（成书于1161年）卷六十七《艺文五……释家·语录》提到《祖堂集》一卷，未具撰人。宗晓（1151～1214）编《四明尊者教行录》卷四曾三次提及《祖堂集》。可见《祖堂集》952年成书后仍在国内流传了100多年,然后才在本土消失,流入韩国。《祖堂集》肯定与《景德传灯录》同时流传过一段时间,对后者自然有影响。但后者属官修,前者是私人手抄。

我们看看《祖堂集》的用字。高丽再雕版《祖堂集》以上偈颂为:

见身无实是见佛　了心如幻是了佛　了得身心本性空　斯人与佛何殊别(第4页)

分歧集中在前两句的最后两字。第一个分歧是,第一句的最后两字究竟是"佛身""佛见",还是"见佛"?

《五灯会元》的"见身无实是佛身"中,"见身无实"的主语是修行者,"是佛身"的主语不论是修行者还是"见身无实",均不合逻辑,因此《五灯会元》的"佛身"不可靠。《联灯会要》的"佛见"不合禅理,按禅宗理论,佛本无见,即使仅存"无见"之念,也是一种障碍。《六祖坛经·机缘品第七》云:"不见一法存无见,大似浮云遮日面。"

《祖堂集》的"见佛"是否可靠呢?我们可以从三方面看。从文献角度看,"见佛"的组合在《五灯会元》中很常见:

(1)了本识心,识心见佛。(第118页)

(2)大德所举缘信教门甚有来处。听老僧与大德明教中幻意。若人见幻本来真,是则名为见佛人。(第209页)

(3)问僧:"什处来?"曰:"添香来。"师曰:"还见佛否?"曰:"见。"师曰:"什么处见?"曰:"下界见。"师曰:"古佛,古佛!"(第274页)

(4)问:"拨尘见佛时如何?"师曰:"直须挥剑。若不挥剑,渔父栖巢。"(第294页)

(5)问:"如何是出门不见佛?"师曰:"无所睹。"(第298页)

(6)问:"急切相投时如何?"师曰:"见佛似冤家。"(第834页)

《祖堂集》中也有(以下三例出自高丽再雕版《祖堂集》):

(7)恐已荼毗　不得见佛　以敬佛故　不敢飞空往如来所　则将弟子寻路疾行　悲哀速往(第12页)

(8)有人问真觉大师　丹霞烧木佛　上座有何过　大师云　上座只见佛　进曰　丹霞又如何　大师云　丹霞烧木头(第83页)

(9) 若人见幻本来真 是即名为见佛人 圆通法界无生灭 无灭无生是佛身（第 335 页）

从语法上看,"见身无实"是动宾结构,"见"是动,"身无实"是宾；而"见佛"也是动宾结构,"见身无实是见佛"总体看是主谓结构,主语和谓语部分的宾语都是动宾结构,完全符合语法。

从语义上看,句义结构中的主事格和说明格的中心都是"见",二者具有一致性。

以上三方面的分析充分表明,《祖堂集》的"见身无实是见佛"是非常可信的。

第二个分歧是,第二句的最后两字究竟是"佛幻""佛了",还是"了佛"？

《五灯会元》"了心如幻是佛幻"语义上不成立。"了"为"明了"义,在《五灯会元》中,这样的例子俯拾即是：

(10) 无心无可得,说得不名法。若了心非心,始解心心法。（第17页）

(11) 虚空无内外,心法亦如此。若了虚空故,是达真如理。（第18页）

(12) 若解实相,即见非相。若了非相,其色亦然。当于色中,不失色体。于非相中,不碍有故。若能是解,此名实相。（第39页）

(13) 了即业障本来空,未了应须偿宿债。只如师子尊者、二祖大师,为什么得偿债去？（第48页）

(14) 卢曰："其偈云何？"同学为诵。卢良久曰："美则美矣,了则未了。"（第52页）

(15) 曰："若如是说,即有能了不了人。"师曰："了尚不可得,岂有能了人乎？"曰："至理如何？"师曰："我以要言之,汝即应念清净性中无有凡圣,亦无了不了人。凡之与圣,二俱是名。若随名生解,即堕生死。若知假名不实,即无有当名者。"（第71页）

"佛幻"又是什么呢？佛典用例如：

(16) 尔时央掘魔罗师摩尼跋陀罗。身升虚空高七多罗树。而说偈言……佛化无量幻 众生不能知 设化百千亿 婆罗门师长 众生悉不知 唯佛知佛幻 当知佛世尊 一切幻中王（《大正藏》第2册第543页、宋天竺三藏求那跋陀罗译《央掘魔罗经》卷第四）

(17)佛以巧方便 示现种种幻 制未来众生 无量诸非法 佛幻为大幻 如来方便身(《大正藏》第 2 册第 544 页、宋天竺三藏求那跋陀罗译《央掘魔罗经》卷第四)

(18)一小幻士何所能谐。如来解畅一切法幻。自致最正觉。使诸人界及其本原。皆使巧妙幻过。仁贤终不能与佛幻术等。百倍千倍无数亿倍。不可假托以为比喻。(《大正藏》第 12 册第 31 页、西晋·竺法护译《佛说幻士仁贤经》)

可见,"佛幻"是个专有名词,特指佛的变化而言,并非指如幻的心。

综上,《五灯会元》的"佛幻"不可信。

《联灯会要》的"了心如幻是佛了"的"佛了"亦不可信。这可以从两方面考察。从文献角度看,我们检索了《CBETA 电子佛典集成 June 2016》,得"佛了"535 例,除《联灯会要》及受其影响的文献外,后面均接宾语:

(19)佛了诸法如浮云 亦如瀑水速流注 世法不坚愚所集 圣智能观永断除(《大正藏》第 8 册第 870 页、唐·般若译《大乘理趣六波罗蜜多经》卷第二)

(20)佛了善权 卓然难及 为说勤苦 断其根原(《大正藏》第 9 册第 70 页、西晋·竺法护译《正法华经》卷第一)

(21)一切诸佛了一切法悉无所见各不相知。无缚无脱无取无集。无具足无自在无究竟。(《大正藏》第 9 册第 594 页、东晋·佛驮跋陀罗译《大方广佛华严经》卷第三十)

(22)佛了法如幻 通达无障碍 心净离众着 调伏诸群生(《大正藏》第 10 册第 63 页、实叉难陀译《大方广佛华严经》卷第十三)

(23)佛了知法性 观世如虚拳 诸蕴本来空 处界亦如此(《大正藏》第 11 册第 940 页、宋·日称等译《父子合集经》卷第八)

从语法角度考察,"了心如幻"是动宾结构,"佛了"是主谓结构,二者不具备同一性,却用判断词"是"来连接,显然不合适。

《祖堂集》的"了心如幻是了佛"的"了佛"也可以从两方面考察。从文献角度看,佛典中有一些"了佛"的组合:

(24)知世悉如梦 了佛如电光 一切法如响 令众无所着(《大正藏》第 9 册第 737 页、东晋·佛驮跋陀罗译《大方广佛华严经》卷第五十三)

(25)善业白佛言。难及天中天。经本空耳。云何复于空中说经。

是经不可逮。如我了佛诸法不可逮。(《大正藏》第8册第496页、南吴·支谦译《大明度经》卷第四)

(26)对曰。不也。若存所想之佛能想之心。或避想佛。则以恶取空。为无想者。则痴之甚也。吾今了佛。皆从想生。无佛无想。何痴之有。此乃观空三昧。非邪见也。(《大正藏》第47册第139页、唐·飞锡撰《念佛三昧宝王论》卷中)

至于"了＋佛＋名词"的组合,佛典里很常见:

(27)了佛土空是名智慧。(《大正藏》第8册第905页、唐·般若译《大乘理趣六波罗蜜多经》卷第九)

(28)须菩提言。难及也。天中天。经本空耳。云何复于空中。说经。是经不可逮。如我了佛语。诸法不可逮。(《大正藏》第8册第456页、后汉·支娄迦谶译《道行般若经》卷第六)

(29)善来三世智　圆满诸法界　了佛功德藏　其心无疲倦(《大正藏》第9册第774页、东晋·佛驮跋陀罗译《大方广佛华严经》卷第五十八)

从语法角度看,判断句的主语是动宾结构,宾语也是动宾结构,具有一致性;而且下句"了得身心本性空"也是动宾结构,句式一致,语气一贯,符合表达规律。可见,《祖堂集》的"了佛"是可信的。

综上所述,《祖堂集》拘留孙佛偈的文献用字均是可信的。"见"和"了"在这里应是同义动词,都有"明白、明了、懂得"之意,"了得"并非"了却",应为"能够明了","得"表"能够"之意。该偈应释为:

"懂得了身体由四大和合而成,并不实在,就明白了什么是佛;懂得了心如梦幻,就明白了佛的含义。如果懂得了身体和心的本性是空的,是因缘而生,那么这人与佛有何区别?"

以上训释,作为文本背景知识的《景德传灯录》及高丽再雕版《祖堂集》的文献为关键证据。

3.2　主要基于语言能力的校勘

3.2.1　糊饼

(1)睦州刺史陈操尚书,斋次,拈起糊饼,问僧:"江西、湖南还有这个么?"(卷四《刺史陈操尚书》第251页)

(2)师一日拈糊饼示洛浦曰:"万种千般,不离这个,其理不二。"(卷十一《临济义玄禅师》,第648页)

(3)曰:"未审客来将何祇待?"师曰:"云门糊饼赵州茶。"(卷十二《芭蕉谷泉禅师》,第712页)

(4)僧问:"如何是超佛越祖之谈?"师曰:"糊饼。"(卷十五《云门文偃禅师》,第927页)

(5)上堂:"闻声悟道,见色明心。"遂举起手曰:"观世音菩萨,将钱买糊饼。"(卷十五《云门文偃禅师》,第928页)

(6)一切法无差,云门胡饼赵州茶。黄鹤楼中吹玉笛,江城五月落梅花。(卷十六《雪峰思慧禅师》,第1078页)

(7)云门大师来也。说道,观音菩萨将钱买胡饼,放下手元来却是馒头。(卷十七《泐潭文准禅师》,第1152页)

(8)云门大师拈起胡饼曰:"我只供养两浙人,不供养向北人。"(卷十八《龙华本禅师》,第1225页)

以上8例,前5例出现"糊饼",后3例出现"胡饼",究竟以何者为是?《释名·释饮食》:"胡饼,作之大漫沍也,亦言以胡麻着上也。"《卍续藏》第64册第320页《祖庭事苑》释《云门室中录》中的"买糊饼"云:"糊当作胡。胡虏之总称。用胡麻作饼。故曰胡饼。故释名曰胡饼。言以胡麻着之也。前赵录云。石季龙讳胡。改为麻饼。胡麻。即油麻也。糊。寄食也。非义。"晋·陆翙《邺中记》:"石勒讳胡,胡物皆改名,名胡饼曰麻饼。"禅典中有大量例证支持善卿的观点:

(9)一新一旧。跳出窠臼。一出一入。胡饼里呷汁。(《大正藏》第47册第961页《密庵和尚语录》)

(10)镜清不展单。胡饼里觅汁。(《大正藏》第47册第986页《虚堂和尚语录》)

(11)师云。你又向胡饼上压汁。(《大正藏》第48册第38页《宏智禅师广录》)

(12)切忌向言句中作活计。何故胡饼有什么汁。(《大正藏》第48册第146页《佛果圜悟禅师碧岩录》)

(13)投子令行者过胡饼与赵州。州礼行者三拜。(《大正藏》第48册第178页《佛果圜悟禅师碧岩录》)

(14)子置茶筵相待。自过胡饼。与赵州。州不管。子令侍者过胡

饼。州礼侍者三拜。(《大正藏》第 48 册第 266 页《万松老人评唱天童觉和尚颂古从容庵录》)

(15)乃拈起胡饼云。还具法身么。(《大正藏》第 48 册第 272 页《万松老人评唱天童觉和尚颂古从容庵录》)

(16)含元殿里问长安。胡饼呷汁。鲸饮海水尽。露出珊瑚枝。(《大正藏》第 48 册第 305 页《人天眼目》)

(17)乃咄遣童子买彘肉。煮夹胡饼数枚粗食略尽。且无耻愧。旁若无人。(《大正藏》第 50 册第 868 页《宋高僧传》)

还有"麻饼""油麻饼"的例证：

(18)长者便以一片麻饼着其钵中。语言出去。汝若有物当作此食。(《大正藏》第 22 册第 170 页《弥沙塞部和醯五分律》)

(19)长者便以一片麻饼着其钵中。得已即去。(《大正藏》第 53 册第 68 页《经律异相》)

(20)又不应吃五辛。葱蒜萝葡油麻并酢。及余一切诸菜茹米粉豆饼。并僅毕豆。及油麻饼。(《大正藏》第 18 册第 606 页《苏悉地羯罗经》)

(21)不用油涂身，不食诸胡麻，萝葡及蒜盐，异类诸嚼食。米粉及豆饼，油麻饼团食，如是诸豆类，成就者尽断。(《大藏经补编》第 10 册第 804 页《密宗道次第广论》)

《汉语大词典》第 6 卷第 1218 页收"胡饼"，释义为"烧饼"；第十二卷第 568 页收"糊"，释义有"稠粥""以粥、糊充实口腹""涂抹""黏合"，未收"糊饼"。

3.2.2 角驮

(1)问："脱笼头、卸角驮来时如何？"(卷六《永安净悟禅师》，第 346 页)

(2)师曰："脱却笼头，卸却角驮。"(卷十二《洞庭慧月禅师》，第 721 页)

《卍续藏》第 64 册第 336 页《祖庭事苑》在释《雪窦颂古》中的"角驮"时云："角驮。徒个切。负重也。谓驴马负物也。当从大。作驮。驮。徒何切。骑也。非义。"佛典中有大量例证支持善卿的观点：

(3)大丈夫汉。等是为人。何不教他脱笼头卸角驮。如白衣拜相一般。说什么向上向下。(《大正藏》第 47 册第 990 页《虚堂和尚语录》)

(4)只要与尔解粘去缚。抽钉拔楔。脱却笼头。卸却角驮。(《大正藏》第 48 册第 156 页《佛果圜悟禅师碧岩录》)

(5)师曰。阇梨外边与谁相识。问脱笼头卸角驮来时如何。(《大正藏》第 51 册第 369 页《景德传灯录》)

(6)一个两个千万个。脱却笼头卸角驮。(《卍续藏》第 65 册 698 页《禅宗颂古联珠通集》)

(7)师云。脱却笼头。卸却角驮。(《卍续藏》第 78 册第 511 页《天圣广灯录》)

(8)使一切人。脱笼头。卸角驮。随时应变。(《卍续藏》第 79 册第 158 页《联灯会要》)

(9)与你解却绳索。脱却笼头。卸却角驮。作个好人去。(《卍续藏》第 79 册第 173 页《联灯会要》)

(10)示众云。德山道。与你脱却笼头。卸却角驮。教你作个好人去。三界不收。六道不摄。你诸方学得底。岂不是笼头角驮。德山棒。临济喝。岂不是笼头角驮。(《卍续藏》第 79 册第 246 页《联灯会要》)

大量的例证充分支持善卿的观点，"角馱"当作"角驮"。

3.2.3 田库 田厍

(1)曰："此犹是拣择。"师曰："田厍奴什处是拣择?"(卷四《赵州从谂禅师》，第 203 页)

(2)问："如何是诸佛师?"师喝曰："这田厍儿。"(卷十三《云居道膺禅师》，第 795 页)

(3)喝一喝，云："田厍奴。"(卷十九《云盖智本禅师》，第 1247 页)

(4)僧问："如何是宾中宾?"师曰："你是田厍奴。"(卷十九《育王端裕禅师》，第 1281 页)

《卍续藏》第 64 册第 338 页《祖庭事苑》在释《雪窦颂古》中的"田厍"

时云:"田库。式夜切。姓也。非义。当作舍。禅录多作库。而复误后学。有呼为田库奴者。适所以发禅席之大噱也。"佛典中有大量例证支持善卿的观点:

(5)化云。这田舍儿。似即似。是即不是。(《大正藏》第47册第609页《汾阳无德禅师语录》)

(6)师云。你问我。我与你道。僧便问。师云。分付田舍奴。(《大正藏》第47册第694页《明觉禅师语录》)

(7)僧曰。如何是道中人。师云。田舍奴。(《卍续藏》第78册第668页《建中靖国续灯录》)

(8)边鄙田舍儿 违负于其父 人形罗刹心 弃舍于尊老(《大正藏》第2册第26页《杂阿含经》)

(9)下贱田舍儿 身体多污垢 以水洗尘秽 不能净其内(《大正藏》第2册第321页《杂阿含经》)

(10)如达官贵人。向田舍儿。说王官精严。姑就彼人所极珍异者为比。向非情量所及。如对生盲说色。亦无所用其方比矣(《大正藏》第47册第393页《西方合论》)

(11)譬如田舍人 初不识盐 见人以盐着种种肉菜中而食 问言 何以故(《卍续藏》第61册第810页《西方合论标注》)

(12)上堂 有句无句 朝为田舍郎 如藤倚树 暮登天子堂 树倒藤枯(《嘉兴藏》第26册第578页《浮石禅师语录》)

大量的例证充分支持善卿的观点,"田库""田厍"当作"田舍"。

3.2.4 金槌

曰:"如何是道中人?"师曰:"金槌击金鼓。"(卷十四《石门绍远禅师》,第867页)

《祖庭事苑》在释《雪窦祖英·上》中的"金槌"时云:"金槌。槌。当从金。作锤。说文云。铁为黑金。故曰金锤。槌。蚕曲柱。非义。"(《卍续藏》第64册第355页)佛典中有大量例证支持善卿的观点:

(1)以佛神力复发是心。令诸眷属皆舍刀剑弓弩铠仗鉾槊长钩金锤钺斧斗轮羂索。(《大正藏》第12册第370页《大般涅槃经》)

102

(2)以如来威神故。令魔波旬心转调伏。与眷属俱皆庄严兵仗刀剑弓箭金锤钺斧羂索长钩斗战众具。(《大正藏》第12册856页《佛说大般泥洹经》)

(3)譬如金锤安置火中。善作炉橐融消炼冶炽然毒热。(《大正藏》第13册第882页《大方等大集经贤护分》)

(4)大人具大见。大智得大用。胸中怀六合。袖里挂金锤。(《大正藏》第47册第717页《圆悟佛果禅师语录》)

(5)宋仁宗。勅迎陈留佛指入内。试以烈火击以金锤。了无所损。(《大正藏》第49册第461页《佛祖统纪》)

(6)(释法献)又得龟兹国金锤鍱像。于是而还。(《大正藏》第50册第411页《高僧传》)

(7)任侠尚气。置金锤袖中。以击不平者。(《大正藏》第51册第1064页《南岳总胜集》)

(8)皓曰。金石可磨枯骨岂在。沙门面欺祇速死耳。乃置之铁砧。以金锤击之。金铁并陷而舍利如故。(《大正藏》第52册第410页《集神州三宝感通录》)

可见,"金槌"当作"金锤"。

3.2.5 敩

(1)上行下敩。未是作家。背楚投吴。方为达士。(卷十二《百丈惟政禅师》,第734页)

(2)致令后代儿孙。递相仿敩。(卷十六《岳林真禅师》,第1095页)

(3)教他一生无出身之路。免得后代儿孙递相仿敩。(卷十八《胜因咸静禅师》,第1191页)

(4)今者辄敩古人。为住持体例。与诸人议定。更不下山。不赴斋。不发化主。(卷十四《芙蓉道楷禅师》,第885页)

前3例中的"敩"本是"教导、使觉悟"之意,应改作"效"。《卍续藏》第64册第361页《祖庭事苑》在释《雪窦祖英·下》中的"敩"时云:"敩。音效。当作效。像也。敩。教也。非义。"

《五灯会元》中其实也有用"效"的例子:

(5)今愿报慈德,效我所能。(卷二《嵩岳元珪禅师》,第79页)

(6)只要汝开口,如今不知阿那个是汝口,争答效他四恩三有?(卷十《清凉泰钦禅师》,第577页)

(7)岂谓今日大王勤重,苦勉公僧,效诸方宿德,施张法筵。(卷十《宝塔绍岩禅师》,第596页)

(8)此事如人学书,点画可效者工,否者拙,盖未能忘法耳。(卷十二《金山昙颖禅师》,第719页)

(9)元丰间,首众于襄阳谷隐,有乡僧亦效之。(卷十五《玉泉承皓禅师》,第1012页)

(10)古之学者,言下脱生死,效在什么处?(卷十七《黄龙惟清禅师》,第1133页)

至于《五灯会元》以外佛典的例证,就更多了:

(11)仰山饮水贵地脉。报恩久贫乍富。岂敢効颦。未免借一条小路子行。(《大正藏》第47册第989页《虚堂和尚语录》)

(12)所恨不能効善财。展转南方以求先觉。(《大正藏》第47册第711页《明觉禅师语录》)

(13)如斯之辈。岂効先贤。(《大正藏》第47册第604页《汾阳无德禅师语录》)

(14)雪窦今日効古人之作。拟放一箭。(《大正藏》第47册第680页《明觉禅师语录》)

(15)斋毕传宣。效南方禅林仪范。开堂演法。(《卍续藏》第79册第528页《禅林僧宝传》)

(16)但効普贤。一时参毕。狂心顿息。(《卍续藏》第78册第697页《建中靖国续灯录》)

(17)而今莫有効古者么。若有。法云性命难存。(《卍续藏》第78册第700页《建中靖国续灯录》)

(18)问你诸人识不识。忽若识。免効当年空面壁。(《卍续藏》第78册第749页《建中靖国续灯录》)

"効"为"效"的异体。大量的例证充分支持善卿的观点,"敩"当作"效"。例(4)中的"斅"有两个义项,一个是"教导、使觉悟",音xiào,后作"教";一个是"效法",音xué,后作"学"。后一个义项符合文意。

3.2.6 朕兆

才生朕兆,已落二三。(卷二十《万年道闲禅师》,第 1375 页)

《五灯会元》有 3 例作"朕兆":

(1)浑然藏理事,朕兆卒难明。(卷十三《曹山本寂禅师》,第 788 页)
(2)悟向朕兆未生已前,用在功勋不犯之处。(卷十四《长芦琳禅师》,第 917 页)
(3)只如朕兆未生已前,作么生道?(卷十六《夹山自龄禅师》,第 1072 页)

《祖庭事苑》在释《风穴众吼集》中的"朕兆"时云:"朕。当从目作眹。"(《卍续藏》第 64 册第 393 页)佛典中有大量"眹兆"用例:

(4)异类拟生全眹兆。机锋兼带意如何。(《卍续藏》第 78 册第 490 页《天圣广灯录》)
(5)上堂云。昊日丽天。形影相杂。清风照胆。眹兆交萌。且道透脱一路作么生。(《卍续藏》第 78 册第 768 页《建中靖国续灯录》)
(6)诸禅德。到这里。纵饶明去。不露锋芒眹兆。又是灵龟曳尾。鼠咬枯髅。(《卍续藏》第 79 册第 126 页《联灯会要》)
(7)无眹兆。有来由。法身真个闹啾啾。(《卍续藏》第 79 册第 132 页《联灯会要》)
(8)良久云。眹兆未生前荐取。春风飘摆绿杨垂。(《卍续藏》第 79 册第 252 页《联灯会要》)
(9)眹兆未分已成露布。言诠才立特地乖张。(《大正藏》第 47 册第 750 页《圆悟佛果禅师语录》)
(10)斩钉截铁本分宗师。眹兆未分请师速道。(《大正藏》第 47 册第 752 页《圆悟佛果禅师语录》)
(11)只如眹兆未分之际。形名未启之时。合作么生体悉。(《卍续藏》第 67 册第 359 页《林泉老人评唱丹霞淳禅师颂古虚堂集》)

可见,"朕兆"当作"眹兆"。

3.2.7 裊裊

裊裊扬轻絮,且逐风来去,相次走绵球,休言道我絮。(卷十七《建隆昭庆禅师》,第1121页)

《卍续藏》第64册404页《祖庭事苑》在释《法眼》中的"裊裊"时云:"裊裊。当作嫋嫋。乃了切。嫋。妍也。杜诗所谓隔户杨花弱嫋嫋。裊驪。裊。马名。非义。"佛典中有大量"嫋嫋"用例:

(1)所居槛外大松上有寄生小树。遇师出坐必嫋嫋低俯。(《大正藏》第49册第203页《佛祖统纪》)

(2)谩将淡墨画垂杨。嫋嫋腰枝百尺长。(《卍续藏》第69册第658页《率庵梵琮禅师语录》)

(3)嫋嫋春风软。点点春山远。(《卍续藏》第70册第528页《月涧禅师语录》)

(4)槛外巨松横枝有小树寄生。每宴坐必嫋嫋而侧人。(《卍续藏》第75册第347页《释门正统》)

(5)嫋嫋春风一样吹。托身高处拟何为。(《卍续藏》第83册第353页《增集续传灯录》)

(6)赵州本为定干戈惹得烽烟云嫋嫋(《嘉兴藏》第27册第52页《三宜盂禅师语录》)

(7)嫋嫋长鞭着地拖半肩疏雨挂春蓑(《嘉兴藏》第34册第145页《三峰藏和尚语录》)

(8)宁夏地震。嘉兴湖州大震。屋庐嫋嫋如布帆。(《大正藏》第49册第949页《释鉴稽古略续集》)

大量的例证充分支持善卿的观点,"裊裊"当作"嫋嫋"。

3.3 主要基于背景知识的校勘

3.3.1 宋齐止

师问相国宋齐止曰:"还会道么?"宋曰:"若是道也着不得。"师曰:"是有着不得,是无着不得?"宋曰:"总不恁么。"师曰:"着不得底聻!"宋

无对。(卷四《光孝慧觉禅师》,第 243~244 页)

《白话全译》释为:

> 禅师问相国宋齐止说:"还会说吗?"宋齐止说:"就是说了也不能做。"禅师说:"是有不能做,还是没有不能做?"宋齐止说:"都不是那样。"禅师说:"不能做的哩!"宋齐止无话答对。(第 222 页)

"相国宋齐止",宋宝祐本亦作"相国宋齐止"(第 97 页)。

《卍续藏》第 80 册《五灯会元》第 105 页、《卍续藏》第 81 册《五灯严统》第 658 页、《卍续藏》第 81 册《五灯全书》第 482 页均作"师问相国宋齐丘曰。还会道么。宋曰。若是道也着不得"。

《卍续藏》第 83 册《指月录》第 542 页、《卍续藏》第 84 册《教外别传》第 224 页、《卍续藏》第 87 册《先觉宗乘》第 207 页均有"问相国宋齐丘曰"之句。

《卍续藏》第 80 册《五灯会元》第 210 页及《卍续藏》第 81 册《五灯严统》第 14 页均有"江南相国宋齐丘请开堂"之句。

《大正藏》第 50 册第 789 页《宋高僧传》有"释缘德。俗姓黄钱塘人也。……有国老宋齐丘者。礼以师道"之句。

《大正藏》第 51 册第 420 页《景德传灯录》有"庐山化城寺慧朗禅师。江南相宋齐丘请开堂。师升座曰"之句。

《全唐文》卷八七〇:"齐邱,字子嵩,庐陵淦阳人。仕吴,累迁右谏议兵部侍郎。告归九华山,寻起,除中书侍郎,迁右仆射平章事。入南唐,进司徒同平章事,出为镇南军节度使,徙镇海军。复归九华山,赐号九华先生,封青阳公。起拜太传中书令,封魏国公。赐号国老,奉朝请,出镇洪州。周侵淮北,起为太师,领剑南东川节度使,进封楚国公。周显德五年,嗣主李璟诏放于青阳,自缢死。"(第 920 页)"邱"的本字为"丘",为避孔丘讳,改为"邱"。

《南唐书》卷第四"宋齐丘列传第一":"宋齐丘,字子嵩,世为庐陵人。父诚与钟传同起兵……拜太傅中书令,封卫国公,赐号国老。"

《宋高僧传》《景德传灯录》《南唐书》《全唐文》等古籍对跟"相国宋齐丘"这个特殊语言符号相关的文化背景知识均有明确记载,这些文化背景知识就成为主要的校勘证据。

3.3.2 劳生惜死

(洞山良价禅师)乃命剃发、澡身、披衣,声钟辞众,俨然坐化。时大众号恸,移晷不止。师忽开目谓众曰:"出家人心不附物,是真修行。劳生惜死,哀悲何益?"复令主事办愚痴斋,众犹慕恋不已。(卷十三《洞山良价禅师》,第786页)

"劳生惜死"《白话全译》释为"骚扰活人去痛惜死者"(第741页),不知何意。

很明显"劳生惜死"校勘有误,应作"劳生息死",理由有三。

其一,《五灯会元》(1252)的前期文献如《大正藏》第50册第780页宋·赞宁等撰《宋高僧传》(982)、《大正藏》第51册第323页宋·道原撰《景德传灯录》(1004)、《卍续藏》第75册第244页宋·祖琇撰《隆兴编年通论》(1164)、《卍续藏》第79册第178页宋·悟明集《联灯会要》(1220)均作"劳生息死"。

其二,晚于《五灯会元》的文献也有作"劳生息死"的,如《卍续藏》第76册第121页宋·本觉编集《释氏通鉴》(1270)、《大正藏》第47册第515页日本沙门慧印(1689～1764)校订《筠州洞山悟本禅师语录》、《大正藏》第49册第645页元·念常集《佛祖历代通载》、《卍续藏》第77册第133页元·昙噩述《新修科分六学僧传》、《卍续藏》第85册第659页明·朱时恩著《佛祖纲目》。当然,后面的材料不能证明前面材料的正确,不能以后证前。但是,后面的材料毕竟表明了年代距离待证材料较现代近得多的作者的一种选择,因而作为一种辅证还是站得住脚的。

其三,从材料的源头看,我们可以上溯到战国时代的《庄子》。《庄子·大宗师》:"夫大块载我以形,劳我以生,佚我以老,息我以死。故善吾生者,乃所以善吾死也。"译成白话就是:天地给了我们一个人形的生命,就是要我们忙忙碌碌,人生总要老,死了是让你休息。善于活着的人,才能懂得善于死亡。

宋宝祐本(第296页)作"劳生惜死",其义不合。也有不少文献作"劳生惜死",如《大正藏》第47册第526页《瑞州洞山良价禅师语录》、《卍续藏》第81册第67页《五灯严统》、《卍续藏》第83册第579页《指月录》、《卍续藏》第63册第435页《百丈清规证义记》、《卍续藏》第81册第647页《五灯全书》、《卍续藏》第86册第180页《宗统编年》、《嘉兴藏》第34册第5页《学佛考训》、《嘉兴藏》第34册第32页《漆园指通》、《嘉兴藏》第34册第42页《漆园指通》。前3种是明代文献,后6种是清代文献,应都是受宋宝祐本《五灯会元》谬种流传所致。

《汉语大词典》失收"劳生息死"。《辞源正续编合订本》收"劳生"并释曰:"人之生世多劳,故曰劳生。[庄子]夫大块载吾以形,劳我以生,佚我以老,息我以死。"(第212页)虽未收"劳生息死"或"息死",但实际上已经指出了"劳生息死"的语言背景知识,明确了源头。

3.4 基于广义语义场其他综合要素的校勘

3.4.1 优昙花拆

(1)曰:"优昙花拆人皆睹,向上宗乘意若何?"师曰:"阇黎若问宗乘意,不如静处萨婆诃。"(卷八《仙宗契符禅师》,第451页)

(2)僧问:"优昙花拆人皆睹,般若家风赐一言。"师曰:"不因上座问,不曾举似人。"(卷十《般若敬遵禅师》,第596页)

《禅宗大词典》释云:"【拆】(花朵)开放。"(第37页)
按:"拆"本无"开放"义,本字应作"坼"。《说文·土部》:"坼,裂也。"《广雅·释诂三》:"坼,开也。"《诗·大雅·生民》:"不坼不副,无灾无害。"孔颖达疏:"坼、堛,皆裂也。"引申为"绽开"义。《易·解》:"雷雨作而百果草木皆甲坼。"白居易《自君之出矣》:"二月东风来,草坼花心开。"陈至言《咏白丁香花》:"最怜千结朝来坼,十二阑干玉一丛。"

我们在佛典中也可以找到类似用例:

(3)僧问。优昙花坼人皆睹。般若家风赐一言。师曰。不因上座问不曾举似人。(《大正藏》第51册第416页《景德传灯录》)

(4)藏身处没踪迹。无影树头灵鸟宅。没踪迹处莫藏身。不萌枝上春花坼。(《卍续藏》第84册第777页《续灯存稿》)

值得注意的是,《五灯会元》第579页有"优昙华折人皆睹,达本无心事若何"之句,"拆"作"折",另外,在其他佛典中我们还可以找到类似用例:

(5)师曰。莫闭眼作夜好。曰怎么即优昙花折曲为今时。向上宗风如何垂示。(《大正藏》第51册第359页《景德传灯录》)

(6)师初升座。时有僧问。优昙花折人皆委。祖令亲行事若何。师云。识法者惧。(《卍续藏》第78册第573页《天圣广灯录》)

109

(7)问优昙花折人皆睹。达本无心事若何。师曰谩语。《卍续藏》第 81 册第 7 页《五灯严统》）

(8)曰恁么即优昙花折曲为今时。向上宗风如何垂示。师曰。汝还识也无。《卍续藏》第 81 册第 538 页《五灯全书》）

(9)问优昙花折人皆睹。达本无心事若何。师曰。谩语。《卍续藏》第 8 册第 1580 页《五灯全书》）

"优昙花折"虽也说得过去，但不合经义。"折"应为"坼"之形误。优昙花是佛经中提到的一种甚为难得一见的花。宋·宗晓述《金光明经照解》云：

"妙乐记云 优昙花新云邬昙钵罗 此翻瑞应花 亦曰灵瑞 此花三千年一现 现乃金轮王出世 泥洹经云 阎浮提内 有尊树王名优昙钵 此树有实无花 若开金花也 乃有佛 佛若不出 即有金轮王王世"《卍续藏》第 20 册第 532 页）

佛经中常常把佛出世比作优昙花开：

(10)王今已得成就无难。诸佛世尊出世甚难过优昙花。调善欲心及作善愿乃复甚难。（《大正藏》第 3 册第 178 页北凉·昙无谶译《悲华经》）

(11)我以天眼观世间 一切无有如佛者 希有金容如满月 希有过于优昙花（《大正藏》第 3 册第 294 页唐·般若译《大乘本生心地观经》）

(12)如来世尊出兴于世。甚难值遇如优昙花。假使如来出现于世。说此妙法亦复为难。（《大正藏》第 3 册第 296 页唐·般若译《大乘本生心地观经》）

(13)如来出世过优昙花。假使出世说是法难。如是心地三种秘密无上法轮。实能利乐一切众生。入如来地及菩萨地真实正路。若有众生不惜身命修行此法速证菩提。（《大正藏》第 3 册第 329 页唐·般若译《大乘本生心地观经》）

(14)久远乃有佛耳。佛难得见。若优昙花。今我当为天人请命求哀于佛。令止说经。（《大正藏》第 3 册第 480 页吴·支谦译《太子瑞应本起经》）

佛经中常以优昙花开比喻机遇极为难得，我们可以找到翻译或撰写年代早于《五灯会元》的文献100多例，故“折”当为“坼”。

支持以上校勘结论的依据不仅仅是100多例翻译或撰写年代早于《五灯会元》的文献，还必须基于对佛理的推断。

3.4.2 钝置

《五灯会元》共出现“钝置”21例：

(1)师参南院，入门不礼拜。院曰：“入门须辨主。”师曰：“端的请师分。”院于左膝拍一拍，师便喝。院于右膝拍一拍，师又喝。院曰：“左边一拍且置，右边一拍作么生？”师曰：“瞎！”院便拈棒，师曰：“莫盲枷瞎棒，夺打和尚，莫言不道。”院掷下棒曰：“今日被黄面浙子钝置一场。”(卷十一《风穴延沼禅师》，第673页)

(2)有旨赐官舟南归。中途谓侍者曰：“我忽得风痹疾。”视之口吻已歪斜，侍者以足顿地曰：“当奈何！平生呵佛骂祖，今乃尔。”师曰：“无忧，为汝正之。”以手整之如故。曰：“而今而后，不钝置汝。”(卷十《石霜楚圆禅师》，第705页)

(3)大众，药山云岩钝置杀人，两父子弄一个师子，也弄不出。(卷十七《泐潭文准禅师》，第1153页)

(4)摩竭正令，未免崎岖。少室垂慈，早伤风骨。腰囊挈锡，孤负平生。炼行灰心，递相钝置。(卷十九《开福道宁禅师》，第1263页)

(5)师曰：“相见底事作么生？”僧无对。师曰：“第二上座代参头道看。”亦无对。师曰：“彼此相钝置。”(卷十九《杨岐方会禅师》，第1232页)

(6)博山当时若见，十字路头掘个无底深坑，唤来一时埋却，免见递相钝置。(卷十二《荐福悟本禅师》，第1341页)

(7)九年面壁，坏却东土儿孙。只履西归，钝置黄面老子。(卷十二《天童昙华禅师》，第1355页)

(8)这一片田地，汝等诸人，且道天地未分已前在什么处？直下彻去，已是钝置分上座不少了也，更若拟议思量，何啻白云万里？(卷十二《剑门安分庵主》，第1391页)

“钝置”当作“钝踬”。《祖庭事苑》在释《云门录上》中的“钝置”时云：“钝置，下当作踬。音致。碍不行也。”(第317页)佛典中有大量例证：

(9)颂云。规圆矩方(碗儿团圞盘儿四角) 用行舍藏(升儿里回斗儿里转) 钝躓栖芦之鸟(岂解高飞远扬)进退触藩之羊(不能独步大方)(《大正藏》第48册第268页《万松老人评唱天童觉和尚颂古从容庵录》)

(10)当时若但向道蚌蛤之珠收得也无用处。教伊向后别有生涯。免见递相钝躓。(《大正藏》第48册第290页《万松老人评唱天童觉和尚颂古从容庵录》)

(11)天童颂云。规圆矩方。用行舍藏。钝躓栖芦之鸟。进退触藩之羊。(《卍续藏》第16册第895页《楞严经宗通》)

(12)僧问。如何是包尽乾坤底句。师曰。近前。僧近前。师曰。钝躓杀人。(《卍续藏》第64册第406页《祖庭事苑》)

(13)师云。南源烧香。供养你去也。僧云。不劳如是。师嘘一声。钝躓煞人。且坐吃茶。(《卍续藏》第69册第194页《石霜楚圆禅师语录》)

(14)此书乃五里单牌。十里双堠也。登徒欲诣之人不得不一观。杨公虑其半途而暮者。故求剩语于后。以速其行。虽勉强而作。但恐翻成钝躓也。(《卍续藏》第70册第274页《无准师范禅师语录》)

(15)渡江已后面壁嵩山宝惜珍藏不知钝躓了多少人家男女(《嘉兴藏》第38册第863页《青城竹浪生禅师语录》)

(16)可怜钝躓栖芦鸟 金毛踢倒玉栏杆(《乾隆藏》第158册第199页《明觉聪禅师语录》)

"钝",本义为"(刀剑)不锋利。"《说文·金部》:"钝,錭也。"段玉裁注:"古亦假顿为之。"《广韵·慁韵》:"钝,不利也。"《正字通·金部》:"钝,刀剑不利也。"《汉书·贾谊传》:"莫邪为钝兮,鈆刀为铦。"引申为"迟钝、迟滞"。《广雅·释诂四》:"钝,迟也。"《汉书·鲍宣传》:"臣宣呐钝于辞,不胜惓惓,尽死节而已。"进一步引申为"资质鲁钝"。《正字通·金部》:"凡质鲁者曰钝。"三国蜀诸葛亮《前出师表》:"庶竭驽钝,攘除奸凶。"

"躓"本义为"跌倒、被绊倒"。《说文·足部》:"躓,跲也。"《六书故·人九》:"躓,行有冒戾失足也。"《文选·马融〈长笛赋〉》:"薄湊会而凌节兮,驰趣期而赴躓。"李善注:"躓,谓颠仆也。"引申为"踏"。《广韵·释诂二》:"躓,踏也。"也可引申为"碍、阻碍"。《广韵·至韵》:"躓,碍也。"《列子·说符》:"意之所属著,其行足躓株埳,头抵植木,而不自知也。"殷敬顺释文:"躓,碍也。"《水经注·河水》:"余以为鸿河巨渎,故应不为细梗躓湍;长津硕浪,无宜以微物屯流。"

综上所述,"钝""踬"均有本义和引申义,自然"钝踬"也就有了几个义项:本义是"因迟钝、迟滞而跌倒、受阻、被绊倒",引申义有"迟钝""愚痴""受阻"等。

"钝""顿"本通。《晏子春秋·问上六》:"先君能以人之长续其短,以人之厚补其薄,是以辞令穷远而不逆,兵加于有罪而不顿。"张纯一校注:"顿与钝通。"《史记》卷八十四《贾生列传·吊屈原赋》:"莫邪为顿兮铅刀为铦。"索隐:"顿,钝也。"汉王充《论衡·程材》:"非材顿知不及也,希见阙为,不狃习也。"黄晖校释:"'顿'读'钝'。"朱骏声《说文通训定声》:"顿,假借为钝。"

故"钝踬"亦作"顿踬",佛典中也有不少例证:

(17)如车行道者。昔有众人与十贾客相随采宝归家。时有一人乘车载宝。无价明月杂宝无数。车重顿踬失。伴在后进不见伴退。畏盗贼便随邪径御车涉路。行未经里数车坠深涧轴折毂败。(《大正藏》第4册第642页《出曜经》)

(18)是时如来熟视道树目未曾眴。时有三贾客远涉道来欲还本土。诸天固遮不使时过牛车顿踬。诸天告曰。如来成道已经七日可往奉献饮食。(《大正藏》第4册第644页《出曜经》)

(19)母益懊恼。迷惑失志顿踬水中。堕所怀子。(《大正藏》第14册第944页《佛说妇人遇辜经》)

(20)母益懊恼迷惑失志。顿踬水中堕所怀胎。(《大正藏》第53册第204页《经律异相》)

(21)母益懊恼迷惑失志。顿踬水中堕所怀子。(《大正藏》第53册第792页《法苑珠林》)

(22)只为探头太过 几回顿踬龙骧 怀干将以莫试 鸣长铗而叹伤(《乾隆藏》第155册第354页《弘觉忞禅师语录》)

这里的"顿踬"应是"受阻"之意。《大正藏》第54册唐·慧琳撰《一切经音义》:顿(竹利反 顾野王云 踬犹顿也 广雅云 踬亦踊也 说文从足质声古文)(第688页),"顿踬(都困 陟利反 顿前覆也 踬不利也 踬碍也)"(第788页)。《大正藏》第54册宋·希麟集《续一切经音义》在释"踣地"时提到"顿踬":踣地(上蒲北反 又作仆同 尔雅曰 疐仆也 郭注云 顿踬倒仆也 切韵 踣毙也 谓前倒也 疐音竹利反 与踬音义皆同)。(第960页)

支持以上校勘结论的依据除了翻译或撰写年代早于《五灯会元》的文献

《石霜楚圆禅师语录》《出曜经》《佛说妇人遇辜经》《经律异相》《法苑珠林》等外，还必须有各种词典的解释及推理。

3.4.3 "司空本净禅师"相关句子

天宝三年，唐玄宗召司空山本净和尚到京城，令京城内的6位大和尚与本净禅师论道。中华书局版《五灯会元》原文如下：

达性禅师问："禅师至妙至微，真妄双泯，佛道两亡，修行性空，名相不实，世界如幻，一切假名。作此解时，不可断绝众生善恶二根。"（第97页）

宋宝祐本文字同中华书局版。《卍续藏》第80册《五灯严统》（第613页）、《嘉兴藏》第21册《大藏一览》（第584页）文字均同中华书局版。《卍续藏》第83册《指月录》（第461页）"真妄双泯"作"真空双泯"，其余文字同。《嘉兴藏》第23册《先觉宗乘》"佛道两亡"作"佛道两忘"，其余文字同。

但这句话明显前后不一致：谓语中心词是"问"，"问"后的引号里面却是一个陈述句形式。也就是说，从理校的角度看，这句话是有问题的。

要解决这个问题，我们可以考虑到《祖堂集》中寻找答案。

高丽再雕版《祖堂集》原文如下：

有照成寺达性禅师赞叹问其理甚妙真妄双泯佛道两亡修行性空名相不实如是解时不可断他众生善恶二根可是菩提耶（第71页）。

1994年台湾佛光山宗务委员会印行《佛光大藏经·禅藏（十六）·祖堂集》点校为：

有照成寺达性禅师赞叹问："其理甚妙，真妄双泯，佛道两亡，修行性空，名相不实，如是解时，不可断他众生善恶二根，可是菩提耶？"（第166页）

1996年岳麓书社出版吴福祥、顾之川点校的《祖堂集》为：

有所成寺达性禅师赞叹问："其理甚妙。真妄双泯，佛道两亡。修行性空，名相不实。如是解时，不可断他众生善恶二根，可是菩提耶？"（第84页）

2001年中州古籍出版社出版张华点校的《祖堂集》为：

> 有照成寺达性禅师赞叹问："其理甚妙，真妄双泯，佛道两亡，修行性空，名相不实。如是解时，不可断他众生善恶二根，可是菩提耶？"（第129页）

2003年日本《花园大学国际禅学研究所研究报告》中的古贺英彦点校的日文版『訓注祖堂集』（可汉译为《〈祖堂集〉校注》）为：

> 照成寺の达性禅师なる有り、讚叹して问う、其の理甚だ妙なり，真妄双び泯び、佛道両つながら亡ぶ。修行は性空にして，名相は不实なり。是くの如く解する时、他の众生を断ず可からず。善恶の二根は可に是れ菩提ならんや。（第78页）

可汉译为：

> 有照成寺达性禅师，赞叹问："其理甚妙，真妄双泯，佛道两亡。修行性空，名相不实。如是解时，不可断他的众生。善恶的二根，可是菩提耶？"

2007年中华书局出版孙昌武、衣川贤次、西口芳男点校的《祖堂集》为：

> 有昭成寺达性禅师赞叹问："其理甚妙。真妄双泯，佛道两亡，修行性空，名相不实。如是解时，不可断他众生善恶二根，可是菩提耶？"（第184页）

2009年商务印书馆出版张美兰点校的《〈祖堂集〉校注》为：

> 有照成寺达性禅师赞叹，问："其理甚妙，真妄双泯，佛道两亡，修行性空，名相不实，如是解时，不可断他众生善恶二根，可是菩提耶？"（第107页）

一个重要分歧是关于"不可断他众生善恶二根可是菩提耶"的校点。大陆和台湾的版本都点为"不可断他众生善恶二根，可是菩提耶？"，唯日本的版本点为"不可断他众生。善恶二根,可是菩提耶?"何者为是?

要解决这个问题,必须把下文引出来(引文按商务印书馆版加上标点):

> 有昭成寺达性禅师赞叹问:"其理甚妙。真妄双泯,佛道两亡。修行性空,名相不实。如是解时,不可断他众生善恶二根,可是菩提耶?"师曰:"善恶二根,因心而有。穷心若有,根亦不无。推心既空,根因何立?经曰:'善不善从心化生。'善恶业缘,本无有实,虽则不实,不共心俱。"师善恶二根不实偈曰:善既从心性,恶岂离心有?善恶是外缘,于心实不有。舍恶送何处?取善令谁守?伤嗟二见人,攀缘两头走。忽悟无生本,始会从前咎。

可以看出,达性禅师末后的问句属是非问句,是非问句的主语是什么呢?从本净和尚的回答可以看出是"善恶二根",因此,"可是菩提耶?"的主语应是"善恶二根","善恶二根"不应是前句的宾语,而应是后句的主语,可见大陆和台湾版本的校点都是不可取的。

那么花园大学本标点为"不可断他众生。善恶二根可是菩提耶"是否正确?"他众生"不可思议,于理不通。因此正确的校点应该是:

不可断他。众生善恶二根,可是菩提耶?

这个"他",指代前面的"名相"。本段开头有"达性禅师赞叹问"字样,从"其理甚妙"至"不可断他"都属于"赞叹",最后一句才属于"问"。

可见《五灯会元》原文应作:

> 达性禅师赞叹问:"其理甚妙。真妄双泯,佛道两亡。修行性空,名相不实。如是解时,不可断他。众生善恶二根,可是菩提耶?"

以上训释,必须综合语境、佛理的因素进行分析才能得出结论。

我们再看对这句话的释读。

《白话全译》第90页译为:

> 达性禅师又问:"经禅师精妙绝伦的细说,知真妄双灭,佛道两亡,修行性空,名不符实,世界如梦幻,一切都是假名。如作此理解,则众生的善恶二根就不能断绝。"

把"名相不实"译为"名不符实"值得商榷,最后一句的翻译亦不合原意。

《五灯会元》这段语录源自《景德传灯录》。
《景德传灯录译注》第353～354页释曰：

  又有达性禅师问道："经禅师至微深妙的谈论，知道真与虚妄双灭，佛与道两亡，修行性空，名相不是实有，世界如同梦幻，一切都是假借的名称。但作这样的解释，则不能断绝众生的善与恶二根。"

把"名相不实"译为"名相不是实有"，可取。最后一句的翻译亦不合原意。

3.4.4 耳根无觉识知，故不能闻

  问曰："闻者云何？闻用耳根闻邪？用耳识闻邪？用意识闻邪？若耳根闻，耳根无觉识知，故不能闻。若耳识闻，耳识一念，故不能分别，不应闻。若意识闻，意识亦不能闻，何以故？先五识识五尘，然后意识识意识，不能识现在五尘，唯识过去未来五尘。若意识能识现在五尘者，盲聋人亦应识声也。何以故？意识不破故。"（卷十七《清凉慧洪禅师》第1160页）

项楚（1991:175～188）认为：前部两个"故"字皆应属上，作"耳根无觉识故""耳识一念故"，佛经句法如此。

这个观点看起来很有道理，句末的表达"意识不破故"支持该观点，同时大量的佛典语料也支持该观点：

  （1）何以故。一切诸法无所有用空故。是故菩萨于一切字法都无所见。于无所见中复不有见。菩萨作是行般若波罗蜜。除诸佛过一切诸声闻辟支佛上。用无所有空故。何以故。一切不见所入处故。……何以故。舍利弗。菩萨持智慧。度脱一切众生故。（《大正藏》第8册第5页《放光般若经》）

  （2）复有菩萨行六波罗蜜。为众生故不说无益之事。复有菩萨行六波罗蜜。为众生故。从一佛国复至一佛国断三恶趣。（《大正藏》第8册第8页《放光般若经》）

  （3）佛告须菩提。若菩萨摩诃萨行般若波罗蜜时。以方便力故建立众生于布施。……汝善男子。以是布施故。莫着色莫着受想行识。……何以故。是诸法毕竟自性空故。（《大正藏》第8册第401

页《摩诃般若波罗蜜经》)

(4)何以故本愿悉护萨和萨故。为极慈哀故。(《大正藏》第8册第458页《道行般若经》)

(5)须菩提知舍利弗心所念。语舍利弗言。佛诸弟子敢有所说皆是佛力。所以者何。佛所说法于中学者。能证诸法相。证已有所言说。皆与法相不相违背。以法相力故。尔时须菩提白佛言。世尊。……所以者何。是心非心。心相本净故。(《大正藏》第8册第537页《小品般若波罗蜜经》)

(6)又善男子善女人若官事起。诵念般若波罗蜜。官事即灭。诸求短者皆不得便。何以故。般若波罗蜜所护故。(《大正藏》第8册第543页《小品般若波罗蜜经》)

(7)尔时须菩提白佛言。世尊。我净故色净。佛言毕竟净故。世尊。我净故受想行识净。佛言毕竟净故。世尊。我净故果净。佛言毕竟净故。世尊。我净故萨婆若净。佛言毕竟净故。世尊。我净故无得无果。佛言毕竟净故。世尊我无边故色无边。佛言毕竟净故。世尊。我无边故受想行识无边。佛言毕竟净故。世尊。如是如是名菩萨般若波罗蜜耶。须菩提毕竟净故。世尊。般若波罗蜜非此岸非彼岸非中流。佛言毕竟净故①(《大正藏》第8册第551页《小品般若波罗蜜经》)

(8)佛告阿难。是故当知。以诸善根回向一切智故。得诸波罗蜜多名。以第一义法回向一切智故。得般若波罗蜜多名。是故阿难。彼诸善根回向一切智故。般若波罗蜜多。与五波罗蜜多而为导首。彼五波罗蜜多。住般若波罗蜜多相应法中。由是般若波罗蜜多故。诸波罗蜜多皆悉圆满。(《大正藏》第8册第600页《佛说佛母出生三法藏般若波罗蜜多经》)

(9)阿兰若处圣所尊 能生三乘圣道故 阿兰若处圣所宅 一切圣贤常住故 阿兰若处如来宫 十方诸佛所依故 阿兰若处金刚座 三世诸佛得道故 阿兰若处涅槃宫 三世如来圆寂故 阿兰若处大慈室 菩萨住此修慈故 阿兰若处是悲田 三世诸佛修悲故 阿兰若处六通室 菩萨于此游戏故 阿兰若处大无畏 能断一切恐怖故 阿兰若处三摩地 诸求道者得定故 阿兰若处陀罗尼 诸持咒人神力故 阿兰若处善法堂 增长一切善法故 阿兰若处菩提室 菩萨修道得忍故(《大正藏》第3册第320页《大乘本生心地观经》)

---

① 原版句尾无句读,本书一律保持原状。

(10)尔时佛告文殊师利菩萨言。如是如是。善男子。如汝所问。心心所法本性空寂。我说众喻以明其义。善男子。心如幻法由遍计生种种心想。受苦乐故。心如流水念念生灭。于前后世不暂住故。心如大风。一刹那间历方所故。心如灯焰。众缘和合而得生故。心如电光。须臾之顷不久住故。心如虚空。客尘烦恼所覆障故。心如猿猴。游五欲树不暂住故。心如画师。能画世间种种色故。心如僮仆。为诸烦恼所策役故。心如独行。无第二故。心如国王。起种种事得自在故。心如怨家。能令自身受大苦故。心如埃尘。坌污自身生杂秽故。心如影像。于无常法执为常故。心如幻梦于无我法执为我故。心如夜叉。能噉种种功德法故。心如青蝇好秽恶故。心如杀者能害身故。心如敌对常伺过故。心如盗贼窃功德故。心如大鼓起斗战故。心如飞蛾爱灯色故。心如野鹿逐假声故。心如群猪乐杂秽故。心如众蜂集蜜味故。心如醉象耽牝触故。善男子。如是所说心心所法。无内无外亦无中间。于诸法中求不可得。去来现在亦不可得。超越三世非有非无。常怀染着从妄缘现。缘无自性心性空故。如是空性。不生不灭。无来无去。不一不异。非断非常。本无生处。亦无灭处。亦非远离非不远离。如是心等不异无为。无为之体不异心等。心法之体本不可说。非心法者亦不可说。何以故。若无为是心即名断见。若离心法即名常见。永离二相不着二边。如是悟者名见真谛。悟真谛者名为贤圣。一切贤圣性本空寂。无为法中戒无持犯。亦无大小。无有心王及心所法。无苦无乐。如是法界自性无垢。无上中下差别之相。何以故。是无为法性平等故。如众河水流入海中。尽同一味无别相故。此无垢性。是无等等。远离于我及离我所。此无垢性非实非虚。此无垢性是第一义。无尽灭相体本不生。此无垢性常住不变最胜涅槃。我乐净故。此无垢性远离一切平不平等。体无异故。若有善男子善女人。欲求阿耨多罗三藐三菩提者。应当一心修习如是心地观法。(《大正藏》第3册第327页《大乘本生心地观经》)

佛经中,这样的例子俯拾即是;尤其是对佛教界影响极大的《小品般若波罗蜜经》,随处可见。以上文献的句读虽然是后人加的,但为佛教界所共同接受,而且我们常常不能使"故"属下。如例(1)改成"故"属下就是这个样子:

何以故?一切诸法无所有,用空。故是故菩萨于一切字法都无所

119

见,于无所见中复不有见。菩萨作是行般若波罗蜜,除诸佛,过一切诸声闻、辟支佛上,用无所有空。故何以故?一切不见所入处。故。……何以故?舍利弗!菩萨持智慧度脱一切众生。故。

"用空故"变成"用空。故","用无所有空故。何以故"变成"用无所有空。故何以故",句子明显不合表达习惯了。特别是"故"处于句末时,无下可属,更可以证明"故"属上了。

"原因+故"的句式也可以说是一个构式,该构式后不一定出现结果句。但是,有没有例外呢?佛典语料也给予了肯定的回答:

(11)尊者长夜积修习 所有净业皆圆满 住于真正胜理中 今致天人上供养 往昔无量拘胝劫 能施所爱妻子等 由彼行檀获胜报 故得诸天妙花香(《大正藏》第3册第548页《方广大庄严经》)

(12)在昔亿千劫 供养三世佛 心行舍施 故得相庄严(《大正藏》第3册第588页《方广大庄严经》)

(13)不思议施 故得信辩 无下劣想 是名信行(《大正藏》第9册第230页《不退转法轮经》)

(14)但念母命终 存亡不相见 故来还瞻视 何见子不欢(《大正藏》第2册第364页《杂阿含经》)

(15)具少分辩才 止息默然住 解脱行能深 清净愚迷者 具如是功德 故名阿罗汉(《大正藏》第2册第833页《佛说阿罗汉具德经》)

(16)以没大水故 故名尽方便 一切方便尽 故名为智者(《大正藏》第3册第827页《佛本行集经》)

(17)甘蔗之苗裔 释迦无胜王 净财德纯备 故名曰净饭(《大正藏》第4册第1页《佛所行赞》)

(18)我是阿那含 生彼无烦天 故能知斯等 解脱七比丘 尽贪欲瞋恚 永超世恩爱(《大正藏》第2册第159页《杂阿含经》)

(19)云何恶知识 现善友相者 内心实耻厌 口说我同心 造事不乐同 故知非善友(《大正藏》第2册第253页《杂阿含经》)

以上例句,均出自佛教诗偈,每句字数是相同的,"故"如属前,则会导致每句字数不一致。

(20)舍利子。诸菩萨摩诃萨。施诸有情如是等类无量无数无边

善法。故说菩萨为大施主。(《大正藏》第 5 册第 20 页《大般若波罗蜜多经》)

本例"故"前音节很多,后面音节很少,属后可以平衡音节数。

(21)诸佛为他宣说法要。彼承佛教精勤修学。便能证得诸法实性。由是为他有所宣说。皆与法性能不相违。故佛所言如灯传照。(《大正藏》第 5 册第 56 页《大般若波罗蜜多经》)

(22)世尊。尔时亦在中学。今证无上正等菩提。故我亦应承顺佛教。为诸菩萨摩诃萨宣说六波罗蜜多。示现教导赞励庆喜。安抚建立令得究竟。速证无上正等菩提。是则名为报彼恩德。(《大正藏》第 5 册第 438 页《大般若波罗蜜多经》)

(23)善现。以诸如来应正等觉知依如是甚深般若波罗蜜多觉一切法皆无作用无所成办于一切时供养恭敬尊重赞叹摄受护持曾无间断。故名真实知恩报恩。(《大正藏》第 7 册第 232 页《大般若波罗蜜多经》)

(24)若菩萨摩诃萨。信解诸法与虚空等。便于无上正等菩提。易生信解易证得者。则不应有殑伽沙等菩萨摩诃萨擐大功德铠发趣无上正等菩提。于其中间而有退屈。故。知无上正等菩提极难信解甚难证得。(《大正藏》第 7 册第 257 页《大般若波罗蜜多经》)

(25)何以故。若有两法为不可得。何所法忧。亦无法转者。故诸法如空无所转。亦无法有还者。乃至诸法亦为无所有。(《大正藏》第 8 册第 444 页《道行般若经》)

(26)何以故。色空不来不去。受想行识空不来不去。乃至一切法空不来不去故。一切法趣空不过是趣。(《大正藏》第 8 册第 561 页《小品般若波罗蜜经》)

(27)世尊。是菩萨名为度精进彼岸。名为勇健。名为同虚空诸法故。发阿耨多罗三藐三菩提。(《大正藏》第 8 册第 552 页《小品般若波罗蜜经》)

例(21)"故"前音节很多,后面音节很少,属后可以平衡音节数。同时,表示原因的分句有 5 句(诸佛为他宣说法要,彼承佛教精勤修学,便能证得诸法实性,由是为他有所宣说,皆与法性能不相违),如加在第 5 个分句(皆与法性能不相违)后,会使人产生只有第 5 个分句是原因的错觉。例(22)—(27)与例(21)类似。其中,例(27)"名为同虚空诸法故,发阿耨多罗三藐三菩提",句子因果关系不明:"名为同虚空诸法"不是原因,"故"应属后。

(28)以有为无为及彼本性真如自性自相。若动若住不可得故。善现。故说大乘无来无去无住可见譬如虚空①(《大正藏》第 5 册第 332 页《大般若波罗蜜多经》)

(29)是故须菩提随如行生故名为随如来生。(《大正藏》第 8 册第 562 页《小品般若波罗蜜经》)

例(28)出现了一个属上的"故"、一个属下的"故",属下的"故"也就无法属上了。例(29)如"故"属上,则与句首的"故"重复了。

(30)须菩提白佛言。般若波罗蜜甚清净。天中天。佛言。色亦清净。须菩提言。故般若波罗蜜清净。佛言。痛痒思想生死识亦清净。须菩提言。故般若波罗蜜清净。佛言如是空之清净。须菩提言故般若波罗蜜清净。佛言。色清净无瑕秽。般若波罗蜜亦如是。痛痒思想生死识清净无瑕秽。般若波罗蜜亦如是。佛言。如空无瑕秽故般若波罗蜜亦清净。(《大正藏》第 8 册第 443 页《道行般若经》)

本例前 3 个"故"位于句首,无上可属。第四个"故"尽管有上可属,但为了与前 3 个"故"的位置保持一致,也只能属下了,这是习惯使然。

(31)众生以我我所故往来生死。(《大正藏》第 8 册第 571 页《小品般若波罗蜜经》)

(32)诸佛如来萨婆若智。皆从般若波罗蜜。萨婆若所熏故舍利得供养。(《大正藏》第 8 册第 545 页《小品般若波罗蜜经》)

例(31)"众生以我我所故往来生死"断句成"众生以我、我所故,往来生死",应该都问题不大,但考虑音节平衡的要求,"故"属下还是比较好。例(32)原因是"诸佛如来萨婆若智。皆从般若波罗蜜生。萨婆若所熏",结果是"舍利得供养","故"亦宜属下。

综上可以看出,佛典中的"故"也不是总是属上的,会基于各种原因而属下,其中最常见的是音节平衡原因。

---

① 原版段尾无句读,本书一律保持原状。

我们再回到前面《五灯会元》第1160页的文献。"耳根无觉识知,故不能闻",如果断句成"耳根无觉识知故,不能闻",则后半是三音节,节奏不和谐,所以"故"应属下。"若耳识闻,耳识一念,故不能分别",如断句成"若耳识闻,耳识一念故,不能分别",则与前面的"故"位置不一致,不合表达习惯;且"若耳识闻,耳识一念"本来是四音节与四音节相对,节奏和谐,"念"后加"故"后,节奏就不大和谐了。

123

第四章　广义语义场视域下的词语训诂研究

袁宾对《五灯会元》词语展开了全面研究并取得重大成果,他先后发表了《〈五灯会元〉词语释义》(1986)、《〈五灯会元〉词语续释》(1987)、《〈五灯会元〉口语词释义》(1987)等论文,然后在此基础上撰写了《禅宗著作词语汇释》(1990)、《禅宗词典》(1994)、《禅语译注》(1999)。

其他相关研究尚有:董志翘的《〈五灯会元〉语词考释》(1980),张锡德的《〈五灯会元〉词语拾零》(1987),刘凯鸣的《〈五灯会元〉补校》(1992),滕志贤的《〈五灯会元〉词语考释》(1995),张美兰的《〈五灯会元〉词语二则》(1997),黄灵庚的《〈五灯会元〉词语札记》(1999),周清艳的《〈五灯会元〉中副词"都"的用法》(2008),李旭的《〈五灯会元〉词语札记》(2014),以及拙文《〈五灯会元〉释词二则》(2007)、《〈五灯会元〉编书发起人沈净明并非"里正"》(2014)、《佛学视角下的〈五灯会元〉词语训诂举隅》(2015)、《〈五灯会元〉中的"出队"并非"出队列"》(2017),等等。于谷编著的《禅宗语言和文献》(1995)和江蓝生、曹广顺编著的《唐五代语言词典》(1997)也有不少涉及《五灯会元》词语训诂的内容。

学界前辈们的训诂基本属于传统训诂学的范畴,值得学习和借鉴。这里我们从广义语义场的角度进行研究。

4.1　基于语言习惯的词语训诂

上一章我们实证了语言习惯在校勘中的作用,在训诂中,语言习惯同样有着非常重要的作用。我们把语言习惯分为两类:一类是个体习惯,指某个人的语言运用习惯,一般在同一部著作中体现出来;二类是群体习惯,指不同作者的共有习惯,一般在语料库中体现出来。

4.1.1 好与

又僧出礼拜,师曰:"大德好与,莫覆却船子。"(卷七《保福从展禅师》,第405~406页)

《白话全译》把"大德好与,莫覆却船子"释为"高僧好啊,不要翻了船"。(上册,第389页)

《景德传灯录译注》把"大德好与,莫覆却船子"释为"大德好为之,不要弄翻了船儿。"(卷三,第1414页)

袁宾(1987:129)认为,以上例句中的"好与"是叮嘱之辞,有希望对方小心谨慎、留神注意的意思。

笔者的疑问是,《五灯会元》共出现32例"好与",其中31例是"宜于给予"的意思,看下面的例子:

(1)僧曰:"某甲话也未问,和尚因什么打某甲?"师曰:"汝是什么处人?"曰:"新罗人。"师曰:"未跨船舷,好与三十棒。"(卷七《德山宣鉴禅师》,第373页)

(2)师举:"六祖道:不是风动,不是幡动。仁者心动。"乃曰:"大小祖师,龙头蛇尾,好与二十拄杖。"(卷七《雪峰义存禅师》,第382页)

(3)侍雪峰次,有二僧从阶下过,峰曰:"此二人堪为种草。"师曰:"某甲不与么。"峰曰:"汝作么生?"师曰:"便好与三十棒。"(卷七《玄沙师备禅师》,第396页)

(4)师至晚闻得,乃曰:"好与拄杖。"(卷七《鼓山神晏国师》,第410页)

(5)师曰:"忻逢良便,好与一推。"(卷十四《广德义禅师》,第858页)

(6)有佛化内以忘言寂默为大佛事,使其学者离一切相,即名诸佛,故好与三下火抄。(卷十七《襄亲有瑞禅师》,第1142页)

以上例句中的"与"应是"给"的意思,后面接宾语。"好"是"应该、可以"之意,限制"与",此义在吴语、客家话、粤语、闽语中均有①。

为什么只有第405~406页的"好与"不能作如上解释呢?这明显与《五灯会元》作者普济的个人语言习惯不符,语言习惯的不协调导致我们对袁宾

---

① 见《汉语方言大辞典》第2317页。

先生的解释产生了疑问。

带着这样的疑问,我们查《大正藏》第 51 册第 345 页《景德传灯录·漳州保福院从展禅师》,发现对同一语录有如下记载:"僧出礼拜。师曰。大德好与么莫覆却船子。"原来《五灯会元》漏掉了一个"么"字。这里的"大德好与么莫覆却船子"应断句为"大德好与么,莫覆却船子","与么"是佛典里的一个常见词,"那么""那样"的意思。略举数例:

(7)若与么来。恰似失却。不与么来。无绳自缚。(《大正藏》第 47 册第 497 页《镇州临济慧照禅师语录》)

(8)进云。正与么时如何。师云。重叠关山路。(《大正藏》第 47 册第 545 页《云门匡真禅师广录》)

(9)师云。马无千里谩追风。进云。与么则云散家家月也。(《大正藏》第 47 册第 673 页《明觉禅师语录》)

以上例句中的"与么"均可以释为"那么""那样"。《景德传灯录》中的"好与么"即"好好地保持那个样子"的意思。

可见,"好与"并非问候、叮嘱之词。这个结论,是基于文本显示的个人语言习惯而得到的。

4.1.2 赚

"赚"在《五灯会元》中用例甚多:

(1)若会言语道断,心行处灭,始到古人境界。亦不是闭目藏睛,暗中无所见,唤作言语道断。且莫赚会,佛法不是这个道理。(卷十《天台德韶国师》,第 573 页)

(2)风云水月,四六入对,便当佛法,莫自赚!(卷十《天台德韶国师》,第 574 页)

(3)问:"久负没弦琴,请师弹一曲。"师曰:"作么生听?"其僧侧耳,师曰:"赚杀人!"(卷十《观音从显禅师》,第 598 页)

(4)问:"有一人荡尽来时,师还接否?"师曰:"荡尽即置,那一人是谁?"曰:"风高月冷。"师曰:"僧堂内几人坐卧?"僧无对。师曰:"赚杀老僧!"(卷十一《首山省念禅师》,第 682 页)

(5)曰:"如何是庵中主?"师曰:"入门须辨取。"曰:"莫只这便是么?"师曰:"赚却几多人?"(卷十二《芭蕉谷泉禅师》,第 712 页)

(6)若是初心后学,直须摆动精神,莫空记人说处,多虚不如少实,向后只是自赚。(卷十五《云门文偃禅师》,第927页)

(7)师曰:"斫额望明月。"僧以手便拂,师曰:"作什么?"僧茫然。师曰:"赚却一船人。"(卷十五《育王怀琏禅师》,第1007页)

(8)问:"不求诸圣,不重己灵,未是衲僧分上事。如何是衲僧分上事?"师曰:"死水不藏龙。"曰:"便怎么去时如何?"师曰:"赚杀你。"(卷十九《白云守端禅师》,第1233页)

张锡德(1987:43)认为:以上诸例中的"赚"有"错"义,它与现代汉语中"赚"的意义完全不同。以上诸例中,"赚杀"就是"错得很","赚却"就是"错了","自赚"即"自错"。

窃以为,应该对"赚"在《五灯会元》中的用例做穷尽性研究,弄清楚普济的个人用词习惯,才能对"赚"准确释义。"赚"在《五灯会元》中共现36例,其中不少用例明显不能做"错"解:

(9)师与沙弥携茶一瓶、盏三只,到庵掷向地上。乃曰:"昨日底!昨日底!"主曰:"昨日底是什么?"师于沙弥背上拍一下曰:"赚我来,赚我来!"拂袖便回。(第138页)

(10)霍山通和尚访师,才见不礼拜,便擤入怀里。师拊通背三下。通起拍手曰:"师兄三千里外赚我来,三千里外赚我来。"(第228页)

(11)宁曰:"和尚有来多少时?"师曰:"噫!洎赚我踏破一緉草鞋。"(第440页)

(12)问:"如何是思大口?"师曰:"出来向你道。"曰:"学人即今见出。"师曰:"曾赚几人来?"(第452页)

(13)僧问:"经文最初两字是什么字?"师曰:"以字。"曰:"有什么交涉?"师曰:"八字。"曰:"好赚人!"(第719页)

(14)京兆府香城和尚,初参北院,问曰:"一似两个时如何?"院曰:"一个赚汝。"(第848页)

(15)忽有个衲僧出来道:"既是善知识,为什赚人入镬汤?"(第1388页)

以上诸例表明,"赚"是个及物动词,不宜解作"错"("错"是形容词,不能带宾语)。可以看出,如果把"赚"释为"骗",那么包括张锡德先生所举8例在内的所有用例都可以解释清楚了。这也符合普济的个人用词习惯,因此

127

释"赚"为"骗"是合理的。

《汉语方言大辞典》也支持以上结论:"赚①〈动〉欺骗;哄骗。㊀北京官话。我让他给～了｜蒙神～鬼(专门对人们行骗)。㊁冀鲁官话。天津。冯骥才《阴阳八卦》第一回:'这话经不住问,一问就瘪,谁当真谁挨～。'㊂中原官话。江苏徐州。小李儿老实,叫那人～了……"(第 6822 页)

4.1.3 成褫 成禠

(1)师后住镇州临济,学侣云集。一日,谓普化克符二上座曰:"我欲于此建立黄檗宗旨,汝且成褫我。"二人珍重下去。(卷十一《临济义玄禅师》,第 645 页)

(2)师在临济为侍者,洛浦来参,济问:"什处来?"浦曰:"鉴城来。"济曰:"有事相借问,得么?"浦曰:"新戒不会。"济曰:"打破大唐国,觅个不会底人也无?参堂去!"师随后,请问曰:"适来新到,是成褫他,不成褫他?"济曰:"我谁管你成褫不成褫?"(卷十一《兴化存奖禅师》,第 651 页)

(3)问:"学人未达其源,请师方便。"师曰:"是什么源?"曰:"其源。"师曰:"若是其源,争受方便?"僧礼拜退。侍者问:"和尚适来莫是成褫伊么?"师曰:"无。"曰:"莫是不成褫伊么?"师曰:"无。"(卷七《镜清道怤禅师》,第 415 页)

袁宾(1987:78)认为,成褫,字或作成禠,实系同词异写,是"协助、扶持、帮助、引导"的意思。

我们认为,一个释义是否准确,应该放到更多的语境中去看,因为更多的语境体现了群体的用词习惯。我们不妨再看看下面的例子:

(4)德山将一碗水与瓦官。官接得便吃却。山云会么。官云不会。山又将一碗水与瓦官。官接得又吃却。山云会么。官云不会。山云。何不成褫取那不会底。官云不会。又成褫个什么。山云。子大似个铁橛。(《大正藏》第 47 册第 556 页《云门匡真禅师广录》)

"成褫取那不会底"中的"成褫"就不能释成"协助、扶持、帮助、引导",于意不合。因为"那不会底"是指人人本有之佛性,是不需要扶助、引导的。

(5)德山问曰。汝还会么。师曰。不会。德山曰。汝成褫取个不

会好。师曰。不会成禠个什么。德山曰。汝似一团铁。(《大正藏》第51册第328页《景德传灯录》)

"个不会"亦是指人人本有之佛性。

(6)未意成禠明目下(成就结果尽在目下。贪向外求故失当央)。恐将流落在天涯(现在不领又怕丧失)。(《卍续藏》第67册第457页《荧绝老人天奇直注天童觉和尚颂古》)

从荧绝老人的注来看,"成禠"应是"成就"的意思。例(1)(2)(3)中的"成禠"均可释为"成就",这就符合群体习惯了。

《禅林宝训笔说》:"予每见黄龙先师。应世利生。已四十年。语默之间。动静之际。竟不曾将颜色取悦人。以礼貌牵合人。亦不曾以文字才学牢笼人。众中果有见地稳密。履践真实者。则委曲以成禠之。禠。成就也。"(《卍续藏》第64册第647页)

那么,究竟应该写作"成禠"还是"成禠"呢?上面已证该词义为"成就",我们再看语素义与词义接近的情况。《说文》:"禠,夺衣也。从衣,虒声。读若池。"《一切经音义》:"禠,解衣也。"《字汇·衣部》:"禠,夺也,解也,脱也。"沈涛《说文古本考·衣部》:"禠本夺衣,故字从衣,而引申之,凡夺物皆谓之禠。"

《说文·示部》:"禠,福也。从示,虒声。"《尔雅·释诂下》:"禠,福也。""福"与"成就"有密切关系。因此,该词的正确字形应为"成禠"。《新集藏经音义随函录》云:"成被(音斯福也)。"(《高丽藏》第35册第722页)释"禠"为"福",误也。

李开(1999:222)认为"成"有"就"义,"获"义。"成禠"意即获福,求福。句中意为"为……求福""使……获福",犹言成全。"成全"与"成就"有相近义项,其说可取。

4.1.4 啐啄 唔啄 哈啄

(1)师居投子山三十余载,往来激发,请益者常盈于室。纵以无畏之辩,随问遽答,啐啄同时,微言颇多,今录少分而已。(卷六《投子大同禅师》,第300页)

黄灵庚(1999:25)认为,"啐啄同时,微言颇多"是"推求同时流辈,多获其微言大义"之意。

(2)上堂："诸方只具啐啄同时眼，不具啐啄同时用。"僧便问："如何是啐啄同时用？"师曰："作家不啐啄，啐啄同时失。"曰："此犹未是某甲问处。"师曰："汝问处作么生？"僧曰："失。"师便打，其僧不肯。后于云门会下，闻二僧举此话。一僧曰："当时南院棒折那！"其僧忽契悟，遂奔回省觐，师已圆寂。乃谒风穴，穴一见便问："上座莫是当时问先师啐啄同时话底么？"僧曰："是。"穴曰："汝当时作么生会？"曰："某甲当时如在灯影里行相似。"穴曰："汝会也。"（卷十一《南院慧颙禅师》，第664页）

黄灵庚(1999:25)认为："师便打"，即是"啐啄"注脚；"当时南院棒折那"，即是"失"字注脚；末句"某甲当时如在灯影里行相似"，即是"诸方只具啐啄同时眼，不具啐啄同时用"这一命题之旨也；此说参禅者不必着意推求，"啐啄同时"，犹似以棒打人，最后"棒折"而一无所获，以喻作家不强推求、考问，而任性所适，如在灯影里行走者也；啐啄，即考问、推究之意。

(3)向上一路，啐啄犹乖。儒士相逢，握鞭回首。（卷八《明招德谦禅师》，第440页）

(4)全机敌胜，犹在半途。啐啄同时，白云万里。才生朕兆，已落二三。（卷二十《万年道闲禅师》，第1375页）

黄灵庚(1999:26)对以上二例"啐啄"亦并释"推究、考问"义。

愚以为，以上所释均似有可疑处。例(1)(2)(4)"啐啄"均与"同时"组合，这就表明"啐啄"应是两个动作，而不是一个动作。

从文献角度看，佛典文献中多处记载"学人啐请师啄"：宋代文献如《大正藏》第47册《明觉禅师语录》（第682页），《大正藏》第48册《佛果圜悟禅师碧岩录》（第156页），《卍续藏》第65册《禅宗颂古联珠通集》（第675页），《卍续藏》第79册《联灯会要》（第213页），《卍续藏》第80册《五灯会元》（第157页），《中华藏》第78册《禅宗颂古联珠通集》（第802页），《永乐北藏》第155册《宗门统要正续集》（第110页）；明代文献如《卍续藏》第67册《茕绝老人天奇直注雪窦显和尚颂古》（第257页），《卍续藏》第80册《五灯严统》（第706页），《卍续藏》第83册《指月录》（第615页），《卍续藏》第85册《禅宗正脉》（第436页）；清代文献如《卍续藏》第16册《楞严经指掌疏事义》（第355页），《卍续藏》第66册《宗门拈古汇集》（第200页），《卍续藏》第66册

《宗鉴法林》(第558页),《卍续藏》第68册《御选语录》(第685页),《卍续藏》第81册《五灯全书》(第533页),《嘉兴藏》第34册《内绍种禅师语录》(第429页),《嘉兴藏》第35册《灵瑞尼祖揆符禅师妙湛录》(第728页),《嘉兴藏》第35册《灵瑞尼祖揆符禅师妙湛录》(第734页)。这些文献体现了群体语言习惯。

佛典中未见1例"学人啐"或"请师啄"。

《禅林宝训音义》云:"啐啄。如鸡抱卵。小鸡欲出。以嘴吮声曰啐。母鸡忆出。以嘴啮之曰啄。作家机缘相投。见机而解。亦犹是矣。"(《卍续藏》第64册第465页)《禅林宝训合注》亦有相同记载(《卍续藏》第64册第522页)。

《禅林宝训笔说》云:"啐啄者。如鸡抱卵。子将欲出以嘴吮曰啐。母知欲出以嘴啮曰啄。谓人之机缘相投亦如之也。若使啐啄同时。元不要人着力。有缘即任缘而住。无缘则拽杖便行。"(《卍续藏》第64册第721页)

可见,"啐"是学人的动作,"啄"是老师的动作,"啐啄"表示禅宗师徒教学机缘之意。

另外,佛典中尚有"喈啄""啗啄"的用例("喈"为"啗"之误写),如:

(5)赵州游方到院,在后架洗脚次,师便问:"如何是祖师西来意?"州曰:"恰遇山僧洗脚。"师近前作听势,州曰:"会即便会,喈啄作什么?"(卷十一《临济义玄禅师》,第647页)

(6)清机历掌。同道方知。格外称提。徒劳啗啄。(《卍续藏》第68册第429页《续古尊宿语要》)

(7)若是大鹏金翅,奋迅百千由旬,十影神驹,驰骤四方八极。不取次啗啄,不随处埋身。(卷十九《育王端裕禅师》第1281页,又见《卍续藏》第79册第146页《联灯会要》)

(8)垂示云。无啗啄处。祖师心印。状似铁牛之机。透荆棘林。衲僧家。如红炉上一点雪。平地上七穿八穴则且止。不落寅缘。又作么生。试举看。(《大正藏》第48册第198页《佛果圜悟禅师碧岩录》)

(9)日不落意此人那。师曰。高山顶上无可与道者啗啄。(《大正藏》第51册第339页《景德传灯录》)

(10)师曰。若会便会。更啗啄作么。济拂袖去。师曰。三十年行脚。今日为人错下注脚。颂曰。洗脚处更不安排。侧聆时非是啗啄。赵州临济二老人。相见何劳下注脚。(《卍续藏》第65册第598页《禅宗颂古联珠通集》)

131

（11）古人一莫。切忌咱啄。临济权寄库。德山顿萧索。截断佛祖机关。显出顶门一着。子细审思量。分明欠一着。(《卍续藏》第 65 册第 701 页《禅宗颂古联珠通集》)

（12）言前收。句后煞。峻疾不通风。直饶钉嘴铁舌。也无咱啄处。(《卍续藏》第 67 册第 680 页《拈八方珠玉集》)

（13）进云。只如色心二字。如何透得。师云。只知渡水。不觉腰深。进云。彼此没便宜。师云。一任咱啄。(《卍续藏》第 68 册第 192 页《古尊宿语录》)

黄灵庚(1999:26)认为，"啐啄"或作"咱啄"，即"推究、叩问"之意。例(5)"会即便会，咱啄作什么"意为"会即便会，盘问个啥"。

愚以为此说似有可疑，因为佛典中有"啐啄同时"的组合，没有"咱啄同时"的组合，这就说明"啐啄"是两个动作，而"咱啄"可能只是一个动作。《祖庭事苑》在释《云门室中录》中的"咱啄"时云："咱啄。当作鸽啄。竹咸切。鸟啄物。"(《卍续藏》第 64 册第 322 页)"鸟啄物"只是一个动作，可见，"咱啄"与"啐啄"是两个不同的词。

佛典中尚有单用"咱"的用例，如：

（14）师行脚时参乌石观和尚，才敲门，石问："谁？"师曰："凤凰儿。"石曰："来作么？"师曰："来咱老观。"石便开门搊住曰："道！道！"师拟议，石拓开，闭却门。(卷七《雪峰义存禅师》，第 382 页)

黄灵庚(1999:26)认为："咱啄"或单用作"咱"，"来咱老观"意为"来叩问老观"；下文石观和尚催促其问"道！道！"，可知，"咱"即"考问"之义也。

我们认为此论尚可商榷。《一切经音义》在解释"螫噉"一词的同时，间接解释了"咱"："螫噉(上舒只反 又诃各反 二音并通 说文 虫行毒也 螫也 从虫赦声也 下澹敢反 考声 云吃也 尔雅 噉吞也 古今正字云 噉食也 从口敢声也 说文 噉谯也 或作啖 或作咱 并同)。"(《大正藏》第 54 册第 346 页)

又在解释"食咱"一词时解释了"咱"："食咱(唐滥反 考声 云以食饮人也 说文 臽食也 从口臽声也 臽音陷 经中从敢作噉 俗用非正体 上食字 说文 从亼 精入反 从皀 彼立反 若从良 作食者 俗字)。"(《大正藏》第 54 册第 401 页)

又在解释"吸噉"一词时解释了"咱"："吸噉(上歆及反 广雅云 吸饮也

说文 从口及声也 下谈敢反 广雅云 㗖食也 古今正字 从口敢声 声类或作啗也)。"(《大正藏》第54册第565页)

又在解释"吞啗"一词时解释了"啗":"吞啗(徒滥反 说文 食也 从口臽声 经文作㗖啖 并俗字也)。"(《大正藏》第54册第575页)

又在解释"㗖食"时解释了"啗":"㗖食(上达滥反 广雅云 㗖食也 说文 㗖 噍也 从口敢声 或作啗 亦通也 经云 幻化也)。"(《大正藏》第54册第689页)

又在解释"啗之"时解释了"啗":"啗之(谈滥反 说文 啗 食也 或作啖也)。"(《大正藏》第54册第839页)

《续一切经音义》在解释"啗肉"时解释了"啗":"啗肉(上又作啖 同 徒滥反 或作㗖音 徒敢反 字书皆训食物也 又嚼 啗也 从口臽音 陷声 下肉字 正作肉 像筋肉之形也)。"(《大正藏》第54册第942页)

因此,"啗"并非"考问"之义,而是"吃、咬"的意思,"来啗老观"即"来吃老观"之意。以下例句中的"啗"明显是"吃、咬"的意思:

(15)召弟子慈灯。附口上遗表。嘱令弃尸半饲鱼腹半啗鸟兽。(《大正藏》第50册第744页《宋高僧传》)

(16)释万回。俗姓张氏。虢州阌乡人也。……年始十岁兄戍辽阳。一云安西久无消息。母忧之甚。乃为设斋祈福。回候白母曰。兄安极易知耳。奚用忧为。因裹斋余出门径去。际晚而归。执其兄书云。平善。问其所由默而无对。去来万里。后时兄归云。此日与回言适从家来。因授饼饵其啗而返。(《大正藏》第50册第823~824页《宋高僧传》)

(17)李愈加郑重。唯拜而已。瓒正发牛粪火出芋啗之良久乃曰。可以席地。取所啗芋之半以授焉。李跪捧尽食而谢。(《大正藏》第50册第834页《宋高僧传》)

例(15)"饲""啗"同义并举;例(16)"授饼饵其啗而返"明显是"给他饼子,他吃了就返回了";例(17)"发牛粪火出芋啗之"是"拨开牛粪烧的火,找出芋头吃"的意思,"取所啗芋之半以授焉"是"取出所吃芋头的一半来给他"之意;均与"考问"之义无关。

4.1.5 纷拏

(1)故数十年来,师法益坏。以承禀为户牖,各自开张;以经论为干

戈,互相攻击。情随函矢而迁变,法逐人我以高低。是非纷拏,莫能辨析。(卷二《圭峰宗密禅师》,第 108 页)

(2)问:"声色二字如何透得?"师曰:"虚空无变易,日月自纷拏。"(卷十五《觉华普照禅师》,第 963 页)

《五灯会元》仅此2例。《禅宗大词典》释云:"【纷拏】纷争,争论。"(第133页)

该词《汉语大词典》第9卷第765页已收,释为"混乱貌,错杂貌"。

按《禅宗大词典》所释,"纷拏"应为动词,按《汉语大词典》所释,则为形容词。文献支持后者观点,例(2)"日月自纷拏"就很明显,再如:

(3)所谓以分别心见。则万境纷拏。若如实相观。则真空冥寂。(《卍续藏》第26册第283页《仁王经科疏》)

(4)以倒心观之则妄境纷拏。以实相观之则真机自寂。(《卍续藏》第30册第330页《法华经要解》)

(5)内心浑浊。外境纷拏。念佛便不得力。(《卍续藏》第62册第359页《念佛百问》)

(6)作家相见事纷拏。佛法何如眼里沙。(《卍续藏》第66册第700页《宗鉴法林》)

(7)道薄常惭继祖心。九年何事绝知音。到头无赖空回首。皮髓纷拏直至今。(《卍续藏》第68册第271页《古尊宿语录》)

例(3)(4)(5)都有"境纷拏",例(6)有"事纷拏",例(7)有"皮髓纷拏",都只能释作"混乱、错杂"。

另外,佛典中还有"分拏"一词,《汉语大词典》失收。如:

(8)临济两堂首座相见。齐下喝。僧问临济。还有宾主也无。济云。宾主历然。两堂上座总作家。其中道理有分拏。宾主历然明似镜。宗师为点眼中花。(《大正藏》第47册第610页《汾阳无德禅师语录》)

《禅宗大词典》释云:"【分拏】分辨,解析。"(第133页)
我们不妨多看一些例子:

(9)诸宗门下。皆有达人。然各安所习。通少局多。以承禀为户牖。各自开张。以经论为干戈。互相攻击。情在函矢而迁变。法逐人我为高低。致使是非分拏。莫能辨析。(《卍续藏》第 63 册第 242 页《沩山警策句释记》)

(10)一切数句非数句。性相分拏万种名。(《卍续藏》第 65 册第 444 页《证道歌颂》)

(11)无位真人。横拖倒拽。无地埋藏。举世生盲人不识。分拏摸象恣猖狂。(《卍续藏》第 70 册第 430 页《希叟绍昙禅师广录》)

(12)问。声色二字。如何透得。师云。虚空无变易。日月自分拏。(《卍续藏》第 78 册第 519 页《天圣广灯录》)

可见,"分拏"相当于"纷拏",都是"混乱、错杂"之意。

4.1.6 贵

绍兴丙寅夏,辞朝贵归付院事。四众拥视,挥扇久之。(卷十八《育王净昙禅师》,第 1174 页)

《禅宗大词典》将"辞朝贵归付院事"断句为"辞朝贵归,付院事",释"贵"为"将要"。(第 158 页)

按:所释值得商榷。从文献角度看,"归"是属下句的。《五灯会元》所编集的"五灯"之一——《卍续藏》第 79 册《嘉泰普灯录》(第 335 页)作"绍兴丙寅夏(或云乙丑)。遍辞朝贵。归付院事。四众拥视。挥扇久之"。《卍续藏》第 81 册《五灯严统》(第 187 页)作"绍兴丙寅夏。辞朝贵。归付院事。四众拥视。挥扇久之"。《卍续藏》第 83 册《指月录》(第 704 页)作"绍兴丙寅夏。辞众檀。归付院事。四众拥视。挥扇久之"。《卍续藏》第 85 册《佛祖纲目》(第 765 页)作"绍兴丙寅夏。辞众檀。归付院事。四众拥视。昙挥扇久之"。可见,"朝贵"是 1 个词,不可拆开来分作两词解释。《汉语大词典》第 6 卷:"【朝贵】朝廷中的权贵。"(第 1324 页)

从"贵"的释义看,"贵"并无"将要"之义。

4.1.7 科段

今日信手拈来,从前几曾计较。不离旧时科段,一回举着一回新。(卷十八《胜因咸静禅师》,第 1191 页)

黄灵庚(1999:25)认为：

科段，犹说形状、面貌；科，古与段同义互训。《春秋公羊传解诂疏》云："科，段也。"而段字有形状之义。卷四《季岩义端禅师》："以虚空无锁闭，无壁落，无形段，无心眼。"(第214页)卷七《龙井山道禅师》："曰：'如何是宗门中事？'师曰：'从来无形段，应物不曾亏。'"(第462页)卷一九《昭觉克勤禅师》："本来无形段，那复有唇嘴？"(第1256页)以上"形段"，皆言形状义，段，即形状也。又，《义山杂纂》："仆人学措大体段。"体段，即言形状也。由此可知，科，亦犹形状义也。

我们认为，"科段"应是"手段"之意。"科段"的本义是"文章的段落或部分"，如：

(1)第四长科段中。有二十二行半经。于中复分为四段。(《大正藏》第36册第916页《新华严经论》)

(2)二段科有二。一因果三转依。二凡圣断得 三段科有二。一悟断得。二遣断证 四段科有二。一胜解行等四位。二六转依中但成四位。四位摄六故 五段科亦二。一五忍。二七地。分五故。如是合成八义科段。(《大正藏》第43册第616页《成唯识论掌中枢要》)

(3)但辨得此。科段分明。即别科三意。及再辨本科五义。照然可见。(《卍续藏》第9册第688页《圆觉经大疏释义钞》)

(4)疏次四问等。分二。一解释科段。二开章释文。初中二。一解本科。二解别科。(《卍续藏》第9册第707页《圆觉经大疏释义钞》)

(5)随其类例。一一科分辨折。如轻重。即有七种类例。科段分析。条条并有。(《卍续藏》第41册第868页《四分律搜玄录》)

(6)三科法门。谓有三种法门科段也。一者五分法身。二者八大觉。三者十二因缘。(《卍续藏》第42册第169页《四分律疏饰宗义记》)

可见，"科"本指文章的"类别"，有本科与别科之分；"段"是指文章的段落。"科段"一般是解经法师或讲经法师为了便于分析佛经而对经文所分出的类别、段落。

"科段"亦称"段科"，如：

(7)十段科中皆有皆俱齐遍等言者。以约结通周法界故。(《大正藏》第36册第276页《大方广佛华严经随疏演义钞》)

(8)已上十个回向。一个是一个波罗蜜行。都共为十段科。(《大正藏》第36册第857页《新华严经论》)

(9)疏。虽有五段等。此下别为三段科释。疏。初中有六等者。于前五段三段科中。皆于初中。分为六段。(《卍续藏》第21册第950页《弥勒上生经瑞应钞》)

"科段"引申为"手段"。如:

(10)果见此道未丧知音可嘉。此真所谓没孔笛逢毡拍板。无弦琴上和梁州。雪峰为是同行火伴。不免临行打散。以手斫额。虽则远观不审。其由近睹分明。所据科段不差毫末。故摆手便归。(《卍续藏》第67册第290页《林泉老人评唱投子青和尚颂古空谷集》)

(11)尖檐帽子。划鼻麻鞋。无领布衫。断鞓腰带。惯会横穿倒着。自然一种风流。更饶林土涂灰。终无两般科段。诸人唤甚么作法身主。唤甚么作毗卢师。正当怎么时如何。(《卍续藏》第69册第567页《瞎堂慧远禅师广录》)

(12)若烹北禅牛。酌曹山酒。擘云门饼。点赵州茶。又是诸人寻常。用了底科段。未免拈出多年死猫头。剔骨刮髓。细切零花。聊伸管待。(《卍续藏》第70册第552页《断桥妙伦禅师语录》)

"科段"的"手段"义常见于禅宗语录中。在金元戏曲里也有用例。金·董解元《西厢记诸宫调》卷五:"你好不分晓,是前来科段,今番又再使。"元·尚仲贤《气英布》第二折:"适才汉王濯足见英布,非是故意轻他,使这谩骂的科段。"元·无名氏《百花亭》第二折:"如今被俺使个科段,将他捻出门去。"这些用例中的"科段"明显是"手段"之意。

4.1.8 御

金鸡解御一粒粟,供养十方罗汉僧。(卷一《初祖菩提达磨大师》,第39页)

刘凯鸣(1992:170)认为:

"御"字在此费解,"御"盖"衔"之俗体"啣"之误书。《赵州稔禅师法嗣》"牛头未见四祖时,为什么百鸟衔花?"(第244页)可供参证;雄鸡得食,每衔之不咽,作声召雌鸡食之,亦一旁证。

我们认为,上述观点是可取的,如能补充书证可能更好。补充书证如下:《大正藏》第 48 册《佛果圜悟禅师碧岩录》(第 201 页)、《卍续藏》第 78 册《五家正宗赞》(第 577 页)、《卍续藏》第 80 册《五灯会元》(第 40 页)、《卍续藏》第 80 册《五灯会元》(第 70 页)、《卍续藏》第 64 册《禅林宝训音义》(第 460 页)、《卍续藏》第 65 册《五宗原》(第 102 页)、《卍续藏》第 80 册《五灯严统》(第 593 页)、《卍续藏》第 80 册《五灯严统》(第 623 页)、《卍续藏》第 81 册《五灯严统解惑编》(第 325 页)、《卍续藏》第 83 册《指月录》(第 436 页)、《卍续藏》第 84 册《教外别传》(第 180 页)、《卍续藏》第 84 册《教外别传》(第 195 页)、《卍续藏》第 85 册《佛祖纲目》(第 597 页)、《嘉兴藏》第 25 册《天界觉浪盛禅师语录》(第 721 页)、《嘉兴藏》第 34 册《天界觉浪盛禅师全录》(第 640 页)等文献均作"金鸡解衔一粒粟。供养十方罗汉僧"。

4.1.9 周由

蕲州三角山志操禅师,僧问:"教法甚多,宗归一贯。和尚为什么说得许多周由者也?"师曰:"为你周由者也。"曰:"请和尚即古即今。"师以手敲绳床。(卷八《三角志操禅师》,第 494 页)

《白话全译》译曰:

志操禅师住在蕲州三角山,有僧人问他:"教法甚多,宗归一贯。和尚为什么能说得那么周全?"禅师说:"为了周全你。"僧人说:"请和尚就古即今。"禅师用手敲绳床。(第 471 页)

滕志贤(1995:90)认为:

此"周由"当即"周游"之借。《诗经·王风·君子阳阳》:"左执翿,右招我由敖。""由敖"即"游遨"之借。敦煌文书中"由""游"通假习见。如王梵志诗"四海同追由",《伍子胥变文》"在道失路乃昏迷,不觉行由来至此",二例之"由"字并"游"字之借。以上皆"由""游"相通之证。《景德传灯录》卷二十三蕲州三角山志操师章正作"周游",乃其确证。"周游"有"盘旋"义,但本例"周由"(周游)是说话兜圈子的意思。"说得许多周由",意谓说话兜许多圈子。"为你周由者也",意谓因为你自己说话也兜圈子。《宗门方语》释"周由者也"为"之乎者也",殊误。《俗语解》释"周由"为"周遮",亦不确。

我们认为此说有可商榷处,"由""游"通假,论据充分;"周游"有"盘旋"义,《汉语大词典》已列,这也没有问题。但由"盘旋"义引申出"说话兜圈子"

就有点让人不敢苟同了。

《CBETA 电子佛典集成 June 2016》有 305 例"周游",一般做及物动词用,义为"到处游说、遍游",仅上面所举《五灯会元》第 494 页的例子似有"说话兜圈子"的意思(该例出自《景德传灯录》),但将"周游"释为"说话兜许多圈子"也不是很确切,将"为"释为"因为"则明显不当,应释为"为了"。

我们可以从佛典中找到 68 例意义相近的"周由",如:

(1)师乃云。入门便见。更不容拟议寻思。开口便说。亦不复周由者也。(《大正藏》第 47 册第 733 页《圆悟佛果禅师语录》)

(2)只消个一道清虚。更不用周由者也。(《大正藏》第 47 册第 758 页《圆悟佛果禅师语录》)

(3)若是灵利汉。聊闻举着。剔起便行。更不周由者也。(《大正藏》第 47 册第 842 页《大慧普觉禅师语录》)

(4)佛果拈云。一出一没。一往一来。诸人还透得么。若透得。更不用周由者也。若透未得。山僧不惜眉毛。为诸人判去也。(《卍续藏》第 67 册第 676 页《拈八方珠玉集》)

(5)山僧今日这里。也无檀越与专使喧争。自家直是一刀两段。更不周由。(《卍续藏》第 68 册第 483 页《续古尊宿语要》)

(6)冬夜少参。声前敲唱。腋下剜襟。格外提持。袖头打领。不有通天作用。未免总涉周由。(《卍续藏》第 69 册第 737 页《偃溪广闻禅师语录》)

(7)才知之。是头上安头。不知是斩头觅活。况加周由者也耶。(《卍续藏》第 71 册第 61 页《石溪心月禅师语录》)

(8)我这里。无解路教你入。无言句共你商量。一味朴实头。如马前相扑。更不周由者也。倒地便休。(《卍续藏》第 71 册第 580 页《楚石梵琦禅师语录》)

《CBETA 电子佛典集成 June 2016》中 68 例"周由",意义上均与"周遮"相同,即"噜苏、唠叨"义①:

(9)垂示云。动则影现。觉则冰生。其或不动不觉。不免入野狐窟里。透得彻信得及。无丝毫障翳。如龙得水似虎靠山。放行也瓦砾

---

① 《汉语大词典》第 3 卷,第 306 页。

生光。把定也真金失色。古人公案。未免周遮。且道评论什么边事。试举看。(《大正藏》第 48 册第 170 页《佛果圜悟禅师碧岩录》)

(10)夫声色不到。语路难诠。今古历然。从来无间。以言显道。曲为今时。竖拂扬眉。周遮示诲。天然上士。岂受提撕。中下之机。钩头取则。投机不妙。过在何人。(《大正藏》第 48 册第 309 页《人天眼目》)

(11)故首楞严经云。圆明了知。不因心念。扬眉动目。早是周遮。(《大正藏》第 48 册第 419 页《宗镜录》)

(12)眨上眉毛早蹉过。塞却眼。更形言语转周遮。(《卍续藏》第 68 册第 420 页《续古尊宿语要》)

从上下文看,以上例(9)至(12)中的"周遮",义同例(1)至(8)中的"周由",都是"噜苏、唠叨"的意思。

可见,《俗语解》释"周由"为"周遮"是正确的。

4.1.10 知有

(1)须知各各当人分上事,怎么生是诸上座分上事?知有底,对众吐露个消息,以表平生行脚,参善知识,具烁迦罗目,不被人谩,岂不快哉!还有么?(卷十五《庐山护国和尚》,第 960 页)

(2)上堂:"天宽地大,风清月白。此是海宇清平底时节。衲僧家等闲问着,十个有五双知有。只如夜半华严池吞却杨子江,开明桥撞倒平山塔,是汝诸人还知么?若也知去,试向非非想天道将一句来。其或未知。"(卷二十《保安可封禅师》,第 1384 页)

(3)僧问:"南泉道三世诸佛不知有,狸奴白牯却知有。为什么三世诸佛不知有?"(卷四《长沙景岑禅师》,第 210 页)

(4)遵曰:"一句迥超千圣外,松萝不与月轮齐。"师曰:"饶君直出威音外,犹较韶山半月程。"遵曰:"过在什处?"师曰:"倜傥之辞,时人知有。"(卷六《韶山寰普禅师》,第 324 页)

(5)上堂:"僧堂前事,时人知有。佛殿后事作么生?"(卷十五《德山缘密禅师》,第 935 页)

(6)僧问:"远涉长途即不问,到家一句事如何?"师曰:"雪满长空。"曰:"此犹是时人知有。转身一路,又作么生?"师便喝。(卷十七《报慈进英禅师》,第 1157 页)

(7)汝须知有此事。若不知有,啼哭有日在。(卷六《涌泉景欣禅

师》,第307页)

(8)上堂:"寒雨细,朔风高,吹沙走石,拔木鸣条。诸人尽知有,且道风作何色?若识得去,许你具眼。若也不识,莫怪相瞒。参!"(卷十六《法云法秀禅师》,第1038页)

(9)上堂:"满口道得底,为什么不知有?十分知有底,为什么满口道不得?且道睹讹在什么处?若也知得,许你照用同时,明暗俱了。其或未然,道得道不得,知有不知有。南山石大虫,解作师子吼。"(卷十六《国清妙印禅师》,第1099~1100页)

袁宾(1987:133)认为,"知有"是"知晓、知道"的意思。

就以上例句作解,自然也说得过去。然而,如果我们多看些例子,就可能会产生疑惑:

(10)世尊告曰。非不说有常泥洹。亦不说无常神通。但我神通知有知无故说之耳。(《大正藏》第16册第35页《菩萨璎珞经》)

(11)三缘过去。谓知行知行集知识集。三缘未来。谓知老死知老死集知生。十六缘现在。谓知生知生集。知有知有集。知取知取集。知爱知爱集。知受知受集。知触知触集。知六入知六入集。知名色知名色集知识。(《大正藏》第28册第406页《阿毗昙毗婆沙论》)

(12)欲定圣心知有知无。方可明应会之所以。(《卍续藏》第54册第184页《注肇论疏》)

(13)若圣弟子。知有。知有集。知有灭。知有灭道者。如是为圣弟子正见。(《大藏经补编》第6册第96页《南传中部经典》)

(14)复云何知知有知无自是声尘或无或有岂彼闻性为汝有无闻实云无谁知无者(《嘉兴藏》第38册第187页《庐山天然禅师语录》)

(15)般若者。真智慧火也。凡夫二乘皆有。而不皆善用之。或执有。或执无。知有知无所谓真知也。(《卍续藏》第73册第170页《紫柏尊者全集》)

(16)谓知义亦知有知无 故云一切也(《卍续藏》第24册325页《大品经义疏》)

(17)当无闻时。谁知无者。故或无或有者可灭。知有知无者未尝灭也。非但醒时对境不灭。即梦时离境亦不灭也。(《卍续藏》第16册第827页《楞严经宗通》)

(18)言知有知无者。谓所知之有及与所知之无也。(《卍续藏》第

《五灯会元》训诂

12册第320页《楞严经正脉疏》》

以上诸例,"知有""知无"相对为文,如果"知有"是"知晓、知道",那么"知无"又是什么呢?可见,"知有"不可简单地训释为"知晓、知道"。

何谓"有"?丁福保《佛学大辞典》所释甚详:"【有】(术语)(一)对于无或空而言。此有实有假有妙有等之别。如三世实有者,实有也。因缘依他之法者,假有也。圆成实性者,妙有也。(二)十二因缘之一。为造可牵当来果之业之位,即业能有当果之意。是因之名也。又曰有支。若约于分位之十二因缘,则当于壮年以后。(三)果之名。因果不亡之义。如三有,二十五有,及四有等。(四)色界无色界之定及依身也。外道执之,以为解脱,故遮遣之而特谓之有。有者生死相续之义,显非真灭之意也。上二界之贪,谓之有贪,上二界之漏,谓之有漏(三漏之一)者,即由此意。"(第1007页)

朱芾煌《法相辞典》所释最详,为了充分说明问题,不妨全部誊录如下:

"【有】瑜伽九十七卷十一页云:又住于此,若生,若长,能生后际所有众苦;说名为有。

"二解。大毗婆沙论六十卷六页云:问:何故名有?答:有增有减,故名为有。问:若尔;圣道亦有增减;应亦名有?答:若有增减,亦能长养摄益任持有者;说名为有。圣道虽有增减;而损减违害破坏诸有;故不名有。复次若有增减,亦令诸有生老病死不断绝者;说名为有。圣道虽有增减;而令诸有生老病死皆断不续;故不名有。复次若有增减,亦是趣苦集行,趣有世间生老病死集行者;说名为有。圣道虽有增减;而是趣苦灭行,趣有世间生老病死灭行;故不名有。复次若有增减,亦是萨迦耶见事,颠倒事、爱事、随眠事,贪嗔痴安足处,有垢有毒有过有刺有浊,堕有堕苦集谛者;说名为有。圣道虽有增减;而与此一切相违;故不名有。复有说者,此可怖畏,故名为有。问:若尔;涅槃亦可怖畏;应亦名有?如契经说:苾刍当知,无闻异生,以愚痴故,怖畏涅槃。谓于是处,我不有;我所亦不有。我当不有,我所亦当不有。答:若有怖畏,是正见者起;说名为有。涅槃虽有怖畏;而是邪见者起;故不名有。复次若有怖畏,通异生及圣者起;说名为有。涅槃虽有怖畏;而是异生,非圣者起;故不名有。有作是说:是苦法器,故名为有。问:有亦是乐法器。如契经说:大名当知,色若一向是苦非乐,非乐所随,无少乐喜所随逐者;应无有情为求乐故,染着于色。大名当知,以色非一向苦亦是乐,亦是乐所随,是少乐喜所随逐故;有诸有情,为求乐故,染着于色。又契经说:决定建立三受无杂。一、乐,二、苦,三、非苦乐。又契经说:道依道具。涅槃依道。以道乐故,证乐涅槃。是故诸有非唯苦器。宁以苦器释有名耶?答:生死法中,虽有少乐;而苦多故。立苦器名。是故诸有,唯名苦器。如毒瓶中,置一渧蜜。不由此故,名为蜜瓶。但名毒瓶。以毒多故。有亦如是。多苦所依,但名苦器。

"三解。大毗婆沙论一百九十二卷七页云:然有声目多义。此中说属众同分有情数五蕴名有。如说:欲界死。生欲界;彼一切,欲有相续耶?乃至广说。彼亦说属众同分有情数五蕴名有。如说:诸缠所缠,地狱有相续。彼初所得诸根大种,与此心心所法,为一增上。乃至广说。又复如说:欲有相续时,最初得几业所生根。乃至广说。又如说四有。谓本有、死有、中有、生有。当知彼文,皆说属众同分有情数五蕴名有。如说:颇勒窭那!识食所引,能感后有,令其现前。彼说续生时心眷属名有。如说:阿难陀!如是业有,能牵后有。彼牵后有思,名有。如说,取缘有,彼说分位五蕴名有。尊者妙音说曰:彼说牵后有业名有。如说:云何有法?谓一切有漏。彼说诸有漏法名有。如说七有。谓地狱有、傍生有、鬼界有、人有、天有、业有、中有。彼说五趣,五趣因,五趣方便,名有。如说:欲有云何?谓业能感欲界后有。乃至广说。彼说业及异熟名有。不说取所缘有。问:若尔;彼后所说,当云何通?如说欲有,欲界一切随眠随增,乃至广说:欲有,五部业皆能感异熟,可说欲界一切随眠随增。色无色有,惟修所断业能感异熟;如何可说色无色界一切随眠随增耶?答:后文应作是说:欲有,欲界一切随眠随增。色无色有,色无色界遍行及修所断随眠随增。应作是说,而不说者;当知彼说有及眷属,悉名为有。和合有法,亦名有故。有余师说:前说业及异熟名有。不说取所缘有。后说业及异熟名有。亦说取所缘有。彼不应作是说。诸作论者,依章立门。不可章所说异,门所说异。是故如前所说者好。问:何故名有?答:能有能非有故名有。问:若尔;圣道应名有。圣道亦是能有能非有故。答:若能有能非有,能长养摄益任持诸有者;名有。圣道虽能有能非有;而于诸有,损坏离散;故不名有。复次若能有能非有,能令诸有相续流转,令老死道不断者;名有。圣道虽能有能非有;而令诸有不相续,不流转,断老死道;故不名有。复次若能有能非有,是趣苦集行,趣有世间流转生死老死集行者;名有。圣道虽能有能非有;而是趣苦灭行,趣有世间流转生死老死灭行;故不名有。复次若能有能非有,是有身见事,颠倒事,随眠事,爱事,贪嗔痴安足处,有垢有毒,诸有所摄,堕苦集谛者;名有。圣道虽能有能非有;而非有身见事,乃至爱事,非贪嗔痴安足处,无垢无秽,无浊无毒,非诸有摄,不堕苦集谛;故不名有。如彼广说。"(第534页)

至于"知有",前人亦有论说。《金光明经》:"知有非有 本性清净 希有希有如来功德"。(《大正藏》第16册第357页)隋·吉藏撰《金光明经疏》:

"知有者知世谛也。"(《大正藏》第39册第174页)丁福保《佛学大辞典》:"【世谛】(术语)对真谛之称。世者世间,世俗。谛者事实,又道理。世间之事实,又世俗人所知之道理,谓之世谛。又曰俗谛,世俗谛,覆俗谛等。涅槃经曰:'如出世人所知者,第一义谛。世间人所知,名为世谛。'仁王经上曰:'世谛幻化起,譬如虚空花。'"(第4页)又《楞严经》云:"知有知无自是声尘。或无或有岂彼闻性为汝有无。闻实云无谁知无者。"(《大正藏》第19册第124页)明·真鉴《楞严经正脉疏》云:"言知有知无者。谓所知之有及与所知之无也。"(《卍续藏》第12册第320页)吉藏与真鉴的解说都表明"知有"是动宾结构。

据丁福保及朱芾煌佛学词典的解释,"知有"至少有4个义项,但在禅宗语录中,一般可训释为"知道圆成实性(妙有)"或"明了自己的佛性"。

既然"知有"是个佛学专有名词,那么中华书局版《五灯会元》第307页的断句"若不知有啼,哭有日在"就有问题了。项楚(1991:179)指出:

此二句第一次印本作一句读,固非;第二次印本于"啼"下点断,亦误。应作:"若不知有,啼哭有日在。"此二句乃承"汝须知有此事"而下,"有"即指"有此事","啼哭有日在"是说"将来终有你啼哭的时候"。

4.1.11 四十九年

一般地说,"四十九年"只是一个表示时间数量的词语而已,本来没有什么研究价值。但在佛典里,却是一个非常特殊的词,我们拟用最能体现语言习惯的构式理论进行研究,试图据此解决学界一些有争议的问题。

Adele E. Goldberg(2013:2)列举了8类/个大小和复杂性不一的构式:语素、词、复合词、习语(已填充的,即格式中的词是固定不变的)、习语(部分已填充的,即格式中的部分词是固定不变的)、共变条件构式、双及物构式、被动构式。学界对后面三种研究得比较多,对前面五种则研究甚少。

本文研究《五灯会元》的构式"四十九年",该构式属于第五种,即部分已填充的习语类构式。

4.1.11.1 "四十九年"是一个不可推导构式

《五灯会元》共见22例"四十九年",如:

(1)上堂:"一代时教,只是整理时人手脚,直饶剥尽到底,也只成得个了事人,不可将当衲衣下事。所以道四十九年明不尽,标不起,到这里合作么生?更若切切,恐成负累。珍重!"(第303页)

《白话全译》将"四十九年"译为"人活了四十九岁"。《五灯会元》的这段语录出自其源头文献《景德传灯录》。《景德传灯录译注》将"四十九年明不尽"译成"四十九年也不能完全明悟"。

(2)问："四十九年后事即不问,四十九年前事如何?"(第381页)

《白话全译》将整句译为："四十九年以后的事就不问了,只问问四十九年以前的事怎么样?"(第279页)《景德传灯录译注》第3册第1149页亦同。

(3)四十九年是方便,只如灵山会上有百万众,唯有迦叶一人亲闻,余尽不闻。(第397页)

《白话全译》将整句译为："我接引学人四十九年,正如灵山会上有百万众,只有迦叶一人亲自听到,其余的都没有听到。"(第379页)《景德传灯录译注》第3册第1334页将"四十九年是方便"译成"佛陀四十九年来方便说法"。

(4)问："四十九年说不尽底,请师说?"(第994页)

《白话全译》将整句译为："四十九年说不完的,请禅师说?"(第930页)
《景德传灯录》原句为"上堂示众曰:'释迦如来出世四十九年说不到底句,今夜某甲不避羞耻,与诸尊者共谭。'"《景德传灯录译注》第3册第1495页译成："弘通禅师上堂向众僧说法道:'释迦如来出世四十九年说不到的句子,今天夜里我就不避羞耻,来与诸位尊者共同谈谈。'"

(5)上堂："四十九年说,恩润禽鱼。十万途程来,警悟人天。这二老汉,各人好与三十棒。何故?一个说长说短,一个胡言汉语。虽然如是,且放过一着。"(第1056页)

《白话全译》将"四十九年"译为"释迦牟尼四十九年说法"(第982页)。该语录源自《建中靖国续灯录》卷第十一,目前未见译本。

(6)上堂："衲僧现前三昧,释迦老子不会。住世四十九年,说得天花乱坠。争似饥餐渴饮,展脚堂中打睡。"(第1063页)

《白话全译》将整句译为:"守恩禅师上堂说:'禅僧眼前的奥妙,释迦牟尼也不懂。在世四十九年,说得天花乱坠。哪里比得上肚饿吃饭,口渴喝水,在屋里伸开手脚睡觉。'"(第989页)该语录源自《建中靖国续灯录》卷第十五《福州太平禅师守恩禅师》,未见译本。

《景德传灯录》有"吾四十九年住世"之句,《景德传灯录译注》第2册877页译成"我住世四十九年"。

(7)老胡四十九年说梦即且止,僧堂里憍陈如上座为你诸人举觉底,还记得么?(第1086页)

《白话全译》将整句译为:"达磨四十九年说的梦话,暂且留在僧堂里,憍陈如上座为你们大家讲说的,还记得吗?"(第1007页)该语录源自《嘉泰普灯录》卷第七《平江府妙湛尼慈鉴大师》,未见译本。

其余诸例多不译。其他佛典中"四十九年"的用例非常多:

(8)故我释迦调御。久证菩提。悯我劳生自取流转。尔后得其大智。化妙相身。住世四十九年。演说十二分教。(《大正藏》第47册第631页《黄龙慧南禅师语录》)

(9)拈疏示众云。此是释迦老子四十九年三百六十余会说不尽底。尽在里许。(《大正藏》第47册第833页《大慧普觉禅师语录》)

(10)佛是无事底人。住世四十九年。随众生根性。应病与药。权实顿渐。半满偏圆。说一大藏教。皆无事法也。(《大正藏》第47册第893页《大慧普觉禅师语录》)

(11)佛是通变底人。于四十九年中。三百六十余会说法。随其根性而引导之。(《大正藏》第47册第906页《大慧普觉禅师语录》)

(12)释迦老子。四十九年。横说正说。说不到处。总在个里流出。包罗万有。囊括十虚。(《大正藏》第47册第970页《密庵和尚语录》)

(13)释迦老子。四十九年说法。不曾道着一字。(《大正藏》第47册第1023页《虚堂和尚语录》)

(14)世尊咄云。吾四十九年住世。未曾说一字。汝请再转法轮。是吾曾转法轮耶。(《大正藏》第47册第1024页《虚堂和尚语录》)

(15)释迦老子出世。四十九年。未曾说一字。(《大正藏》第48册第168页《佛果圜悟禅师碧岩录》)

语料表明,"四十九年"在佛典中一般是特指释迦牟尼佛说法的时长。在"四十九年"陈述对象不明的情况下,就是指释迦牟尼佛。

Adele E. Goldberg(2007:4)认为:

如果语法中存在的其他构式的知识不能完全预测某个构式的一个或多个特征,那么该构式的语法中独立存在:C是一个构式当且仅当C是一个形式 意义的配对〈Fi,Si〉,且C的形式(Fi)或意义(Si)的某些方面不能从C的构成成分或其他先前已有的构式中得到完全预测。

Goldberg强调一个构式的整体不等于各个构成成分之和。即根据各个构成成分的形式或意义,并不能推导出该构式的整体意义。构式语法理论强调构式是语言的基本单位。

然而这一论断很容易受到质疑,陆俭明(2007:1)提出:构式义如果是不可推断的,那么这种构式义是什么赋予的?为什么从"张三吃了个面包""李四种了棵树""王五喝了杯咖啡"这些句子所代表的构式上我们感觉不到那种不可推断的构式义?陆先生的提问非常深刻。刘大为(2010:8)因此认为,语言中"既存在不可推导的构式,也存在可推导的构式"。

"四十九年"在禅籍中的整体意义不等于构成成分意义的简单相加,按照刘大为的分类,是一个不可推导的构式。

笔者在百度上检索"释迦牟尼佛说法多少年",得到两种回答:1.佛祖是29岁出家修行,35岁成佛,传法45年,80岁圆寂;2.佛祖30岁于菩提树下夜睹明星,示现成佛,讲经说法49年,于79岁示现入灭。这两种回答代表了佛学界关于佛说法时长的两种普遍观点,目前尚无定论。

释迦牟尼佛究竟说法多少年,这个问题在佛教界一直悬而未决。运用构式理论,问题可以迎刃而解。

4.1.11.2 构式"四十九年"的理据

Adele E. Goldberg(2007:4、65、68)的构式语法理论借鉴了Lakoff的观点,明确指出构式具有理据的可探索性。Lakoff(1987:448)为语法中的"理据性"这一术语提供了一个准确的定义:"如果一个构式的结构是从语言中的其他构式承继的,则该构式的存在具有理据性。"在此基础上Lakoff提出了一条"最大理据性原则":"如果构式A和构式B在句法上有联系,那么当构式A和构式B在语义上也存在一定程度的联系时,构式A系统的存在是有理据的。"

我们认为,以上理据观只是针对Goldberg列举的8类/个构式的最后三种提出,前五种并不适用。前五种一般不大可能"构式A和构式B在句法上有联系",只可能"构式A和构式B在语义上存在一定程度的联系"。

因此,对前五种而言,只能从语义联系角度寻找理据。

在本文中,"四十九年"是构式A,那么构式B是什么呢?因为佛教界争议的焦点是数字,所以"四十九"就是构式B,构式"四十九"就是构式"四十九年"存在的理据。我们先看"四十九"的用例:

(16)月天子官。纵广正等四十九由旬。四面周围。七重垣墙。七重栏楯。七重铃网。复有七重多罗行树。周匝围绕。杂色可观。彼诸墙壁。皆以金银乃至玛瑙。七宝所成。(《大正藏》第1册第360页《起世经》)

(17)大七者七七四十九日。于中精勤意不错乱便得禅定意乱失次。(《大正藏》第4册第639页《出曜经》)

(18)此是阎浮提造恶众生新死之者。经四十九日后。无人继嗣为作功德救拔苦难。生时又无善因当据本业所感地狱。自然先渡此海。(《大正藏》第13册第779页《地藏菩萨本愿经》)

(19)欲忏悔者。当净洗浴着新净衣不食荤辛。当在静处修治室内。以诸幡花庄严道场香泥涂画。悬四十九枚幡。……如是昼夜四十九日。当对八清净比丘。发露所犯罪。(《大正藏》第14册第158页《佛说佛名经》)

(20)若有病人欲脱病苦。当为其人。七日七夜受持八分斋戒。应以饮食及余资具。随力所办供养苾刍僧。昼夜六时礼拜供养彼世尊药师琉璃光如来。读诵此经四十九遍。然四十九灯。造彼如来形像七躯。一一像前各置七灯。一一灯量大如车轮。乃至四十九日光明不绝。造五色彩幡长四十九搩手。应放杂类众生至四十九。可得过度危厄之难。不为诸横恶鬼所持(《大正藏》第14册第407页《药师琉璃光如来本愿功德经》)

(21)是法印咒。若人卒得心痛鬼疰及中恶者。即作此印印其痛处。即诵此咒四十九遍。其痛即差。或诵大心咒四十九遍。其痛立愈。(《大正藏》第18册第854页《陀罗尼集经》)

(22)若比丘露地敷僧卧具已。出寺门过四十九步。波夜提。(《大正藏》第23册第77页《十诵律》)

(23)比丘如是观名色。不从东方。乃至不从业出。众缘和合因集因父母生。便有色名。七日时。是胎始膜。复七日如云。复七日初肉。复七日始坚。乃至四十九日。身肢节具足。(《大正藏》第28册第626页《舍利弗阿毗昙论》)

(24)今言七重者。或有一树。黄金为根。紫金为茎。白银为枝。码磻为条。珊瑚为叶。白玉为花。真珠为果。如是七重互为根茎乃至花果等。七七四十九重也。(《大正藏》第 37 册第 264 页《观无量寿佛经疏》)

(25)自觉发愿。愿因大悲观音引接。见阿弥陀佛。于是化钱铸大悲像四十九尺。造寺居之。《大正藏》第 47 册第 267 页《龙舒增广净土文》)

(26)诏沙门元皎。于凤翔开元寺建药师道场。忽会中生李树四十九茎。皎等表贺。(《大正藏》第 49 册第 376 页《佛祖统纪》)

(27)九月婺州女子。曾志愿开双林大士塔。见顶足连环齿牙不坏。迎出塔供养四十九日。复藏于塔。(《大正藏》第 49 册第 387 页《佛祖统纪》)

(28)(释恒政)至武宗即位忽入终南。或问其故。日吾避仇乌可已乎哉。后终山舍年八十七。阇维收舍利四十九粒。(《大正藏》第 50 册第 777 页《宋高僧传》)

(29)师(鄂州岩头全豁禅师)神色自若。大叫一声而终。声闻数十里。即光启三年丁未四月八日也。门人后焚之获舍利四十九粒。众为起塔。(《大正藏》第 51 册第 327 页《景德传灯录》)

(30)七众等不得食肉薰辛。读诵经论得罪。有病开在伽蓝外白衣家。服已满四十九日。香汤澡浴竟。然后许读诵经论不犯。(《大正藏》第 54 册第 189 页《诸经要集》)

佛典中用例极多,不胜枚举。

Adele E. Goldberg(2013:5)认为:"即使有些语言格式可以得到完全预测,只要它们的出现频率很高,这些格式仍然会被语言使用者存储为构式。"她(2013:45、57、58、64)反复重申并进一步阐述了这一观点。可见,任何格式只要是高频率的,就可以成为构式。其他学者也有类似主张,如 Bybee & Hopper 和 Pinker & Jackendoff。

上面的用例中都提到"四十九":月宫纵广恰好四十九由旬,修满四十九日才能得禅定,亡人四十九日后便会离开中阴身,忏悔时要悬幡四十九枚,要忏四十九日,病人要读四十九遍《药师琉璃光如来本愿功德经》,要燃四十九盏灯,燃四十九日,造的彩幡恰好长四十九搩手,放生要恰好达到四十九个,念咒要念四十九遍才有效,出家人在户外睡觉不能超过寺门四十九步,要经四十九日才能在母胎中长成人形,西方极乐世界的宝树是四十九重,铸大悲像要铸四十九尺高,生李树四十九茎是吉兆,供养双林大士肉身以四十九日为期,释恒政阇维后有舍利四十九粒,七众食肉熏辛后须满四十九日才能读经。

类似例子在《红楼梦》中也有不少:

(31)贾珍便命贾琼、贾琛、贾璘、贾蔷四个人去陪客,一面吩咐去请钦天监阴阳司来择日,择准停灵七七四十九日,三日后开丧送讣闻。(第十三回 秦可卿死封龙禁尉 王熙凤协理宁国府)

(32)这四十九日,单请一百单八众禅僧在大厅上拜大悲忏,超度前亡后化诸魂,以免亡者之罪;另设一坛于天香楼上,是九十九位全真道士,打四十九日解冤洗业醮。(同上)

(33)如此亲朋你来我去,也不能胜数。只这四十九日,宁国府街上一条白漫漫人来人往,花簇簇官去官来。(同上)

(34)对面高起着宣坛,僧道对坛榜文,榜上大书:……以及"恭请诸伽蓝、揭谛、功曹等神,圣恩普锡,神威远镇,四十九日消灾洗业平安水陆道场"等语,亦不消烦记。(同上)

(35)大了道:"……做四十九天的水陆道场,保佑家口安宁,亡者升天,生者获福。所以我不得空儿来请老太太的安。"(第一○一回 大观园月夜感幽魂 散花寺神签惊异兆)

(36)道纪司派定四十九位道众的执事,净了一天的坛。(第一○二回 宁国府骨肉病灾祲 大观园符水驱妖孽)

《红楼梦》的这些说法明显是受佛教影响。
我们再看和佛祖有关的用例:

(37)但是如来得道已来,经今足满四十九日,未曾得食。(《大正藏》第3册第801页《佛本行集经》)

(38)说法堪受乐者。佛初得道众相具足。七七四十九日寂然入定。不与众生敷演法味。(《大正藏》第4册第755页《出曜经》)

(39)尔时阿难捉棺西北角。难陀捉东北角。诸天在后侍直北。出去双树四十九步。安厝金棺随沙门法。以牛头栴檀香积金棺上。诸梵天王释提桓因。将诸天众在虚空中散花供养。(《大正藏》第12册第1057页《菩萨从兜术天降神母胎说广普经》)

(40)有婆罗门曰。如来遗身广利一切。当分供养前以上牙。送阿阎世以副倾迟。以石瓶涂蜜用分八国了。已请着瓶者议以赏之。又乞地灰炭四十九斛。依起四十九塔。诸王得分便起八塔。……当维耶处起宝塔高四十九仞。(《大正藏》第 50 册第 94 页《释迦氏谱》)

佛辟谷四十九日,得道后入定四十九日,涅槃后得灰炭及土四十九斛,所起宝塔四十九座,宝塔高四十九仞。"四十九"高频反复出现,绝非偶然巧合,偶然中必有必然。

据此,我们就可以推测佛说法也应该是四十九年。费长房《历代三宝纪》的观点亦可佐证:"十二游经云。佛二十出家。增一阿含第二十四卷云。我年二十九。出家欲度人故。又云。年二十在外道中学。长阿含亦云。年二十九出家。推其大例如来在世七十九年。若二十九出家三十五成道。所可化物唯应四十五年。而禅要经云。释迦一身教化众生四十九年。诸经多云。十九出家。今以此为正。若以二十九出家三十五成道。经中盖少。且云。二十年在外道中学。便是五十年方成道。是知为谬也。"(《大正藏》第49 册第 23 页)

一个数字经常出现,便会产生特殊的意义。例(16)至(40)的语境表明,"四十九"有"完美""完整地做完一件事"的附加义。佛一生说法,在佛看来,就是一件很完美的事,说满四十九年,也就"完整地做完了一件事"。因此,"四十九年"的语义特征是:＋(释迦牟尼佛说法的时长)＋(完美)＋(完整地做完一件事)。这些意义无法从"四十九年"的构成成分中得出。

"四十九年"和"四十九"在句法上不可能有联系,因为这两个构式都是习语层面的,看来 Lakoff(1987:448)的观点应该修正。习语层面的两个构式只要在语义层面有直接联系就可以作为理据了。"四十九年"和"四十九"在语义上的联系是很明显的,所以构式"四十九年"的存在是有理据的。

4.1.11.3 构式"四十九"的理据

那么,构式"四十九"的存在是否有理据呢?从语义上看,"四十九"是"七"的倍数,我们可以先提出假设:如果构式"四十九"的存在有理据,那么"七"应该是一个构式。然后我们可以用大量的佛典语料来证明"七"是一个构式:

(41)过是天上有魔天。其宫广长二十四万里。宫壁七重。栏楯七重。刀分七重。行树七重。周匝皆以七宝。画妙好。金银水精琉璃马瑙赤真珠车璩。金壁银门。银壁金门。琉璃壁水精门。水精壁琉璃门。赤真珠壁马瑙门。马瑙壁赤真珠门。车璩壁一切众宝门。采画妙

好。皆以七宝作之。(《大正藏》第 1 册第 277 页《大楼炭经》)

(42)大海底须弥山北有娑竭龙王宫。广长八万由旬。以七宝金银水精琉璃赤真珠车璩玛瑙。作七重壁七重栏楯七重刀分七重树。周匝姝好。……大海北边有难头和难龙王宫。广长各二万八千里。以七宝作七重壁栏楯。七重刀分树木。周匝围绕。(《大正藏》第 1 册第 288 页《大楼炭经》)

(43)须弥山王顶上。有忉利天。广长各三百二十万里。上有释提桓因城郭。名须陀延。广长各二百四十万里。七重壁。七重栏楯。七重交露。七重行树。周匝围绕姝好。皆以七宝作之。金银琉璃水精赤真珠车璩玛瑙。(《大正藏》第 1 册第 294 页《大楼炭经》)

(44)大海水下。有娑伽罗龙王宫殿。纵广正等八万由旬。七重垣墙。七重栏楯。周匝严饰。七重珠网。宝铃间错。复有七重多罗行树。扶疏荫映。周回围绕。妙色楼观。众宝庄挍。所谓金银琉璃颇梨赤珠砗磲玛瑙等七宝所成。……复有难陀优波难陀二大龙王宫殿住处。其处纵广六千由旬。七重垣墙。七重栏楯。略说如上。乃至众鸟各各和鸣(《大正藏》第 1 册第 332 页《起世经》)

(45)又舍利弗。极乐国土。七重栏楯七重罗网七重行树。皆是四宝周匝围绕。是故彼国名曰"极乐"。(《大正藏》第 12 册第 346 页《佛说阿弥陀经》)

(46)菩萨生已。无人扶持。即行四方。面各七步。步步举足。出大莲花。……如来得成于佛道已。得七助道菩提法分。此是如来往先瑞相(《大正藏》第 3 册第 687 页《佛本行集经》)

(47)尔时作瓶天子。以神通力。欲令太子发出家心。即于其夜。与净饭王七种梦相。(《大正藏》第 3 册第 721 页《佛本行集经》)

(48)时无畏授与五百长者俱共围绕。出舍卫城诣世尊所。到已头面礼世尊足。右绕七匝退坐一面。(《大正藏》第 12 册第 66 页《佛说无畏授所问大乘经》)

(49)维摩诘即以神力。持诸大众并师子座置于右掌。往诣佛所到已着地。稽首佛足右绕七匝。一心合掌在一面立。其诸菩萨即皆避座稽首佛足。亦绕七匝于一面立。(《大正藏》第 14 册第 553 页《维摩诘所说经》)

(50)尔时世尊于初夜分举身放光。其光金色。绕祇陀园周遍七匝。照须达舍亦作金色。(《大正藏》第 14 册第 418 页《佛说观弥勒菩萨上生兜率天经》)

(51)若有患人欲脱重病。当为此人七日七夜受"八分斋"。……应造七躯彼如来像。——像前各置七灯……(《大正藏》第 14 册第 404 页《佛说药师如来本愿经》)

魔天"宫壁七重,栏楯七重,刀分七重,行树七重。周匝皆以七宝",龙王宫"以七宝金银水精琉璃赤真珠车璩马瑙,作七重壁、七重栏楯、七重刀分、七重树",释提桓因城郭"七重壁、七重栏楯、七重交露、七重行树,周匝围绕姝好,皆以七宝作之",极乐世界是"七重栏楯、七重罗网、七重行树",佛出生后"即行四方面各七步",净饭王得"七种梦相",绕佛需要"右绕七匝",佛说《观弥勒菩萨上生兜率天经》前先"举身放光绕祇陀园周遍七匝",若有患人欲脱重病,当"为此人七日七夜受'八分斋'。……应造七躯彼如来像。——像前各置七灯"。

上面的用例表明,"七"除了本身作为数字的词汇义以外,还有"圆满""庄严"等语义特征,这属于构成成分以外的意义。可见,"七"与"四十九"均是同一类型的构式,即均是不可推导的构式。因此,构式"四十九"是有理据的。

既然认定了"七"是不可推导的构式,我们就可以据此推测"七"的倍数十四、二十一、二十八、三十五、四十二、四十九均可能是不可推导的构式,因为语义联系非常明显。这一点很容易证明,限于篇幅,各举 1 例如次:

(52)如是作观十四遍已。即于定中得如来极爱一子之地。想了出观。面对东方。召请十方一切饿鬼。诵此召请咒满十四遍已。复想诸鬼遍满阎浮。次为开咽令得解脱。(《大正藏》第 21 册第 486 页《佛说施饿鬼甘露味大陀罗尼经》)

(53)以此大明。加持所献闼伽瓶香水二十一遍。若阿阇梨以此闼伽香水灌自顶者。即得清净一切苦。若用洒净或饮用者。即得增长一切快乐。(《大正藏》第 8 册第 800 页《佛说最上根本大乐金刚不空三昧大教王经》)

(54)若复有人欲于现生。成就功德大利益者。……应烧香相续诵此陀罗尼咒二十八遍。(《大正藏》第 19 册第 720 页《无垢净光大陀罗尼经》)

(55)奋声捷利诵斯真言三十五遍。眼所及处则成结界。护祐十方田野园苑一切苗稼花果子实。(《大正藏》第 19 册第 730 页《金刚光焰止风雨陀罗尼经》)

(56)四十二法若龙行恶风雨。咒刀四十二遍。指云中即血下或光出。(《大正藏》第 21 册第 198 页《阿咤薄俱元帅大将上佛陀罗尼经修行仪轨》)

下面的用例则出现了 4 个时间,都是"七"的倍数:

(57)若能为此病人归依彼世尊药师琉璃光如来如法供养。即得还复。此人神识得回还时如从梦觉皆自忆知。或经七日或二十一日或三十五日或四十九日。神识还已具忆所有善恶业报。由自证故。乃至失命不造恶业。(《大正藏》第 14 册第 403 页《佛说药师如来本愿经》)

"十四""二十一""二十八""三十五""四十二""四十九"的构式义都差不多,只是有数量多少之分。那么,构式"十四""二十一""二十八""三十五""四十二"是不是构式"四十九"的理据呢?我们认为,它们之间语义联系需要通过构式"七"来建立,因此,联系是间接的,不是直接的,我们只能说前者是构式"四十九"的间接理据。间接理据不具备充分性。

4.2 主要基于语言能力的词语训诂

今人训诂,应当借鉴前人训释,或者说借用前人的语言能力。一般地说,前人训诂,年代越早,越接近待研究文本的撰写年代,可信度越高。

4.2.1 逗(机)

(1)自余逗机方便,靡狗时情,逆顺卷舒,语超格量。(卷五《清平令遵禅师》,第 296~297 页)

(2)问:"如何是学人相契处?"师曰:"方木逗圆孔。"(卷十四《广德义禅师》,第 857 页)

(3)忽忆韶山临别所嘱之言,姑抑之。逗明趋智海,悉以所得告,海为证据,且曰:"更须用得始得。"(卷十六《签判刘经臣居士》,第 1057 页)

黄灵庚(1999:23)认为,"逗"有"凑合、连接"之意,"逗机"是说"接机、合机"。

按：如上所训只是凭上下文推断，证据似嫌不足。上下文虽一般能决定词义，但可能有例外。

我们且补充两个来自佛学词典的证据。

丁福保《佛学大辞典》："【逗机】（术语）逗者止也投也，小大顿渐之教法各止住于其机类而不通融于他也。又各投合其机而与以应分之益也。总就方便教上而言。说文曰：'逗，止也。又通作投。'正韵'物相投合也'。"（第1945页）

《佛光大辞典》："【逗机】与对手之机根相应。逗，投合之义。即师家之机与学人之机相契合，为大悟彻底、契合佛祖之要机。禅林多用'投机'一语。又为度化钝根之权巧方便。"（第4809页）

丁福保（1874~1952）是近代藏书家、书目专家。辛亥革命前后，编辑刊印有《汉魏六朝名家集初刻》《全汉三国晋南北朝诗》《历代诗语续编》《清诗话》等数部丛书。丁福保以弘扬佛法、流通佛经为志。1916年起，他信奉佛教，宣扬佛学，编写了《佛学指南》《佛学初阶》等读物，笺注了《金刚经》《六祖坛经》等10余种佛教典籍。1912年起，丁福保正式着手翻译《织田佛教大辞典》，编纂《佛学大辞典》。在长达8年的时间里，他呕心沥血，付出了艰辛的劳动。在《佛学大辞典》"自序一"中，他说自己为编纂这部辞典"摒弃一切，痛自淬厉"，"沉面濡首，至忘寝食"。在编纂的过程中，他参考了日本织田得能、望月信亨等人编的多种佛教辞典。至1919年，丁福保终于完成了《佛学大辞典》的编纂工作。1922年，《佛学大辞典》由上海医学书局正式出版。

可见，丁福保的佛学语言训释能力是毋庸置疑的，其《佛学大辞典》是值得借鉴的。

《佛光大辞典》由星云大师监修，慈怡法师主编。比丘尼慈庄、慈惠、慈容、慈嘉、慈怡、依严、依空、依淳、达和法师等九位编修委员，暨永祥、觉明法师等百余工作人员，经历十余年，共同编辑完成。

《佛光大辞典》是目前汉语系佛教辞典中最好的一部，也是研究教理必备的一套工具书。《佛光大辞典》以简明实用、完整为原则，编修范围广泛，在类别上举凡佛教术语、人名、地名、书名、寺院、宗派、器物、仪轨、古则公案、文学、艺术、历史变革等，在地域上收录印度、锡兰（斯里兰卡）、中国、韩国、日本及缅甸等东南亚各国、欧美等地有关佛教研究或活动之资料，乃至其他各大宗教发展、社会现象等，凡具有与佛教文化对照研究之价值者，皆在编纂之列。

《佛光大辞典》的监修星云大师是佛门泰斗，主编慈怡法师是具有博士学位的佛门龙象,《佛光大辞典》的编撰者均为佛门弟子,因此,《佛光大辞典》也是禅籍训诂应该借鉴的。

4.2.2 掉

若恁么,正是掉棒打月,到这里直须悟始得,悟后更须遇人始得。(卷十九《白云守端禅师》,第1234页)

袁宾(1987:130)认为例句中的"掉"有"拿、握"的意思,"掉棒"犹言"拿棒、握棒"。《广韵》《集韵》亦不载此义。但在《五灯会元》稍后的口语著作中,却可以找出不少的例证,略引数例如次。元刊本《七国春秋平话》卷中:"袁达上马,掉斧,撞入阵去。"同卷:"袁达上马,掉宣花巨斧。"同书卷下:"有马升曰:'吾往。'掉刀撞入阵去。"元刊本《三国志平话》卷中:"关公出寨,掉刀上马。"同卷:"(张飞)急令备马,火速披挂,掉枪上马。"《古今小说》卷六《葛令公生遣弄珠儿》:"申徒泰即便掉刀上马。"上引《五灯会元》一句,似乎是"掉"字作"拿、握"解的较早用例。

依文释义,问题一般似乎不大。"掉棒"的说法,在宋代佛典中还可找到一些用例:

(1)掉棒打月。佛祖凡圣拈向一边。总不依倚时如何。(《大正藏》第47册第720页《圆悟佛果禅师语录》)

(2)众中还有缁素得二老出么。良久云。设有也是掉棒打月。(《大正藏》第47册第832页《大慧普觉禅师语录》)

(3)世间多少守株人。掉棒拟打天边月。(《大正藏》第47册第855页《大慧普觉禅师语录》)

(4)何况滞言句。觅解会。掉棒打月。隔靴爬痒。有甚交涉。(《大正藏》第48册第292页《无门关》)

(5)若恁么会。大似掉棒打月(《卍续藏》第68册第65页《古尊宿语录》)

宋代还有1例"掉刀剑"的说法。

(6)口好戏谑如掉刀剑(《大正藏》第47册第289页《龙舒增广净土文》)

宋代以前的佛典中未见类似用例。

那么,"掉"是否可解作"拿、握"呢?我们有不同看法。

《法界次第初门》:"邪心动念曰掉。"(《大正藏》第46册第668页)

《大正藏》第54册《一切经音义》在解释"掉举"一词时解释了"掉":"掉举(上亭吊反 贾注国语云 掉摇也 韵英 动也 广雅 振也 说文 从手从卓省声也……)。"(第315页)"掉举(上亭吊反 韵英 掉动也 广雅 振也 考声 动也 或作勺……)。"(第333页)"掉举(上条吊反 贾逵注国语云 掉 摇也 广雅云 振也 春秋传云 尾大不掉也 文字典说云 振 讯也 从手卓声 讯 音信 下举字下从手)。"(第742页)"掉举(条吊反 贾注国语云 掉 摇也 广雅 振也 说文 从手卓声)。"(第756页)

又释"掉弄"时亦释"掉":"掉弄(亭吊反 考声 掉动也)。"(第373页)

又释"掉戏"时亦释"掉":"掉戏(上亭曜反 广雅 掉 振也 语摇也 说文从手卓省声也……)。"(第389页)"掉戏(条吊反 贾注国语云 大能掉小也 又曰 掉摇也 说文从手卓声也)。"(第644页)

又释"战掉"时亦释"掉":"战掉(条曜反 广雅 掉 振也 国语 掉 摇也 说文从手从悼省声)。"(第503页、第510页、第562页)

又释"掉臂"时亦释"掉":"掉臂(徒吊反 广雅 掉 动也 说文掉摇也)。"(第701页)"掉臂(徒吊反 广雅 掉 动摇也)。"(第731页)

又释"为掉"时亦释"掉":"为掉(徒吊反 字林 掉 摇也 广雅 掉 振动也 论文作恌非也)。"(第777页)

又释"掉头"时亦释"掉":"掉头(反考声 掉 动也 贾逵注国语 掉 摇也 古今正字从手从卓声也)。"(第814页)

又释"掉悔"时亦释"掉":"掉悔(条曜反 考声 动也 说文 摇也 从手止观中从心作悼非也 是书写人错误也)。"(第929页)

可见,"掉"有"摇、动、振"的意思。

丁福保《佛学大辞典》:"【掉】(术语)掉举也。令心高举,不安静之烦恼也。俱舍论四曰:'掉谓掉举,令心不静。'唯识论六曰:'云何掉举?令心于境不寂静为性,能障行舍奢摩他为业。'"(第1961页)

陈义孝编《佛学常见辞汇》:"【掉】掉举,一种令心高举而不得安宁的烦恼。"(第235页)

综上,在佛典里"掉"不宜解作"拿、握",而应解作"摇、动、振、高举"。

上引《一切经音义》,一百卷,唐·慧琳撰。慧琳(737~820),唐京师西明寺僧,俗姓裴,疏勒人,幼习儒学,出家后,师事不空三藏,对于印度声明、中国训诂等,都有深入的研究。他认为佛教音义一类的书籍,在以前虽有北齐·道慧撰《一切经音》(若干卷)、唐·玄应撰《一切经音义》(二十五卷)、云公撰《涅槃经音义》(一卷)、慧苑撰《新释华严经音义》(二卷)、窥基撰《法华经音训》(一卷)等等,但有的只限于一经,有的且有讹误。因在各家音义基础之上,他更根据《韵英》《考声》《切韵》等以释音,根据《说文》《字林》《玉篇》《字统》《古今正字》《文字典说》《开元文字音义》等以释义,并兼采一般经史百家学说,以佛意为标准详加考定,撰成《一切经音义》百卷。自唐德宗贞元四年(788)年开始,至唐宪宗元和五年(810)止,中经23年方才完成。

上引《佛学常见辞汇》,编者为虔诚信佛的佛门居士,足可以保证佛籍文字工作的可信度。

4.2.3 堠子

问:"如何是真正路?"师曰:"出门看堠子。"(卷十九《保福殊禅师》,第1248页)

《五灯会元》仅此1例。其他佛典有一些用例:

(1)当道铸成金堠子。正斋行下铁馒头。(《大正藏》第48册第282页《万松老人评唱天童觉和尚颂古从容庵录》)

(2)见人须弃敲门物。知路仍忘堠子名。(《大正藏》第51册第456页《景德传灯录》)

(3)见人须弃敲门物。得路仍忘堠子名。(《卍续藏》第10册第310页《圆觉经夹颂集解讲义》)

(4)问。如何是大道之源。师云。十八里头看堠子(《卍续藏》第78册第549页《天圣广灯录》)

(5)问。如何是真正路。师云。出门看堠子。(《卍续藏》第78册第767页《建中靖国续灯录》)

(6)如人行路才见堠子便行过去不可只向堠子下坐地便唤作到家了也(《卍正藏》第59册第819页《大慧普觉禅师普说》)

(7)只这便是忘却堠子名弃却敲门物也(《卍正藏》第59册第838页《大慧普觉禅师普说》)

(8)入门须弃敲门物得路仍忘堠子名且如此去临安县四十五里前面有堠子你才见堠子便行过始得若执堠子为临安县岂可得乎(《卍正藏》第59册第955页《大慧普觉禅师普说》)

《禅宗大词典》释云:"【堠子】古代的路标。"(第170页)《汉语大词典》第

2卷:"古时筑在路旁用以分界或计里数的土坛。每五里筑单堠,十里筑双堠。"(第1153页)

按:《汉语大词典》所释准确。《卍续藏》第26册明·何道全注《般若心经注解》云:"堠音后 封堠 五里一堠"。《卍续藏》第64册清·行悦集《列祖提纲录》(第91页)云:"者僧贪程太速。云门薄处先穿。有问本觉。只向道十里长亭。五里短堠。"《五灯会元》卷十七《三祖法宗禅师》云:"十里双牌,五里单堠。"(第1124页)

《般若心经注解》的作注者何道全(1319~1399)号无垢子,元末明初全真道士,是当时为数不多的高道之一,其注可信度较高。

4.2.4 露布

(1)上堂:"我宗无语句,徒劳寻露布。现成公案已多端,那堪更涉他门户。觌面当机直下提,何用波吒受辛苦。咄!"(卷十二《丞熙应悦禅师》,第759页)

(2)到这里,三世诸佛、一大藏教、祖师言句、天下老和尚露布葛藤尽使不着。(卷十六《善胜真悟禅师》,第1074页)

(3)此事楞严尝露布,梅花雪月交光处,一笑寥寥空万古。(卷十八《报恩法常禅师》,第1216页)

(4)凡情圣量,不能铲除。理照觉知,犹存露布。(卷二十《狼山慧温禅师》,第1374页)

(5)若也于斯信得截断露布葛藤。豁开透地通天眼。觑破邪思妄相心。(《大正藏》第47册第347页《庐山莲宗宝鉴》)

(6)拟待说。又恐成露布。拟不说。又却孤负当机。(《大正藏》第47册第738页《圆悟佛果禅师语录》)

(7)进云。古人道。柳栗横担不顾人。直入千峰万峰去。未审阿那个是他住处。师云。腾蛇缠足露布绕身。(《大正藏》第47册第742页《圆悟佛果禅师语录》)

(8)举后堂演首座立僧上堂。举一不得举二。放过一着。落在第二。径山即不然。举一了举二。截断露布葛藤。(《大正藏》第47册第967页《密庵和尚语录》)

《禅宗大词典》释云:"露布:言句。"(第72页)

我们认为所释似有可商榷处。《大正藏》第39册《金光明经文句记》(第139页)云:"羽檄者。文心彫龙云。檄者皎也。宣露于外皎然明白也。或称露布。盖露板不封布诸视听也。"这是"露布"的本义。《大正藏》第47册《圆悟佛果禅师语录》(第794页)有"随言诠入露布"之句,这里的"露布"就不宜解作"言句","露"就是"显露","布"就是"宣布、明白",说法说得太明白了反成阻碍,这是禅师说法最忌讳的,这一点从例(2)(5)(8)"露布"与"葛藤"连用也可以一看出来,例(6)"恐成露布"也表明"露布"是禅师否定的。

以上例(1)(2)及(4)~(8),"露布"可训为"显露如何悟道的言句",例(3)宜训为"明确阐述"。

《金光明经文句记》,凡十二卷,宋代知礼撰述。该书随文解释智顗之《金光明经》文句。其初,知礼之师义通宣讲《金光明经》文句时,门徒竞录所闻成卷,然旷远之旨羁绊不宣,经论援证谬误亦不少,知礼有所感慨,遂援举所领大义,撰述此书。至十七品,未竟而入寂。最后之赞佛品由其门人广智追补。(《佛祖统纪》卷二十五、《新编诸宗教藏总录》卷一、《阅藏知津》卷三十九)。与《五灯会元》同时代的训释,值得借鉴。

4.2.5 掠虚

(1)问僧:"近离什处?"僧便喝。师曰:"老僧被你一喝。"僧又喝。师曰:"三喝四喝后作么生?"僧无语。师便打曰:"这掠虚汉!"(卷四《睦州陈尊宿禅师》,第231页)

(2)乃曰:"丛林先达者,不敢相触忤。若是初心后学,未信直须信取,未省直须省取。不用掠虚,诸人本分去处,未有一时不显露,未有一物解盖覆得。……"(卷八《招庆省僜禅师》,第475页)

(3)上堂:"若举宗乘,即院寂径荒,若留委问,更待个什么?还有人委悉么,出来验看。若无人委悉,且莫掠虚好!"便下座。(卷八《龙山文义禅师》,第479页)

(4)汝不看他德山和尚才见僧入门,拽杖便趁,睦州和尚才见僧入门来,便云见成公案,放汝三十棒。自余之辈,合作么生?若是一般掠虚汉,食人涎唾,记得一堆一担骨董,到处驰骋。驴唇马嘴,夸我解问十转五转话。(卷十五《云门文偃禅师》,第925页)

(5)时不待人,忽然一日眼光落地,到前头将什么抵拟?莫一似落汤螃蟹,手脚忙乱,无汝掠虚说大话处。(卷十五《云门文偃禅师》,第926页)

(6)汝还会么?若不会,且莫掠虚。(卷十五《云门文偃禅师》,第928页)

(7)师曰:"诸禅德,这个公案,唤作嚼饭喂小儿,把手更与杖。还会

么？若未会，须是扣已而参，直要真实，不得信口掠虚，徒自虚生浪死。"（卷十八《慈云彦隆禅师》，第1163页）

黄灵庚（1999:22）认为，以上诸例中的"掠"有描述义，"掠虚"是说凭空描述。我们认为，该观点似嫌证据不足。《祖庭事苑》在释《雪窦颂古》中的"掠虚"时云："掠虚。上音略。夺取也。"（《卍续藏》第64册第334页）慧琳《一切经音义》在释"虏掠"时亦给"掠"释义："虏掠（古文作卤 同卢古反 下力著反 虏 获也 服也 战而俘获 汉书晋灼曰 生得曰虏 斩首曰获 掠 略取也 谓强夺取也 俘音芳于反 军所获也）。"（《大正藏》第54册第360页）在释"抄掠"时亦给"掠"释义："抄掠（上初教反 下力约反 谓强夺取物也若是劫取 应作剿剥二字也）。"（《大正藏》第54册第467页）在释"钞"时亦给"掠"释义："钞（初教反 应作抄 或作钞 玉篇 抄 掠也 强取物也是也）。"（《大正藏》第54册第488页）在释"劫掠"时亦给"掠"释义："劫掠（下音略 郑注月令云 掠取也 强夺取也）。"（《大正藏》第54册第885页）

又，例（1）（4）之"掠虚汉"是禅宗专用语，又作"掠虚头汉"。丁福保《佛学大辞典》："【掠虚头汉】（杂语）掠取虚头之痴汉也，虚头者虚空也，非可掠取，指慢心躁急之人而言。"（第2043页）《佛光大辞典》："【掠虚头汉】禅林用语。斥詈慢心躁急、似是而非之禅者。又作掠虚汉。掠，即掠取之意；虚，即虚妄不实；掠虚，即指仅模仿他人言语之表面而行动。"（第4581页）

训"掠虚"为"模仿他人言语之表面而行动"是符合上下文意的。如例（1），学僧在睦州陈尊宿禅师面前连"喝"两次，就是对临济宗的表面模仿，其实该学僧并不懂禅，只是不懂装懂，所以被打。再如例（4）"若是一般掠虚汉，食人涎唾，记得一堆一担骨董，到处驰骋"，明显批评的是某些人刻意模仿他人（食人涎唾），照搬书本（记得一堆一担骨董），不懂装懂，到处骗取虚名及供养（到处驰骋）。

上引《祖庭事苑》八卷，北宋睦庵（善卿）所编的佛学辞典，收在《卍续藏》第64册、《禅宗全书》第84册。法英《祖庭事苑·序》："善卿，宋僧，字师节，东越（浙江东部）陈氏，幼投开元慈惠为弟子，访道诸方，住京都华严寺。元符（1098~1100）中，归隐乡里，所居曰睦庵。"与《五灯会元》同时代的训释，值得借鉴。

4.2.6 名邈

（1）上堂："阿你浑家，切须保护。一灵之物，不是你造作名邈得，更说什荐与不荐？……"（卷五《丹霞天然禅师》，第263页）

(2)然后便能在天同天,在人同人,在僧同僧,在俗同俗,在凡同凡,在圣同圣。一切处出没自在,并拘检他不得,名邈他不得,何也?为渠能建立一切法故。(卷十五《育王怀琏禅师》,第1007页)

滕志贤(1995:90)释曰:"名邈"应为"铭貌"之借。"名""铭"古常通用,实为古今字。《周礼·春官·小祝》:"设熬置铭。"郑玄注:"铭,今书或作名。"《列子·汤问》:"伯益知而名。"《释文》:"(名)与铭同。"并其证。"邈""貌"通假,唐宋诗文亦习见。铭,镌刻也;貌,描摹也。"铭貌"当训为"刻画"。灵物不是凭人工可制造刻画的,故云"不是你造作名邈得"。"一切处"出没自在,不可约束刻画,故云"拘检他不得,名邈他不得"。此词《汉语大词典》等均失收。

我们认为"名邈"之"名"非"铭刻"之"铭"。《祖庭事苑》在释《雪窦颂古》中的"名邈"时云:"名邈。上与詺同。弥正切。目诸物也。下当作皃。墨角切。容也。邈。远也。非义。"(《卍续藏》第64册第336页)"名邈。上弥正切。目诸物也。下当作貌。墨觉切。容也。名物之形容。故曰名貌。"(《卍续藏》第64册第403页)《广韵·劲韵》:"詺,詺目。或单作名。"《集韵·劲韵》:"詺,目睹物也。或作名。"《增韵·劲韵》:"詺,辨别物名。"《一切经音义》在释"名于"时提到"名"与"詺"的关系:"名于(弥盈反 所以召质也 名号也 经文从言作詺 近字也 字略云相詺目也)。"(《大正藏》第54册第680页)在释"詺我"时也提到"名"与"詺"的关系:"詺我(名并反 考声 詺 名也)。"(《大正藏》第54册第911页)

可见,"名邈"即是"名貌"。这有大量的文献可为确证:

(3)师上堂曰。阿尔浑家切须保护一灵之物。不是尔造作名貌得。更说什么荐与不荐。吾往日见石头和尚。亦只教切须自保护。(《大正藏》第51册第310页《景德传灯录》;《卍续藏》第77册第122页《新修科分六学僧传》)

(4)咄哉莫错顿尔无觉。空处发言龙惊一着。小语呼召妙绝名貌。巍巍道流无可披剥。(《大正藏》第51册第452页《景德传灯录》)

(5)禅人到此徒名貌。错认查梨作乳梨。(《卍续藏》第67册第14页《禅林类聚》)

(6)从缘非缘了无得。住相非相徒名貌。(《卍续藏》第70册第298页《樵隐悟逸禅师语录》)

(7)此事本来无欠缺。有心用处卒难周。纷纷黑白徒名貌。往往

朱黄错校雠。(《卍续藏》第 70 册第 545 页《平石如砥禅师语录》)

(8)云。直饶道得。尽是名貌将来。珍重。(《卍续藏》第 78 册第 499 页《天圣广灯录》)

(9)上堂云。正法无言。何劳名貌。(《卍续藏》第 78 册第 520 页《天圣广灯录》)

(10)道无方所。非言语之所论。法非名相。岂意识三度量。本自圆成。何劳名貌。(《卍续藏》第 78 册第 549 页《天圣广灯录》)

这样的例子还很多,但我们却无法找到 1 例"铭貌",可见,"名邈"并非"铭貌",而是"名貌",义为"辨别物名及其形状"。

4.2.7 瞥地

"瞥地"在《五灯会元》中共见 9 例:

(1)昨日一,今日二,不用思量,快须瞥地。不瞥地,蹉过平生没巴鼻。(卷十五《雪峰钦山主》,第 983 页)

(2)霞曰:"你试举我今日升座看。"师良久。霞曰:"将谓你瞥地。"师便出。(卷十四《长芦清了禅师》,第 898 页)

(3)古人公案,旧所茫然,时复瞥地。(卷二十《参政李邴居士》,第 1352 页)

(4)来日浴出,师过茶与山,山于背上拊一下曰:"昨日公案作么生?"师曰:"这老汉今日方始瞥地。"(卷十一《守廓侍者》,第 666 页)

(5)赵州相唤吃茶来,剔起眉毛须瞥地。(卷十八《万寿念禅师》,第 1176 页)

(6)你寻常说黄道黑,评品古今,岂不是密语?你寻常折旋俯仰,拈匙把箸,祇揖万福,是覆藏不覆藏?忽然瞥地去,也不可知。(卷十九《太平慧懃禅师》,第 1259 页)

(7)乌巨当时若见,但冷笑两声。这老汉忽若瞥地,自然不堕圣凡窠臼。(卷二十《天童咸杰禅师》,第 1394 页)

袁宾(1987:126)认为,"瞥地"有"领会(意旨)"的意思。我们认为此释未确,没有紧扣语素来释词。

要释该词,必须明确"瞥"的意义。《大正藏》第 54 册唐·慧琳撰《一切经音义》:"瞥见(上片蔑反 考声 云才见也 说文 从目从敝声也 经作瞥 非

163

也)。"(第667页)"瞥见(片灭反 字集略云 暂见也 才见不久也 说文 从目 敝声)。"(第892页)"瞥想(上片蔑反 说文云 瞥 才见 从目敝声也)。"(第907页)"缥瞥(上漂眇反 下偏灭反 王逸注楚辞云 缥谓视彗星光 瞥 瞥也 说文 缥 青白色 从糸票声 瞥 谓才见也 从目敝声 票音匹消反)。"(第925页)《卍续藏》第37册唐·道暹述《涅槃经疏私记》:"瞥(芳灭反 暂见)初亦曾瞥闻。未审知之。"(第275页)可见,"瞥"有"初见、暂见、极短时间一见"之义。佛典中有"瞥然""瞥尔"用例甚多,"瞥的"也有1例,"瞥"都有此意。综合各上下文意,不难看出"瞥地"应是"初步见性"之义("地"无义)。

4.2.8 聚沫

起诸善法本是幻,造诸恶业亦是幻。身如聚沫心如风,幻出无根无实性。(卷一《尸弃佛》,第1~2页)

《白话全译》:

做出的善行是虚幻,造下的恶业也是虚幻,身体如堆积的泡沫,心如无影的风。幻出的形象无根无实体。(第1页)

《景德传灯录译注》:

所兴起的种种善本属幻相,所造成的种种恶业亦为幻境。身如堆聚之浪花而心似飘风一样无常不定,故幻化而出之诸物既无根性亦无实性。(第6页)

两种释译基本一致,差别只在对"聚沫"的解释。
《佛学大辞典》:"【聚沫】(譬喻)以譬有为法之无常。维摩经方便品曰:'是身如聚沫,不可撮摩。'"(第2456页)《佛光大辞典》所释相同。
《汉语大词典》第5卷:"沫①水泡,液体形成的细泡。《文选·宋玉〈高唐赋〉》:'巨石溺溺之瀺灂兮,沫潼潼而高厉。'吕向注:'水触大石,溺溺而止,瀺灂而下,蹙沫潼潼然聚于高厉之处。'南朝宋·谢灵运《〈维摩经〉十譬赞·聚沫泡合》:'水性本无泡,激流遂聚沫。'唐·杜甫《远游》诗:'竹风连野色,江沫拥春沙。'……"(第1034页)
综上,《白话全译》释译可取。

4.2.9 法

法本法无法,无法法亦法。今付无法时,法法何曾法?(卷一《释迦牟尼佛》,第 4 页)

《白话全译》:

法本是效法无法,无法之法也是法。今天在此托付无法,效法之法何曾真有效法?(第 3 页)

《景德传灯录译注》:

正法本效法于无法,无法之法亦即正法。今日传付无法之时,所效法之法却又是何法?(第 16 页)

本偈用"法"甚多,所以首先应该弄懂"法"的含义。陈义孝编《佛学常见辞汇》:"【法】指一切的事物。一切的事物,不论大的小的,有形的还是无形的,都叫作'法',不过有形的是叫作'色法',无形的是叫作'心法'。"(第 183 页)

《佛学大辞典》解释最详:"【法】梵语 dharma,巴利语 dhamma。音译为达磨、达摩、驮摩、昙摩、昙无、昙。(一)于佛典中,法之用例极多而语意不一,总括之,可类别为任持自性、轨生物解二义。任持自性,意指能保持自体的自性(各自的本性)不改变;轨生物解,指能轨范人伦,令人产生对一定事物理解之根据。就任持自性之意义而言,法乃指具有自性之一切存在;就轨生物解之意义而言,法乃指认识之标准、规范、法则、道理、教理、教说、真理、善行等。于色法、心法等一切诸法言之,法系指所有之存在。同时,诸法又分为有为与无为、善与不善、色与心、有漏与无漏、染与净、世间与出世间、可见与不可见、心相应与心不相应等二法。又就诸法之分类而言,最常用以赅括诸法者有俱舍宗之五位七十五法、唯识宗之五位百法。若就规范、教法等含义而言,佛典中常见之用语如:佛陀之教法,称为佛法、教法或正法,即泛指佛门中一切行为之规范、教说。盖真理为普遍不变之真实道理,称之为法;阐说此真理者,即为佛之教说。佛之教说以外的外道教法,称为邪法。……"(第 1375 页)

那么,这里主宾位置上的"法"究竟是指"一切的事物""所有之存在",

165

还是"佛陀之教法"呢？背景知识告诉我们，"法"应该是指前者。

禅宗以《金刚经》为修行指南，《金刚经》就是破除对"相"的执着的，所以该经中的"法"一般指"一切的事物""所有之存在"这种"相"：

"何以故？是诸众生，无复我相、人相、众生相、寿者相，无法相，亦无非法相。何以故？是诸众生，若心取相，则为着我、人、众生、寿者。若取法相，即着我、人、众生、寿者。何以故？若取非法相，即着我、人、众生、寿者。是故不应取法，不应取非法。"（第749页）

《三藏法数》："法相谓五蕴、十二入、十八界等诸法，以肉眼观故，则见是有；以慧眼观故，则见是无。众生迷故，于此等法，起执取相，故名法相。"（第113页）

《金刚经》的"六如偈"云："一切有为法，如梦幻泡影，如露亦如电，应作如是观。"（第752页）

陈义孝编《佛学常见辞汇》："【有为法】指因缘和合而生的一切事物。"（第163页）

《金刚经》云："菩萨于法，应无所住，行于布施。所谓不住色布施，不住声香味触法布施。"王日休曰："法，谓心之所较量思维者。"陈雄曰："意着法尘，起种种业。"（《金刚经集注》第27页）丁福保《佛学大辞典》："【法尘】（术语）六尘之一。一切之法，为意识之所缘者谓之法尘。在十二处中，谓之法处，在十八界中谓之法界，于根境相对之语，则曰法境。楞严经一曰：'纵灭一切见闻觉知，内守幽闲，犹为分别影事。'行宗记二下曰：'法尘一界，兼通色心。'"（第1411页）

综上，释迦牟尼佛偈中所提到的"法"，只有第二个可解作"效法"，其余均应解作"（一切）事物"。由于此偈涉及甚深佛理，直译可能因文害意，故宜意译。全偈可以释译为：

> 一切万法（一切的事物）虽名为"法"，然其本来面目实是无有一法（事物）可立。
> 虽实无一法（事物）可立，却又不妨碍森然万法（事物）之因果运转。
> 如今在付与这"无"法（事物）之际，
> 须知万法（事物）从来不曾有一可执着的实体。

上引《三藏法数》又称《大明法数》《大明三藏法数》，凡五十卷，为明代僧人一如（1352～1425）奉敕编纂。一如法师永乐年中任僧录司，住持上天竺寺；曾编集禅宗语录，与道成等八人奉命校勘藏经，比对新旧，聚僧众写录。

又依《法华文句记》作《法华经科注》,后世称为《一如新注》。可见《三藏法数》值得借鉴。

4.2.10 本来

法法本来法,无法无非法。何于一法中,有法有不法?(卷一《一祖摩诃迦叶尊者》,第11页)

《白话全译》:

法是效法本来之法,实则无法亦无非法。为何要在一法之中,有法有不法?(第11页)

《景德传灯录译注》:

所效法之法本来就是法,没有一法不是正法。但为何在一法中,却有法与有不法的区别?(第24页)

《禅门诸祖师偈颂上之上》:"法法本来法(不修而得。念念无违)。无法无非法(一真之体。无是无非。非法亦无)。何于一法中(一路涅槃门)。有法有不法(一路之门岂分有无。用自无体。无体无妨)。"(《卍续藏》第66册第721页)

要释此偈,先当释"本来法"。

僧肇(384~414)著《宝藏论》:"故经云一切贤圣皆以无为法。而有差别性。本无为者所谓本来法尔非修非证。非人所合非法所契。人法本空体净真谛。故经云实相之理非有为非无为。不此岸不彼岸。不中流。是以非有为故。即不可修学。非无为故即不可灭证。若有修有证者。非性本无为也。"(《大正藏》第45册第148页)

延寿(904~975)集《宗镜录》卷第九十九:"一切心相。种子为本。求此本种。永无所得。若是现在。则与果俱。无本末异。如牛两角。若已过去。则无作因。无体性故。犹如兔角。如是道理。本来法尔。故言本来无本。又生灭心生。必依本处。本处既无。则不得生。当知心相本来无生。故言空寂无生。所入空寂。即是一心。一切所依。名之为地。故言即入空寂之心地。"(《大正藏》第48册第948页)

娄东行悦(清代高僧)集《列祖提纲录》卷第二十九:"若佛在法先。尚昧

进修之路。者里得进开只眼。亲见佛法根源。则法自本来法。非从佛而流布。"(《卍续藏》第64册第224页)

丁福保《佛学大辞典》："【本来法尔】(术语)谓自始自然也。"也即心法、实相之法。(第847页)

《宝藏论》《宗镜录》年代久远，为佛门高僧所撰典籍，《列祖提纲录》亦为佛门高僧所撰典籍，均有高可信度。

4.2.11 本心

心自本来心，本心非有法。有法有本心，非心非本法。(卷一《五祖提多迦尊者》,第15页)

《白话全译》:

心是本来之心，本心并非有法。有法而有本心，不是本心本法。(第15页)

《景德传灯录译注》:

心自是本来之心，本来之心是没有法的。有法就将产生本心，而非心也就没有本法。(第37页)

两个释译，都不知其意为何。有3个佛学名词需要注意，第一个是"本来"。丁福保《佛学大辞典》："【本来】(杂语)无物之始。谓之本来。如云无始以来。"那么"本来心"也就是指万物尚未产生时的那个心。(第847页)

第二个佛学名词是"法"。如果释为"佛法"，那就解释不通。在前面的释迦牟尼佛偈研究中，我们已经说明了"法"应释为"一切的事物""所有之存在"，这里不再重复。

第三个佛学名词是"本心"。丁福保《佛学大辞典》："【本心】(术语)即本原自心也。六祖坛经曰:'祖知悟本性，谓惠能曰:不识本心，学法无益。'顿悟入道要门论上曰:'问其心似何物？答:其心不青不黄不赤不白，不长不短，不去不来，非垢非净，不生不灭，湛然常寂。此是本心形相也，亦是本身。本身者，即佛身也。'"(第844页)

因此，上面的偈应当释为:

现在我们的心来自万物尚未产生时的那个心,万物尚未产生时的那个心是没有物的。

我们知道世间有万物,也有万物尚未产生时的那个心,但对这二者都不可执着。

4.2.12 心地

心地本无生,因地从缘起。缘种不相妨,花果亦复尔。(卷一《十七祖僧伽难提尊者》,第26~27页)

《白话全译》:

心地本不生长什么,地上生物来自因缘。说缘说种都无不可,开花结果无非因缘。(第26页)

《景德传灯录译注》:

心之地本来无生,因其地并从缘而起发。缘与种不相妨碍,花与果亦同样如此。(第74页)

两个释译均各有值得商榷之处。要正确释译本偈,需要注意"心地"的含义。丁福保《佛学大辞典》:"【心地】(术语)心为万法之本,能生一切诸法,故曰心地。又,修行者依心而近行,故曰心地。又,三业中,心业最胜,故曰心地。心地观经八曰:'三界之中以心为主,能观心者究竟解脱,不能观者究竟沉沦。众生之心犹如大地,五谷五果从大地生,如是心法生世出世善恶五趣有学无学独觉菩萨及于如来,以此因缘三界唯心,心名为地。'楞严经二曰:'本元心地。'止观五上曰:'心定如地不可动。'大日经疏三曰:'如世人举趾动足皆依于地,菩萨亦如是依心进行,故名此心为地。'天台戒疏上曰:'三业之中,意业为主,身口居次,据胜为论,故为心地也。'"(第703页)陈义孝编《佛学常见辞汇》:"【心地】1.(喻)心能生万法,如地能生万物。2.修行人依心而起行,故名心地。"(第92页)

可见,"心地"并非与"生长"有关,亦非"心之地","心地"就是"心"。

在佛典中,常把"心"比作"种子":

(1)华严曰。菩提心如种子。生一切佛法故。如良田长众生白净法故。如大地持一切世间故。如净水洗一切烦恼垢故。如大风普于世间无所碍故。如盛火烧一切诸见薪故。(《卍续藏》第61册第761页明·成时《净土十要》卷第十)

(2)菩提心如种子。福如雨露良田。(《卍续藏》第72册第323页弘瀚汇编《无异元来禅师广录》)

(3)眼不识丁能味道心如种子自生根波澄月现祛诸妄水到渠成觐至尊泣语儿孙牢记取莫耽五欲日昏昏(《嘉兴藏》第32册第765页明·袾宏著《云栖法汇》)

为了和下文呼应,可以把"心"译为"真心种子"(无生无灭的必不是"妄心")。

4.2.13 因地

心地本无生,因地从缘起。缘种不相妨,花果亦复尔。(卷一《十七祖僧伽难提尊者》,第26～27页)

《白话全译》:

心地本不生长什么,地上生物来自因缘。说缘说种都无不可,开花结果无非因缘。(第26页)

《景德传灯录译注》:

心之地本来无生,因其地并从缘而起发。缘与种不相妨碍,花与果亦同样如此。(第74页)

两个释译均各有值得商榷之处。丁福保《佛学大辞典》:"【因地】(术语)修行佛道之位也。对于成佛之位为果地或果上而名。圆觉经曰:'说于如来本起清净因地法行。'楞严经五曰:'我本因地,以念佛心入无生忍。'又因于地也。"(第986页)陈义孝编《佛学常见辞汇》:"【因地】从凡夫地初发心学佛,到圆满成佛以前,这一段过程都叫作'因地'。经云:'因地不真,果招迂曲。'"(第156页)

4.2.14 因缘

心地本无生,因地从缘起。缘种不相妨,花果亦复尔。(卷一《十七祖僧伽难提尊者》,第26～27页)

《白话全译》:

心地本不生长什么,地上生物来自因缘。说缘说种都无不可,开花结果无非因缘。(第26页)

《景德传灯录译注》:

心之地本来无生,因其地并从缘而起发。缘与种不相妨碍,花与果亦同样如此。(第74页)

两个释译均各有商榷余地。

丁福保《佛学大辞典》:"【因缘】(术语)一物之生,亲与强力者为因,疏添弱力者为缘。例如种子为因,雨露农夫等为缘。此因缘和合而生米。大乘入楞伽经二曰:'一切法因缘生。'楞严经二曰:'彼外道等,常说自然,我说因缘。'长水之楞严经疏一之上曰:'佛教因缘为宗,以佛圣教自浅至深,说一切法,不出因缘二字。'维摩经佛国品注:'什曰:力强为因,力弱为缘。肇曰:前后相生因也,现相助成缘也。诸法要因缘相假,然后成立。'止观五下曰:'招果为因,缘名缘由。'辅行一之三曰:'亲生为因,疏助为缘。'又,梵语尼陀那之译意。十二部经之一。又云缘起。参照"尼陀那"条。又,四缘之一。因即缘之意。此非因与缘各别而论,亲因即名为缘。俱舍论七,谓:'因缘者,五因之性。'六因中,除能作因,余五因虽总为因缘,而唯识论七唯名同类因为因缘。……"(第991～992页)

4.2.15 三恶道

住后,上堂:"……三恶道苦,毛发不曾添减,唯根蒂神识常存。……"(卷四《灵云志勤禅师》,第240页)

《白话全译》译为:

当了住持后,上堂说:"……三恶说苦,毛发没有增加和减少,只有根蒂和神识常存。……"(第219页)

按:把"三恶道苦"释为"三恶说苦",不可理解。"三恶道"本是佛教专有名词,不可拆开来解释。丁福保《佛学大辞典》:"【三恶道】(名数)依恶业可往来之处有三所。名为三恶道。一、地狱道,成上品十恶业者趣之。二、饿鬼道,成中品十恶业者趣之。三、畜生道,成下品十恶业者趣之。法华经方便品曰:'以诸欲因缘坠堕三恶道。'无量寿经上曰:'人天寿终之后,复更三恶道。'"(第334页)

《三藏法数》:"【三恶道】〔出天台四教仪集注〕道即能通之义。谓一切众生,造作恶业,而生其处,故名恶道也。[一、地狱道],谓此处在地之下,铁围山间,有八寒八热等狱,即造作极重恶业众生堕于此道,故名地狱道。(八寒者,頞浮陀狱、泥赖浮陀狱、阿咤咤狱、阿波波狱、呕喉狱、郁波罗狱、波头摩狱、芬陀利狱也。八热者,想狱、黑绳狱、堆压狱、叫唤狱、大叫唤狱、烧炙狱、大烧炙狱、无间狱也。)[二、饿鬼道],饿鬼道有三种。一谓罪业极重者,积劫不闻浆水之名。其次者,但伺求人间荡涤脓血粪秽。又其次者,时或一饱。即造作恶业众生,由悭贪故,生于此道,故名饿鬼道。[三、畜生道],谓披毛戴角,鳞甲羽毛,四足多足,有足无足,水陆空行等。即造作恶业众生,由愚痴故,生于此道,故名畜生道。"(第104页)

《景德传灯录译注》单独给"三恶道"作注:"三恶道——依恶业可往来之处有三所,名为三恶道:一地狱道,成上品十恶业者趣之;二饿鬼道,成中品十恶业者趣之;三畜生道,成下品十恶业者趣之。"(第747页)"往来之处"应作"往之处",所注基本正确。

4.2.16 娑婆

僧问:"觉花才绽,遍满娑婆。祖印西来,合谈何事?"(卷四《光孝慧觉禅师》,第243页)

《白话全译》译为:

僧人问:"觉华刚才开放,遍地婆娑。祖师从西方来,应该谈什么事?"(第222页)

我们认为将"遍满娑婆"释为"遍地婆娑"不可解,"娑婆"不是"婆娑"。

"婆娑"指"盘旋舞动的样子",而"娑婆"是佛教专有名词。《释氏要览》云:"正云索诃。又自誓三昧经云。沙诃。汉言忍或云堪忍谓此土刚强难忍故即事立名也。"(《大正藏》第54册第306页)丁福保《佛学大辞典》:"【娑婆】(界名),又作沙诃,娑诃楼陀。新云索诃。堪忍之义,因而译曰忍土。此界众生安忍于十界而不肯出离,故名为忍。又诸菩萨行利乐时,堪受诸苦恼之义。又此界众生有贪嗔痴等烦恼之过,众生忍之,故名。又作杂恶。杂会。以是为三恶五趣杂会故也。此为三千大千世界之总名。一佛摄化之境土也。法华文句二曰:'娑婆,此翻忍,其土众生安于十恶,不肯出离,从人名土,故称为忍。悲华经云:云何名娑婆?是诸众生忍受三毒及诸烦恼故名忍土,亦名杂会,九道共居故。'法华玄赞二曰:'梵云索诃,此云堪忍。诸菩萨等行利乐时,多诸怨嫉众苦逼恼,堪耐劳倦而忍受故,因以为名。娑婆者讹也。(中略)是三千大千世界,号为娑婆世界。'探玄记四曰:'娑婆者此云堪忍,悲华经云:此中众生贪嗔痴等过,梵王忍之,故为名也。'西域记一曰:'索诃世界三千大千国土,为一佛化摄也,旧曰娑婆,又曰沙诃,皆讹。'玄应音义三曰:'沙诃,又云娑诃楼陀,或云娑婆,皆讹也。正言索诃,此云能忍,或云堪忍,一言杂会世界。'"(第1716页)

《佛光大辞典》:"【娑婆】又译沙诃、娑呵、索诃。意译忍、堪忍、能忍、忍土。指娑婆世界,即释迦牟尼进行教化之现实世界。此界众生安于十恶,忍受诸烦恼,不肯出离,故名为忍。又有诸佛菩萨行利乐时,堪受诸苦恼之义,表其无畏与慈悲。又译作杂恶、杂会。谓娑婆国土为三恶五趣杂会之所。此外,娑婆一词原指我人所住之阎浮提,后世遂成为一释迦佛所教化之三千大千世界,而总称百亿须弥山世界为娑婆,并以释尊为娑婆世界之本师。[法华文句卷二下、法华玄赞卷二、大唐西域记卷一]"(第4077页)

可见,"遍满娑婆"当释为"(花)遍满释迦牟尼佛进行教化之现实世界"。《景德传灯录译注》将"遍满娑婆"释为"就开满了娑婆世界"(第773页),可取。

4.2.17 科文

师问座主:"如是两字尽是科文,作么生是本文?"(卷七《雪峰义存禅师》,第380页)

《白话全译》译为:

义存禅师问首座:"如果这两字全是法令条文,那么什么是原文?"(第358页)

本释译值得商榷。中华书局本校点有误,"如是"应加单引号,这个"如是"即"如是我闻"之"如是",所有的佛经都以"如是我闻"开头。"科文"并非"法律条文","本文"亦非"原文",这两个词都是佛学专有名词。

丁福保《佛学大辞典》:"【科文】(术语)释经论,分科其文句之段落者。是由秦之道安为始。知一经之大意不可缺。文句一曰:'古讲师俱敷弘义理不分章段,若纯用此意,后生殆不识起尽。又佛说贯散,集者随义立品。(中略)天亲作论以七功德分序品,五示现分方便品,其余品各有处分。昔河西凭,江东瑶,取此意节目经文,末代尤烦,光宅转细。(中略)昙鸾云:细科烟扬,杂砺尘飞。盖若过若不及也。'"(第1705页)

《佛光大辞典》也有解释:"【科文】为方便解释经论而将内容分成数段,再以精简扼要之文字标示各部分之内容,称为科文。又作科章、科节、科段、分科等。又科目全部以图示者,称科图。一般系将经典区别为序分、正宗分(本论部分)与流通分(说明该经之功德而劝人流通之部分),称为三分科经。将一经分成三部分之作法,在印度始于佛地经论卷一,在我国则始于苻秦道安之时。……"(第3923页)

各词典未见有收录"本文"者,但智周《成唯识论演秘》云:"判本文者。科判经论元乎西域。大分为三。上下亦有。如智度论亦明三分。谓序、正、流通。佛地论中亦有三分。一教起因缘分。二圣教正说分。三依教奉行分。余如枢要。此方科释创乎安公。自后诸德因而习焉。安公以理判诸经论多为三分。谓序、正、流通。广如法花摄释明也。"

可知"本文"应指"本来有的文字"。我们现在看到的佛经,绝大部分内容是佛说的,叫"本文";少数内容是后人加的,如"如是"二字、分的段落、段落的标题等等,这叫"科文"。

4.2.18 三祇

(舒州投子义青禅师)习《百法论》。未几叹曰:"三祇途远,自困何益?"(卷十四《投子义青禅师》,第875页)

《白话全译》译为:

(舒州投子义青禅师)研习《百法论》。不久慨叹说:"三只途路遥

远,自我困顿有什么益处呢!"(第831页)

我们认为把"三祇途"释译为"三只途路"值得商榷,应是把这里的"祇"误为宋代以来"只"的替代字"衹(祗)"字了。"祇"音qí,"只"音zhǐ,其实二者没有直接的意义联系。佛典中"三祇"用例甚多:

(1)以三祇菩萨不断惑因与二乘凡位似同故名因同。(《大正藏》第33册第837页《法华玄义释签》)
(2)初立门。次明位为三。初三祇位。次百劫位。三佛果位。(《大正藏》第33册第885页《法华玄义释签》)
(3)问释迦修行不越三祇。何故尘劫极多。彼时犹称王子。(《大正藏》第34册第790页《妙法莲华经玄赞》)
(4)一生补处者。补者补阙。处者处所。此等菩萨因圆十地劫满三祇。尽此一生便成正觉。故云一生补处也。余经文易见故。(《大正藏》第37册第342页《阿弥陀经通赞疏》)
(5)于此见得。不待三祇劫满。万行功圆。一念超越。更无前后。(《大正藏》第47册第631页《黄龙慧南禅师语录》)
(6)问。若一切众生。即心是佛者。则诸佛何假三祇百劫。积功累德方成。(《大正藏》第48册第500页《宗镜录》)

以上诸例中的"三祇"均不是"三只途路"的意思。

丁福保《佛学大辞典》:"【三祇】(杂语)三阿僧祇劫之略。菩萨修行之年时。"又:"【三祇百劫】(术语)菩萨在三阿僧祇劫间,修六度之行,更于百劫间修感三十二相之福业,乃成佛。俱舍论十八曰:'于三无数劫各供养七万五六七千佛。'又'余百劫方修各百福庄严'。止观三曰:'三阿僧祇修六度行,使功德身肥,百劫种相好获五神通。'释签四曰:'三藏菩萨明位为三,初三祇位,次百劫,三佛果位。'"(第318页)

《三藏法数》:"【三祇修六度】三祇者,三阿僧祇劫也。六度者,布施、持戒、忍辱、精进、禅定、智慧也。度,越也,越生死流,到涅槃岸也。谓菩萨既发心已,必须行六度行,填满本愿,是为三祇修六度。(梵语阿僧祇劫,华言无数时。)"(第307页)

可见,"三祇"是大乘佛教经典的专有名词,表示极其漫长的时间。
"途"应译成"路途","途路"是古汉语词。

4.2.19 我我

　　祖曰:"汝有我故,所以不得。我无我我,故自当得。"(卷一《十五祖迦那提婆尊者》,第 24 页)

中华书局本校记云:此二句应作"我无我故,我自当得"。
《白话全译》译为:

　　尊者说:"你心里有我,所以不能得到佛法。我心里没有,所以当然能得到。"(第 23 页)

丁福宝《佛学大辞典》,慈怡《佛光大辞典》,陈兵《新编佛教词典》,袁宾、康健《禅宗大词典》均失收"我我"。
首先,从校勘上说,"我无我我,故自当得"是正确的。
从本校的角度看,《五灯会元》中尚有 6 处出现"我我":

　　(1)尊者因外道问:"如何是我我?"者曰:"觅我者是汝我。"外道曰:"这个是我我,师我何在?"者曰:"汝问我觅。"(第 11 页)
　　(2)答曰:"夫出家者,无我我故。无我我故,即心不生灭;心不生灭,即是常道。诸佛亦常心无形相,其体亦然。"(第 15 页)
　　(3)祖以偈答曰:"我已无我故,汝须见我我。汝若师我故,知我非我我。"(第 25 页)

从他校的角度看,《五灯会元》的源头文献"五灯"中出现 7 处"我我":

　　(4)罗睺罗多以偈答曰。我已无我故。汝须见我我。汝若师我故。知我非我我。(《卍续藏》第 78 册第 434 页《天圣广灯录》)
　　(5)答曰。夫出家者。无我我故。心不生灭。心不生灭。即是常道。(《卍续藏》第 78 册第 641 页《建中靖国续灯录》)
　　(6)有外道问。如何是我我。祖云。觅我者是汝我。外道云。这个是我我。师我何在。祖云。汝问我觅。(《卍续藏》第 79 册第 18 页《联灯会要》)
　　(7)祖答以偈云。我已无我故。汝须见我我。汝若师我故。知我非我我。难提当下豁然。即求剃度。(《卍续藏》第 79 册第 20 页《联灯会要》)

其次,对"我我"的训释,例(1)、例(6)已训释为"觅我者是汝我"。译成白话就是:寻觅"我"的那个主体就是"我我"("我我""汝我""师我"同义,众生同体)。也就是说,"我我"的第一个"我",是世俗认为的、由色身构成的那个我;第二个"我",则是"真我",也可以叫作"自性""佛性"。禅宗修禅,就是为了发现这个"真我"。那么心中有"真我"难道也不对吗?回答是肯定的。禅师把"真我"常把比作"金屑"并且加以否定。《法演禅师语录》:"师云。金屑虽贵落眼成翳。"(《大正藏》第47册第658页)《景德传灯录》:"师曰。如人眼睛上。一物不可住。金屑虽珍宝。在眼亦为病。"(《大正藏》第51册第255页)

4.2.20 鼻孔辽天

(1)甘草自来甜,黄连依旧苦。忽若鼻孔辽天,逢人切忌错举。(卷十六《郑州资福法明宝月禅师》,第1079页)

(2)有一人不拜岁,不迎新,寒暑不能侵其体,圣凡不能混其迹。从来鼻孔辽天,谁管多年历日。(卷十六《万杉寿坚禅师》,第1101页)

(3)演若何曾认影,善财不往南方。衲僧鼻孔辽天,到此一时穿却。(卷十七《报本慧元禅师》,第1121页)

(4)辽天俊鹘悉迷踪,踞地金毛还失措。(卷十八《育王普崇禅师》,第1189页)

(5)去者鼻孔辽天,来者脚踏实地。(卷十九《云盖智本禅师》,第1247页)

(6)藏身不用缩头,敛迹何须收脚?金乌半夜辽天,玉兔赶他不着。(卷十九《提刑郭祥正居士》,第1249页)

(7)平田浅草里,露出焦尾大虫,太虚寥廓中,放出辽天俊鹘。(卷二十《公安祖珠禅师》,第1387页)

李开(1999:228~229)认为:

辽,升到高远的地方,升扬,扬起。在实际上并非升扬时,又可释为向上,朝上。辽天:升天,升空,朝天。此义可看作"辽,辽远"的引申义。《五灯会元》用例中第四例以"辽天俊鹘(一种猛禽)"对"踞(下蹲、蹲)地金毛",第五例以"辽天'与"踏地"义对,第六例以"辽天"与"缩头""收脚"义对。"辽"之"上升、升飞、升扬、升空"义甚明。"鼻孔辽天"即鼻孔升天,鼻孔朝天,意为高傲、高傲遗世。文献中有视"升到高远之处"为"高傲遗世,与世无争"的意思,例《三国·魏·阮籍〈阮步兵集·咏怀诗〉》:"岂若遗耳目,升遐去殷

177

忧。""升遐"原义升空。遐,辽远,高远。此处"升遐"意为高傲遗世,与世无争。"辽(高远,升)天"一词语与"升遐(辽,高远)"词义相近,且构词义素亦相近。释《五灯会元》中的"鼻孔辽天"为"遗耳目而升遐",验之原文密合。又因"撩"有"使升物、使扬起、揭起"义,故"鼻孔辽天"又可写作"鼻孔撩天"。

我们认为以上观点值得商榷。《卍续藏》第 64 册第 319 页《祖庭事苑》在释《云门录下》中的"鼻孔辽天"时云:"鼻孔辽天。辽。当作撩。撩取也。昂视之貌。辽。远也。非义。"《汉语大词典》第 6 卷第 860 页:"【撩天】朝天。"佛典中有大量例证:

(8)若要脚跟点地鼻孔撩天。却须向这葛藤里穿过始得。(《大正藏》第 48 册第 226 页《万松老人评唱天童觉和尚颂古从容庵录》)

(9)眉毛厮结。鼻孔撩天。烧了护身符。落纸如云烟。(《卍续藏》第 69 册第 598 页《济颠道济禅师语录》)

(10)不须鼻孔撩天。纵饶广学多闻。正好脚跟着地。(《卍续藏》第 63 册第 528 页《(重雕补注)禅苑清规》)

(11)信机缘。五叶花开岂偶然。无圣廓然人不会。九年孤坐鼻撩天。(《卍续藏》第 65 册第 445 页《证道歌颂》)

(12)幕口一桡全杀活。点头三下鼻撩天。至今千古风流在。谁道华亭覆却船。(《卍续藏》第 65 册第 579 页《禅宗颂古联珠通集》)

(13)睦州担板汉。作事休分析。衲僧鼻孔撩天。言下要知端的。(《卍续藏》第 65 册第 608 页《禅宗颂古联珠通集》)

(14)三十年后鼻孔撩天。莫错怪人好。(《卍续藏》第 68 册第 261 页《古尊宿语录》)

(15)雪岭泥牛出海。方山鼻孔撩天。(《卍续藏》第 68 册第 510 页《续古尊宿语要》)

以上是"撩天"充当"鼻孔"的谓语。"撩天"充当"鼻孔"的定语例证也很多:

(16)撩天鼻孔。轻轻拽回。(《大正藏》第 48 册第 251 页《万松老人评唱天童觉和尚颂古从容庵录》)

(17)是茶也。碧玉瓯中银浪涌。黄金碾畔雪花飞。撩天鼻孔始闻香。具眼舌头方了味。(《卍续藏》第 65 册第 13 页《高峰龙泉院因师集贤语录》)

(18)莫莫。拈出一条断贯索。任从我佛及众生。撩天鼻孔都穿却。(《卍续藏》第 65 册第 701 页《禅宗颂古联珠通集》)

(19)踏遍名山不着尘。看尽江山又何色。撩天鼻孔任昂藏。去住无非无有乡。(《卍续藏》第 73 册第 388 页《紫柏尊者全集》)

(20)撩天鼻孔。点地脚跟。心明眼正。行古颜温。(《卍续藏》第 80 册第 458 页《五灯会元续略》)

(21)水边林下迹偏多荒草离披见么纵是深山更深处撩天鼻孔争藏他(《嘉兴藏》第 23 册第 363 页《牧牛图颂》)

(22)颂曰撩天鼻孔却翻威劈面无容卷席归不是如今闲家具无毛铁鹞上天飞(《嘉兴藏》第 33 册第 343 页《坛溪梓舟船禅师语录》)

(23)冬取暖。夏取凉。禅道佛法非所长。撩天鼻孔有觉触。枝枝叶叶旃檀香。(《卍续藏》第 70 册第 795 页《天如惟则禅师语录》)

"撩天鼻孔"即"撩天的鼻孔""朝天的鼻孔"。

例证充分,可见《五灯会元》的"鼻孔辽天"应作"鼻孔撩天",鼻孔朝天是"昂视苍天"之意。《祖庭事苑》对"鼻孔辽天"的释义是主要依据,丰赡的用例是旁证。

4.3 基于背景知识的词语训诂

4.3.1 主要基于与言语所指对象有关的社会文化背景知识的词语训诂

语言往往记载某种特定的文化背景知识,其意义应由这种文化背景知识解释。

4.3.1.1 案山

师曰:"师意如何?"霜曰:"待案山点头,即向汝道。"师于言下顿省。(卷六《龙湖普闻禅师》,第 315 页)

《辞海》、《辞源》(修订本)、《汉语大词典》等失收。张美兰(1997:334)考释如下:

"案山"一词不当加横号,因为"案山"不是一个专有山名,它是泛指较为低矮的山。卷十四大洪报恩禅师。上堂:"五五二十五。案山雷,主山雨。明眼衲僧,莫教错举。"此"案山"与"主山"相对为文。又南宋赵与时《宾退录》卷二:"朱文公尝与客谈世俗风水之说,因曰:'冀州好一风水:云中诸山,来龙也;岱岳,青龙也,华山,白虎也;嵩山,案也;淮南诸山,案外山也。'"可见案山即是与主山相对的低矮之山。无着道忠禅师《葛藤语笺》卷五《地载》有"案山"条,其例证可佐本文,兹录如下:《圆悟录》十九:"拈却门前大案山。"《西岩·天童录》:"前是案山,后是主山。"

我们认为,"案山"应释为"形如几案的山"。清代穆彰阿等撰的《嘉庆重修一统志·河南·开封府·山川》提到汜水南的"案山"时说:"案山:在汜水县南峭壁面城,状如几案。"《嘉庆重修一统志·广东·惠州府·山川》提到龙川县南的"案山"时说:"案山:在龙川县南隔江二里,圆平如几案。"案山"平如几案",自然无"头"可"点","待案山点头"犹言待日从西出之意。

在禅宗语录中,当禅师遇到和"佛性"密切相关的问题时,常用"待 x,(我)y"的条件复句来作答,条件分句"待 x"陈述一种不可能实现的条件,"(我)y"陈述不可能达到的结果(有时省略),或者"待 x"陈述一种可能实现的条件,"(我)y"陈述不可能或没必要达到的结果。佛典中类似用例很多:

(1)僧问:"一言作么生?"师乃吐舌云:"待我有广长舌相,即向汝道。"(第 161 页)

(2)问曰:"不与万法为侣者是什么人?"祖曰:"待汝一口吸尽西江水,即向汝道。"(第 186 页)

(3)僧问:"不出咽喉唇吻事如何?"师曰:"待汝一镢劚断巾子山,我亦不向汝道。"(第 338 页)

(4)有僧举:"……,未审玄沙意旨如何?"师曰:"待汝移却石耳峰,我即向汝道。"(第 603 页)

(5)一日问:"如何是祖师西来意?"山曰:"待洞水逆流,即向汝道。"(第 805 页)

(6)师曰:"同姓即且从汝,本来姓个什么?"曰:"待汉水逆流,却向和尚道。"(第 846 页)

(7)举僧问洞山。如何是祖师西来意(祖意不西来。西来无祖意)。山云待洞水逆流即向汝道(虽知韫椟深藏。争免漏姜达菜)。(《卍续藏》第 67 册第 273 页《林泉老人评唱投子青和尚颂古空谷集》)

(8)举庞居士问马大师。不与万法为侣者是甚么人(千圣亦不识)。师云。待汝一口吸尽西江水。即向汝道(口虽硬似铁。心更软如绵)。(《卍续藏》第 67 册第 278 页《林泉老人评唱投子青和尚颂古空谷集》)

(9)问:"如何是祖师西来意?"师曰:"汝问不当。"曰:"如何得当?"

师曰:"待吾灭后,即向汝说。"(第69页)

(10)学云。未审师意如何。师云。待汝悟了向汝道。(《卍续藏》第78册第568页《天圣广灯录》)

(11)僧问。如何是西来意。师曰。待汝里头来。即与汝道。(《卍续藏》第80册第98页《五灯会元》)

最后3例属"'待x'陈述一种可能实现的条件,'(我)y'陈述不可能或没必要达到的结果"的情况:例(9)"吾灭后"就不可能"向汝说"了,例(10)"汝悟了"我就没有必要"向汝道"了,例(11)"里头来"也就是悟道了的意思,也就没有必要"与汝道"了。

以上禅师答句,与石霜的"待案山点头,即向汝道"有异曲同工之妙,都是说的不可能或没有必要实现的情况。

其实,"案山"是堪舆学中的专业词,这个词在堪舆学中最常见。释词者举了《宾退录》中的用例(关键处用间接例证不如直接用《朱子语类》的用例),但没有注意到该词在堪舆学中的专门意义,因而做出了不甚合理的解释。古人修墓、建房都是很讲究风水的,自然对"案山"也有讲究。涉及命理、风水一类的著作对"案山"多有介绍和研究。

"案山"指穴地近前的山。明·徐善继、徐善述《地理人子须知资孝地理心学统宗》:"凡穴前低小之山名曰案山,如贵人据案之义。其山宜低小,或如玉几,如横琴,如弓眠,如带横,如倒笏,如按剑,如席帽,如蛾眉,如三台,如官担,如天马,如龙蛇,如旌节,如书台,如金箱,如玉印,如笔架,如书筒等物,而横遮外阳朝对山之脚者是也。"(第4页)简称"案",徐善继、徐善述《地理人子须知》:"天然正穴不须移,案正山齐乃合宜。"(第6页)唐·杨益、杨筠松《疑龙经批注校补》:"只要案山逆水转,不爱顺流随水势。顺流随水案无力,此处名为破城地。"(第5页)又称"前案",朱熹在《朱子语类》中论述北京的大环境云:"冀都是正天地中间,好个风水。山脉从云中发来,……自华来至中,为嵩山,是为前案。"(第25页)穴四周的山叫"砂",《地理人子须知资孝地理心学统宗》:"夫砂者,穴之前后左右山也。"(第1页)案山位在穴前,故又叫前砂。《地理人子须知资孝地理心学统宗》:"但把前砂覆旧坟,祸福应如神。"(第1页)"案"又作"桉",杜甫《承闻河北诸道节度入朝欢喜口号十二首》:"澶漫山东一百州,削成如桉抱青丘。苞茅重入归关内,王祭还供尽海头。"(王心湛校刊本《杜少陵全集》第211页)

堪舆家谓"案山"有助于蓄聚穴山之气,对人的命运有重要作用。《疑龙经批注校补》:"大凡有形必有案,大形大穴如何断。譬如至尊坐明堂,列班

181

排衙不撩乱。出入短小与气宽,皆是明堂与案山。明堂宽阔气宽大,案山逼迫人凶顽。案来降我人慈善,我去伏案贵人贱。龙形若有云雷案,人善享年亦长远。蛇虎若遇蛤与狸,虽出威权势易衰。"(第 17 页)大抵案山宜近,朝山宜远。《地理人子须知资孝地理心学统宗》:"伸手摸着案,税钱千万贯。"(第 4 页)尹一勺《四秘全书》:"若遇恶山恶水,一案能遮百煞。"(第 11 页)

中国的陵寝营建历史发展到明清时期更加注重"风水"。风水理论要求皇家陵寝要前有照山,后有靠山,两山之间,陵寝近前要有案山。不但坟墓前要有"案山",房子前也要有"案山"。清·吴鼒《阳宅撮要》:"凡屋以天井为财禄,以面前屋为案山。""以厅之天井为小明堂,而前厅乃第一重案也;以前厅之外大门之内为中明堂,而大门乃第二重案也;以门前之场为大明堂,而朝山乃第三重案也。"(第 11 页)一般建筑物前,也讲究"案山"的配置。如孔子研究院的园林设计,南面小沂河对岸堆土植树,即喻"案山"。乃至一切自然景观都要讲究"案山"的配置,王丽心(2002:422)认为:"能达到理想的自然景观是负阴抱阳,背山面水。……基址前面有笔架型的案山,符合这个规律就是理想的格局。"

以上均表明,"案山"不是泛指低矮的山,而是堪舆学中的一个专有名词。"案山"未必"低矮",相对比它低的山而言,它是高山。

4.3.1.2 不惜眉毛　惜取眉毛

《五灯会元》共见 6 例"不惜眉毛"。其他佛典用例也不少:

(1)佛法争到今日。殊不本其宗源。但恣识情计度。如斯见解。自误犹可误他别人。同安今日不惜眉毛。布施大众。(《大正藏》第 47 册第 638 页《黄龙慧南禅师语录》)

(2)洞山老人甚是奇特。虽然如是。只行得三步四步。且不过七跳八跳。且道。譊讹在什么处。老僧今日不惜眉毛。一时布施。(《大正藏》第 47 册第 643 页《杨岐方会和尚语录》)

(3)祖佛即今在什么处。若无人道得。山僧不惜眉毛。与汝诸人拈出。(《大正藏》第 47 册第 649 页《法演禅师语录》)

(4)大众。夫为善知识。须明决择。为什么他人道得也道得。他人道不得也道不得。还知南泉落处么。白云不惜眉毛。与你注破。(《大正藏》第 47 册第 661 页《法演禅师语录》)

(5)山僧不惜眉毛。入泥入水为诸人平展。(《大正藏》第 47 册第 760 页《圆悟佛果禅师语录》)

(6)近世参学。多不本其宗猷。唯务持择言句论亲疏辩得失。浮沤上作实解夸。善淘汰得多少公案。解问诸方五家宗派语。一向没溺情识迷却正体。良可怜悯。有真正宗师。不惜眉毛。劝令离却如上恶知恶见。(《大正藏》第 47 册第 781 页《圆悟佛果禅师语录》)

袁宾(1987:132)认为,"不惜眉毛"含有"不惜花费心思"的意思。《五灯会元》共见 6 例"惜取眉毛"。其他佛典用例也不少:

(7)复云。寒山子意在钩头。水牯牛事在函盖。且道。诸上座。落在什么处。惜取眉毛。(《大正藏》第 47 册第 793 页《圆悟佛果禅师语录》)

(8)作者相逢箭拄锋。其中绵密不通风。要须惜取眉毛好。免使全身落草中。(《卍续藏》第 65 册第 580 页《禅宗颂古联珠通集》)

(9)山云或有人教汝现三十二相时如何。曰某甲不是野狐精。山曰惜取眉毛。曰和尚落了多少。山以竹篦头上打云。遮汉向后乱做去在。(《卍续藏》第 67 册第 618 页《正法眼藏》)

(10)举僧问洛浦。法身无为。不堕诸数。是否。浦云。惜取眉毛好。(《卍续藏》第 67 册第 673 页《拈八方珠玉集》)

(11)僧曰。一言超影象。不坠古人风。师云。惜取眉毛。(《卍续藏》第 78 册第 735 页《建中靖国续灯录》)

(12)僧问。如何是云门透法身句。师云。惜取眉毛。云为什么如此。师云。非汝境界。(《卍续藏》第 79 册第 235 页《联灯会要》)

袁宾(1987:132)认为,"惜取眉毛"与"不惜眉毛"语义相对,含有"省点精神"的意思。《白话全译》把"惜取眉毛"释为"少费点口舌"(第 779 页)。《五灯会元》共见 7 例"眉须堕落"。其他佛典用例也不少:

(13)遂拈拄杖云。这个是什么。若唤作一乘法。眉须堕落。以拄杖卓禅床。下座。(《大正藏》第 47 册第 639 页《黄龙慧南禅师语录》)

(14)若将一文钱与匠人。带累匠人眉须堕落。(《大正藏》第 47 册第 825 页《大慧普觉禅师语录》)

(15)郢州兴阳归静禅师。初参西院乃问曰。拟问不问时如何。西院便打。师良久。西院云。若唤作棒眉须堕落。师言下大悟。(《大正藏》第 51 册第 303 页《景德传灯录》)

(16)一念嗔心起。百万障门开。眉须堕落。何怨乎哉。(《卍续

藏》第 67 册第 282 页《林泉老人评唱投子青和尚颂古空谷集》）

（17）问。丹霞烧木佛。院主为什么眉须堕落。曰贼不打贫儿家。（《卍续藏》第 67 册第 618 页《正法眼藏》）

（18）上堂。丹霞烧木佛。院主眉须堕落。蓦拈拄杖云。不是木佛。便掷下云。谁敢烧你。拟即眉须堕落。不拟又且如何。（《卍续藏》第 68 册第 281 页《古尊宿语录》）

袁宾（1987:132）认为，"眉须堕落"含有"思考错误、言行未当"的意思。我们认为，要正确训释这几个词语，必须了解几个与"眉毛"有关的佛教背景故事。

《法苑珠林》故事之一："释僧远。不知何人。住梁州薛寺为性疏诞不修细行。好追随流荡欢宴为任。以齐武平三年。梦见大人。切齿责之曰。汝是出家人。面目如此。犹纵造恶。何不取镜自照。远忽觉悸流汗。至晓以盆水自映。乃见眼边乌黯。谓是垢汗。便洗拭之。眉毛一时随手落尽。因自咎责。奈遭此谴。遂改革常习反形易性。弊衣破履一食长斋。遵奉律仪。昏晓行悔。悲泪交注。经一月余日又梦。前人含笑谓曰。知过能改。是谓智乎。赦汝前愆。勿复相续。忽惊喜而觉。流汗遍身面目津润眉毛渐出。远频感两报信知三世。自后竭精奉法。中不暂怠。卒为练行僧也。乡川所归终于本土。"（《大正藏》第 53 册第 646 页）

《法苑珠林》故事之二："唐贞观二十年征龟兹。有萨孤训者。为行军仓曹参军。及屠龟兹城。后乃于精舍剥佛面取金。旬日之间眉毛总落。还至伊州。乃于佛前悔过。所得金者皆回造功德。未几眉毛复生。"（《大正藏》第 53 册第 989 页）

《弘赞法华传》故事："比丘尼。失其名。住苏州混山县界。少小入道。常诵法华经。每日两遍。二十余载。比尼容貌妍详。见者思恋。至永昌元年。县录事姓朱。遂起恶心。横加非望。尼雅志贞确。意不从之。朱乃恼乱寺众。破损常住。尼等不知何计得免斯苦。持经尼云。此法华经。何无灵验。即着净衣。入佛殿。烧香发愿。其后。录事假托别由。而来寄宿。心怀异意。方欲向尼房去。少选之间。忽觉半体酸疼。男根遂落。遍身流汗。即发癞疮。眉毛鬓须。一时俱堕。录事悲悔百方。竟不痊损。"（《大正藏》第 51 册第 40 页）

《法华传记》故事："沙弥云藏。少出家传持阿含。贫道乏衣服。冬属寒气。身冻寒苦。入古精舍。得法华经五六卷。缀为纸衣。见者寒心。未越冬季。忽发显癞病。眉毛皆落。微疮遍。初如粟次如豆。七日之中。身破

烈而卒。见者叹曰。惜哉。云藏轻大乘。损失二世利矣。"(《大正藏》第 51 册第 92 页)

《华严经传记》故事:"释法念。姓王氏。大原之茂族也。年三十出家。性简傲喜游。放颇从习。众莫齿之。尝梦。入幽司具受楚毒。及觉转念悛革。而未知津向。时遇沙门智炬等。频冒冥感。遂专诚转读不息晨昏。每一执经。涕泣横坠。若此者三载于兹矣。后忽眉毛堕落。疮疾遍身。念弄庆交襟。欣斯现受。大设施会。以答神功。勤加转读。复经三载。乃身疮渐愈焉。念自尔广劝士俗。依之忏洗。缮阅之家。十室而九。年六十有八。终于所住。"(《大正藏》第 51 册第 167 页)

《古清凉传》故事:"释普明。俗姓赵。济州人也。年三十出家。止泰山灵岩寺。每闻清凉瑞像。乃不远而来游。于南台之北。凿龛修业。……日暮有一妇人。仪容婉严。告明曰。寒苦之甚。请寄龛中。明遂悯而许之。彼衣疏薄。又无茵蓐。更深雪厚。申吟转多。告明求寄床上。明初不许。比至三更。其声遂绝。明以手抚之。上下通冷。才有气息。恐其致殒。引使登床。明解衣盖。及手足衬以暖之。庶其全济。夜既深久。明忽为睡缠。少尔而觉。女乃通身温适。细滑非常。明遂欲火内起。便生恶念。方欲摩牧。彼已下床。以手搭之。倏焉而失。明于是遍身洪烂。百穴脓流。眉毛须发。一时俱堕。而疼痛辛苦。彻骨贯心。臭秽狼籍。蛆虫满室。明既获斯苦。慨责无限。举身投地。一叫而绝。少复醒悟。投地如前。悲泣哀号。声终不绝。唯云。大圣愿舍愚蒙。声声相续。如此重悔。经二月余。忽闻空中有声曰。汝无禅行。不可度脱。赐汝长松。服之当为俗仙矣。明承斯告。虽庆所闻。但未识长松。弥加恳恻。后经七日。空又告曰。长松在汝庵前。并陈色貌。采饵之法。明依言取服。经三日。身疮即愈。毛发并生。姿颜日异。乃就婆婆寺僧明禅师所居。具陈其事焉。不久之间。遂化仙而去。"(《大正藏》第 51 册第 1097 页)

以上 6 个载于唐代的因果报应故事,都有一个共同的特点,那就是,遭受恶报时,眉毛都会落下。因此,眉毛的落下在唐以后的文献中就成了恶报的代名词。可见,"不惜眉毛"应是"不惜承受恶报"之意,"惜取眉毛"则是"不敢造恶"之意,而"眉须堕落"则为"有恶报产生"之意。

这样就产生了一个问题:从上面的例子看,禅师"不惜眉毛"都是为了给后学说法,难道说法也是造恶吗?从禅宗的角度看,回答是肯定的。在阅读禅籍时,我们发现,禅师遇到有关"佛性"的问题时,一般不肯回答,因为言语道断,心行处灭,言语可能成为障道因缘。

另外,《祖堂集》里有一个例子,我们不妨一并讨论一下:

(19)后于惠林寺,遇天寒,焚林佛以御次,主人或讥,师曰:"吾荼毗,觅舍利。"主人曰:"木头有何也?"师曰:"若然者,何责我乎?"主人亦向前,眉毛一时堕落。有人问真觉大师:"丹霞烧木佛,上座有何过?"大师云:"上座只见佛。"进曰:"丹霞又如何?"大师云:"丹霞烧木头。"(《大藏经补编》第25册)

袁宾(1987:133)认为,"眉毛堕落"语含双关,既是说"主人"(上座)向前烤火,眉毛被火烧掉,也含有此人思考错误、言行不当的意思,故下文有人问"上座有何过"。

把"眉毛一时堕落"释成"眉毛被火烧掉"有可商榷处,"被火"没有依据。我们再看上面举的6个佛教故事,"眉毛一时随手落尽""旬日之间眉毛总落""眉毛鬓须。一时俱堕""忽发显癞病。眉毛皆落""后忽眉毛堕落。疮疾遍身""眉毛须发。一时俱堕",眉毛又是怎样落下的呢?其实,这里说的只是一个因果报应故事,眉毛是自然掉的,因为丹霞心中只有木头,所以没有报应;因为"上座只见佛",所以有恶报,眉毛便会自然落下。

那么,恶报为何与眉毛落下有关呢?这是因为,"眉者面首之媚。表所说胜大乘完媚"(《大正藏》第34册第680页),"眉者面之首。一面之上。最胜莫于眉。眉者媚也。面上头上。事须得眉。眉与头面。为媚好也"。(《大正藏》第34册第441页)

另外,《佛说罪业应报教化地狱经》的说法可供参考:

第二复有众生。身体顽痹眉须堕落举身洪烂。鸟栖鹿宿人迹永绝。沾污亲族人不喜见。名之癞病。何罪所致。佛言。以前世时坐不信三尊。不孝父母破坏塔寺。剥脱道人斩射贤圣。伤害师长常无返复。背恩忘义。常行苟且。淫匿尊卑无所忌讳。故获斯罪(《大正藏》第17册第451页)

因果报应,在世俗看来不可思议,究竟真实性如何,这不是我们这里该思考的问题。我们要明确的是,因果报应理论是佛教的根本理论,佛教认为,世间一切皆不实,唯有因果不爽,明确了这一点,上面关于"眉毛"的用例,就都迎刃而解了。

4.3.1.3 出队

僧问:"东牙乌牙皆出队,和尚为什么不出队?"师曰:"住持各不同,阇黎争得怪。"(卷六《潭州龙兴禅师》,第330页)

《白话全译》译为：

> 僧人问："东牙西牙的人都出了行列，和尚您为什么不出行列呢？"禅师答："停留和执取的都不一样，阇黎怎么能够怪我呢？"（第308页）

"五灯"之中，唯有《景德传灯录》收此段语录，可见《五灯会元》关于招福禅师的语录来源于《景德传灯录》。

《景德传灯录译注》释曰：

> 有僧人问道："东牙、乌牙的人都出队列了，和尚为什么不出队列呢？"招福和尚回答："住持各自不同，阇黎怎能责怪老僧！"

并注云："牙"，通"衙"字。东牙、乌牙，所指不详。（第1123页）

比《景德传灯录》早出50多年的《祖堂集》未收此段语录。

我们认为，要正确释读以上语录，关键是释读"出队"一词。佛典中有不少"出队"的用例：

（1）出队归上堂。半月出去。鼻孔不见眼睛。一日归来。眼睛不见鼻孔。失却惺惺。换得骨董。（《卍续藏》第69册第670页《北涧居简禅师语录》）

（2）浙西出队归。上堂。举。僧问苏溪和尚。如何是定光佛。溪云。鸭吞螺蛳。（《卍续藏》第70册第90页《松源崇岳禅师语录》）

（3）入城出队上堂。召大众云。现前坐立。俨然面面相看。（《卍续藏》第70册第231页《无准师范禅师语录》）

（4）《城中出队》：人家百万帝城中。应念南山彻骨穷。铁壁重重挨得入。筇篱无柄刷春风。（《卍续藏》第70册第352页《石田法薰禅师语录》）

（5）《雁山出队。上陈侍郎》：尊者从空掷钵来。神通用尽却成呆。看来不似维摩老。一默千门万户开。（《卍续藏》第70册第497页《西岩了慧禅师语录》）

（6）春间曾修小简问候左右会兄出队嘉禾一夏以来音问寥寥（《嘉兴藏》第26册第416页《布水台集》）

例（1）至（2），"出队"的施事均是说法的老师，后均接"归"，然后接下来便"上堂",可见"出队"不能释读为"出行列""出队列",老师不可能站在队列里,更不可能从队列里走出来、然后又回到队列里、接下来又上堂说法。例(1)"半月出去"表明"出队"的时间。例(2)"浙西出队归"表明"出队"地方。例(3)"入城出队"表明"出队"是到城里,寺庙在乡下。例(4)"城中出队"亦表明"出队"是到城中。例(5)"雁山出队"表明"出队"是到雁山。例(6)"出队嘉禾"表明"出队"是到嘉禾。这些例证均证明"出队"不能释读为"出行列""出队列",排队不可能排这么长的时间,"出行列"也不可能出到某个地点去。

其实,"出队"在佛典中是我国佛教禅宗的专有名词。

《禅林象器笺》云:"出队。忠曰。小补韵会云。队群队也(止此)。出队者。住持出大众之队。在外。劝化财粮也。又见垂说门。出队上堂处。簿券门。右具如前处。传灯录招福和尚(嗣投子大同)章云。僧问。东牙乌牙。皆出队。和尚为什么。不出队师曰。住持各不同。阇梨争得怪。一山曰。东牙乌牙俱寺名。出队劝化也。"(《大藏经补编》第19册第483页)

《百丈丛林清规证义记》有详细记载:"凡住持有事远出。客堂先一日挂牌。(牌云)明日某时。方丈和尚公出。往某处。大众师。闻鼓声。齐集恭送。住持预日。午饭。在斋堂白众告假。即晚。方丈设两序茶。嘱托院事。监院与衣钵。备住持出门应用之物。次日时至。知客鸣鼓四下。即上方丈。合掌白云。(大众师送和尚)。住持到祖堂礼祖。次至大殿礼佛毕。即鸣钟鼓。维那云。展具。顶礼和尚。礼毕。随送出山门而回。凡住持在外。朔望等节。不挂免礼牌。至回山信到。侍者先报客堂。客堂挂牌。(牌云)即日某时。方丈和尚回山。大众师闻鼓声。齐集迎接。候住持至山门。维那云。(大众师顶礼和尚)。住持说免礼。即回堂。然此乃远出半月一月之礼。若早出晚归。或三五日之期。但告知衣钵库房客堂而行。大众不迎送。又凡遇住持回山。大众不及迎接。即于晚课毕上方丈。顶礼慰安。并请开示。仪与晚参同。"(《卍续藏》第63册第433页)

在古代,当家和尚离开所住持的寺庙是一件极其重大的事,为什么会这样呢?清·仪润曰:"此之住持出入。即古之公事出队。及出队归也。古之住持。领众办道。非常住公事。未尝敢出于寺。今则身为住持。不知领众办道。逐日贪缘奔走。以求名闻利养者。其失可胜道哉。"(《卍续藏》第63册第434页)可见当家和尚不敢轻易离开所住持的寺庙,是为了以身作则,专心修行。

从上可知,"出队"就是"住持有事远出"的意思。"队"的本义为"坠落",假借为集体的编制单位。"出队"之"队"为"集体"之意,"出队"字面义即"离

188

开僧团集体"。

"出队"又作"出乡"。《禅林象器笺》云:"出队。又曰出乡。"(《大藏经补编》第 19 册第 483 页)例如:

(7)出乡归上堂。持钵去持钵归。草鞋根断通消息。(《大正藏》第 47 册第 971 页《密庵和尚语录》)

(8)出乡归上堂。一九与二九。相逢不出手。巍巍不动尊。脚不离地走。(《卍续藏》第 70 册第 35 页《曹源道生禅师语录》)

(9)出乡归。上堂。古者道。蓬若出麻终不直。僧离清众太无端。山僧抛离大众。出乡月余日。不觉拖泥带水。且道面皮厚多少。殷人以栢。周人以栗。(《卍续藏》第 70 册第 87 页《松源崇岳禅师语录》)

(10)出乡归。上堂。东过西。西过东。主中宾。宾中主。大地全收。千差一举。打鼓普请看。通身是泥土。(《卍续藏》第 70 册第 95 页《松源崇岳禅师语录》)

(11)出乡归上堂。若论此事。如国家出师相似。须是先锋殿后。俱得其人。(《卍续藏》第 70 册第 235 页《无准师范禅师语录》)

(12)三春持钵。九夏出乡。(《卍续藏》第 70 册第 381 页《环溪惟一禅师语录》)

(13)出乡归上堂。一出经旬。抛离大众。此日归来。不胜庆愜。(《卍续藏》第 71 册第 223 页《古林清茂禅师语录》)

"出乡"之"乡"是"同辈、同类"之意。《礼记·缁衣》:"故君子之朋友有乡,其恶有方。"郑玄注:"乡、方,喻辈类也。"孔颖达疏:"言君子所亲朋友及所恶之人皆有辈类,言君子善者则为朋友也。"(第 1769 页)这里的"辈类"即"同辈、同类"之意。又如唐·韩愈《殿中侍御史李君墓志铭》:"及由蜀来辈类御史,皆乐在朝廷进取,君独念寡稚,求分司东出。"(《韩昌黎文集校注》第 439 页)宋·曾巩《〈强几圣文集〉序》:"几圣少贫,能自谋学,为进士,材拔出辈类。"(《曾巩集》第 202 页)因此"出乡"即是"离开佛门同学"之意,与"出队"义同。

"出队""出乡"后常接"归",构成"出队归""出乡归",如上例(1)至(2)及例(7)至(11)。"出队归""出乡归"亦简称"出归":

(14)冬至出归。小参云。山僧数日。抛离清众。暂往人间。人事纷拿。略有少暇。……(《卍续藏》第 68 册第 464 页宋·师明集《续刊

古尊宿语要》)

(15)出归上堂。举云门和尚示众云。只这个带累杀人。云门寻常气宇如王。作怎么。说话大似贫恨一身多。……(《卍续藏》第69册第247页,宋·雪峰慧空撰,门人慧弼编《福州雪峰东山和尚语录》)

(16)出归上堂。霜风浩浩叶纷纷。晓入深村野老门。相见但知俱默坐。更无一事可谈论。良久云。入山擒虎易。开口向人难。(《卍续藏》第69册第289页,宋·保宁仁勇撰,门人道胜、圆净编《保宁仁勇禅师语录》)

(17)五月望出归。上堂。短棹轻帆。风恬浪静。溢目湖光镜样平。渔歌未起同谁听。万壑千岩。高低普应。狼藉断霞残照中。船头拨转都收尽。正与么时如何。……(《卍续藏》第71册第87页,宋·虚舟普度撰,净伏编《虚舟普度禅师语录》)

(18)出归上堂。霜风浩浩叶纷纷。晓入深村野老门。相见但知俱默坐。更无一事可谈论。良久云。入山擒虎易。开口告人难。(《卍续藏》第64册第217页清·行悦集《列祖提纲录》)

(19)出归上堂。霜风浩浩叶纷纷。晓入深村野老门。相见但知俱默坐。更无一事可谈论。良久曰。入山擒虎易。开口向人难。(《卍续藏》第82册第78页清·超永编《五灯全书》)

(20)远出归上堂去时花开红树归来绿满林梢流莺叮嘱惜春残谁解机前自较须菩提太无端不但瞒人兼且自瞒还有不被瞒者么华山处士南岳懒瓒(《嘉兴藏》第36册第754页清·兴舒等编《观涛奇禅师语录》卷第二)

这些例句中的"出"并非一般意义上的"出",而是"出队"或"出乡"的省略,这是语音制约的结果。我们也可以这样说,"出"有表示"出队"或"出乡"义的义项。

《汉语大词典》未收"出队"及"出乡"两词,单字词"出"的义项中也未收"出队"或"出乡"这一义项,应该补收。

"出队"之义既明,其余的词义就不成问题了。

《白话全译》把"住持"释为"停留和执取的",值得商榷。《敕修百丈清规》曰:"佛教入中国四百年而达磨至。又八传而至百丈。唯以道相授受。或岩居穴处。或寄律寺。未有住持之名。百丈以禅宗浸盛。上而君相王公。下而儒老百氏。皆向风问道。有徒实蕃。非崇其位则师法不严。始奉其师为住持。而尊之曰长老。如天竺之称舍利弗须菩提。以齿德俱尊也。"

(《大正藏》第 48 册第 1119 页)《重雕补注禅苑清规》曰:"代佛扬化表异知事故云传法。各处一方续佛慧命斯曰住持。初转法轮命为出世。师承有据乃号传灯。"(《卍续藏》第 63 册第 542 页)

那么,"东牙乌牙"又是什么意思呢?《五灯会元》说"东牙乌牙皆出队",只有主僧才"出队",可见"东牙乌牙"既非"东牙西牙",亦非"东衙乌衙",而是对交谈双方都熟悉的凤翔府的两个主僧的称呼而已。《祖庭事苑》:"洛浦本作乐普。师讳元安。凤翔麟游谈氏子。剃头受具于乡里。初参翠微临济。每蒙印可。晚卓庵于澧阳之夹山。机缘相投。遂为会公高弟。宴坐洛浦山。未几。迁朗州之苏溪。道播天下。如乌牙青峰。皆其嗣子。"(第 417 页)乌牙是洛浦禅师弟子,洛浦禅师又是"凤翔麟游谈氏子",与招福禅师同在"凤翔府(今陕西凤翔)",所以能很自然地进入话题。"东牙"未见记载,然而乌牙既然是对一个和尚的称呼,"东牙""乌牙"并称,"东牙"自然也是对一个和尚的称呼了。

因此,前文的语录宜翻译如下:

  凤翔府招福禅师。僧人问:"东牙和乌牙两位主僧都先后离寺远行过,和尚您为什么不离寺远行呢?"禅师答:"主僧的作风各不一样,您怎么会感到奇怪呢?"

4.3.1.4 肥边

  所以道,肥边易得,瘦肚难求。(卷十二《浮山法远禅师》,第 716 页)

《辞海》、《辞源》(修订本)、《汉语大词典》等失收。滕志贤(1995:90)考释如下:

本例"肥边"与"瘦肚"对文,据文意,当即"肥便"之借。"肥便"者,大腹便便也。《后汉书·文苑传上·边韶》:"韶口辩,曾昼日假卧,弟子私潮之曰:'边孝先,腹便便。懒读书,但欲眠。'""边""便"相谐,两字字音当相近。又《舜子变》:"愿夫莫令边耻。"《敦煌变文字义通释》"边耻"条谓"边耻"即"鞭笞"之通假,此亦"边""便"可通之有力佐证。

《三九健康网·公众区》"健康减肥"栏目 2004 年 4 月 26 日有一篇题为《"肥边"易得,瘦肚难求》的文章,也是把"肥边"作"肥便"之借:"不觉到了花甲之年。环视同辈,大多大腹便便,肥边毕现。唯独我的肚子总是大不起来。偶翻禅书,有'肥边易得,瘦肚难求'之说,不禁拍案叫绝。我用了 43 年的工夫,无意之中求得了'瘦肚'。""对比之下,我的'肥边'同辈们的生活方式倒是进口的'洋货',与我的生活方式截然相反。""如此生活方式,怎能不大腹便便、'肥边'毕现?为国为家为自己计,还是趁自己肥得勉强还走得动时,赶紧节食,坚持体育锻炼,逐渐加大运动量,使大腹慢慢缩进去。"

《白话全译》把"肥边"释为"肥胖"(第680页),把"所以道,肥边易得,瘦肚难求"释为"所以说,肥胖容易得,瘦肚就难得了"。

我们认为,以上所说皆有可商榷处。"肥边"应是一个词组,指围棋实战中所得的"厚实的边地",作为一个词组,《汉语大词典》等失收"是很正常的。"肥边易得,瘦肚难求"是围棋界的常用语,指的是四边容易做活,容易圈地,而中腹难以做活,难以成空。围棋界素有"金角、银边、草包肚"的说法,指的是角容易活,一手棋即可;边次之,两手棋即可;中腹再次,四手棋也未必能活,所以走围棋的顺序,是先走四角,再走四边,然后才向中腹发展(当然,走角、走边都应瞄准中腹,但这需要较高的水平,所以说"瘦肚难求")。

宋·惠洪撰《禅林僧宝传》里说得很明确:

初欧阳文忠公,闻远奇逸,造其室,未有以异之。与客棋,远(浮山远禅师)坐其旁。文忠收局,请远因棋说法。乃鸣鼓升座曰:"若论此事,如两家着棋相似,何谓也?敌手知音,当机不让。若是缀五饶三,又通一路始得。有一般底,只解闭门作活,不会夺角冲关,硬节与虎口齐彰,局破后徒劳绰斡。所以道,肥边易得,瘦肚难求。思行则往往失黏,心粗而时时头撞。休夸国手,漫说神仙,赢局输筹即不问,且道黑白未分时一着,落在什么处?"良久曰:"从来十九路,迷悟几多人!"文忠嘉叹久之。(第362页)

宋代是众国手争霸棋坛的时代,围棋是皇帝、臣子、文人墨客、普通百姓都喜爱的体育项目。欧阳修的棋艺相当不错,他自号"六一居士",六中之一便是围棋。欧阳修请浮山远禅师"因棋说法",浮山远禅师便把下棋的道理与佛法的道理巧妙地联系起来,因而说出"肥边易得,瘦肚难求"的话。浮山远禅师所说,都是一些浅显的围棋理论,围棋界人士一看便知,绝不会把"肥边"和"大腹便便"联系起来。

再如南宋学者魏了翁的词《摸鱼儿·钱黄侍郎畴若劝酒》也提到围棋的"肥边":"……还须看,世上忧端如猬。一枰白黑棋子。肥边瘦腹都闲事。毕竟到头何似。当此际。要默识沈思,一着惺惺地。目前谁是。料当局诸公,敛容缩手,日夜待公至。"(《全宋词》第2373页)这里的"白黑棋子"即指围棋,下文的"一着"即"一手","局"即"棋局"。

现在"肥边"在围棋界的棋评中比较常见,当观棋者看到一方占据了一大块边地时,会感叹地说出:"好大一条肥边啊!"《江南时报》有一篇题为《三星火灾杯决赛刘昌赫起死回生》(作者"建文")的报道,主体部分有这样的句子:"在前半盘中,日本新锐棋手山田规三生以出色的布局很好地把握了局势,在中盘阶段,在左侧围出一条肥边,目数已优。"(2000年11月25日第5版)《都市快报》的《石佛赢棋 浙沪言和》(魏柯嘉):"俞斌的黑棋一上来是来势汹汹,在吃住中腹十余枚白子时,形势一度占优。不过,刘世振的边边角角的实空倒也不少。在经过中盘一处劫争后,俞九段囊括下边白地,而刘世振则得到一条肥边。"(2002年9月13日)

4.3.1.5 回向

尊者告曰:"汝自今去,于如来正法,更不作烧害否?"波旬曰:"我誓回向佛道,永断不善。"尊者曰:"若然者,汝可口自唱言:皈依三宝。"魔王合掌三唱,花鬘悉除。乃欢喜踊跃,作礼尊者而说偈曰:"稽首三昧尊,十力圣弟子。我今愿回向,勿令有劣弱。"(卷一《四祖优波鞠多尊者》,第15页)

《白话全译》:

尊者说:"你如今离去后,再不敢损害佛法了吗?"魔王说:"我发誓转向佛道,永远不再做坏事。"尊者说:"如果是这样,你可以自己唱'皈依佛、法、僧三宝。'"魔王双手合十,唱了三遍,花鬘尽除。他高兴得跳起来,礼拜了尊者,说出一段偈颂:"跪拜佛门尊者,十力神圣弟子。我今转心向佛,除尽愚劣卑弱。"(第14页)

《景德传灯录译注》第一册:

鞠多问他:"你自今以往,对如来正法再也不作惑乱、危害之事了吗?"天魔说:"我誓愿回心皈依佛道,永远断除不善言行。鞠多说:"如果真是这样,你口中唱道'皈依三宝'三遍即可。"天魔双手合掌,唱了三遍,那华鬘自动去除了。天魔欢喜跳跃,向鞠多尊者施礼而说偈语道:"我稽首礼拜三昧境中尊者,佛陀十力之圣弟子。我现今愿意回心向佛,勿令再出现劣弱之言行。"(第36页)

《白话全译》把"回向"译为"转向""转心向",《景德传灯录译注》把"回向"译为"回心""回心向",都值得商榷。

庞行婆，入鹿门寺设斋，维那请意旨。婆拈梳子插向髻后曰："回向了也。"便出去。（卷六《亡名道婆》，第367页）

《白话全译》：

有个庞行婆，前往鹿门寺排下斋饭，维那执事请问她的意旨。庞行婆拈取梳子插向发髻后面说："回家去了。"就出门离去。（第342页）

《白话全译》把"回向"译为"回家去"，更值得商榷。

"回向"一词，学界多有误解，因此，我们联系佛教背景知识做详细的研究。

王镁（2001：77）说："回向，犹言'转授''转给'，'回'有'转换'义，'向'有'给与'义。'回付'略同。"所举例证有三：

(1)俄有白衣叟出木穴中，曰："招喜得经，已受生矣，烦再为吾颂十部。"仆方问其何人，忽不复见。他日复访僧诵经，但以木中老人回向云。（《睽车志》卷四）

(2)忽有妓女数人，执乐器游于庭下，令之妻适见之。妓等俱前祷，丐为诵《法华经》回向，则可借以往生。（《睽车志》卷二）

(3)贵人能为写《金刚经》一卷，一心表白，回付与登，即登之职遂得小转，必有厚报，不敢虚言。（《续玄怪录》卷三《钱方义》）

就所举三例看，王镁对"回向""回付"所作的解释仍有可改进余地。

从义素分析的角度来说，只是指出了一个动作义素而已。而动作义素不是孤立的，它可以有发出者、承受者、方式、凭借、原因、结果、目的等等。这些因素都有待进一步揭示。

《辞源》1979年7月修订第1版只有"回向文"的条目，但在该条目下解释了"回向"——回向文：佛教语。回向即把自己所修功德转而使众生归向佛道的意思。

这个解释仍嫌不够确切，且一个"把"字结构套一个"使"字结构，表述上有杂糅之病。

《辞源》1988年7月修订第1版（1～4合订本）有"回向"的条目，该条目下注曰"见迴向"，查"迴"字条，却未见"迴向"。

《辞海》第2156页有"回向"条——回向：一作"迴向"。译自梵语 Pariṇāma，佛教徒把他们所修的一切功德，都总结回归，投向于他们所期望的众生普遍成佛的目的，故名。

这个解释仍然不很确切，"投向"与"目的"搭配，表述上也有问题。

《汉语大词典》第 3 卷第 610 页和《现代汉语大词典》上册第 1246 页都有"回向"条，解释是一致的——回向：佛教语。指回转自己的功德，趋向众生和佛果。

这个解释也不够确切，并且不够通俗明白，释如不释。

以上诸词典均认为"回向"属佛学专有词语，这无疑是正确的。流行的佛学词典对此已有不少释义：

孙祖烈（1998：147）认为：回，回转也。向，趣向也。回己所修之功德有所趣向，曰回向。回己善根功德而期施与他人，是为众生回向；回己善根功德而期自他皆成佛果，是为佛道回向。

陈义孝（1988：156）认为：回是回转，向是趣向，回转自己所修的功德以趣向于其他，叫做回向。回向约可分为三类，即回因向果，回事向理，回自向他。

《三藏法数》释为：谓三业所修一切诸善，乃至忏悔、劝请种种功德，回施法界一切众生，同证菩提，是名回向。（三业者，身业、口业、意业也。梵语菩提，华言道。）（第 81 页）

从修行者实际操作的角度看，回向有一般回向、个别回向、大回向、普回向、总回向等等的分别，其实一般回向就含有普回向，大回向之中也有总回向之意义。一般回向是依祖师写出的简要的偈语做的回向；个别回向是对症下药集中力量之法，往往为了某人、某事、某团体或冤家债主，或超度荐拔，或消灾延寿等，其回向文偈可临时拟用；大回向是加入了无上的悲心和愿力凝结而成的回向，大多是文句较多的文字；普回向是依普贤菩萨的普皆回向[①]的愿王而来，此种回向全以一切众生为出发点，表现的是无我的观念，是悲心至极的彰显；总回向是特定时期如佛七、结夏、水陆道场、法会等圆满之时，做的一次总的回向，有如一次阶段性总结。

综上，我们获得如下认识：第一，"回向"是佛教文化语义场的概念，受制

[①] 唐·般若译《大方广佛华严经普贤行愿品》："复次善男子，言普皆回向者，从初礼拜，乃至随顺，所有功德，皆悉回向尽法界虚空界一切众生。愿令众生常得安乐，无诸病苦。欲行恶法，皆悉不成。所修善业，皆速成就。关闭一切诸恶趣门，开示人天涅盘正路。若诸众生，因其积集诸恶业故，所感一切极重苦果，我皆代受。令彼众生，悉得解脱，究竟成就无上菩提。菩萨如是所修回向，虚空界尽，众生界尽，众生业尽，众生烦恼尽，我此回向无有穷尽。念念相续，无有间断。身语意业，无有疲厌。"

于佛教文化背景知识;第二,"回向"是有主体的,一般是佛教修行者;第三,"回向"是有目的的,就实际情况看,表现为两种目的,一是低层次的,仅仅是为了消除当前的灾厄,二是高层次的,是为了成佛;第四,"回向"凭借的是自己所修的功德,无功德是不能回向的;第五,"回向"是有对象的,可以是修行者的先父先母,也可以是修行者的多生父母,可以是某个冤家债主,也可以是所有众生(包括人与非人),可以是西方净土,也可以是无上佛道;第六,"回向"在形式上一般表现为外部语言(通俗地说,"回向"一般要求口齿清楚地说出来),偶尔也表现为内部语言,因此是一种言语行为。

获得了这些认识之后,我们就可以给"回向"下一个基本定义了:指佛教修行者为了消除障碍、趋向佛道而把自己所修得的功德回施给修行者所关注的某个或某些特定对象的一种言语行为。

作为名物性义位,"回向"可做如下义素分析:

回向:+(言语行为)+(佛教修行者)+(回施)+(自己所修得的功德)+(修行者所关注的某个或某些特定对象)+(消除障碍、趋向佛道)+(书面色彩)

作为动作性义位,"回向"可做如下义素分析——

回向:+(回施)+(佛教修行者)+(自己所修得的功德)+(修行者所关注的某个或某些特定对象)+(消除障碍、趋向佛道)+(书面色彩)

"回向"由"回"和"向"两个语素义以融合的方式构成。"回"的语素义是什么呢?《说文·口部》:"回,转也。从口,中像回转形。"从古文字的形体看,"回"应是象形字,其本义当为"旋涡",《说文》所释为引申义。"回"的引申义有:旋转、运转,迂回、曲折,掉转方向,返回原来的地方,回报、答复,回避、回绝,转移、改变,违背,次、件、章。"回向"的"回"语素义除了"返回原来的地方""回报"外,还有两层佛学上的含义,其一是法界众生,不论人与非人,从无始无终的历史长河的角度看,皆是我之父母,都对我有恩,我把功德布施给他们,即是回报父母;其二,回向的目的是要消灭"小我",趋向"大我","大我"是众生的本源,众生证得佛果,成了佛,并不是众生另外得到了什么,而只是好比游子回了家一样。可以说,佛教徒的一切所为,六度万行,都是迈向回家之路的步伐。"向"的本义是"朝北的窗户",可借指:朝向,偏向一方,趋向、方向,接近,从前、刚才。"回向"的"向"语素义就是"趋向""朝向",趋向、朝向某一个目标。"回"和"向"两个语素义融合为一个义位,语素义对整个义位只起提示作用,语素义加上佛教文化约定的意义才等于整个义位。"回向"可进入"回向偈""回向文""回向门""回向方便""回向轮""回向发愿心""回向轮陀罗尼""回向终心入法界""回向戒""回向心""回向于舍""回向弃舍"等佛学专用术语的组合,这是"回向"有佛教文化约定意义的明证。

以上佛学词典的解释表明,"回向"体现的是一种利他精神,因而和大乘佛学思想有关,或者说,是大乘佛教思想的集中体现。佛教自东汉传入我国,东汉时翻译的经典都是小乘佛教经典,如东汉安世高所译佛经《长阿含十报法经》《佛说七处三观经》《阿那邠邸化七子经》《阿毗昙五法行经》《禅行法想经》《佛说阿含正行经》《佛说八正道经》《佛说禅行三十七品经》《佛说四谛经》,支娄迦谶译的《佛说阿阇世王经》,支曜译的《佛说阿那律八念经》《佛说马有八态譬人经》《佛说马有三相经》,康孟详译的《佛说兴起行经》《舍利弗摩诃目连游四衢经》,等等。这些经典关注的都是"小我"的命运,因而属于小乘,不可能有"回向"的思想,"回向"一词不可能在东汉时期产生。

只有到了曹魏时期,伴随着大乘佛教的传入,"回向"一词才产生。有以下例子为证:

(4)设我得佛。十方众生闻我名号系念我国殖诸德本。至心迴向欲生我国。不果遂者。不取正觉。(《大正藏》第12册第268页《佛说无量寿经》)

(5)十方恒沙诸佛如来。皆共赞叹无量寿佛威神功德不可思议。诸有众生闻其名号。信心欢喜乃至一念。至心迴向愿生彼国。即得往生住不退转。唯除五逆诽谤正法。(同上,第272页)

(6)其中辈者。十方世界诸天人民。其有至心愿生彼国。虽不能行作沙门大修功德。当发无上菩提之心。一向专念无量寿佛。多少修善。奉持斋戒。起立塔像。饭食沙门。悬缯然灯。散华烧香。以此迴向愿生彼国。其人临终。无量寿佛。化现其身。光明相好具如真佛。与诸大众现其人前。即随化佛往生其国。住不退转。(同上,第272页)

(7)若有众生。明信佛智乃至胜智。作诸功德信心迴向。此诸众生于七宝华中自然化生加趺而坐。须臾之顷。身相光明智慧功德。如诸菩萨具足成就。(同上,第278页)

晋代所译佛经中,"回向"写作"迴向"[①],东晋天竺三藏佛驮跋陀罗译的

[①] 在"掉转""运转""旋转""曲折""迂回"的义项上,"迴"是"回"的繁体,《说文》写作"回";"迴""廻"是"回"的异体。

《大方广佛华严经》共出现951处"迴向",《佛说观佛三昧海经》出现3处"迴向"。例如:

(8)菩萨如是安住清净身口意业已。所说善根教化众生。种种方便所言不虚。能令众生皆得欢喜。彼菩萨摩诃萨诸所施行。乃至无有一念错谬。如是一切诸深妙行。皆为智慧方便摄持。悉能迴向无上菩提。(《大正藏》第9册第461页《大方广佛华严经》)

(9)菩萨摩诃萨。立此愿已。修学三世诸佛迴向。佛子。何等为菩萨摩诃萨迴向。菩萨摩诃萨迴向有十。去来今佛悉共演说。何等为十。一者救护一切众生离众生相迴向。二者不坏迴向。三者等一切佛迴向。四者至一切处迴向。五者无尽功德藏迴向。六者随顺平等善根迴向。七者随顺等观一切众生迴向。八者如相迴向。九者无缚无着解脱迴向。十者法界无量迴向。佛子。是为菩萨摩诃萨十种迴向。三世诸佛所共演说。(同上,第488页)

(10)行随喜已次行迴向。行迴向已次行发愿。(《大正藏》第15册第691页《佛说观佛三昧海经》)

(11)复更至心礼敬诸佛修诸功德。以是功德迴向菩提。(同上,第692页)

西晋·竺法护译的《佛说方等般泥洹经》《佛说如幻三昧经》《慧上菩萨问大善权经》,西晋·法立共法炬译的《大楼炭经》,东晋·竺昙无兰译的《佛说寂志果经》,东晋·瞿昙僧伽提婆译、道祖笔受的《中阿含经》,东晋·法显译的《佛说大般泥洹经》等,均未出现"回向"或"迴向"一词,就是在莲宗初祖慧远大师的文章如《念佛三昧诗集序》《问念佛三昧并答》《万佛影铭》《沙门不敬王者论》《明报应论》《三报论》《与隐士刘遗民等书》里,也未见"回向"或"迴向"一词,可见"回向"的观念在当时影响不大。

南北朝时期,"回向""迴向"散见于各种汉传佛教典籍,表明这种大乘思想正在逐渐扩散。婆薮盘头菩萨造、魏永宁寺北天竺沙门菩提流支译论、魏西河石壁谷玄中寺沙门昙鸾注解的《无量寿经优婆提舍愿生偈注》中就出现了23例"回向",昙鸾法师所作的《赞阿弥陀佛偈》中有1例"迴向",《略论安乐净土义》中有1例"回向",梁代僧旻、宝唱等集的《经律异相》中有3例"迴向",梁代释慧皎撰的《高僧传》中有1例"迴向"。

隋代经论中未见有"回向"一词,"迴向"散见于各种经论之中,1例"廻向"。智者大师(智顗)撰写的《释禅波罗蜜次第法门》《六妙法门》《法界次第初门》《净土十疑论》《释摩诃般若波罗蜜经觉意三昧》《法华三昧忏仪》《四教义》分别有1例、3例、3例、2例、3例、30例"迴向",《法华三昧忏仪》还有1例"廻向";达磨笈多撰写的《大方等大集经菩萨念佛三昧分》有2例"迴向";阇那崛多翻译的《大集譬喻王经》《佛本行集经》分别有25例、5例"迴向";阇那崛多、达磨笈多共译的《添品妙法莲华经》有3例"迴向";灌顶撰写的《国清百录》《天台八教大意》《观心论疏》分别有9例、7例、2例"迴向";阇那崛多译的《五千五百佛名神咒除障灭罪经》有1例"迴向";费长房写的《历代三宝纪》有1例"迴向";昙无谶翻译的《大方等大集经》有99例"迴向";释宝贵、昙无谶共译的《合部金光明经》有14例"迴向"。总的说来,隋代比南北朝时期"回向"(或"迴向")用得更常见一些,因为"作诸善根而不迴向是为魔业"。(《大正藏》第13册第105页《大方等大集经》)因而"迴向"变得十分重要,所以几乎每一部经论都会提到这个概念,表明这种大乘观念在进一步流传。

唐代"回向""迴向""廻向"三种词形并存,甚至同一部典籍中都会出现这种情况。玄觉撰写的《禅宗永嘉集》有"回向"21例,"迴向"59例;释道世撰写的《法苑珠林》有"迴向"11例,"廻向"6例,"回向"1例;裴休撰写的《黄檗山断际禅师传心法要》有"迴向"1例;道镜、善道共集的《念佛镜》有"回向"11例;智觉禅师延寿撰写的《万善同归集》有"回向"2例,"迴向"9例;道绰撰写的《安乐集》有"回向"15例。

净土宗二祖唐代善导大师作了一篇《发愿观三宝》偈:"愿以此功德,平等施一切,同发菩提心,往生安乐国。"信众占绝对优势的净土宗多以此偈作为回向偈,朝夕课诵①,这就使得"回向"更加深入信众之心。

净土宗由善导大师正式创立。五代至宋净土宗一直很盛行,它的信仰深入民间,净土常常依附于天台、禅、律诸宗。五代末有杭州永明寺(净慈寺)延寿法师,倡导禅净兼修,著有《万善同归集》等,发挥净土思想。宋元两代结社之风盛行,出现了白莲社、净业会、净土会等,专弘净土著名的有宋初省常、元代普度等。明代弘传净土者,有袾宏、智旭等。清初以来则有普仁行策、梵天实贤、资福际醒等;晚清灵岩印光(圣量),专修净土,创弘化社,创办灵岩净土道场,为近代弘扬净土的典范。该宗由于修行方法简便,人人都能做到,故自中唐以后广泛流行。宋明以后与禅宗融合,其他如律宗、天台宗、华严宗等,也都兼修念佛法门;所以很快普及于一般社会,有所谓"家家

---

① 课诵是佛教寺院定时念持经咒、礼拜三宝和梵呗歌赞等的法事。关于课诵的最早记载,见于《三国志·吴书·刘繇传》附记后汉笮融的事迹里。

弥陀佛"的说法,一直流传至今。

因此,唐以后,"回向"在佛教的各种论疏中的出现频率就大大增加了。到了当代,"回向"在各种佛学文章中更是随处可见,甚至每篇文章,都以"回向偈"或"回向文"结尾,而这种结尾,也就成了佛学文章的标志,有如佛经的"如是我闻"了。更重要的是,明清之际朝暮课诵渐趋定型,"回向"成了佛教徒每日修行的一个部分。因而"回向"不仅仅是一篇文章的几乎固定的结尾,而且成了日常修行的一个固定的结尾部分。写文章有所谓"点睛之笔",而"回向"正是佛学文章或佛教修行的"点睛之笔"。

值得注意的一种现象是,《全唐诗》中出现了4例"回向":

(12)下生弥勒见,回向一心归。(孟浩然《腊月八日于剡县石城寺礼拜》)

(13)愿闻第一义,回向心地初。(杜甫《谒文公上方》)

(14)近岁将心地,回向南宗禅。(白居易《赠杓直》)

(15)我法妙难思,天龙尽回向。(寒山《诗三百三首》)

《全元曲》中只有两处用到"回向":

(16)【前腔】能吃酒,会口童斋。吃得醺醺醉,便去搂新戒。讲经和回向,全然尴尬。你官人若是有文才,休来看佛会。(生净相见介)(生白)父母来此,不知路上安否如何? 特来就此保护,望长老回向则个。(净)原来如此。请相公上香通情音。(生上香唱)

(高明《蔡伯喈琵琶记》第三十三出)

明代小说中只发现1例"回向":

(17)只劝世人竖起脊梁,扶着正念,生时相敬如宾,死去佛前并命,西周生遂念佛回向演作无量功德。(《醒世姻缘传》第一百回"狄希陈难星退舍 薛素姐恶贯满盈")

清代的《红楼梦》《儿女英雄传》中均未见"回向"的用例。

再看现代著名小说如丁玲的《太阳照在桑干河上》,杜鹏程的《保卫延安》,孙犁的《风云初记》,冯德英的《迎春花》,孔厥、袁静的《新儿女英雄传》,梁斌的《红旗谱》,罗广斌、杨益言的《红岩》,欧阳山的《三家巷》,曲波的《林海雪原》,吴强的《红日》,杨沫的《青春之歌》,赵树理的《三里湾》,周而复的《上海的早晨》,周立波的《暴风骤雨》,老舍的《四世同堂》,竟无一例佛学意义上的"回向"。

由此可见,大乘佛学思想在文学作品中的影响并不大,这与佛教戒律禁止教徒从事世俗文学艺术有关。

在当代,"回向"一词不但出家佛教徒人人皆知,而且在家信众也无不知晓。因为我国基本上流行的是大乘佛法,修大乘佛法就必须"回向",否则就是为大乘修习者所鄙视的"自私自利"的小乘法。要"回向",就必须能背诵"回向偈"或"回向文"(短的叫"回向偈",长的叫"回向文")。所以,我们看到,那些信佛的、不识字的乡下老太太们,至少能背诵四句回向偈。

另外,别的宗教也有借用佛教的"回向"的。《道藏》洞玄部十中就有《金箓十回度人早朝开收仪一卷》《金箓十回度人午朝开收仪一卷》《金箓十回度人晚朝开收仪一卷》,各卷每回行仪节次相同,皆有宿命赞、开经文、敷座吟、讽经、解座吟、回向、智慧颂、高功恭文、宣表关焚化等。流传至藏族的一种古老的宗教"雍仲本教",对"回向"有自己的解释:"发愿回向就是为增长有尽之诸善根成为无尽善根的窍诀。大小善缘如不及时回向就会逐渐减损,回向后善缘就会增大。善的大小取决于是否懂得回向,祖师曾称:'前世不是没积资粮,而在不懂回向之故。'或自己行善,或托人行善,或随喜他人行善等有相善和无相善在回向时非常自私地只着眼于自己,而不顾他人进行回向,功德甚小。如无私地着眼于他人进行回向,功德甚大。在《集经》中也载:'无论大善小善,怎样回向就有怎样结果,若不回向善根便渐尽。以恶愿回向善,善根便丧失殆尽。为己回向善变小,为他人回向善变大,故要着眼他人去回向'。"这个观点跟佛教的观点是完全一致的。该教有自己的"回向文"。流行于台湾地区的天帝教教法中也有"回向文",如1990年8月13日至1991年2月27日有一则主题为"化解中东核战危机"的回向文:"愿以诵诰哀求力量,化解中东核战危机,避免世界石油恐慌,回教国家早日和谐。"

既然别的宗教也借用佛教的"回向",那么"回向"的定义就需要修改了:指修行者为了消除障碍、趋向某个目标而把自己所修得的功德回施给修行者所关注的某个或某些特定对象的一种言语行为。义素分析为:

名物性"回向":+(言语行为)+(修行者)+(回施)+(自己所修得的功德)+(修行者所关注的某个或某些特定对象)+(消除障碍、趋向某个目标)+(书面色彩)

动作性"回向":+(回施)+(修行者)+(自己所修得的功德)+(修行者所关注的某个或某些特定对象)+(消除障碍、趋向某个目标)+(书面色彩)

佛教"回向"的定义是狭义的定义,修改后的定义是广义的定义。狭义定义是常用定义,广义定义是非常用定义。

"回向"的对象是"修行者所关注的某个或某些特定对象",一般情况下,是指一切有情众生,不但包括人,还包括各种动物,各种生灵,从而充分展示了利他精神的广大。

4.3.1.6 归真

龙兴孜和尚迁化,僧至下遗书。师问:"世尊入灭,椁示双趺。和尚归真,有何相示?"(卷十九《杨岐方会禅师》,第1231页)

《禅宗大词典》释云:"【归真】(僧人)逝世。"(第156页)我们认为该释义似嫌宽泛,佛典用例表明,并非所有的"(僧人)逝世"都能叫"归真"。"归真"的本义是"回归真如、真实、真寂",陈义孝编《佛学常见辞汇》:"【归元】又名归真、归寂、归化、归本等,是圆寂的意思。"(第308页)丁福保《佛学大辞典》:"【归真】(术语)终归于真如也。谓涅槃。"(第2830页)如:

(1)我今已得成就法。唯愿圣众归真寂。(《大正藏》第20册第555页《佛说金刚手菩萨降伏一切部多大教王经》)

(2)然群生愚惑。安寝冥室。宛转四流。甘履八苦。开恶趣之原。杜归真之路。游游长夜。莫能自觉。(《大正藏》第22册第567页《四分律》)

(3)迷则真随于妄。则真灭妄生。悟则妄灭归真。则真生妄灭。(《大正藏》第36册第1页《大方广佛华严经随疏演义钞》)

例(1)"归真寂"、例(2)"杜归真之路"、例(3)"妄灭归真","归真"都是用的本义。可见,悟性不够、修为不到者是不能"归真"的。《大正藏》第35册《华严经探玄记》(第439页):"息用归真故名示现大般涅槃。"要"示现大般涅槃",只有佛菩萨、高僧才能做到。

4.3.1.7 诡名挟佃

上堂:"净五眼,涌金春色晚。得五力,吹落碧桃花,唯证乃知难可测。"卓拄杖曰:"一片何人得?流经十万家。"上堂:"三祖道:'但莫憎爱,洞然明白。'当时老僧若见,便与一掴。且道是憎邪是爱邪?近来经界稍严,不许诡名挟佃。"(卷二十《道场明辩禅师》,第1317页)

《白话全译》译为：

明辩禅师上堂说："净五眼，涌金春色晚。得五力，吹落碧桃花，只有经过证验才知道困难可以预测。"说完，明辩禅师拿着拄杖朝地上叩击一下，接着又说："一片何人得？流经十万家。"明辩禅师上堂说："三祖说，只要不憎恨与喜爱，就会透彻明白。当时，我老僧假若看见他，就给他一耳光。说说这是（憎）僧恨他呢还是疼爱他呢？最后一段时间以来，经界渐渐严厉，不许捏造假名挟制佃户。"（第1229页）

我们认为将"诡名挟佃"释为"捏造假名挟制佃户"值得商榷。先释上文"经界"，"经界"指土地、疆域的分界。再释"诡名挟佃"。这是宋代的一种逃税方式，即平户将自己的田产隐寄在形势户①名下，以规避某些税收负担，如科配。这类"诡名挟佃"的人家对官方声称自己是形势户的雇工即庄客，是打工的，没田产。"挟"，意为"隐藏，怀藏"，并非"挟制"。《尔雅·释言》："挟，藏也。"邢昺疏："谓隐藏物也。秦有挟书之律。"《广韵·帖韵》："挟，怀也；藏也。"《庄子·齐物论》："旁日月，挟宇宙。"成玄英疏："挟，怀藏也。"《汉书·惠帝记》："（四年三月甲子）省法令妨吏民者；除挟书律。"颜师古注引应劭曰："挟，藏也。"《资治通鉴·唐顺宗永贞元年》："侍御史窦群奏屯田员外郎刘禹锡挟邪乱政，不宜在朝。"

4.3.1.8 顾鉴　顾鉴咦

（1）觌面难逢处，如何顾鉴咦。乞师垂半偈，免使后人疑。（卷十五《资福诠禅师》，第947页）

（2）目前抽顾鉴，领略者还稀。（卷十九《护国景元禅师》，第1284页）

李开（1999：228）认为：

"顾鉴"是"察看、察见"的意思，"顾"是"前视，往前看"之意。《集韵·上姥》："顾，视也。"《玉篇·页部》："顾，瞻也。"《五灯会元》有"顾视"。卷十五《月华山月禅师》："有一老宿上法堂，东西顾视曰：'好个法堂，要且无主'。"可证"顾"亦"视"也。前视亦为"顾"，不必为"后顾"。"顾视""顾鉴"为同义词。鉴、鑑同。顾鉴、顾鑑为同义语素构成的双音节词。咦（xī），《广韵》："喜夷切，笑貌。"《广雅·释诂一》："咦，笑也。"《玉篇·口部》："咦，笑貌。""顾鉴咦"即"（站在对面，往前）察见笑貌"。原文意谓"于觌面尴尬之中察其

---

① 宋代对在仕籍的文武官员和州县豪强人户的统称。

笑容易交之色"。"抽"有抽引、前伸之义,"抽顾鑑"亦前视,有"往前扫视一下,一瞥,递个眼色"之意。验之原文密合。各大辞书均未收"顾鉴"一词。"咦"作"笑貌'解亦无书证。1979年版《辞源》注为 yí,误。"抽顾鉴"一词,更是未见辞书收录。

我们认为以上对单个字的释义是可取的,但对两个或3个字合起来的解释却值得商榷,因为这里涉及一个禅宗典故。《大正藏》第48册第312页《人天眼目》:"师每见僧。以目顾之。即曰鉴。或曰咦。而录者曰顾鉴咦。后来德山圆明密禅师。删去顾字。但曰鉴咦。故丛林目之曰抽顾。"这里说的是云门宗的教学方法。这段话译成白话就是——"云门宗文偃禅师,每次见到学僧,便用眼睛盯住学僧,随即说道:"鉴!"或者说道:"咦!"后来记录禅宗语录的人就把这种教学方法简称"顾鉴咦"。后来德山圆明密禅师记载禅语,删去"顾"字,只简称"鉴咦"。所以禅师们叫作"抽顾"(即抽去"顾"字)。"《卍续藏》第63册188页《智证传》:"云门经行。逢僧必特顾之曰。鉴。僧欲酬之。则曰。咦。率以为常。故门弟子录曰顾鉴咦。圆明密禅师删去顾字。但以鉴咦二字为颂。谓之抽顾颂。"与《人天眼目》所载大同小异。下面分别从佛典中举例:

(3)云门寻常爱说三字禅。顾鉴咦。(《大正藏》第48册第146页《佛果圜悟禅师碧岩录》)

(4)云门抽顾笑嬉嬉。拟议遭渠顾鉴咦。任是张良多智巧。到头于此也难施。(《卍续藏》第63册第188页《智证传》)

(5)云门抽顾笑嘻嘻。拟议遭他顾鉴咦。任是张良多计策。到头于此也难施。(《卍续藏》第65册第678页《禅宗颂古联珠通集》)

(6)提纲尽有同风事 好看云门顾鉴咦。(《卍续藏》第78册第523页《天圣广灯录》)

(7)也大奇。五十年来寻不得。顾鉴咦。翻身跃倒画须弥。拽下虚空为井盖作地衣。(《卍续藏》第79册第482页《嘉泰普灯录》)

(8)电光影里穿针手顾鉴咦中陷虎机如何是云门宗(《嘉兴藏》第26册第132页《费隐禅师语录》)

(9)云门顾鉴咦击右火星飞尽伊多伎俩输我一声嘘(《嘉兴藏》第32册第326页《兴善南明广禅师语录》)

(10)云门顾鉴咦六六三十六有米便煮饭没米便煮粥得得养家方子须明白。(《乾隆藏》第154册第7页《雪峤信禅师语录》)

(11)云门大师有个顾鑑咦这个便是击石火闪电光底祖宗(《卍正

藏》第 59 册第 954 页《大慧普觉禅师普说》)

以上是"顾鉴/鑑咦"的用例。"顾鉴咦"的用例明显多于"顾鑑咦","鉴"同"鑑"。例(8)应断句为:"电光影里穿针手。顾鉴咦。中陷虎机。如何是云门宗。"

(12)云门抽顾颂鉴咦。颂云。云门鉴咦。少有人知。咄无孔铁锤。(《大正藏》第 47 册第 855 页《大慧普觉禅师语录》)
(13)公案现成谁懞憹。鉴咦啐啄哂傍观。(《卍续藏》第 68 册第 68 页《古尊宿语录》)
(14)僧云如何是云门鉴咦。师曰少人知。(《卍续藏》第 69 册第 336 页《开福道宁禅师语录》)
(15)僧云。某甲出来参禅。和尚如何却令某甲回去。堂云。我乡中。三钱买一片鱼鲜。如手掌大。且道。晦堂意。在什么处。鉴咦庵云。乍可永劫受沉沦。终不瞎却众生眼。(《卍续藏》第 70 册第 332 页《石田法薰禅师语录》)
(16)公按见成谁懞憹。鉴咦啐啄哂旁观。(《卍续藏》第 78 册第 508 页《天圣广灯录》)
(17)只见锥头事。那知落鉴咦。(《卍续藏》第 78 册第 532 页《天圣广灯录》)
(18)探鉴咦宗旨 引远录公走得脚皮穿 起落赖门风 听祚智门吃些辛苦着(《卍续藏》第 78 册第 609 页《五家正宗赞》)
(19)临济得之而棒喝云门得之而鉴咦(《嘉兴藏》第 34 册第 129 页《三峰藏和尚语录》)
(20)鑑咦庵与贤在庵。俱嗣心闻贲。(《卍续藏》第 86 册第 695 页《丛林盛事》)
(21)八面风尘一喝消几人于此脱凡嚣如今靠倒云门老不敢专称鑑咦高(《嘉兴藏》第 34 册第 183 页《三峰藏和尚语录》)

以上是"鉴/鑑咦"的用例。"鉴咦"的用例明显多于"鑑咦"。
有时甚至连"鉴/鑑"也抽去,仅剩下一个"咦"字:

(22)或云。洞庭湖水一吸净尽。鱼鳖向什处藏身。代云咦。(《大正藏》第 47 册第 693 页《明觉禅师语录》)

205

(23)上堂。一二三四五六七。七六五四三二一。旋风车上定盘星。百尺竿头吹筚篥。咦复举。云门一日示众云。(《大正藏》第47册第748页《圆悟佛果禅师语录》)

(24)当时有个承当得。等闲擒下白拈贼。咦。(《大正藏》第47册第803页《圆悟佛果禅师语录》)

(25)高祖之所谓留在人天光照夜者也。然谁是知贵知价人乎哉。咦。(《大正藏》第48册第137页《天童山景德寺如净禅师续语录》)

(26)过去诸如来。不离而今咦。(《大正藏》第48册第1076页《缁门警训》)

(27)何必不必金刀玉尺。甜者如蘖苦者如蜜。二十年来无处雪屈。咦。(《卍续藏》第65册第655页《禅宗颂古联珠通集》)

(28)上堂。大道无门。诸方顶𩕳上跳出。虚空绝路。清凉鼻孔里入来。怎么相见。瞿昙贼种。临济祸胎。咦。大家颠倒舞春风。惊落杏花飞乱红。(《大正藏》第48册第122页《如净和尚语录》)

(29)佛殿。黄金妙相。驴腮马嘴。咦。贼是小人智过君子。(《大正藏》第48册第127页《如净和尚语录》)

例(22)、(24)至(27)"咦"置于句末,明显不可能做名词指笑的样子,应是叹词,表惊讶,1979年版《辞源》注为 yí 是正确的。这里的"咦"和临济"喝"、德山棒有异曲同工之妙。

可见,上面例(1)"如何顾鉴咦"是"如何学习云门宗的开悟方法"之意。例(2)"目前抽顾鉴,领略者还稀"是"目前很少有人能领略云门宗的开悟方法"之意。

4.3.2 主要基于反映事物及其联系的知识的词语训诂

词语训诂所依据的这类背景知识反映事物及其联系,在本专著中,主要是禅理。这类背景知识虽然也是固定在词语上,也可以说是词语反映的背景知识,但我们训释时主要还是根据反映事物及其联系的佛教知识、教理做出判断。

4.3.2.1 背后

师曰:"莫是当阳道么!"士曰:"背后底蕈。"(卷十九《杨岐方会禅师》,第1231页)

《中国禅宗语录大观》将"背后底蕈"译为"(那么)背后的呢?"(第120

页)《白话全译》亦将"背后底聻"译为"背后的呢?"(第163页)

我们认为以上所释值得商榷。这里涉及"背后(底/的)"的本指与转指的问题,"背后(底/的)"的本指是方位,转指应是"佛性"。在禅宗语录中,当与转指义相当的词出现在句中时,"背后(底/的)"是本指;当句中未出现与转指义相当的词时,"背后(底/的)"是转指。这段对话中,与转指义相当的词未出现,"背后(底/的)"是转指,转指"佛性"(佛有三身,法身、报身、化身,"佛性"即法身)。

为什么"背后(底/的)"转指"佛性"? 要回答这个问题,必须先弄清楚禅宗对"佛性"的认识。《五灯会元》卷上记载二十八祖菩提达磨大师之弟子波罗提与轻毁三宝的异见王的对话说得很明白——"王怒而问曰:'何者是佛?'提曰:'见性是佛。'王曰:'师见性否?'提曰:'我见佛性。'王曰:'性在何处?'提曰:'性在作用。'王曰:'是何作用? 我今不见。'提曰:'今现作用,王自不见。'王曰:'于我有否?'提曰:'王若作用,无有不是。王若不用,体亦难见。'王曰:'若当用时,几处出现?'提曰:'若出现时,当有其八。'王曰:'其八出现,当为我说。'波罗提即说偈曰:'在胎为身,处世为人。在眼曰见,在耳曰闻。在鼻辨香,在口谈论。在手执捉,在足运奔。遍现俱该沙界,收摄在一微尘。识者知是佛性,不识唤作精魂。'"(第41页)也就是说,我们人之所以能说能笑能走能动,是因为背后有一个主宰在指挥,这个主宰就是佛性。

禅师们往往形象地把人比作皮影戏里的傀儡,佛性就是傀儡背后的演员:

"但看棚头弄傀儡,抽牵全借里头人。"(《五灯会元》第645页)

"(五祖法演禅师)上堂:'山僧昨日入城,见一棚傀儡,不免近前看。或见端严奇特,或见丑陋不堪。动转行坐,青黄赤白,一一见了。子细看时,元来青布幔里有人。山僧忍俊不禁,乃问:"长史高姓?"他道:"老和尚看便了,问什么姓?"'"(《五灯会元》第1244页)

"棚前夜半弄傀儡。行动威仪去就全。子细思量无道理。里头毕竟有人牵。"(《卍续藏》第65册第628页《禅宗颂古联珠通集》)

"问佛祖公案。犹空中纸鹞。向什处收取线索。师曰。抽牵全在里头人。"(《卍续藏》第82册第495页《五灯全书》)

"唐问冤家忽到时。作何相待。师曰。里头底人聻。唐礼拜。师曰。诸佛诸祖。便认得者个人。唤作大事已毕。唐云。学人亦觉里头有人。缘何常似隔一壁。"(《卍续藏》85册第320页《揞黑豆集》)

"背后"与"里头"本不同义,"里头"是相对于幕布而言的,与"外头"相对;"背后"是相对于傀儡而言的,与"前面"相对。本指不同,转指却可以是相同的：“里头”指幕布"里头"的"演员"，"背后"指傀儡"背后"的"演员"。

按照禅宗的观点，一切学禅者都是傀儡，禅师的任务是要让学禅者明白傀儡"背后"的"演员"，所以常用"背后（底/的）"转指"演员"。查《大正藏》，未见"里头（底/的）"转指幕布"里头"的"演员"的例子，这是因为与学禅者关系不够密切，不便于教学。而用"背后（底/的）"转指傀儡"背后"的"演员"，从自身出发，显得亲切，教学效果好：

《五灯会元》："僧叉手近前，师（枣树二世和尚）亦叉手近前，相并而立。僧曰：'某甲未到此时，和尚与谁并立？'师指背后曰：'莫是伊么？'"（第496页）

《五灯全书》："问家贼难防时如何。师曰。照顾背后底。僧拟进语。师便打。"（《卍续藏》第82册第355页）

《雪窦石奇禅师语录》："师曰。遍界尽非常草木。何山松柏不苍苍。云曰。你看背后什么人。……僧问。有个无面目汉。要与和尚相见。师不答。僧喝。师曰。背后底聻。僧转身归位。师曰。你只晓得眼前。不晓得背后。僧无语。"（《卍续藏》第82册第387页）

《五灯全书》："曰。长安甚闹。我国晏然。师曰。你背后是什么。僧拟顾。师曰。大好晏然。便打。"（《卍续藏》第82册第531页）

《祖堂集》："东寺云：'还将得马师真来不？'对（困山）云：'只这个是。'云：'背后底。'"（《大藏经补编》第25册第509页）

《抚州曹山本寂禅师语录》："若也承当处分明。即转他诸圣。向自己背后。方得自由。"（《大正藏》第47册第539页）

《抚州曹山本寂禅师语录》："师又举问僧。大保任底人保任个什么。自代曰。终日在背后。不曾觑着。"（《大正藏》47册第541页）

《宗鉴法林》："天衣怀云。亡僧面前即且置。只如活人背后底是个什么。"（《卍续藏》第66册第601页）

《林泉老人评唱投子青和尚颂古空谷集》："示众云。百骸虽溃散。一物镇常灵。若能见性识心。不免撞头磕额。还见背后的么。"（《卍续藏》第67册第313页）

《为霖道霈和尚餐香录》："进云。观音菩萨来。和尚向什处与他相见。师云。背后是什么。"（《卍续藏》第72册第603页）

《湛然圆澄禅师语录》："师至半堂访无念师问云。古人道如红炉上飞片雪相似。且道古人还具透关眼也未。念曰。我不见有什么古人。师急指曰。背后聻。念休去。"（《卍续藏》第72册第804页）

《揞黑豆集》："问如何是本来面目。师云。连我也不识。僧拟议。师便

喝问僧。背后的是什么。僧云。那里看他见。"(《卍续藏》第 85 册第 343 页)

《建州弘释录》:"僧问如何是道。师曰背后底。"(《卍续藏》第 86 册第 567 页)

以上各例中的"背后(底/的)"均是用于转指。

4.3.2.2 巴鼻

(1)上堂,举:"僧问首山:'如何是佛?'山曰:'新妇骑驴阿家牵。'"师曰:"手提巴鼻脚踏尾,仰面看天听流水。天明送出路傍边,夜静还归茅屋里。"(卷十二《道吾悟真禅师》,第 733 页)

(2)闻声悟道,失却观音眼睛。见色明心,昧了文殊巴鼻。一出一入,半开半合。泥牛昨夜游沧海,直至如今不见回。(卷十二《大阳如汉禅师》,第 748 页)

(3)月生一,天地茫茫谁受屈。月生二,东西南北没巴鼻。(卷十二《大沩慕哲禅师》,第 757 页)

(4)韶山近日没巴鼻,眼里闻声鼻尝味。(卷十四《天宁禧步禅师》,第 894 页)

(5)用尽工夫,浑无巴鼻。火光迸散,元在这里。(卷二十《石头自回禅师》,第 1322 页)

(6)今朝巴鼻,直是黄面瞿昙通身是口,也分疏不下。(卷十六《栖贤智迁禅师》,第 1042 页)

袁宾、康健(2010:5)认为,"巴鼻"指"领悟禅法的着手处、悟入处,亦指禅机、机锋"。我们认为按此训释,例(2)至(6)似可解,但第一例无法解释,"巴鼻"出现在"手提"后,理当是一个具体的物件,否则无法提。《云卧纪谭》有"悬河无滞。地涌金莲。手擎如意。山童巴鼻"(《卍续藏》第 86 册第 672 页)之句,则"巴鼻"应为动宾结构。

值得注意的是,"巴鼻"在佛典中亦作"把鼻":

(7)月生一。大地茫茫谁受屈。月生二。东西南北没把鼻。(《卍续藏》第 83 册第 696 页《指月录》)

(8)一真亡影待七花八裂析栴檀众圣失把鼻万别千差归渤海(《嘉兴藏》第 36 册第 401 页《灵峰蕅益大师宗论》)

(9)禅定中或见孝子而斫股。或见猪子而把鼻者。亦自心起见感此外魔也。(《卍续藏》第 63 册第 739 页《禅家龟鉴》)

以上例句中的"把"是作动词,"把"有"握"义,"把鼻"是动宾结构。"把"也可以作介词。如:

(10)一日在厨中作务次。祖问曰。作什么曰。牧牛。祖曰。作么生牧。曰一回入草去便把鼻孔拽来。祖曰。子真牧牛。(《大正藏》第51册第248页《景德传灯录》)

(11)要识露地白牛么。试把鼻孔拽看。(《大正藏》第51册第464页《景德传灯录》)

(12)千头万头只一头。骑去骑来得自由。放去高原水草足。也须时把鼻绳收。(《卍续藏》第65册第565页《禅宗颂古联珠通集》)

(13)鼻索在洞山手里。拟瞌睡也把鼻索一掣。(《卍续藏》第67册第594页《正法眼藏》)

(14)一回入草去。一回把鼻牵。然虽如是。不免犯人苗稼。(《卍续藏》第78册第779页《建中靖国续灯录》)

(15)安在沩山三十来年。吃沩山饭。屙沩山屎。不学沩山禅。只看一头水牯牛。若落路入草。便把鼻孔拽转来。才犯人苗稼。即鞭挞。调伏既久。可怜生受人言语。如今变作个露地白牛。常在面前。终日露迥迥地。趁亦不去。(《卍续藏》第80册第89页《五灯会元》)

禅语中为什么常提到鼻子呢?上面的例子给出了答案:是因为禅师把修禅比作"牧牛",牛去吃庄稼,牧牛人就把牛鼻子扯一扯,扯回来,这比喻人的思想,一开始开小差,就打起精神,回归正念(无念也)。所以这个鼻子本指牛的鼻子。

《佛光大辞典》:"【巴鼻】禅林用语。又作把鼻、巴臂、把臂。巴即把,鼻指牛鼻。即穿绳于牛鼻,以牵制之。其后转为可把持之处,犹言根据、把柄。"(第1390页)

丁福保《佛学大辞典》:"【巴鼻】(杂语)又作巴臂,巴者把也。碧严集普照序曰:'颂出衲僧向上巴鼻。'同种电钞曰:'宗门方语云:巴鼻之巴如鼻准之可弅摄也,犹可把之者独立,唐人常谈也。类书纂要十二云:没巴臂,作事无根据也。'韵府作把鼻。"(第619页)

可见,"巴鼻"之本义为"把握住牛鼻子",引申义为"控制牛鼻子的绳子、(心念上的)可把持之处、根据、把柄"。

例(1)"手提巴鼻"可训为"手提着控制鼻子的绳子"。

4.3.2.3 当阳

庞居士来,师曰:"俗人频频入僧院,讨个什么?"士乃回顾两边,曰:"谁恁么道?"师乃咄之。士曰:"在这里!"师曰:"莫是当阳道么!"士曰:"背后底聻。"师回首曰:"看看!"士曰"草贼大败!"(卷三《齐峰和尚》,第177页)

谭伟(2001:87)认为,在此则公案中,"当阳""释'向阳'最当,'莫是当阳道么?'即是说:'(你)难道是(处于)向阳方吗?'面对太阳,眼睛容易昏花看不清物,此句即是齐峰骂庞居士眼睛昏花"。《中国禅宗语录大观》将"当阳"释为"当面、当场",将"莫是当阳道么"译为"莫非是当面说吗"(第120页)。《白话全译》亦将"莫是当阳道么"译为"莫非是当面说吗"(第163页)。

我们认为以上所释值得商榷。庞居士问"谁在那样说话?"这是特指疑问句,要求对方针对"谁"进行回答,齐峰禅师怎么可能回答"你难道是处于向阳方"或"莫非是当面说"呢?答非所问。

解释禅语,有一个原则应该遵循,那就是,要联系禅宗理论来解释,因为禅宗语录都是禅宗师徒教学禅宗的语言记录,每句话都是对禅理的阐释。而在禅宗语录中,主体"谁"是最受关注的。解决了"我/你是谁"的问题,禅宗的问题也就解决了。所以禅师教人修行,常教以参"我是谁"的方法。一天到晚老想着这个问题,慢慢地自然就悟道了。《庞居士语录》中常见这种教学方法的使用。"霞(丹霞天然禅师)曰。得便宜者少。士(庞居士)曰。谁是落便宜者。"(《卍续藏》第69册第132页)"士却问。阿师(百灵和尚)得力句是谁得知。师戴笠子便行。"(《卍续藏》第69册第132页)"灵(百灵和尚)曰。谁不恁么。谁不恁么。士珍重而去。"(《卍续藏》第69册第132页)"僧曰。不会。士曰。是谁不会。"(《卍续藏》第69册第134页)"居士尝游讲肆。随喜金刚经。至无我无人处。致问曰。座主既无我无人。是谁讲。谁听。主无对。"(《卍续藏》第69册第134页)

这种参"我是谁"的教学方法《五灯会元》中就更常见了——"慧非定故,然何知哉?不一不二,谁定谁慧?"(第40页)"何名寂静,于此法中,谁静谁寂?"(第40页)"法昕院主来参,师问:'汝是谁?'"(第143页)"曰:'恁么则本来无一物也。'师曰:'知无者是谁?'"(第357页)"佛法现成,一切具足。岂不见道圆同太虚,无欠无余。若如是也,且谁欠谁剩,谁是谁非,谁是会者,谁是不会者?所以道,东去亦是上座,西去亦是上座,南去亦是上座,北去亦是上座。因什么得成东西南北?若会得,自然见闻觉知路绝,一切诸法现前。"(第571页)

可见,庞居士连问"谁恁么道?谁恁么道?"不是一般的问句,而是禅宗的常见教学方法。那么,究竟是"谁恁么道"呢?《五灯会元》有现成的回答——"问:'如何是佛?'师曰:'清谭对面,非佛而谁?'"(第155页)"问:'如何是佛?'师曰:'更是阿谁?'"(第507页)"僧问:'昔日灵山一会,迦叶亲闻;未审今日谁是闻者?'师曰:'却忆七叶岩中尊。'"(第509页)

也就是说,这个主宰者"谁"就是"佛",而"当阳"就是"佛"的意思,齐峰禅师的"莫是当阳道么",就是"莫非是佛在说话吗"之意,正面回答了庞居士的提问。"当阳"作"佛"解的例子如任半塘编著《敦煌歌辞总编·卷三·求因果(修善十一首)》:"用心洒扫一间房,清寂涅盘堂,即见当阳佛。"(第878页)"如今不解礼当阳。累劫受灾殃。"(第870~871页)任半塘(1987:875)注:"'当阳'指佛。谓佛一切行动皆向光明。佛有一百零八别名,此应其中之一。"金·董解元《西厢记诸宫调》卷一:"临坛揖了众僧,叩头礼下当阳。"(第20页)凌景埏(1962:34)校注:"当阳——指佛。佛是圣中之圣、王中之王,坐北朝南,所以称作'当阳'。"朱平楚(1982:62)译为"临坛揖过了众僧,朝着神像拜下",并(1982:64)注曰:"叩头礼下当阳,朝着神像拜下。神像坐北朝南,谓之当阳。"元·郑廷玉《忍字记》:"我从来可烧香,他着我礼当阳;我平生爱经商,他着我守禅床。"(明·臧晋叔编《元曲选》,第1075页)金·山主《临江仙》:"月下焚香频启告,炉烟直到穹苍。十方贤圣降真祥。愿垂慈惠,同去礼当阳。"(唐圭璋编《全金元词》第161页)清·钱德苍《缀白裘·五集·卷一·精忠记·扫秦》:"(净)我来拜当阳,求忏悔。(丑)恁在这里拜当阳,求忏悔,恁待要灭罪消释?"(第57页)陈集源《龙龛道场铭》:"惠积情慕纯陀,巧自天性,即于龛之北壁,画当阳像,左右两厢,飞仙宝塔,罗汉圣僧。""上元年,先男叔琼,不弃前踪,龛中造立当阳连地尊像一躯。"(董浩等编《全唐文》第2050页)李邕《郑州大云寺碑》:"是以颓墙堙堑,焚莱平场,广途塞开,曾构踊出,巍(高峻貌)若当阳,豁若捷径。"(董浩等编《全唐文》第2669页)唐·段成式《酉阳杂俎·卷十一·广知》:"又言,相寺观当阳像,可知其贫富。"(第109页)元·天台一松大师说、语溪门人灵述记《大佛顶首楞严秘录·卷第七》:"三明设像清净轨则分三。初于坛下设四壁像。二应于下设当阳像。三帝释下设外护像。""当阳者。表如来所证中道之谛理。卢舍那报身佛也。"(《卍续藏》第13册第151页)

"当阳"的古义是"天子南面向阳而治"。《左传·文公四年》:"昔诸侯朝正于王,王宴乐之,于是乎赋《湛露》,则天子当阳,诸侯用命也。"杜预注:"言露见日而干,犹诸侯秉天子命而行。"孔颖达疏:"阳,谓日也。言天子当日,诸侯当露也。"(《春秋左传注疏》卷十八第29页)《太平御览》:"《周礼》曰:惟王建国,辨正方位。(干宝注曰:辨方谓别东西南北之名以表阴阳也。正位谓若君南面当阳,臣北面即阴,居于北宫以体太阴,居太子于东宫以位少阳之类。)"(第405页)汉·董仲舒《春秋繁露·天辨在人》有一段阴阳之论,十分精辟:"天下之昆虫随阳而出入,天下之草木随阳而生落,天下之三王随阳而改正,天下之尊卑随阳而序位。幼者居阳之所少,老者居阳之所老,贵者居阳之所盛,贱者居阳之所衰。藏者,言其不得当阳。不当阳者臣子是也,当阳者君父是也。故人主南面,以阳为位也。阳贵而阴贱,天之制也。"(第206页~207页)尊贵者当阳坐北朝南而坐,所以唐·段成式说:"凡人不可北向理发、脱衣及唾、大小便。"(第105页)

在佛学里,"当阳"就借指佛。现今安徽、福建、云南等省都有当阳寺,"当阳寺"并不是"当着太阳的寺",而是"佛寺"的意思。

明确了"当阳"与"背后"的含义,前面齐峰禅师与庞居士的对话就可以得到解释了:

庞居士拜访齐峰禅师,刚到寺里,齐峰便说:"一个俗人老到寺里走动,究竟想得到什么呢?"庞居士于是左右看了看道:"谁在那样说话?"齐峰禅师大喝一声。庞居士说:"说话人原来在这里!"齐峰禅师说:"莫非是佛在说话吗?"庞居士说:"是背后的那个(佛性)在说话呢!"齐峰禅师(一听"背后"一词,以为庞居士说的是"背后"的本指义)便回头看看,说:"看一看。"庞居士说:"蟊贼被战败了!"

4.3.2.4 定动

(1)文公又一日白师曰:"弟子军州事繁,佛法省要处,乞师一语。"师良久,公罔措。时三平为侍者,乃敲禅床三下。师曰:"作么?"平曰:"先以定动,后以智拔。"公乃曰:"和尚门风高峻,弟子于侍者边得个入处。"(卷五《大颠宝通禅师》,第265页)

(2)须用直须用,心意莫定动。三岁师子吼,十方没狐种。(卷十一《三交智嵩禅师》,第695页)

(3)快人一言,快马一鞭。若更眼睛定动,未免纸裹麻缠。脚下是地,头上是天。不信但看八九月,纷纷黄叶满山川。(卷十六《蒋山法泉禅师》,第1030页)

(4)夫欲智拔,先须定动。(卷十六《大中德隆禅师》,第1056页)

(5)拟瞌睡也把鼻索一掣,只见眼孔定动,又不相识也。(卷十七《宝峰克文禅师》,第1115页)

《五灯会元》仅此5例。《禅宗大词典》释云:"【定动】①(眼睛)眨动。

②犹豫,迟疑。"(第100页)按此解释,例(2)为"犹豫,迟疑",例(3)(5)为"(眼睛)眨动"。例(1)(4)不知。

我们认为此释属依句释义,值得商榷。"定动"两个语素意义相反,是个很奇特的词,因而可能有一个不同寻常的来源。

"定动"的最早用例应是出自北凉·昙无谶译《大般涅槃经》:"善男子。菩萨摩诃萨具足二法能大利益。一者定。二者智。善男子。如刈菅草执急则断。菩萨摩诃萨修是二法。亦复如是。善男子。如拔坚木先以手动后则易出。菩萨定慧亦复如是。先以定动后以智拔。善男子。如浣垢衣先以灰汁后以清水衣则鲜洁。菩萨定慧亦复如是。"(《大正藏》第12册第548页)

何谓"定动"？明·传灯著《维摩经无我疏》:"寂而常照。即定动义。照而常寂。即慧拔义。"(《卍续藏》第19册第589页)隋·慧远撰《大乘义章》说得更明白:"无漏永断。方是数灭。故地持云。若以世俗灭诸烦恼。彼非究竟。非解脱果。涅槃亦云。先以定动。后以智拔。"可见,"定动"指的是"以定的方式动摇诸烦恼之根本"。(《大正藏》第44册第499页)通俗地说,"定动"就是"静止"义。更通俗地说,"定动"可以引申为"呆住"义,如上所举例(2)(3)(5)。

4.3.2.5 打失鼻孔

复举:"僧问岩头:'浩浩尘中,如何辨主？'头云:'铜沙锣里满盛油。'"师曰:"大小岩头打失鼻孔。忽有人问保宁,浩浩尘中如何辨主？祇对他道,天寒不及卸帽。"(卷二十《径山宝印禅师》,第1370页)

《五灯会元》仅此一例。《禅宗大词典》释云:对师家而言,"打失鼻孔"是本分指示,交付心印;对学人而言,"打失鼻孔"则是领受心印。(第72页)

此释有可商榷处。"打失"就是"失去"的意思,"打失鼻孔"即"失去鼻孔"。值得注意的是,这个"失去"并非真的失去,也非忘失,而是修禅的时候"返息循空"达到的一种状态。《大佛顶如来密因修证了义诸菩萨万行首楞严经》记载:"周利槃特迦即从座起。顶礼佛足而白佛言。我阙诵持无多闻性。最初值佛闻法出家。忆持如来一句伽陀。于一百日得前遗后得后遗前。佛悯我愚教我安居调出入息。我时观息微细穷尽。生住异灭诸行刹那。其心豁然得大无碍。乃至漏尽成阿罗汉。住佛座下印成无学。佛问圆通如我所证。返息循空斯为第一。"(《大正藏》第19册第126页)"返息循空"自然就"打失鼻孔"了。

《楞严经贯摄》云:"志公云。终日添香换水。不知身是道场。果能向闻香闻。臭处打失鼻孔。便与三世诸佛。同一鼻孔出气。苏子由云。畜鼻径参真面目。掉头不受别钳锤。所以世人急畜而成劳。特迦调息而成道。"（《卍续藏》第 15 册第 391 页）这是志公禅师介绍从"臭处"打失鼻孔的方法。

又云："昔莫将尚书。谒南堂静禅师。咨决心要。堂使其好处提撕。适入厕。闻秽气。急以手掩鼻。遂有省。乃呈偈云。从来姿韵爱风流。几笑时人向外求。万别千差无觅处。得来元在鼻尖头。此亦从气息边。打失鼻孔也。"（《卍续藏》第 15 册第 448 页）

可见，"打失鼻孔"一语源于《大佛顶如来密因修证了义诸菩萨万行首楞严经》，是修息达到的无碍圆通境界。

4.3.2.6 停囚长智

《五灯会元》共见 5 处用例：

（1）仰曰："正恁么时，切忌勃诉。"师曰："停囚长智。"（《沩山灵祐禅师》，第 523 页）

（2）住后，僧问："未作人身已前，作什么来？"师曰："石牛步步火中行，返顾休衔日中草。"问："智识路绝，思议并忘时如何？"师曰："停囚长智，养病丧躯。"（《紫陵匡一禅师》，第 847 页）

（3）曰："学人今日，小出大遇。"师曰："降将不斩。"曰："恁么则和尚放某甲逐便也。"师曰："停囚长智。"（《虎丘绍隆禅师》，第 1280 页）

（4）会竹庵徙闽之乾元，师归省次，庵问："情生智隔，想变体殊。不用停囚长智，道将一句来。"师乃释然，述偈曰："掷出通身是口，何妨骂雨诃风？昨夜前村猛虎，咬杀南山大虫。"庵首肯。（《狼山慧温禅师》，第 1374 页）

（5）上堂曰："瑞峰顶上，栖凤亭边，一杯淡粥相依，百衲蒙头打坐。二祖礼三拜，依位而立，已是周遮。达磨老臊胡，分尽髓皮，一场狼籍。其余之辈，何足道哉！柏堂怎么道，还免诸方检责也无？"拍绳床云："洎合停囚长智。"（《龙翔南雅禅师》，第 1390 页）

《白话全译》将例（1）的"停囚长智"释为"停顿一下，以思考应对办法"（第 495 页），例（2）释为"让罪犯停在那里再来思考"（第 808 页），例（3）释为"停止囚禁，增长智慧"（1189 页），例（4）释为"迟疑思索"（第 1280 页），例（5）释为"让犯人停下来，长长智慧"（第 1292 页）。可见，《白话全译》所释随意性很强，并未真正明白"停囚长智"的含义。

《汉语大词典》未收"停囚长智"，只收了"停留长智"。《汉语大词典》第 1 卷：

【停留长智】谓耽搁得久了,会想出主意来。《西游记》第九一回:"常言道'停留长智'。那妖精倘或今晚不睡,把师父害了,却如之何?"《醒世恒言·灌园叟晚逢仙女》:"张委道:'这也罢了。少不得来年又发,我们快去,莫要使他停留长智。'"(第1558页)

许少峰编《近代汉语大词典》:

【停囚长智】同"停留长智"。

【停留长智】谓时间充裕便想得周到。《醒世恒言》第四卷:"这也罢了。少不得来年又发,我们快去,莫要使他～。"《西游记》第九一回:"哥哥说哪里话!常言道:～。那妖精倘或今晚不睡,把师父害了,却如之何?"

《近代汉语大词典》认为"停囚长智"同"停留长智",但未提供任何依据。我们认为,有两个问题需要解决。

一是哪一个先产生的问题。我们认为,"停囚长智"比"停留长智"先产生。因为我们可以见到宋代的关于"停囚长智"的用例:

(6)师蓦拈起拄杖云。洎合停囚长智。击绳床一下。便下座。(《大正藏》第47册第682页门人赜等编《明觉禅师语录》)

(7)喝一喝云。洎合停囚长智。(《大正藏》第47册第828页蕴闻编《大慧普觉禅师语录》)

(8)别云。我平生好打人。今日不合停囚长智。(《大正藏》第47册第1028页妙源编《虚堂和尚语录》)

(9)仰山云。正恁么时切忌勃塑。师云。停囚长智。(《大正藏》第51册第265页《景德传灯录》)

(10)性空停囚长智。这僧养病丧躯。欲得公道两平。许你死中得活。(《卍续藏》第67册第643页祖庆重编《拈八方珠玉集》)

(11)停囚长智。养病丧躯。(《卍续藏》第68册第314页赜藏主集《古尊宿语录》)

(12)良久云。切忌停囚长智。(《卍续藏》第68册第463页师明集《续古尊宿语要》)

(13)禅德。且莫停囚长智。养病丧躯。瞬目扬眉。早成钝汉。三乘教外。别传一句。(《卍续藏》第78册第501页李遵勖编《天圣广灯录》)

(14)停囚长智。当时待伊道。今日风头稍硬。(《卍续藏》第78册第806页惟白集《建中靖国续灯录》)

(15)雪窦云。停囚长智　云门云。作么生是国师辜负侍者处。若

会得。也是无端。(《卍续藏》第 79 册第 35 页悟明集《联灯会要》)

(16)云。怎么则和尚放某逐便也。曰。停囚长智。(《卍续藏》第 79 册第 378 页正受编《嘉泰普灯录》)

(17)二祖礼三拜。依位而立。已是周遮。达磨老臊胡。分尽髓皮。一场狼藉。自余之辈。何足道哉。柏堂与么道。还免诸方捡责也无。具眼者辨取。洎合停囚长智。(《卍续藏》第 86 册第 695 页道融撰《丛林盛事》)

元明清三代的佛教文献中均有大量"停囚长智"。每个朝代各举 3 例如下：

(18)后面礼拜。也是停囚长智。(《卍续藏》第 67 册第 45 页元·道泰集《禅林类聚》)

(19)沙云侍者却会。师云停囚长智。(《卍续藏》第 67 册第 55 页元·道泰集《禅林类聚》)

(20)开先暹云。停囚长智。(《卍续藏》第 67 册第 87 页元·道泰集《禅林类聚》)

(21)雷崩电闪时。莫今停囚长智。结角罗纹处。重为夺食驱耕。(《卍续藏》第 63 册第 778 页明·戒显著《禅门锻炼说》)

(22)仰曰。正怎么时切忌勃诉。师曰。停囚长智。(《卍续藏》第 80 册第 735 页明·费隐编《五灯严统》)

(23)玄沙云。侍者却会。雪窦云。停囚长智。(《卍续藏》第 83 册第 461 页明·瞿汝稷集《指月录》)

(24)须菩提不合推过别人。雪窦不合停囚长智。(《卍续藏》第 66 册第 21 页清·净符汇集《宗门拈古汇集》)

(25)问智识路绝。思议并忘时如何。师曰。停囚长智。养病丧躯。(《卍续藏》第 81 册第 666 页清·超永编《五灯全书》)

(26)虽然如是山僧不许你坐在者里停囚长智急须了却目前关(《乾隆藏》第 158 册第 295 页清·海眼编《明觉聪禅师语录》)

但在佛典中找不到一例"停留长智"，只能在元明时期的俗文学作品中找到极少用例。以下是对国家语委语料库"古代汉语"语料库检索的结果：

217

表 4-1　国家语委语料库"古代汉语"库检索"停留长智"结果

序号	出处	朝代	语句
1	《金瓶梅》	明	只怕蛮子停留长智,推进货来就完了帐。
2	《西游记(下)》	明	常言道:停留长智。
3	《西游记(中)》	明	八戒发狠道:"既是这般,怎么不打进去,剿除那厮,问他要扇子,倒让他停留长智,两口儿叙情!"
4	《西游记(中)》	明	若不趁此时拿了唐僧,再让一番,越教他停留长智。
5	《醒世恒言》	明	我们快去,莫要使他停留长智。

以下是北京大学中国语言学研究中心"古代汉语"语料库检索的结果:

(27)张委道:"这也罢了,少不得来年又发。我们快去,莫要他停留长智。"(《醒世恒言》)

(28)沙僧在旁道:"哥哥说那里话!常言道,停留长智。那妖精倘或今晚不睡,把师父害了,却如之何?"(《西游记》)

(29)那物在空中,明明看着,忍不住心头火起道:"若不趁此时拿了唐僧,再让一番,越教他停留长智。"(《西游记》)

(30)八戒发狠道:"既是这般,怎么不打进去,剿除那厮,问他要扇子,倒让他停留长智,两口儿叙情!"(《西游记》)

(31)伯爵道:"哥主张的有理。只怕蛮子停留长智,推进货来就完了帐。"(《金瓶梅》)

可见,是先有"停囚长智",而且流行于宋元明清 4 个朝代,到了元明时期才偶尔写作"停留长智"。因此,《汉语大词典》应补收"停囚长智"。

第二个问题是,"停留长智"是否同"停囚长智"。我们的观点是肯定的,理由如下:

第一,"停囚长智"与"停留长智"仅一字之差。

第二,"囚"在《广韵》中是似由切,尤韵邪纽平声,"留"是力求切,尤韵来纽平声,二者读音相似,可能因误读误传而导致误写。

第三,"囚"有"拘禁、幽禁"之意,"留"有"停止在某一处所或地位上不动、不离去"之意,二者有较多的、共同的语义特征,同属于一个比较小的语义场,因而可以近义替代。

第四,从禅理上说,"停囚长智"和"停留长智"都是禅宗反对的,禅宗反对思考,更反对长时间慢慢地思考,否定长时间慢慢思考得出的结论。唐·慧然集《镇州临济慧照禅师语录》:"故临济祖师以正法眼。明涅槃心。兴大智大慈。运大机大用。棒头喝下。剿绝凡情。电掣星驰。卒难构副。岂容拟议。那许追思。"(《大正藏》第 47 册第 495 页)宋·楚圆集《汾阳无德禅师语录》:"山云。汝试举天皇龙潭底看。钦山拟议。德山便打。"(《大正藏》第 47 册第 608 页)

4.3.2.7 倜傥

(1)上堂:"祖师心印,一印印空,一印印水,一印印泥。如今还有印不着者么?试向脚跟下,道将一句来。设你道得倜傥分明,第一不得行过衲僧门下,且道衲僧有什么长处?"(卷十二《石霜楚圆禅师》,第 704 页)

(2)上堂:"……直饶向这里倜傥分明,犹是梯山入贡。还有独超物外者么?"(卷十二《大沩慕哲禅师》,第 757 页)

(3)上堂,拈起拄杖曰:"我若拈起,你便唤作先照后用。我若放下,你便唤作先用后照。我若掷下,你便唤作照用同时。忽然不拈不放,你向什么处卜度?直饶会得倜傥分明,若遇临济德山,便须脑门会地。且道伊有什么长处?"(卷十六《法昌倚遇禅师》,第 1024 页)

黄灵庚(1999:24)认为,"倜傥"犹说非常、甚,副词。

我们认为"倜傥"应为"洒脱""无拘束"之意,"倜傥分明"是两个词并列在一起,联合结构。"倜傥"与"分明"是对习禅者的两种要求:一切都能放下("倜傥")才能修禅,头脑长时间清醒(分明)才能参禅(所以禅宗提倡"不倒单",现在有些传统寺庙——如武汉的莲溪寺——仍没有僧人的床位,就是防止不清醒)。禅宗追求的就是心的解脱,只有真正从心里而不是口头上、理解上"洒脱""无拘束"的人才能获得解脱,这就是例(1)(3)"道/会得倜傥分明"的意思。"倜傥"表"洒脱""无拘束"禅宗典籍中很常见:

(4)倜傥衲子出来。眼似铜铃口似悬河。也说他不得。(《大正藏》第 47 册第 765 页《圆悟佛果禅师语录》)

(5)木平终是英灵衲子倜傥禅和。不受磨磕再买草鞋。(《卍续藏》第 67 册第 354 页《林泉老人评唱丹霞淳禅师颂古虚堂集》)

(6)立地可成佛。杀人不眨眼。碎生死窠窟。要个倜傥汉。(《大正藏》第 47 册第 809 页《圆悟佛果禅师语录》)

(7)岩头英灵倜傥。打发学人。(《大正藏》第 48 册第 255 页《万松老人评唱天童觉和尚颂古从容庵录》)

(8)齐定州僧明勖。未详何处人也。少怀倜傥。志概凝峻。(《大

正藏》第 51 册第 1096 页《古清凉传》)

例(4)"偆俛衲子"就是"洒脱的和尚",例(5)"偆俛禅和"是"洒脱的禅者"之意,例(6)"偆俛汉"就是"洒脱的汉子",例(7)"英灵偆俛"是"聪明超脱"之意,例(8)"少怀偆俛"是"少怀潇洒之志向"之意。

4.4 基于语境的词语训诂

语境特指上下文。一般情况下,完整的语境信息可以决定待训词语的某个义项。待训词语可能多次出现在类似的语境中,综合类似语境则可以更准确地求得待训词语的某个义项,这种情况有点类似于黑客技术中的"撞库"。"撞库"次数越多,信息就越完整,训诂就越准确。

4.4.1 健

问:"有人问和尚,即随因缘答,无人问和尚时如何?"师曰:"困则睡,健则起。"(卷四《长沙景岑禅师》,第 212 页)

"五灯"中未见用例。《汉语大词典》"健"字下虽有"强有力""健康""勇猛""高明""擅长""贪""非常""飘举""姓"等 9 个义项,但无一适合本例。

在这种情况下,我们就只能通过语境求义了。

"困则睡,健则起","睡"与"起"对文,"困"与"健"对文,则"健"为"不困"或"清醒"之义。《字汇·人部》:"健,不倦也。"亦印证此义之存在。

佛典中有类似用例:

(1)开炉上堂云。乾茆近火理合先燋。滴水冰生事不相涉。倘或透生死明寒暑。融动静一去来。直得意遣情忘。如痴似兀。然后乃可饥则吃饭。健则经行。热则乘凉寒则向火。(《大正藏》第 47 册第 729 页《圆悟佛果禅师语录》)

(2)健则坐困则休。信任从教雪满头。(《卍续藏》第 68 册第 487 页《续古尊宿语要》)

(3)健则纵步闲游。困则倒头酣寝。身如槁木。心若死灰。(《卍续藏》第 68 册第 513 页《续古尊宿语要》)

(4)健则松径闲行。困则堂中便歇。(《卍续藏》第 69 册第 341 页

《开福道宁禅师语录》）

(5)师云："困则睡,健则起。"(《大藏经补编》第 25 册第 623 页《祖堂集》)

例(1)"健则经行"之"经行",《佛光大辞典》云："意指在一定的场所中往复回旋之行走,通常在食后、疲倦时,或坐禅昏沉瞌睡时,即起而经行,为一种调剂身心之安静散步。"(第 5551 页)既然只是散步,那么不"强有力"、不"健康"、不"勇猛"也可以"经行",带病也可以"经行",只要醒着就可以经行。因此,"健则经行"是"醒了就经行"的意思。例(2)至例(5)"健"与"困"对举,明显是"清醒"的意思。

"健"俗作"僆","僆"亦可与"困"对举:

(6)僆则经行困则眠。(《卍续藏》第 67 册第 362 页《林泉老人评唱丹霞淳禅师颂古虚堂集》)

(7)饥则吃饭。困则打眠。僆则经行。热则摇扇。(《卍续藏》第 69 册第 757 页《大川普济禅师语录》)

(8)僆则运瓦搬椽。困则横眠倒卧。(《卍续藏》第 70 册第 237 页《无准师范禅师语录》)

(9)饥则噇教饱。饱则信步行。僆则盘膝坐。困则伸脚眠。(《卍续藏》第 70 册第 778 页《天如惟则禅师语录》)

"僆"与"困"对举,明显也是"清醒"的意思。

4.4.2 详

遂掩卷,不觉寝梦:自身与六祖同乘一龟,游泳深池之内。觉而详之:灵龟者,智也。池者,性海也。吾与祖师同乘灵智游性海矣。(卷五《石头希迁禅师》,255 页)

李开(1999:217)认为:

"详"是"占卜、卜度、占知"的意思;《说文,言部》:"详,审议也。"段玉裁注:"审,悉也。""占知"义为此本义的引申义。又《说文·又部》"叡,楚人谓卜问吉凶曰叡"。清·戴震《续方言》卷二"楚人谓卜问吉凶曰叡"。叡:古音心纽物韵。详:古音邪纽阳韵。心纽和邪纽旁纽近乎双声。故"详"是与"叡"读音相近的同义词。"详"为占卜义,故"占详"可连用。《近代汉语语法资料汇编·燕子赋》:"东西步度,南北占详,但避将军太岁,自然得福无殃。"原校记云:"疑应为'占相'。"今谓不烦改字,"占详"同义连用,上下文甚通顺。《红楼梦》第一○二回:"过了些时,果然贾珍患病,竟不请医调治,轻则到园化纸许愿,重则详星拜斗。""详星拜斗"即占星拜斗。又作"祥"字。唐玄宗《过王墓》:"不观松柏茂,空余荆棘场;叹磋悬剑陇,谁识梦刀祥。""祥"非"吉祥"义甚明,祥,占知所得之意。今吴语仍有"详梦""祥梦"的说法,并谓心中揣度曰详,卜知吉凶亦曰详。

我们认为以上观点似乎值得商榷。理由如次。

首先,《汉语大词典》"详"的第三个义项"揣摩、推断"(第11卷,第202页)就很适合于上例。"觉而详之"是"醒来以后就推测"的意思,而不是"醒来以后就占卜"。下文"灵龟者,智也。池者,性海也。吾与祖师同乘灵智游性海矣"是推测的内容,而不是占卜的内容。如是后者,一般应说明占得一个什么卦,卦象如何。

第二,"占详"可连用并不能证明"详"是"占"的意思。"占""详"是两个动作,先占卜,后根据占卜的结果推测。

第三,在佛典中,"详"用于"揣摩、推断"义的用例丰赡:

(1)齐眉共蠋。宜细详之。异目超宗。不妨拊掌一笑。(《卍续藏》第71册第60页《石溪心月禅师语录》)

(2)老宿云。与么则拗折拄杖。割断草鞋去也。师云。细而详之。(《卍续藏》第79册第234页《联灯会要》)

(3)故求悟者必贵疑。请为居士详之。夫人心之机。不凝结必不能开豁。如隆冬闭塞。实酿泰元。若气泄而不完。则其发生也必无力。(《卍续藏》第72册第444页《永觉元贤禅师广录》)

(4)前承台谕。有禅语不同佛语之疑。已略奉答。然以楮尽。未悉所陈。今请详之。禅语之不同于佛者。言句也。其旨则无有不同。(《卍续藏》第72册第449页《永觉元贤禅师广录》)

(5)又答云。白发老婆羞看镜。自得晖云。白云笼岳顶。终不露崔嵬。皆可责其犯讳乎。且洞宗之机贵回互但如此。又何以出生死乎。学此宗者。请详之。(《卍续藏》第72册第540页《永觉元贤禅师广录》)

(6)近有伪书。号总圣录。出十六天并韦天。昔因其间曰。几世为国王。几世为长者等。考之藏典。并无所据。又云一千二百卷在西竺。一百二十卷在唐土。皆不根之语。若果西域有之而传此方。合有译师翻传之事。请见者详之。(《卍续藏》第88册第436页《重编诸天传》)

(7)南岳大乘止观中引起信论文曰是故论云三者用大能生世间出世间善恶因果故起信原无恶字读之令人骇然且性恶虽是天台一家宗旨然慈云谓南岳远承迦叶次禀马鸣而马鸣以古佛示居八地南岳以异德名列神僧不应先圣后圣两相违悖又起信言约义丰辞精理极总括大乘诸了义经一句一字不可得而增减者也彼南岳自创为止观则已今引起信正出其来源明有据也而乃于本文所无辄为增益有是理乎必后人为之耳或谓此书刻自慈云宜无赝杂噫安知非慈云之后又后人所增耶我虽至愚定知南岳不改起信请高明更详之(《嘉兴藏》第33册第36页《云栖法汇(选录)》)

(8)楞严择选圆通独取耳根然世尊为一期化导之主而以见明星悟饮光为万代传灯之祖而以见捻花悟皆属眼根者何也此有二义一者随众生义此方真教体清净在音闻故二者遣着义众生处处着闻圆通独尚耳根便谓余根不能入道故是故豪杰之士根根圆通如大福德人执石成宝善读楞严者详之(《嘉兴藏》第33册第41页《云栖法汇(选录)》)

例(1)(2)"宜细详之",如果"详"是"占卜"义,则其前不宜用"细"修饰。例(3)(4)"夫人心之机。不凝结必不能开豁。如隆冬闭塞。实酿泰元。若气泄而不完。则其发生也必无力""禅语之不同于佛者。言句也。其旨则无有不同"明显是推断的内容。例(5)至(8)前面都是讲佛理,后面"详之"是总结,是"推断"的意思。

第四,占卜是违背佛教戒律的,禅师不可能让人占卜。《大般若波罗蜜多经》:"复次善现。若不退转位菩萨摩诃萨。成就无上菩提作意。常不远离大菩提心。为净命故不行咒术医药占卜诸邪命事。不为名利咒诸鬼神令着男女问其凶吉。亦不咒禁男女大小傍生鬼等现希有事。亦不占相寿量长短财位男女诸善恶事。亦不悬记寒热丰俭吉凶好恶惑乱有情。"(《大正藏》第6册第674页)《大方广佛华严经》:"又离邪见。菩萨住于正道。不行占卜。不取恶戒。心见正直。无谄无诳。于佛法僧。起决定信。"(《大正藏》第10册第185页)《佛说十地经》:"舍离种种占卜吉凶邪戒者。见其见正真无谄无诳。于佛法僧起定意乐。"(《大正藏》第10册第543页)《五灯会元》是佛教经典,不可能记载违戒内容。

4.4.3 乱统

(1)曰:"万法泯时全体现,君臣合处正中邪去也。"师曰:"驴汉不会便休,乱统作么?"(卷十二《芭蕉谷泉禅师》,第712页)

(2)良拟议,师打七棒曰:"且听个乱统汉疑三十年。"(卷十三《钦山文邃禅师》,第814页)

(3)又问:"来时马大师安乐否?"师曰:"安乐。"禅曰:"向汝道什么?"师曰:"教和尚莫乱统。"(卷十六《法昌倚遇禅师》,第1023页)

(4)英曰:"争奈公案见在。"师曰:"乱统禅和,如麻似粟。"(卷十六《法昌倚遇禅师》,第1025页)

(5)曰:"出身犹可易,脱体道应难。"师曰:"乱统禅和,如麻似粟。"(卷十七《黄龙悟新禅师》,第1132页)

《五灯会元》共见5例。以上语境,有3个共同特点:都是师徒问答场合,弟子问,老师答;老师答语中的"乱统"是对弟子问话的总结;老师的回答都是否定的。

《联灯会要》卷第二十一中有"但知着衣吃饭,屙屎送尿,随分遣时,莫乱统诈称道者"(《卍续藏》第79册第182页)之句,"乱统"与"诈称"连用,证明二者词义相同,属于同义连用。

《嘉泰普灯录》卷第二十五中有"争人争我,争胜争负,恣意乱统,贬剥诸方"(《卍续藏》第79册第441页)之句,"乱统"与"贬剥诸方"连用,证明二者词义相近。

可见,"乱统"可以解释为"乱说、胡诌、敷衍胡说"。

4.4.4 蓦

"蓦"在佛典中很常见,在《五灯会元》中就出现了65例,我们分义项训释。

义项一:作语素,语素义为"直"。例如:

(1)乃问。径山路向什处去。婆曰。蓦直去。(卷三《蒲州麻谷山宝彻禅师》,第150页)

(2)有僧游五台,问一婆子曰:"台山路向什么处去?"婆曰:"蓦直去。"僧便去。婆曰:"好个师僧,又恁么去。"后有僧举似师,师曰:"待我去勘过。"明日,师便去问:"台山路向什么处去?"婆曰:"蓦直去。"师便去。(卷四《赵州从谂禅师》,第 201 页)。

(3)上孤峰顶,过独木桥,蓦直怎么行,犹是时人脚高脚低处。(卷十四《长芦清了禅师》,第 898 页)

(4)公曰:"毕竟如何晓会?"通曰:"蓦直去。"(卷十八《左司都贶居士》,第 1220 页)

(5)伤嗟门外人,处处寻弥勒。蓦路忽抬头,相逢不相识。(卷十九《开福道宁禅师》,第 1263 页)

(6)百丈野狐,失头狂走。蓦地唤回,打个筋斗。(卷十八《崇觉空禅师》,第 1177 页)

(7)师拈曰:"一人能舒不能卷,一人能卷不能舒。云岩门下,一任南来北来,且怎么过,蓦然洗面摸着鼻头,却来与你三十。"(卷十八《云岩天游禅师》,第 1203 页)

(8)蓦然逢着个黄面瞿昙,不惜眉毛,再三与伊摩顶授记,云善哉善哉,大作佛事,希有希有。(卷十九《保宁仁勇禅师》,第 1238 页)

以上前 4 例语境表明,"蓦"与"直"组合成"蓦直",放在动词"去""行"前面,修饰动词,做状语,相当于"笔直"。现在湘方言中即有"蓦直"一词,有"笔直""直爽"之意。"蓦"的语素义是"直"。

例(5)"蓦"直接限定名词"路",做定语,"蓦路"即"直路"。从禅理上说,修禅都是走的直路,叫"直指人心,见性成佛"。"蓦路"亦作"蓦直路"。《赵州和尚语录》:"问 蓦直路时如何 师云 蓦直路。"(《嘉兴藏》第 24 册第 367 页)《天界觉浪盛禅师语录》:"上堂 击如意曰 嚼碎铁昆仑 满口达磨髓 哺彼石女儿 全赖此法乳 赖法乳 知几许 摊十石油麻于树上 百草弄影 太煞分明 指蓦直路头于台山 就中勘破 俨然有在 此有在 谁痛快 春风浪暖桃花飞 一棹兰江歌下载。"(《嘉兴藏》第 25 册第 703 页)

例(6)至(8)的"蓦"作语素,充当"蓦地"或"蓦然"的构成成分。"蓦地"或"蓦然"都是"突然""忽然"之意。

义项二:作副词,词义为"突然""猛然"。例如:

(9)师在东司上,见远侍者过,蓦召文远,远应诺。(卷四《赵州从谂禅师》,第 205 页)

(10)与胜光和尚锄园次,蓦按锹,回视光曰:"事即不无,拟心即差。"(卷四《子湖利踪禅师》,第 213 页)

(11)虾蟆𧎢跳上天,蚯蚓蓦过东海。(卷四《睦州陈尊宿禅师》,第

225

234页)

(12)师有时蓦唤侍者,者应诺。师曰:"更深夜静,共伊商量。"(卷四《益州西睦和尚》,第246页)

(13)师蓦问一僧:"记得么?"曰:"记得。"(卷七《龙华灵照禅师》,第412页)

(14)师子蓦咬人。狂狗尽逐块。(卷十二《建宁府万寿慧素禅师》,第771页)

(15)一日,与雪峰、钦山聚话。峰蓦指一碗水。钦曰:"水清月现。"(卷七《岩头全奯禅师》,第376页)

(16)蓦拈拄杖画一画,曰:"总在这里。"(卷十五《韶州云门山光奉院文偃禅师》,第928页)

以上诸例中的"蓦"其实就是"蓦地"或"蓦然"。我们比较语境可以发现一个规律,"蓦"与单音节词组合,如"蓦召""蓦按""蓦过""蓦唤""蓦问""蓦咬""蓦指""蓦拈"等,"蓦地"或"蓦然"与双音节词组合,如"蓦地唤回""蓦然洗面""蓦然逢着"等,这是语音要素起作用的结果。

4.4.5 不辞

(1)沩山、五峰、云岩侍立次,师问沩山:"并却咽喉唇吻,作么生道?"山曰:"却请和尚道。"师曰:"不辞向汝道,恐已后丧我儿孙。"(卷三《百丈怀海禅师》,第132页)

(2)师曰:"未在,更道。"曰:"和尚也须道取一半,莫全靠学人。"师曰:"不辞向汝道,恐已后无人承当。"(卷五《青原行思禅师》,第254页)

黄灵庚(1999:24)认为,"不辞向汝道"是"不愿向你说"之意,"不辞"是"不愿、不能",其义与通常训"不推辞、愿意"者相反。

(3)上堂:"久立大众更待什么,不辞展拓,却恐误于禅德,转迷归路。时寒,珍重!"(卷八《天竺子仪禅师》,第476页)

黄灵庚(1999:24)认为,"不辞展拓,却恐误于禅德"是"不愿展拓,只恐误于禅德"之意。

(4)师曰:"何不现神通?"曰:"不辞现神通,只恐和尚收作教。"(卷

九《仰山慧寂禅师》,第535页)

黄灵庚(1999:24)认为,"不辞现神通"是"不能现神通"之意。

(5)僧请益"栢树子"话,师曰:"我不辞与汝说,还信么?"曰:"和尚重言,争敢不信。"(卷十一《叶县归省禅师》,第689页)

(6)问僧:"什处来?"曰:"游山来。"师曰:"还到顶么?"曰:"到。"师曰:"顶上有人么?"曰:"无人。"师曰:"怎么则不到顶也。"曰:"若不到顶,争知无人?"师曰:"何不且住。"曰:"某甲不辞住,西天有人不肯。"师曰:"我从来疑着这汉。"(卷十三《洞山良价禅师》,第780页)

黄灵庚(1999:24)认为,"不辞"为"不肯"之意。
我们认为,以上例句中的"不辞"均应为"不推辞""愿意"义。
例(1)"不辞向汝道,恐已后丧我儿孙"应释译为"虽然我愿意向你说,但是恐怕以后禅宗后继无人"。
例(2)"不辞向汝道,恐已后无人承当"义同"不辞向汝道,恐已后丧我儿孙"。
例(3)"不辞展拓,却恐误于禅德"应释译为"我愿意展拓,但担心误导你"。值得说明的是,本例正确标点应为:
上堂久立:"大众更待什么,不辞展拓,却恐误于禅德,转迷归路。时寒,珍重!"
例(4)"不辞现神通,只恐和尚收作教"应释译为"我倒愿意展现神通,只是担心你把它当作佛教理论的内容"。
例(5)"我不辞与汝说,还信么"应释译为"我虽然愿意向你说,但是你会相信吗"。
例(6)"某甲不辞住,西天有人不肯"应释译为"我虽然愿意住,但西天有人不肯"。
如释"不辞"为"不肯",则例(1)(2)的"恐"、例(3)的"却"、例(4)的"只"无法解释,且从意义上看,后句并非顺着前句意思说出,可见,以上例句中的"不辞"都是用于让转复句中,"不辞"除表实义外,还充当表示让步意义的连词。

4.4.6 把

"把"在《五灯会元》中是一个使用频率很高且用法颇为复杂的词,因而我们对其进行全面考察。

"把"字在《五灯会元》中的出现次数为 209 次,《五灯会元》的字数(不计标点符号、空格,下同)约为 77.29 万个,"把"字的出现频率约为万分之二点七。从语法上看,《五灯会元》中的"把"可以作动词、量词、介词,还可以充当语素。

4.4.6.1 "把"作动词

共出现 144 次,占全书"把"字总数的 68.9%。

4.4.6.1.1 表示"用手或用其他方式抓住、搬(某人、某物)"的意思

这是"把"的本义,共出现 105 次,占全书"把"字总数的 50.2%,"把"的其他义项出现的比例远在此比例之下,这表明,"把"的常用义就是本义。例如:

(1)空手把锄头,步行骑水牛。人从桥上过,桥流水不流。(第 119 页)

(2)僧参,师打一拄杖。其僧近前把住拄杖。(第 193 页)

(3)侍者把灯来!(第 260 页)

(4)师便开门,才出被士把住曰:"师多知,我多知?"(第 269 页)

(5)问:"水清鱼现时如何?"师曰:"把一个来。"(第 825 页)

(6)无力把拄杖。(第 976 页)

(7)白牛放却无寻处,空把山童赠铁鞭。(第 995 页)

(8)紧峭离水靴,踏破湖湘月。手把铁蒺藜,翻身倒上树,始见无生灭,打破龙虎穴。(第 1120 页)

105 个用"把"的例子表现出"把"的组合规律为:"把"后可以加助词;一般带宾语,语法上表现为名词、名词短语或数量短语,语义上表现为受事;从语义上看,"把"和两个对象相联系,属双目谓词;"把"后可以加补语,如果同时有宾语,则宾语在补语后;"把"前可以加状语,状语可以是由"被"引出的介词短语。

"把"后可以加助词的情况比较特殊,这里做一些说明。"把"字后可加"将",全书共有 10 例,举数例如下:

(9)师曰:"把将虚底来。"(第 101 页)

(10)师曰:"把将果子来。"(第 203 页)

(11)遵曰:"把将那个来。"(第 259 页)

(12)问:"目前生死,如何免得?"师曰:"把将生死来!"(第 419 页)

"将"看作助词,似乎也可以看作与"把"同义连用的动词。但"将"置于其他动词后,则不宜看作动词。如:

(13)初秋夏末。游山玩水且从你。暮扎一问。快道将来。(《卍续藏》第 68 册第 257 页《古尊宿语录》)

(14)举志公云。鸡鸣丑。一颗圆光明已久。师云。脑后即不问尔。三千里外道将一句来。(《大正藏》第 47 册第 559 页《云门匡真禅师广录》)

(15)上堂。僧堂觑破香积厨。鸱鹞咬杀佛殿脊。明明向道。尚乃不会。岂况盖覆将来。击禅床下座。(《大正藏》第 47 册第 637 页《黄龙慧南禅师语录》)

(16)只如一大藏教尽是金口所宣。如来秘密。汝口里念将来。总成魔语。岂得了。(《卍续藏》第 68 册第 232 页《古尊宿语录》)

(17)小树子傍山栽。花从叶里开。枝高攀不得。罗袖拂将来。(《卍续藏》第 68 册第 499 页《续古尊宿语要》)

(18)恁么与你东举西举。便道与你说禅。才转脚时。便作世谛流布将去。你但念念在其中。便有省发底分。(《卍续藏》第 68 册第 208 页《古尊宿语录》)

(19)依草附木。不觉不知。一向迷将去。(《卍续藏》第 79 册第 442 页《嘉泰普灯录》)

这些例句都是动词后加"将",如也看作动词连用,则不可理解。如"快道将来"就是"快说出来"的意思,"将"应无词汇义。所以动词后的"将"我们一律看作助词。

"把"字后也有加助词"得"的,表示动作完成:

(20)示众:"……或有学人应一个清净境,出善知识前,知识辨得是境,把得抛向坑里……"(第 646 页)

"得"表动作完成,在湖南宁乡话中很常见,如"把得井打好哒(把井打好了)","把得路做抻(把事情做好)",这应属于近代汉语的遗留。

"把"字后的"得",亦可表示能愿义,"得"应看作能愿动词:

(21)拈拄杖曰:"这个是拄杖子,拈得、把得、动得,三千大千世界,

一时摇动；若拈不得，把不得，动不得，文殊自文殊，解脱自解脱。参！"（第729页）

"把""将""握""持""拿"在"用手或用其他方式抓住、搬（某人、某物）"的意义上构成同义词，它们的组合关系特点也是基本一致的。

《五灯会元》中有"将""握""持""拿"的用例，如：

(22)时有贫女，将金珠往金师所，请饰佛面。（第10页）

(23)祖曰："知识远来大艰辛，将本来否？若有本则合识主，试说看。"（第102页）

(24)师常握木蛇，有僧问："手中是什么？"（第801页）

(25)师曰："左手握拳，右手把笔。"（第1009页）

(26)世尊一日敕阿难："食时将至，汝当入城持钵。"（第8页）

(27)于是文殊承佛神力，遂手握利剑，持逼如来。（第8页）

(28)师以手拿头曰："这师僧得怎么发人业。"（第421页）

(29)至夜小参，师出问曰："净裸裸空无一物，赤骨力贫无一钱。户破家亡，乞师赈济。"悟曰："七珍八宝一时拿。"（第1287页）

"将""把""握""持""拿"这几个同义词有何区别？它们都是及物动词，及物动词之间的区别最容易从它们所支配的受事看出来。下表是"将""把""握""持""拿"在《五灯会元》中和受事共现的具体用例。（重现的受事只列1个，中心义相同的受事也只列1个。）

"将"的受事有：清净法眼（第4页）、涅槃妙心（第4页）、实相无相（第4页）、微妙正法（第4页）、金珠（第10页）、心（第44页）、罪（第47页）、尸（第73页）、衣（第73页）、真（第99页）、本（第102页）、青梅（第103页）、万德（第120页）、本来面目（第142页）、净瓶（第143页）、犀牛扇子（第143页）、那个（第144页）、珠（第151页）、水（第170页）、可意物（第172页）、床子（第196页）、锄头（第223页）、物（第243页）、一信（第245页）、皂角（第247页）、药（第260页）、痒和子（第265页）、消息（第281页）、刀（第284页）、无佛处（第366页）、斧（第378页）、无底桶子（第398页）、笔（第429页）、柑子（第433页）、钵囊子（第437页）、三界（第517页）、火（第520页）、一橛柴（第525页）、拂子（第528页）、蒲团（第550页）、问（第555页）、假果子（第587页）、几案（第644页）、木罂子（第652页）、临济喝（第653页）、西京主人书（第660页）、履（第763页）、眼（第806页）、病（第821页）、花（第823

页)、茶(第 827 页)、露柱(第 891 页)、木勺(第 891 页)、绳棒(第 922 页)、三门(第 928 页)、笔砚(第 929 页)、鞋袋(第 935 页)、吹毛剑(第 957 页)、御颂(第 1006 页)、粪箕(第 1043 页)、扫帚(第 1043 页)、大宝(第 1076 页)、烛(第 1120 页)、一块金(第 1210 页)、麻(第 1336 页)。

"把"的受事有:虚底(第 101 页)、锄头(第 119 页)、拄杖(第 193 页)、僧(第 193 页)、火(第 199 页)、公验(第 203 页)、果子(第 203 页)、龙华照和尚(第 247 页)、灯(第 260 页)、箸(第 260 页)、师(第 269 页)、针(第 270 页)、生死(第 419 页)、瓜(第 434 页)、纸笔(第 452 页)、铫(第 468 页)、土(第 497 页)、万法(第 503 页)、须弥与芥子(第 503 页)、锄头(第 610 页)、虎尾(第 643 页)、清净境(第 646 页)、碗(第 675 页)、拄杖子(第 729 页)、钓竿(第 764 页)、花(第 853 页)、虚空(第 854 页)、三界(第 927 页)、柂(第 988 页)、铁鞭(第 995 页)、笔(第 1009 页)、缆(第 1110 页)、铁蒺藜(第 1120 页)、扫帚(第 1154 页)、匾担(第 1240 页)、猪头(第 1255 页)、须弥槌(第 1344 页)。

"握"的受事有:利剑(第 8 页)、手(第 73 页)、拳(第 124 页)、鞭(第 440 页)、灵蛇之珠(第 746 页)、木蛇(第 801 页)、腕(第 922 页)、权(第 973 页)、土(第 1016 页)、机(第 1210 页)、箭弓(第 1248 页)、竹篦(第 1273 页)。

"持"的受事有:钵(第 8 页)、利剑(第 8 页)、标(第 9 页)、僧伽梨衣(第 11 页)、法藏(第 12 页)、幡(第 14 页)、璎珞(第 14 页)、偈(第 16 页)、酒器(第 16 页)、如来正法眼藏(第 17 页)、琉璃器(第 26 页)、圆鉴(第 26 页)、金环(第 32 页)、三宝(第 43 页)、吾言(第 52 页)、不语戒(第 76 页)、定慧(第 84 页)、《法华经》(第 87 页)、骨(第 125 页)、消息(第 127 页)、法(第 130 页)、一碗茶(第 159 页)、锡杖(第 173 页)、片衣口食(第 190 页)、斋(第 205 页)、经(第 225 页)、咒(第 225 页)、木叉(第 228 页)、木剑(第 228 页)、书(第 254 页)、戒律(第 257 页)、拄(第 261 页)、一串数珠(第 269 页)、锹(第 289 页)、生死法(第 293 页)、此语(第 293 页)、刃(第 300 页)、印(第 407 页)、大教(第 433 页)、释迦丈六之衣(第 574 页)、刀(第 740 页)、道具(第 830 页)、救命(第 884 页)、祭(第 1149 页)、金盘(第 1184 页)。

"拿"的受事有:头(第 421 页)、云(第 441 页)、烟(第 731 页)、七珍八宝(第 1287 页)。

"将"与"把"的区别是:"将"可以与需要庄重对待的受事(清净法眼、涅槃妙心、实相无相、微妙正法、万德、本来面目、净瓶、御颂)共现,后者与一般的受事共现。"将"的本义是"奉献"。《说文·寸部》:"将,帅也。从寸,酱省声。"《说文》析形有误,因而对"将"无法有效地据形立训。"将"的字形在睡虎地秦简中,左边是像几案形的爿,右上是肉,右下是像手形的寸,字形描绘的是用手拿肉放到几案上(奉献给神祇)。《诗经·周颂·我将》有"我将我享,维羊维牛"之句,"将"就是用的本义;引申为"奉养、调养",如"将父""将母""将息"等;又引申为扶持、扶助、带领,如《木兰诗》中"出郭相扶将"的"将";然后再引申为抽象意义的"拿"。由于其本义是"奉献","奉献"是十分庄严的事情,因而"将"的动作义"拿"也带上了书面色彩。

"把"是形声兼会意字,篆文从手,从巴(蛇,兼声)。《说文·手部》:"把,握也。从手,巴声。""把"的本义就是"握、持、拿着"。由于"把"的本义和庄重严肃的事情没有联系,而是和日常生活中的蛇联系在一起,因而"把"的本义及其引申义均带口语色彩(作介词也一样)。

"握"语义上重在手指捏住的动作,手指捏住的对象多是长条形物件(如"握木蛇"),语法上其后必须出现受事或结果("拳"是"握"的结果),做宾语,语用上带有庄重色彩,适于书面场合。

"持"语义上不一定是手指捏住,用手托着亦可,甚至可能和手的具体动作无关(如"持戒"),支配的对象多不是长条形物件(如"持钵"),有时可以是抽象的对象(如"持戒"),语法上其后可以不出现受事("持逼如来"),语用上在同义的5个词中庄重色彩最浓("持戒"不说"握/将戒","持钵"不说"握/将钵"),最适于书面场合。

"拿"出现的次数较少,仅9例。就仅见的9例而言,"拿"在语义上和"把"相当,语法上和"握"相当,语用上在同义的5个词中随便色彩最浓,最适于口语场合。

极个别受事,可以分别被上面5个及物动词中的两个或两个以上所支配:可以说"将刀",亦可说"持刀";可说"将剑",亦可说"握剑",还可说"持剑"。动词不同,意义上会有细微区别。比较《五灯会元》中的用例:

(30)师受戒后,仍参石头。一日随头游山次,头曰:"汝与我斫却面前树子,免碍我。"师曰:"不将刀来。"头乃抽刀倒与,师曰:"何不过那头来?"头曰:"你用那头作什么?"师即大悟,便归长髭。(第284页)

(31)时有一僧,下九十六转语,并不契,末后一转,始惬师意。师曰:"阇黎何不早恁么道?"别有一僧密听,只不闻末后一转,遂请益其僧。僧不肯说,如是三年相从,终不为举。一日因疾,其僧曰:"某三年请举前话,不蒙慈悲,善取不得,恶取去。"遂持刀白曰:"若不为某举,即杀上座去也。"其僧悚然,曰:"阇黎且待,我为你举。"乃曰:"直饶将来亦无处着。"(第782页)

"将刀"是"带刀"之意,并不强调带的方式,只是一般陈述;"持刀"强调手的动作,生动形象。

(32)僧问:"如何是佛?"师曰:"阇黎不是。"问僧:"近离什处?"曰:"两浙。"师曰:"还将得吹毛剑来否?"僧展两手。(第957页)

(33)世尊因灵山会上五百比丘得四禅定,具五神通,未得法忍,以宿命智通,各各自见过去杀父害母,及诸重罪,于自心内各各怀疑,于甚深法不能证入。于是文殊承佛神力,遂手握利剑,持逼如来。(第8页)

例(32)"将得吹毛剑"是一般陈述,例(33)"手握利剑"强调手的动作,"持"强调手的动作的延续("持"后省略"利剑")。

"把""将""握""持""拿"属同义义位场,通过语义特征比较的方法,我们可以分别写出以上5个义位的语义特征:

把:+(抓住/搬)+(人)+(某人/某物)+(用手/用其他方式)+(随便)

将:+(抓住/搬)+(人)+(某人/某物)+(用手/用其他方式)+(庄重)

握:+(捏住)+(人)+(长条形物件)+(用手指)+(庄重)

持:+(捏住/托着/保持)+(人)+(物件/抽象的对象)+(用手指/用手掌/用心)+(最庄重)

拿:+(捏住/托着)+(人)+(物件)+(用手指)-(庄重)

"把""将"的"用手或用其他方式抓住、搬(某人、某物)"义古已有之:

(34)臣左手把其袖。(《战国策·燕策三》)
(35)怀兰英兮把琼若,待天明兮立踟蹰。《楚辞·久思·悯上》
(36)操刀把杖以击之。(《王充·论衡·顺鼓》)

在现代汉语里,"把""将"表"用手或用其他方式抓住、搬(某人、某物)"的义项基本上交给了"握""持""拿"。

4.4.6.1.2 表示"掌握、意守"的意思

这是"把"的引申义,共出现39次,占全书"把"字总数的18.7%。例如:

(37)上堂:"……他古人道,沙门眼把定世界,函盖乾坤,绵绵不漏丝发……"(第595页)

(38)上堂:"十方无壁落,四畔亦无门。露裸裸,赤洒洒,无可把。"(第656页)

233

(39)上堂:"文殊仗剑,五台横行,唐明一路,把断妖讹……把断咽喉,诸人什处出气?"(第695页)

(40)曰:"把定三关蒙指示,放行五位事如何?"(第1324页)

(41)即书曰:"……大丈夫磊磊落落,当用处把定,立处皆真……"(第1365页)

从组合关系的角度看,"把"的组合关系有以下规律:一般带宾语,宾语是受事;从语义上看,"把"和两个对象相联系,属双目谓词;"把"后可以加补语,如果同时有宾语,则宾语在补语后;"把"前可以加状语。"把"后未见有加助词的例子。

"把""守"构成同义词。《五灯会元》中用"守"的例子如:

(42)二由一有,一亦莫守。一心不生,万法无咎。(第49页)

(43)起修皆妄动,守住匪真精。妙旨因师晓,终亡污染名。(第88页)

(44)僧问:"黑白两亡开佛眼时如何?"师曰:"恐你守内。"(第340页)

"把"偏重于"主动掌握"义,"守"偏重于"被动执着"义。语义特征分析如下:

把:+(掌握)+(人)+(抽象物/心)+(用心)+(主动)+(随便)

守:+(意守)+(人)+(抽象物/心)+(用心)+(被动)+(随便)

现代汉语中的"把"保留了这个义项,如"把大门"的"把"(此处的"把"可用"守"替换)。

4.4.6.2 "把"作物量词

这是由"把"的本义引申出来的引申义,共出现12次,占全书"把"字总数的5.7%。例如:

(45)一把香氎拈未暇,六环金锡响遥空。(第676页)

(46)问:"夜静独行时如何?"师曰:"三把茅。"(第701页)

(47)阇黎,他后有把茅盖头。忽有人问,如何祇对?(第793页)

(48)信心檀越,把菜粒米,作么生消得?(第926页)

(49)问:"金刚眼中着得个什么?"师曰:"一把沙。"(第976页)

(50)又诏入对便殿,赐罗扇一把,题元寂颂于其上。(第1006页)

(51)公复设苹蘩之供,祭之以文,吊之以偈曰:"海风吹落楞伽山,四海禅徒着眼看。一把柳丝收不得,和烟搭在玉栏干。"(第1139页)

(52)告诸禅德,也好冷处着把火。(第1152页)

量词"把"的组合关系有以下规律:量词和数词搭配时,数词在量词前,数词是"一"时如"数·量·名"结构不单独成句时可以省略,第(49)例不能省略成"把沙",第(48)例是云门禅师的开示,"把菜粒米"是由"一把菜一粒米"省略而成的,宋代成书的《古尊宿语录》也记录了云门禅师的这一段开示,与《五灯会元》的记载基本相同,只是两个数词"一"都没有省略,完全句显得正式一些,省略后则呈现随便风格;被计量的对象有"香匀""茅""菜""沙""罗扇""柳丝""火",被计量的对象一般出现在数量短语的后面,也可出现在数量短语的前面,这时被计量的对象被突出强调。

在现代汉语里,不同的量词可能给相同的名词计量(如"一轮明月""一弯明月"),我们发现,在近代汉语里也是这样。不同的名词可能有形体不同的同义量词可供选择。以上诸例,"罗扇""火"均有两个或以上的同义量词。"一把扇子"也可说成"一个扇子",意义基本不变,"一把火"也可说成"一堆火""一团火"而意义基本不变(在特定语境下),这就表明"罗扇""火"均有两个或以上的同义量词。我们可以在《五灯会元》或《朱子语类》里找到例证:

(53)曰:"某甲有口,哑却即闲,苦死觅个腊月扇子作么?"(第281页)

(54)譬如扇子,只是一个扇子,动摇便是用,放下便是体。(《朱子语类·卷九十四·周子之书》)

(55)叔器问游气一段。曰:"游气是里面底,譬如一个扇相似,扇便是立天地之大义底,扇出风来便是生人物底。"(《朱子语类·卷九十八·张子之书一》)

(56)上堂:"大众出来出来,老汉有个法要,百年后不累汝。"众曰:"便请和尚说。"师曰:"不消一堆火。"(第171页)

(57)留偈曰:"今年六十五,四大将离主。其道自玄玄,个中无佛祖。不用剃头,不须澡浴,一堆猛火,千足万足。"(第315页)

(58)人性如一团火,煨在灰里,拨开便明。(《朱子语类·卷四·性理一》)

这表明,在给"扇子"计量时"把"与"个"构成同义词,从语境看,"个"比

"把"要正规一些。语义特征分析如下：

把：＋(集合)＋(用手掌)＋(扇子等)＋(随便)

个：＋(个体)＋(用事物整体)＋(扇子等)＋(正式)

给"火"计量时"把"与"堆""团"构成同义词，"把"侧重于柴可以用手抓的方面，"堆"侧重于柴火的上下重叠的形状，"团"侧重于火焰的圆的形状。"把"作物量词的用法，在《全唐诗》中有一些用例：

(59)内人晓起怯春寒，轻揭珠帘看牡丹。一把柳丝收不得，和风搭在玉栏杆。(徐仲雅《宫词》)

(60)霄汉风尘俱是系，蔷薇花委故山深。怜君独向洞中立，一把红芳三处心。(白居易《和王十八蔷薇洞花时有怀萧侍御兼见赠》)

(61)回雪舞萦盈，萦盈若回雪。腰支一把玉，只恐风吹折。如能买一笑，满斗量明月。安得金莲花，步步承罗袜。(李群玉《赠回雪》)

隋代文献中，也有一些用例，如阇那崛多译的《佛本行集经》(全书42万多字)中的例子：

(62)我念往昔。有一如来。出现于世。号最上行多陀阿伽度阿罗呵三藐三佛陀。尔时我将一把金粟。散彼佛上。(卷第四·受决定记品下)

(63)是时帝释所化作人。即便刈草。以奉菩萨。其草净妙。菩萨即取彼草一把。手自执持。(卷第二十六·向菩提树品中)

(64)仁今从此吉祥边，乞一把草手持执。正面趣向于道树，决定今作三佛陀。(卷第二十五·向菩提树品·第三十上)

南北朝时期用例很少，梁沙门僧旻、宝唱等集的《经律异相》(全书42万多字)中有一例：

(65)时有贫人，虽怀喜心，无供养具，以一把白石拟珠，用散众僧，发大誓愿。(卷第十八)

再往上溯，汉代"把"的出现频率极低，作量词的用例就更少了，只在西汉韩婴撰的《韩诗外传》中发现了例证：

(66)夫鸿鹄一举千里，所恃者、六翮尔；背上之毛，腹下之毳，益一

把,飞不为加高,损一把,飞不为加下。今君之食客,门左门右各千人,亦有六翮其中矣,将皆背上之毛,腹下之蓐耶!(卷第六)

这意味着,"把"作量词的用法最晚产生于西汉。

4.4.6.3 "把"作介词,表示处置

共出现 44 次,占全书"把"字总数的 21.1%。为了研究方便,我们把被处置的对象记作 O_1,表示处置行为的动词记作 V,动词的前加成分记作 X,后补成分记作 Y,连带成分记作 O_2。在现代汉语里,处置式按其结构和语义特征大致可分为三类:

第一类,广义处置式。这类处置式的动词所表的动作涉及 1 个施事成分和 2 个受事成分,从语义上讲是三目谓词,这类处置式处置性较弱。根据动词的性质,又可细分为四式:

表示"给予"义:我把书送了小王。

表示"当作"义:领导要把自己当作公仆。

表示"存在"义:他把钱装在口袋里。

表示"告知"义:他把这事告诉了朋友。

第二类,狭义处置式。这类处置式的动词所表的动作一般只涉及 1 个施事成分和 1 个受事成分,从语义上讲是双目谓词,往往带上补语特别是结果补语,因而这类处置式处置性较强,如"我们把敌人打败了"。

第三类,特殊处置式。这类处置式,动词与介词"把"引出的成分之间,语义上一般不存在动作与受事的关系,有的是动作与施事的关系,如"把老张病了",有的是动作与处所的关系,如"把里里外外检查一遍",有的是动作与动作所凭借的工具的关系,如"把木箱装了毛料衣服"。

下面考察现代汉语处置式的三种类型在《五灯会元》中的运用情况。

现代汉语处置式的三种类型在《五灯会元》中都有。

4.4.6.3.1 广义处置式:把+O_1+V+O_2 式

共出现 13 次,占全书"把"字总数的 6.2%。

4.4.6.3.1.1 把 O_1 给予 O_2 式

只有重复的 2 例:

(67)拈拄杖曰:"鸳鸯绣出从君看,不把金针度与人。"(第 892 页)

(68)示众云:"……鸳鸯绣出从君看,不把金针度与人。"(第 1363 页)

"给予"义的处置式在《五灯会元》中一般用"将":

(69)尔时世尊说此偈已,复告迦叶:"吾将金缕僧伽梨衣传付于汝,转授补处,至慈氏佛出世,勿令朽坏。"(第4页)

(70)师曰:"谁将生死与汝?"(第256页)

(71)师曰:"将饭与阇黎吃底人,还具眼也无?"(第264页)

"把"与"将"构成语法同义词。这类处置式中的动词大都是"给予"义或与"给予"义相关的动词。语义特征分析如下:

把:+(给予)+(人)+(人)+(事物)+(随便)

将:+(给予)+(人)+(人)+(事物)+(庄重)

4.4.6.3.1.2 把 O_1 当作/看作/比作 O_2 式

共出现9次,例如:

(72)老僧把一枝草为丈六金身用,把丈六金身为一枝草用。(第199页)

(73)上堂:"……仁者,莫把瞌睡见解便当却去,未解盖覆得毛头许……"(第395页)

(74)……禅德,汝唤什么作平实,把什么作圆常?(第447页)

(75)休把庭花类此身,庭花落后更逢春。此身一往知何处?三界茫茫愁杀人。(第1192页)

(76)机关不是韩光作,莫把胸襟当等闲。(第1332页)

(77)庵送以偈曰:"……却把正法眼,唤作破沙盆……"(第1393页)

"当作/看作/比作"义的处置式在《五灯会元》中亦可用"将":

(78)和尚何得将泡幻之身同于法体?(第100页)

(79)休将三岁竹,拟比万年松。(第150页)

(80)莫将鹤唳误作莺啼。(第319页)

这种"把"字句源于上古汉语的"以"字句,例如:

(81)尧以不得舜为己忧。(《孟子·滕文公上》)

(82)终日夜以此为戏乐,国殆成俗。(《列子·皇帝第二》)

(83)墨子为守攻,公输般服,而不肯以兵知。故善持胜者以强为弱。(《列子·说符第八》)

"以"本是动词,后来虚化为介词,其作用是把动词的受事宾语提到动词前面,句义上产生了对受事的"认识、认定、类比"义。"将""把"本来也是动词,可以与其后的动词构成连动式,由于"以"虚化的类化影响,"将""把"也产生了介词的用法,产生了引出受事的语义功能,产生了对受事的"认识、认定、类比"义。

"以"作介词表示"当作""看作""比作"义的例子本书中有不少:

(84)世尊曰:"汝义以何为宗?"志曰:"我以一切不受为宗。"(第7页)

(85)亦名功胜,以有作无作诸功德最为殊胜,故名焉。(第20页)

(86)祖曰:"汝以何为义?"彼曰:"无心为义。"(第34页)

(87)马祖令智藏来问:"十二时中以何为境?"(第69页)

(88)至蕲州双峰东山寺,遇五祖以坐禅为务,乃叹伏曰:"此真吾师也。"(第72页)

"把"与"将""以"构成语法同义词。义位"把""将""以"的语义特征分析如下:

把:+(当作/看作/比作)+(事物)+(事物)+(随便)

将:+(当作/看作/比作)+(事物)+(事物)+(庄重)

以:+(当作/看作/比作)+(事物)+(事物)+(最庄重)

4.4.6.3.1.3 把 O_1 告诉 O_2 式

共出现2次,例如:

(89)祖师妙诀,别无可说。直饶钉嘴铁舌,未免弄巧成拙。净名已把天机泄。(第1068页)

(90)雪里梅花春信息,池中月色夜精神。年来可是无佳趣,莫把家风举似人。(第1226页)

"告诉"义的处置式在《五灯会元》中亦可用"将":

(91)曰:"和尚莫将境示人?"师曰:"我不将境示人。"(第202页)

239

(92)头曰:"除却扬眉瞬目外,将你本来面目呈看。"(第264页)

"把"与"将"构成语法同义词。义位"把""将"的语义特征分析如下:
把:＋(告诉)＋(事物)＋(人)＋(随便)
将:＋(告诉)＋(事物)＋(人)＋(庄重)

4.4.6.3.2 狭义处置式
共出现17次,约占全书"把"字总数的8.2%。

4.4.6.3.2.1 动词前后有其他成分
这类处置式中的动词是非光杆形式,前后有一些与动作相关的成分。动词前有修饰成分的,格式为:把＋O＋X＋V。共6例,例如:

(93)偈曰:"……两个之中一个大,曾把虚空一戳破……"(第512页)

(94)师曰:"木人把板云中拍。"(第766页)

(95)上堂:"……才见老和尚开口,便好把特石蓦口塞……"(第925页)

(96)更把短笛横吹,风前一曲两曲。(第1062页)

动词后有补语或宾语的,格式为:把＋O＋(X)＋V＋Y。共8例,例如:

(97)明把师手掐一掐。(第664页)

(98)严曰:"维那,汝来也,叵耐守廊适来把老僧扭捏一上,待集众打一顿趁出。"(第666页)

(99)乃曰:"……有旁不肯底出来,把山僧拽下禅床,痛打一顿,许伊是个本分衲僧……"(第1085页)

补语可表结果、数量、处所。义位"把"的语义特征分析如下:
把:＋(处置)＋(事物)＋(手抓)＋(数量)＋(结果/数量/处所)＋(随便)

4.4.6.3.2.2 动词为光杆形式
格式为:把＋O＋V。共5例,例如:

(100)祖遂把师鼻扭,负痛失声。(第131页)

(101)师把西堂鼻孔拽,堂作忍痛声曰:"太煞!拽人鼻孔,直欲脱去。"(第160页)

(102)二十余年用意猜,几番曾把此心灰。而今潦倒逢知己,李白

元来是秀才。（第 754 页）

(103)水底泥牛嚼生铁,憍梵钵提咬着舌。海神怒把珊瑚鞭,须弥灯王痛不彻。（第 1276 页）

狭义处置式"把"均可换成"将","把"与"将"构成语法同义词,例子随处可见。义位"把""将"的语义特征分析如下：
把：＋（处置）＋（事物）＋（手抓）＋（随便）
将：＋（处置）＋（事物）＋（手抓）＋（庄重）

值得注意的是,例(100)、(101)中的"把"既可看作动词（义为"抓""握"）,也可看作表处置的介词。

"把"可以看作动词,因为"把＋O"可以构成动宾式（并非全都构成动宾式,还要看语义选择）,这在《五灯会元》中可以找到大量例证,则相应分句或句子的谓语是连动式。"把"可以看作介词,则相应分句或句子的谓语是偏正式。

王力(1980:408~410)、祝敏彻(1996:183)等均认为处置式是从连动式中脱胎而来,"把(动)＋O＋V"转化为"把(介)＋O＋V"这种语法化的过程发生于唐代。那么,以上诸例表明,这种语法化的过程到宋代并未完全结束。要明确这种语法化过程最终完成的年代,必须对一定数量的专书做定量研究才能下结论。如果专书的定量研究表明两点,一是"把"主要不是用于动词,二是"把"未见用于"用手或用其他方式抓住、搬（某人、某物）"义的例子,那么就可以对"把"的语法化过程完成年代做出定性结论了。

一般认为,"把"字处置式中的"把"是由动词虚化而来的。从上面诸例可以看出,这种观点不够准确。"把"字为 V_1 时构成的连动式中,"把"的语义均为"用手或用其他方式抓住、搬（某人、某物）",后来这个义项消失,"把"就有了介词的功能。"用手或用其他方式抓住、搬（某人、某物）"是"把"的义位本体（即本义）,因此,严格说来,介词"把"是由动词"把"的义位本体虚化而来,动词"把"的义位变体（即引申义、比喻义）并未虚化。事实上,不论是近代汉语还是现代汉语,一直有两个"把",动词的"把"和介词的"把"。近代汉语的动词"把"已如上述,现代汉语动词的动词"把"如——

用手握住：把舵；两手把着冲锋枪。

从后面用手托起小孩儿两腿,让其大小便：把尿。

把持,把揽：要信任群众,不要把一切工作都把着不放手。

看守,把守：把大门。

紧靠：把墙角儿站着；把着胡同口儿有个小饭馆。

约束住使不裂开;用铁叶子把住裂缝。

可见,"把"的义位变体在近代汉语里被保留了,现代汉语里在原有变体的基础上还产生了一些新的变体。义位本体虚化,义位变体却不虚化,这跟"用手或用其他方式抓住、搬(某人、某物)"的语义特征"用手"有关。

4.4.6.3.3 特殊处置式

用"把"引出动作所凭借的对象、使用的工具,共出现14次,占全书"把"字总数的6.7%。举数例如下:

(104)尽大地是个解脱门,把手拽伊不肯入。(第384页)

(105)师在禾山,送同行矩长老出门次,把拄杖向面前一掷,矩无对。(第389页)

(106)把火照鱼行。(第1011页)

(107)有一人不参禅,不论义,把个破席日里睡。(第1107页)

(108)闹篮方喜得抽头,退鼓而今打未休。莫把乳峰千丈雪,重来换我一双眸。(第1223页)

用"把"引出动作所凭借的对象、所使用的工具的用法唐代也有:

(109)衣裳着时寒食下,还把玉鞭鞭白马。(张籍《舞曲歌词·白纻歌》)

(110)前去五十有几年,把镜照面心茫然。(白居易《杂曲歌词·浩歌行》)

(111)稚子朝未饭,把竿逐鸡雀。(储光羲《田家杂兴八首》)

"把"的这种用法最早见于隋代,仅见1例:

(112)如人把草塞恒河,尊者我谓不为难。(达磨笈多译《大方等大集经·菩萨念佛三昧分叹佛妙音胜辩品第五之一》)

现代汉语的"把"已经失去了这个义项,或者说这个义项用"用"等词承担了。在表凭借这个义项上,"把""将""以""用"构成语法同义词。各举2例:

(113)因众僧炙茄次,将茄串向一僧背上打一下。(第121页)

(114)祖曰:"外道所说不生不灭者,将灭止生,以生显灭……"(第55页)

(115)师问:"大夫去彼,将何治民?"曰:"以智慧治民。"(第141页)

(116)阿难以他心通观是比丘,遂乃遣出。(第5页)

(117)有莲花色比丘尼作念云:"我是尼身,必居大僧后见佛。不如用神力变作转轮圣王,千子围绕,最初见佛。"(第5页)

(118)师曰:"汝道曹溪用此三昧接什么人?"(第162页)

义位"把""将""以""用"的语义特征分析如下:

把:+(凭借/使用)+(对象/工具)+(随便)

将:+(凭借/使用)+(对象/工具)+(庄重)

以:+(凭借/使用)+(对象/工具)+(庄重)

用:+(凭借/使用)+(对象/工具)+(庄重)

4.4.6.4 "把"作语素

共出现9次,占全书"把"字总数的4.3%。例如:

(119)梦幻空花,何劳把捉?(第1074页)

(120)家家门前火把子。(第691页)

(121)上堂:"……洛浦云,一尘才起,大地全收,一毛头师子全身,总是汝把取翻覆思量,看日久岁深,自然有个入路……"(第926页)

(122)师临别海之日:"岁月不可把玩……"(第1036页)

(123)上堂:"……君不见寒山老,终日嬉嬉,长年把扫……"(第1306页)

用"把"在《五灯会元》中只能构成"把捉""火把子""把取""把玩""把扫"5个合成词,这表明"把"在宋代的能产性不强[①],"把捉""把取""把玩""把扫"是联合式合成词,"把"的位置在前。语素义"把"的语义特征分析如下:

把:+(抓住)+(人)+(某人/某物)+(用手/用其他方式)+(随便)

"把"作语素的用法在唐代也有:

(124)彼天子以手把取天须陀味,内其口中。(释道世撰《法苑珠林》卷第二·三界篇第二·诸天部第二·受生部第四)

[①] 能产性强不强是相对而言的,现代汉语中由"把"作语素构成的合成词在20个以上。

(125)把取菱花百炼镜,换他竹叶十旬杯。(《全唐诗》卷三百六十,刘禹锡《和乐天以镜换酒》)

(126)出门便是东西路,把取红笺各断肠。(《全唐诗》卷七百八十五,无名氏《杂诗》)

(127)老鳞枯节相把捉,踉跄立在青崖前。(《全唐诗》卷八百四十七,齐己《灵松歌》)

南北朝时期很少,仅在南朝僧旻、宝唱等集的《经律异相》中发现4例,组成的合成词都是"把持":

(128)阿耨达龙王,在虚空中而无见者,把持贯珠垂下若幡,八味香水从贯流降。(卷第二十六·阿阇世王从文殊解疑得于信忍七)

(129)柰女生男儿,初生时手中把持针药囊。(卷第三十一·祇域为柰女所生舍国为医八)

(130)祇域生而把持针药,捐弃尊位行作医师,但为一切护治人命,此天医王岂当妄耶。(卷第三十一·祇域为柰女所生舍国为医八)

(131)王见祇域甚大欢喜,引与同坐把持其臂曰:"赖蒙仁者之恩今得更生,当何以报?当分国土以半相与,宫内媒女库藏宝物悉当分半。"(卷第三十一·祇域为柰女所生舍国为医八)

这意味着,"把"作语素的用法最晚产生于南朝。

综上所述,"把"主要用于动词,其次是用于介词;用于动词主要是用于本义,用于介词时用于狭义处置式稍多;"把"在用于本义和用于介词时都可以用"将"替换。

4.4.7 将

"将"像"把"一样,在《五灯会元》中是一个出现频率很高且用法颇为复杂的词,因而我们也对其进行全面考察。

"将"字在《五灯会元》中的出现次数为793次,《五灯会元》的字数(不计标点符号、空格,下同)约为77.29万个,"将"字的出现频率约为万分之十点二六。从语法上看,《五灯会元》中的"将"可以作动词、名词、副词、介词,还可以充当语素(另有1例无法确定类属)。

4.4.7.1 "将"作实词(动词、名词、副词)

共出现275次,占全书"将"字总数的34.7%。

4.4.7.1.1 "将"作及物动词

共出现 114 次,占全书"将"字总数的 14.4%。其中 111 例表示"拿"的意思,例如:

(1)祖曰:"将心来,与汝安。"(第 44 页)

(2)祖曰:"知识远来大艰辛,将本来否?若有本则合识主,试说看。"(第 102 页)

(3)丈曰:"将得火来么?"师曰:"将得来。"(第 520 页)

(4)师室中问僧:"达磨西归,手携只履。当时何不两只都将去?"(第 763 页)

111 个用"将"的例子表现出"将"的组合规律为:"将"后可以加助词"得",表"完成",共有 22 例;"将"所支配的受事可以是名词、名词短语或数量短语,充当宾语或主语;"将"这个动作是由施事发出的,它和两个对象相联系,属双目谓词;"将"后可以加补语,所加补语只有"来""去""出去",其中"来"做补语出现 74 例,"去"做补语出现 14 例,"出去"做补语 1 例。如果同时有宾语,则宾语在补语前;"将"前可以加状语,状语可以是词("都""不""莫""一任""可""便"),也可以是介词短语("与老僧""与我")。

值得注意的是"将"后加助词"得"表"完成"的现象。"把"字后也有加"得"表示动作完成的,但"把"字后的"得"亦可表示能愿义,表示能愿义的"得"应看作能愿动词。"将"后加"得"却只能表"完成",要表示能愿义可直接在"将"前加"能":

(5)曰:"更有过于和尚者,亦不能将去。"(第 193 页)

书中没有在"把"前加"能"的用例。

"将"的"拿"义在五代时的《祖堂集·卷二·菩提达摩和尚》中就有了,"将"的受事是抽象的"心""罪":

(6)师曰:"将心来,与汝安心。"(《佛藏要集选刊》第 14 册第 85 页,上海古籍出版社 1994 年 3 月版)

五代以前,尚未发现"将"用于"拿"的用例。因此,"将"的"拿"的义项最晚产生于五代。

《五灯会元》训诂

在现代汉语里,"将""把"表"拿"的义项基本上交给了"握""持""拿"。"将"还可表示"带领"之意,但用例极少,只有3处:

(7)世尊昔欲将诸圣众,往第六天说《大集经》,敕他方此土、人间天上、一切狞恶鬼神,悉皆辑会,受佛付嘱,拥护正法。(第7页)

(8)师令侍者屈隆寿长老云:"但独自来,莫将侍者来。"寿曰:"不许将来,争解离得?"(第408页)

"带领"的对象是人,"拿"的对象是非人,这是"将"的两个动作义项的区别。

在"带领"这个义项上,"将"与"率""领"构成同义词。在《五灯会元》中,"带领"的意义一般由"率""领"来承担,这样的用例较多:

(9)后至中印度,彼国有八千大仙,弥遮迦为首。闻尊者至,率众瞻礼。(第16页)

(10)师一日领侍僧入庙,以杖敲灶三下曰:"咄!此灶只是泥瓦合成,圣从何来?灵从何起?恁么烹宰物命。"(第76页)

相对而言,用"率"比用"领"要常见。"率"字是象形字,甲骨文状如捕鸟的丝网,两头是网纲,故"率"的本义指古代捕鸟的网。网可以拉牵,便引申指"率领"。"领"是形声字,本义是脖子,因其是人体上面的部分,也引申为率领。从用例来看,两者的区别在色彩方面,"率"呈现出书面语色彩,"领"表现出口语色彩。

"将"也有书面语色彩。北宋以后,已经很难见到"将"表"带领"的用法了,到现代汉语,这个义项就完全交给了"率""领"。笔者推断,北宋时期是"率""领"在"带领"这个义项上逐渐取代"将"的时期。

"将"表"带领"的用法可以上溯到东晋时代:

(11)于是。世尊将尊者阿难至双树间。(东晋·僧伽提婆译《中阿含经》卷第十六·未曾有法品·侍者经第二)

(12)于是。梵志国师将长寿博士往至妻所。(东晋·僧伽提婆译《中阿含经》卷第十六·长寿王品·长寿王本起经第一)

东晋以前,未见有"将"表"带领"的用法。可见,"将"表"带领"的用法最迟产生于东晋。

4.4.7.1.2 "将"作名词

读去声,表示"将领""将帅"义,共出现 24 次,占全书"将"字总数的 3%。例如:

(13)兵随印转,将逐符行。(第 1113 页)
(14)筑坛拜将。(第 1286 页)

"将"的这种用法,应该是近代白话中夹杂的文言表述方式,或者说是近代白话对文言的借用。

下面用例中的"将"介于语素和词之间:

(15)师曰:"大众看这一员战将,若是门庭布列,山僧不如他。若据入理之谈,也较山僧一级地。"(第 295 页)
(16)师曰:"败将不忍诛。"曰:"或遇良将又如何?"(第 477 页)

这里涉及语素和词的区分问题。这个问题,其实也就是词和短语的区分问题,如果"战将""败将""良将""猛将"是词,那么"将"就是语素;如果"战将""败将""良将""猛将"是短语,那么"将"就是词。区分词和短语,主要是从意义的融合性与结构的凝固性两方面来看,意义融合、结构凝固的是词,否则是词组。有些语言单位,意义融合而结构不凝固,或结构凝固而意义不融合,通行的处理办法是以音节为准来区分,音节少的(一般是两个)是词,多的是短语。"战将""败将""良将""猛将"虽音节少,但结构不太凝固(如"败将"可扩展成"败军之将"),意义也不融合,故应看作词组,"将"是名词。

在春秋末年大军事家孙武所著的《孙子兵法》中,"将"作名词表示"将领""将帅"义,且用例较多:

(17)故知兵之将,民之司命,国家安危之主也。(作战篇)
(18)攻城之法为不得已。修橹轒辒,具器械,三月而后成;距闉,又三月而后已。将不胜其忿,而蚁附之,杀士三分之一,而城不拔者,此攻之灾也。(谋攻篇)

"将"作名词表示"将领""将帅"义的用法最迟产生于春秋末年,且由"带兵"的义项引申而来。

247

4.4.7.1.3 "将"还可作时间副词,充当状语

共出现 137 次,占全书"将"字总数的 17.3%。例如:

(19)世尊一日敕阿难:"食时将至,汝当入城持钵。"(第 8 页)

(20)一日将濯足,偶诵《金刚经》,至"于此章句能生信心,以此为实",遂忘所知,忽垂足沸汤中,发明己见。(第 1263 页)

"将"作时间副词的用法,在《左传》中就有了,而且用例俯拾即是:

(21)祭仲曰:"……今京不度,非制也,君将不堪。"(隐公元年)

(22)……将袭郑,夫人将启之。(隐公元年)

在现代汉语里,"将"作时间副词的用法仍旧保留着,而且是常见用法。

4.4.7.2 "将"作虚词(介词、助词)

共出现 372 次,约占全书"将"字总数的 47%。

4.4.7.2.1 "将"作介词,表示处置

共出现 265 次,约占全书"将"字总数的 33.5%。

4.4.7.2.1.1 广义处置式:将+O_1+V+O_2 式

共出现 64 次,占全书"将"字总数的 8.1%。

其中,"将 O_1 给予 O_2"式共出现 20 例,占全书"将"字总数的 2.52%。例如:

(23)(耽源)遂将其本过与师(仰山慧寂禅师)。(第 527 页)

(24)……所以长者道,如将梵位直授凡庸。(第 586 页)

这类处置式中的动词大都是"给予"义或与"给予"义相关的动词。

"将 O_1 当作/看作/比作 O_2"式共出现 17 例,占全书"将"字总数的 2.14%。例如:

(25)和尚何得将泡幻之身同于法体?(第 100 页)

(26)……庞居士舌挂梵天,口包四海,有时将一茎草作丈六金身,有时将丈六金身作一茎草,甚是奇特。(第 1256 页)

这种"将"字句源于上古汉语的"以"字句。

"将 O_1 告诉 O_2"式共出现 27 例,占全书"将"字总数的 3.4%。例如:

(27)汝何迷倒之甚！吾将世珠示之,便各强说有青、黄、赤、白色;吾将真珠示之,便总不知。(第 6 页)

(28)未审将何法示人？(第 840 页)

4.4.7.2.1.2 狭义处置式

共出现 37 例,占全书"将"字总数的 4.7%。

其中,动词前后有其他成分的。这类处置式中的动词是非光杆形式,前后有一些与动作相关的成分。动词前有修饰成分的,格式为:将＋O＋X＋V。共出现 8 例,约占全书"将"字总数的 1%。其中 7 例均为介词短语共现做状语的情况:

(29)我今日问新到,是将死雀就地弹,就窠子里打？(第 651 页)

(30)和尚只解将死雀就地弹……(第 651 页)

(31)汝等诸人……拟将有限身心向无限中用……(第 797 页)

(32)……且将渔父笛,闲向海边吹。(第 1111 页)

(33)冰雪佳人貌最奇,常将玉笛向人吹。(第 1227 页)

(34)你是福州人,我说个喻向你,如将名品荔枝,和皮壳一时剥了,以手送在你口里,只是你不解吞。(第 1347 页)

(35)祖乃将书于香炉上熏,曰:"南无三曼多没陀南。"(第 1361 页)

这 7 例,"将"字引出的介词结构都在另一做状语的介词结构的前面,"将"字都引出受事;另一介词结构,或表处所,或表对象,或表方向。

动词后有补语或宾语的,格式为:将＋O＋(X)＋V＋Y。共出现 17 例,约占全书"将"字总数的 2.2%。例如:

(36)师将三个木球一时抛出。(第 384 页)

(37)玄沙将一片柴从窗棂中抛入,师便开门。(第 384 页)

例(37)也属做状语的介词短语共现,其规律同上。

动词为光杆形式,格式为:将＋O＋V。共出现 12 例,约占全书"将"字总数的 1.5%。例如:

(38)第三问:"将生灭却灭,将灭灭却生。不了生灭义,所见似聋盲。"祖曰:"将生灭却灭,令人不执性。将灭灭却生,令人心离境。未即离二边,自除生灭病。"(第102页)

(39)常居物外度清时,牛上横将竹笛吹。(第1148页)

值得注意的是,狭义处置式中的"将"既可看作介词,也可看作动词(义为"拿")。因为"将＋O"可以构成动宾式(已如前述,如"将金珠往金师所""将心来""将罪来"等),则相应分句或句子的谓语是连动式。

一般认为,"将"字处置式中的"将"是由动词虚化而来的。从上面诸例可以看出,这种观点不够准确。"将"字为 V_1 时构成的连动式中,"将"的语义均为"拿",后来这个义项消失,"将"就有了介词的功能。"拿"是"将"的义位变体(即引申义),因此,严格说来,介词"将"是由动词"将"的义位变体"拿"虚化而来,并非由动词"将"的义位本体"奉献"或其他义位变体"奉养""扶持""带领"等虚化所致。

4.4.7.2.1.3 特殊处置式

"将"或引出动作所凭借的工具、对象,或表致使义。共出现164例,占全书"将"字总数的20.7%。"将"引出动作所凭借的工具、对象,相当于现代汉语的"用",共出现159例,占全书"将"字总数的20.05%。如:

(40)为有妄故,将真对妄。(第96页)

(41)师曰:"汝口在什么处?"曰:"无口。"师曰:"将什么吃饭?"(第168页)

用"将"引出动作凭借对象、使用工具的用法唐代仅在《念佛镜》中发现3例:

(42)犹如父母将象马车乘载小儿,不久到京,觅得官职。(唐·道镜、善道集《念佛镜·第二·自力他力门》)

(43)遂将如意杖指一堂中像,又皆放光。(唐·道镜、善道集《念佛镜·第八·誓愿证教门》)

(44)世尊共形像佛一处并立,两佛相似,遂将手摩形像佛顶,语形像言:"我将不久入涅槃,留汝久住世间,教化众生。"(唐·道镜、善道集《念佛镜·第十·释众疑惑门》)

"将"引出动作所凭借的工具、对象的用法最迟产生于唐代。

现代汉语的"将"已经失去了这个义项,或者说这个义项用"用"等词承担了。在表凭借这个义项上,"将""把""以""用"构成语法同义词。"将""以"有书面语色彩,显得庄重;这两个介词共存一段时间,然后"以"取代"将"在书面上作介词、表凭借。"把""用"有口语色彩,显得随便;这两个介词共存一段时间,然后"用"取代"把"在口语中作介词、表凭借。

"将"引出动作所凭借的工具、对象的句子,共有 5 例属介词短语做状语的共现:

(45)因众僧炙茄次,将茄串向一僧背上打一下。(第 121 页)
(46)或将铎就人耳边振之。(第 222 页)
(47)师被一问,直得茫然。归寮将平日看过底文字从头要寻一句酬对,竟不能得。(第 536 页)
(48)及乎我将手向伊面前横两横,到这里却去不得。(第 652 页)

"将"字引出的介词结构也都在做状语的另一介词结构的前面,"将"字都引出凭借之物;另一介词结构,或表动作到达的处所,或表方式,或表动作的方向。

"将"表致使义,共出现 5 例,占全书"将"字总数的 0.631%。如:

(49)苦哉!将我一枝佛法,与么流将去。(第 388 页)
(50)不用将心向外求,回头瞥尔贼身露。(第 1226 页)

在这个意义上,"将"相当于"使",相关句子似可看成兼语句。但《五灯会元》中,兼语句中表"致使"义的动词一般由"使"来充当,用例随处可见:

(51)佛亦使神护法,师宁骧叛佛邪?(第 79 页)
(52)莫言心王,空无体性。能使色身,作邪作正。(第 119 页)

"将"表"致使"义的例子很少,且"致使"的程度远不如用"使",故仍把"将"看成介词。

4.4.7.2.2 "将"还可作结构助词

共出现 107 次,占全书"将"字总数的 13.5%。例如:

(53)犹是未见四祖时道理。见后道将来。(第77页)

(54)就地撮将黄叶去,入山推出白云来。(第1359页)

这类句式的特点是:1."将"连接动词和补语,是动补结构助词;2.补语以"来""去"居多,结构助词"将"共出现107次,其中连接补语"来"80次,连接补语"去"20次,连接补语"归"6次,连接补语"回"1次;3.如果动词后出现宾语,则宾语在补语前("撮将黄叶去")。

除"将"以外,动补结构助词还有"得":

(55)不道汝师说得不是,汝师只说得果上色空,不会说得因中色空。(第116页)

(56)曰:"某甲终不敢无惭愧。"师曰:"汝却信得及。"(第172页)

用"得"时,不仅表示动补结构关系,而且还表示"能够"的词汇意义,用"将"时不具有这样的词汇义。"将"与"得"在作助词时构成语法同义词。

"将"作结构助词的用法,《祖堂集》中也有:

(57)并却咽喉唇吻,速道将来。(《卷四·石头》)

(58)龟毛拂,兔角杖,拈将来,随处放。(《卷五·三平》)

"将"作结构助词的用法最晚产生于五代。

4.4.7.3 "将"作构词语素

共出现145次,约占全书"将"字总数的18.3%。

4.4.7.3.1 作合成名词的构词语素

一般表示"将领、将军"之意,亦可表"未来"义。共出现59例,占全书"将"字总数的7.44%。例如:

(59)今遣镇国大将军刘崇景顶戴而送,朕谓之国宝。(第57页)

(60)吾以正法眼藏密付于汝,汝当护持,传付将来。(第10页)

"将"作名词构词语素的用法,在汉代就有了:

(61)将军子重进谏曰:"……"(汉·韩婴《韩诗外传》卷六)

《孙膑兵法》中也有:

(62)昔者,梁君将攻邯郸,使将军庞涓,带甲八万至于茬丘。(战国中期·孙膑《孙膑兵法·上篇·擒庞涓》)

《左传》中也发现一例:

(63)岂将军食之,而有不足?(昭公二十八年)

可见,"将"作名词构词语素的用法历史悠久。
4.4.7.3.2 "将"作动词的构词语素
共出现74例,占全书"将"字总数的9.33%。例如:

(64)将谓吾孤负汝,却是汝孤负吾?(第99页)
(65)将知沩山众里有人。(第522页)
(66)时师不安,在涅槃堂内将息。(第653页)

"将谓""将知"是同义词,都是"原以为"的意思,表示对某一情况主观估计过高,下一句一般是对客观事实的陈述,从而形成主客观对比的两句;"将"的语素义是"原来、起初",此义由"将"的"将领"义引申而来。"将当"是"当作"之意,"将取"是"拿"之意,"将"的语素义是"拿"。"将息"是"休息"之意,"将"的语素义是"调养"。

"将"作动词构词语素的用法,在唐代文献中也有:

(67)人定亥,深心念佛真三昧,十地高人尚尔修,将知不信宁非罪?(唐·道镜、善道集《念佛镜·修西方十二时》)
(68)将知老僧意,未必恋松关。(《全唐诗》卷六百九十一·杜荀鹤《霁后登唐兴寺水阁》)

上溯隋代、晋代,均未见"将"作动词构词语素的用法,我们初步推测,"将"作动词构词语素的用法产生于唐代。
4.4.7.3.3 "将"作副词"相将""行将"的构词语素
共见4例,占全书"将"字总数的0.5%。其中"相将"3例,"行将"1例:

(69)从来共住不知名,任运相将祇么行。自古上贤犹不识,造次凡流岂可明?(第257页)

(70)某行将老矣。(第 1219 页)

"相将"是"相互"之意,"将"是定位(后置)虚语素。"行将"是"将要"之意,"将"是表时间的语素。这两个词宋代以前也有:

　　(71)时駏马王语曰:"商人,彼妇人等必当抱儿共相将来而作是语……"(东晋·罽宾三藏瞿昙僧伽提婆译《中阿含经·卷第三十四·大品商人求财经》第二十)
　　(72)柳色行将改,君心幸莫移。(《全唐诗》卷六十六·郭震《二月乐游诗》)

"相将"最迟产生于东晋,"行将"最晚产生于唐代。

4.4.7.3.4 "将"作成语"将错就错""将勤补拙"的构语语素
共见 8 例,占全书"将"字总数的 1%。
"将错就错"7 例,"将勤补拙"1 例:

　　(73)诸仁者,山僧今日将错就错,汝等诸人,见有眼,闻有耳,嗅有鼻,味有舌,因什么却不会?(第 760 页)
　　(74)释迦老子着跌,偷笑云盖乱说。虽然世界坦平,也是将勤补拙。(第 1231 页)

"将"表凭借,"将错就错""将勤补拙"构成词法层面的特殊处置式。
《联灯会要·道楷禅师》:"祖师已是错传,山僧已是错说,今日不免将错就错,曲为今时。"南宋以前,尚未发现"将错就错"一语,"将错就错"这个成语最迟产生于南宋。

唐代白居易的《自到郡斋题二十四韵》有:"救烦无若静,补拙莫如勤。"唐代以前,尚未发现"将勤补拙"一语,"将勤补拙"这个成语最迟产生于唐代。

通过以上的计量研究,我们有以下结论:

第一,《五灯会元》中"将"的出现频率远远高于"把"的出现频率。处置式基本上是用"将",用"把"的情况少得多,这就使《五灯会元》中的处置式常常带有书面语的色彩。"把"与"将"的本义都是一种动作,都是用作动词,然后到现代汉语里都主要虚化为介词。计量统计表明,"把"主要用于动词,很少虚化为介词;而"将"主要虚化为介词。因此,笔者推测,"将"的语法化完成过程应该远早于"把"。

第二,"将"作动词表"拿"义时,作介词除表致使义外,都和"把"构成同义词(词汇的或语法的)。这两个同义词的区别在于语体色彩的不同,"将"有书面色彩,"把"有口语色彩。

第三,"将"在《五灯会元》中,主要用于介词,其次用于构词(语)语素,再次是动词,用于助词略少于动词,用于名词最少;用于介词时,主要是用于表"凭借""依据"的特殊处置式。而真正的处置式(狭义处置式)只有 37 例,仅占处置式总例数的 13.96%。这表明,在南宋时代,真正的处置式尚处萌芽阶段。

第四,《五灯会元》中谓语动词前和"将"字共现的介词很少,总共才 13 例。其中狭义处置式 8 例,出现频率为 1%,特殊处置式 5 例,出现频率为 0.63%,频率都很低。这应和禅宗的口语特征有关。这 13 例,"将"字引出的介词结构都在另一介词结构的前面,说明它和动词的结合不很紧密。

4.4.8 出兴

(1)僧问:"古佛未出兴时如何?"师曰:"千年茄子根。"曰:"出兴后如何?"师曰:"金刚努出眼。"(卷九《芭蕉慧清禅师》,第 551 页)

(2)只为如此,所以诸佛出兴于世。(卷十《净德智筠禅师》,第 595 页)

(3)示答曰:"佛祖出兴于世,无一法与人,实使其自信、自悟、自证、自到,具大知见。如所见而说,如所说而行,山河大地、草木丛林相与证明,其来久矣。"(卷十八《高丽坦然国师》,第 1225 页)

(4)且佛法是建立教,禅道乃止啼之说,他诸圣出兴,盖为人心不等,巧开方便,遂有多门。(卷七《鼓山神晏国师》,第 409 页)

《汉语大词典》失收。《禅宗大词典》释云:"【出兴】出现、来到人世。"(第 37 页)

我们认为所释有可商榷处。佛典 1800 多个用例表明,并非所有人的"出现、来到人世"都可称"出兴",那么"出兴"陈述的是哪些对象呢?可以从用例看出。

我们考察了 1800 多个佛典用例,发现"出兴"陈述的对象有三类。

一类是"佛",这一类最多。以上 4 例,前 3 例都是佛出兴,例(4)是诸圣出兴。我们再看一些《五灯会元》以外的佛典用例:

(5)五比丘。若时如来出兴于世。无所着等正觉明行成为善逝世间解无上士道法御天人师号佛众祐。彼断乃至五盖心秽慧羸。离欲离恶不善之法。至得第四禅成就游。(《大正藏》第 1 册第 778 页《中阿含经》)

(6)若比丘如来应等正觉明行足善逝世间解无上士调御丈夫天人师佛世尊出兴于世。演说正法。上语亦善。中语亦善。下语亦善。善义善味。纯一满净。梵行显示。(《大正藏》第 2 册第 176 页《杂阿含经》)

(7)乃往过去无量阿僧祇劫时世有佛,名拘孙陀跋陀罗,出兴于世在此城中。(《大正藏》第 2 册第 541 页《央掘魔罗经》)

(8)诸佛出兴难 说法亦复然 人身不可获 亦如优昙花(《大正藏》第 2 册第 678 页《增壹阿含经》)

(9)如恒河沙无数诸佛。出兴于世说法教化。隙光迅疾终不得见。常在恶道犹于自家。处无眼中如戏园观。(《大正藏》第 3 册第 317~318 页《大乘本生心地观经》)

(10)大王当知。大觉世尊出兴世者方有妙法。(《大正藏》第 3 册第 391 页《妙色王因缘经》)

(11)今普光如来出兴于世。(《大正藏》第 3 册第 621 页《过去现在因果经》)

(12)大圣法王。出兴于世。以大法光。破非法暗故。令一切皆悉明朗。(《大正藏》第 3 册第 642 页《过去现在因果经》)

以上诸例,都是说佛的出兴,"如来""大觉世尊""大圣法王"都是"佛"的意思。

二类陈述对象是超乎寻常的圣人。在佛典中,这类用例不很常见:

(13)是以千圣出兴为一大事因缘。劝汝等诸人同行此路。(《卍续藏》第 63 册第 264 页《证道歌注》)

(14)直饶千圣出兴。当头亦道不着。(《卍续藏》第 78 册第 791 页《建中靖国续灯录》)

(15)于此恶时。而感大士出兴于世。(《大正藏》第 3 册第 689 页《佛本行集经》)

(16)菩萨出兴世 功德风所飘 普皆大震动 如风鼓浪舟(《大正藏》第 4 册第 1 页《佛所行赞》)

(17)彼四种人于佛法中为勇猛将。彼诸菩萨摩诃萨中。若有一人出兴于世在所至处。以大般泥洹摩诃衍经教化众生。(《大正藏》第12册第877页《佛说大般泥洹经》)

(18)复次不空见若复说言世间众生。多悭吝时多嫉妒时。是时必有远离悭嫉好行布施大师出兴为破悭嫉。(《大正藏》第13册第851页《大方等大集经菩萨念佛三昧分》)

(19)云何为转轮圣王出兴于世。白象宝现于世间。(《大正藏》第2册第194页《杂阿含经》)

(20)善知识者出兴世难。至其所难。得值遇难。得见知难。得亲近难。得共住难。得其意难。得随顺难。(《大正藏》第9册第694页《大方广佛华严经》)

例(13)例(14)"出兴"的是"千圣",既可以指佛,也可以指菩萨、祖师等。例(15)至(17)"出兴"的是菩萨。例(18)"出兴"的是"大师",佛、菩萨、祖师均可以是大师。例(19)"出兴"的是"转轮圣王"。例(20)"出兴"的是"善知识",菩萨、祖师均可以是善知识。

三类陈述对象是超乎寻常的有情众生或重要佛典。在佛典中,这类用例很少见:

(21)譬如日出能除一切尘翳暗冥。是大涅槃微妙经典出兴于世亦复如是。能除众生无量劫中所作众罪。是故此经说护正法得大果报拔济破戒。(《大正藏》第12册第425页《大般涅槃经》)

(22)一切众魔出兴。侵犯我不得。(《大正藏》第48册第63页《宏智禅师广录》)

例(21)"出兴"的是"经典",例(22)"出兴"的是"魔"。

综上,"出兴"宜释为:超乎寻常的对象出现、降临人世,一般指佛降临人世。

4.4.9 不着便

《五灯会元》共见8例"不着便":

(1)师一向坐禅,一日唤曰:"师兄!师兄!且起来。"头曰:"作什么?"师曰:"今生不着便,共文邃个汉行脚,到处被他带累。今日到此,又只管打睡?"(卷七《雪峰义存禅师》,第 379 页)

(2)山僧今日向诸人面前,说家门已是不着便,岂可更去升堂入室,拈槌竖拂,东喝西棒,张眉努目,如痫病发相似。(卷十四《芙蓉道楷禅师》,第 885 页)

(3)荣者自荣,谢者自谢。秋露春风,好不着便。(卷十四《尼佛通禅师》,第 908~909 页)

(4)且汝诸人有什么不足处? 大丈夫汉阿谁无分,独自承当得,犹不着便,不可受人欺谩,取人处分。(卷十五《云门文偃禅师》,第 925 页)

(5)上堂:"出门见山水,入门见佛殿。灵光触处通,诸人何不荐? 若不荐,净慈今日不着便。"(卷十六《净慈楚明禅师》,第 1076 页)

(6)又到云居,请佛印升座。公拈香曰:"觉地相逢一何早,鹘臭布衫今脱了。要识云居一句玄,珍重后园驴吃草。"召大众曰:"此一瓣香,熏天炙地去也。"印曰:"今日不着便,被这汉当面涂糊。"(卷十九《提刑郭祥正居士》,第 1250 页)

(7)汝来正其时也。先一日不着便,后一日蹉过了。(卷十九《何山守珣禅师》,第 1306 页)

(8)说佛说祖,正如好肉剜疮。举古举今,犹若残羹馊饭。一闻便悟,已落第二头。一举便行,早是不着便。(卷二十《慧通清旦禅师》,第 1359 页)

袁宾(1987:127)认为,"不着便"是"未切中时机、不走运、倒霉"之意。所释正确,但未落实到词义,遇到例(3)"好不着便"[①]之类的组合时,仍需进一步训释。窃以为,"不着便"是否定副词"不"和"着便"的组合,"着便"是一个形容词。佛典中有"着便"前无"不"的用例:

(9)鼻端泥尽君休斫(彼此着便) 莫动着(已是跷手乱下) 千年故纸中合药(大有神效)(《大正藏》第 48 册第 256 页《万松老人评唱天童觉和尚颂古从容庵录》)

(10)复曰。更有问话者么。如无彼此着便。(《卍续藏》第 79 册第 301 页《嘉泰普灯录》)

---

① 另见《卍续藏》第 79 册第 346 页《嘉泰普灯录》。

(11)便与么观得。一时着便。(《卍续藏》第 68 册第 126 页《古尊宿语录》)

(12)车不横推。理无曲断。且喜老法兄今日得着便。(《卍续藏》第 64 册第 234 页《列祖提纲录》)

(13)翁因无着问莫是文殊否。老翁曰岂有二文殊。着便作礼。(《卍续藏》第 66 册第 302 页《宗鉴法林》)

(14)上堂曰。我于先师一堂下。伎俩俱尽。觅个开口处不可得。如今还有恁么快活不彻底汉么。若无。衔铁负鞍。各自着便。(《卍续藏》第 79 册第 344 页《嘉泰普灯录》)

(15)举云门。一日从方丈出。有僧过拄杖。与云门。门接得。却过与僧。僧无对。云门曰。我今日着便。僧问。和尚为什么着便。云门曰。我拾得口吃饭 师曰。请上座。向此僧无对处。代取一转语。尔道。合下得什么语。僧曰。闲时物急时用。师曰。我今日亦着便。僧曰。和尚为什么亦着便。师曰。喜得阇梨答话。(《卍续藏》第 69 册第 221 页《宝觉祖心禅师语录(黄龙四家录第二)》)

(16)正愁吾道少人行。江上俄然见雨篷。说与捧炉神着便。莫教翻却煮茶铛。(《卍续藏》第 71 册第 381 页《了庵清欲禅师语录》)

(17)师嘘一声云。更有问话者么。若无。彼此着便。(《卍续藏》第 71 册第 734 页《投子义青禅师语录》)

我们可以根据上下文来揣摩"着便"的含义,《唐五代语言词典》认为"着便"是"合适,得便宜"的意思(第 459 页)。

4.4.10 保任此事

太守欲得保任此事,直须向高高山顶立,深深海底行。闺阁中物,舍不得便为渗漏。(卷五《刺史李翱居士》,第 279 页)

项楚(1991:175)认为:首句的"此事"属下,"太守欲得保任"为一句,这个"保任"指保重爱护身体。末句的"舍不得"属上,"闺阁中物舍不得"即不能摒除女色。《五灯会元》第 794 页引及药山此语前三句,第 797 页引及药山此语后两句,断句亦应据此改正。

上述观点似有可商榷处。

一是"此事"属下的问题。"保任此事"的组合,佛典中比较常见:

（1）我今为汝保任此事。终不虚也。(《大正藏》第9册第13页《妙法莲华经》)

（2）佛见众生临终倒乱之苦。特为保任此事(切肤刻骨)。所以殷勤结前劝愿。以愿能导行故也。(《卍续藏》第22册第872页《阿弥陀经要解便蒙钞》)

（3）我今为汝保任此事(至)以是方便诱进众生。(《卍续藏》第31册第220页《法华经科注》)

（4）我在南方三十年。除粥饭二时是杂用心处。曹山指人保任此事。如经蛊毒之乡。水也不得沾他一滴始得。(《卍续藏》第69册第468页《佛果克勤禅师心要》)

（5）踞方丈。要入香山室。须是香山人。未跨门时。攒眉回去。拍膝云。为汝保任此事。(《卍续藏》第69册第728页《偃溪广闻禅师语录》)

（6）一悟真常 更无变易 保任此事 永劫凝然 法华经云 于无量劫受持正法(《高丽藏》第35册第854页《御制秘藏诠》)

（7）师与一棒云且道是赏你罚你问教中道吾今为汝保任此事保任则不问如何是此事(《嘉兴藏》第10册第9页《密云禅师语录》)

（8）问经云我今为汝保任此事如何保任师云明月照阶前(《嘉兴藏》第26册第771页《入就瑞白禅师语录》)

例(1)"此事"属下似乎也可以。例(2)"此事"如属下，则标点成"特为保任,此事(切肤刻骨)所以殷勤结前劝愿"，似乎不可,且不说清代沙门达林的评点"切肤刻骨"位置不对,把"此事"置于"所以"前也似乎不妥。例(3)"此事"属下则语义不合,节奏也不合。例(4)是个比喻句,本体是"保任此事"。例(5)"此事"置于句尾,无法属下。例(6)是无标点文字,可断句为——一悟真常,更无变易。保任此事,永劫凝然。法华经云:"于无量劫,受持正法。""劫"后亦可不断开。例(7)是无标点文字,可断句为——师与一棒云:"且道是赏你、罚你?"问:"教中道:'吾今为汝保任此事。'保任则不问,如何是此事?""此事"属下似于语义不合。

二是"保任"指保重爱护身体的问题。如果仅凭第279页的例子,似乎可以这么解释。如果再考察一下上面例(1)至例(8),似乎就有问题了。如例(2)"佛……特为保任此事(切肤刻骨)……"理解成"佛……特为保重爱护身体……"于佛法不合,佛法就是要去除对身体的执着,不大可能"保重爱护身体"的。例(5)、例(8)明显与"保重爱护身体"没有多大关系。再如《抚州曹山本寂禅师语录》中有"大保任底人保任个什么"(《大正藏》第 47 册第 531 页)之句,明显也跟"保重爱护身体"没有关系。袁宾、康健主编《禅宗大词典》:"【保任】禅悟之后,须加保持、维护,称'保任'。"(第 14 页)这个解释,对禅宗语录而言,无疑是正确的。但放在其他佛典里,如例(1)至(3),就需要增加义项了。《卍续藏》第 30 册第 476 页宋·闻达解《法华经句解》:"保任此事。保护任持此出离事。"闻达的这个解释,也就是"保任"在非禅籍佛典例里的解释了。闻达是宋代僧人,其解释应该是可信的。

4.4.11 问问

问:"如何是第一句?"师曰:"问,问,问,学人上来,未尽其机,请师尽机。"(第 418 页)

项楚(1991:180)认为:"师曰"以下是两人之语,应标点为:师曰:"问,问。"问:"学人上来,未尽其机,请师尽机。"

笔者基本赞同上述校点,只是认为两个"问"之间的逗号似应删去。我们先看佛典中的类似用例:

(1)又贤护菩萨。以一百二十问问世尊。菩萨具足成就何等三昧。而能得彼大功德聚。(《大正藏》第 47 册第 75 页《释净土群疑论》)

(2)今有一问问公。若道得即做塔铭。道不得即与钱五贯。(《大正藏》第 47 册第 947 页《大慧普觉禅师宗门武库》)

(3)古人道。欲得亲切。莫将问来问。问在答处。答在问端。(《大正藏》第 48 册第 154 页《佛果圜悟禅师碧岩录》)

(4)问如何是第一句。师曰。问问。(《大正藏》第 51 册第 353 页《景德传灯录》)

例(1)"以一百二十问问世尊"是"拿一百二十个问题问世尊"的意思,例(2)"今有一问问公"是"现在有一个问题问先生"的意思,例(3)"莫将问来问"是"不要拿问题来问"之意,例(4)"问问"是"问那个提问的主体"之意。

可见,"问问"是动宾结构,第一个"问"是动词,第二个"问"是名词,中间不应加逗号。第 418 页的"问问"同例(4),也是"问那个提问的主体"之意。

第五章 广义语义场视域下的
一般句子训诂研究

　　学术界关于《五灯会元》校勘和释词的成果比较多，而专门释句的成果甚少。目前我们仅能见到一些通俗性的释句成果，最值得参考的有以下两部著作。

　　一是《〈五灯会元〉白话全译》。该书由西南师范大学汉语言文献研究所蒋宗福、李海霞主译，严志君、陈年福、欧昌俊、李琼英、郑继娥、杨载武、徐光煦、何锡光等参译，西南师范大学出版社1997年出版。该全译本以中华书局1984年10月出版的苏渊雷点校本为底本，在翻译中参考了项楚撰《〈五灯会元〉点校献疑三百例》、袁宾编著《中国禅宗语录大观》、陈兵编著《新编佛教辞典》、佛学书局编《实用佛学辞典》、丁福保编《佛学大辞典》等，可以作为训句的重要参考。

　　二是《景德传灯录译注》。顾宏义译注，上海书店出版社2010年出版。《景德传灯录》是《五灯会元》的主要源头文献，后者的大部分句子都来源于前者，前者的释译成果常常就是后者的释译成果。

5.1　基于语言习惯的一般句子训诂

5.1.1　卷十九——只是未在

　　未几，云至，语师曰："有数禅客自庐山来，皆有悟入处。教伊说，亦说得有来由。举因缘，问伊亦明得。教伊下语亦下得。只是未在。"师于是大疑，私自计曰："既悟了，说亦说得，明亦明得。如何却未在？"（《五祖法演禅师》，第1240页）

《白话全译》译为：

不久,白云和尚前来对禅师说:"有几个禅客从庐山来,都有悟入的地方。让他们说,也说得有根有源。举因缘,问他们也能明了,让他们解说也能说清楚。为什么却没有说在点子上呢?"禅师对这话大为疑惑,私下想到:"既然已省悟了,要说也能说,要明也能明,为什么却没有说在点子上呢?"(1144 页)

我们认为《白话全译》有前后矛盾处,前面说"让他们说,也说得有根有源","让他们解说也能说清楚",后面却说"没有说在点子上"。

以上释译有两处值得商榷。一是将"只是未在"释为"为什么却没有说在点子上呢?"句式明显不符,原句为陈述句,译句为疑问句。

二是将"未在"释为"说在点子上",欠妥,《景德传灯录译注》释为"不好"(第 327 页),亦欠佳。我们多看一些例子就知道了。下面是《五灯会元》中"未在"的用例:

(1)张居士问:"争奈老何?"师曰:"年多少?"张曰:"八十也。"师曰:"可谓老也。"曰:"究竟如何?"师曰:"直至千岁也未在。"(第 244 页)

(2)升座次,有道士出众从东过西,一僧从西过东。师曰:"适来道士却有见处,师僧未在。"(第 283 页)

(3)鼓山赴大王请,雪峰门送,回至法堂。乃曰:"一只圣箭直射九重城里去也。"师曰:"是伊未在。"峰曰:"渠是彻底人。"师曰:"若不信,待某甲去勘过。"(第 434 页)

(4)问:"如何是金刚不坏身?"师曰:"老僧在汝脚底。"僧便喝,师曰:"未在。"(第 665 页)

(5)僧便喝。师曰:"未在。"(第 1082 页)

(6)问曰:"狭路相逢时如何?"明曰:"你且躲避,我要去那里去。"师归。来日,具威仪,诣方丈礼谢。明呵曰:"未在。"(第 1229 页)

以上"未在"都跟"说"无关,自然跟"说在点子上"也无关了。据上下文意,"未在"应是"未开悟""未明心见性"之意。

《禅宗大辞典》收录该词:"【未在】不对,不契(禅法)。在:句末助词。"(第 425 页)所释有一定道理,但该词在禅籍中达一千多例,从诸多用例来看,释为"未开悟""未明心见性"更准确。

5.1.2 卷二十——难可测

上堂:"净五眼,涌金春色晚。得五力,吹落碧桃花,唯证乃知难可

测。"卓拄杖曰:"一片何人得?流经十万家。"(《道场明辩禅师》,第1317页)

《白话全译》译为:

明辩禅师上堂说:"净五眼,涌金春色晚。得五力,吹落碧桃花,只有经过证验才知道困难可以预测。"说完,明辩禅师拿着拄杖朝地上叩击一下,接着又说:"一片何人得?流经十万家。"(第1229页)

将"难可测"释为"困难可以预测"值得商榷。佛典中有不少"难可测"的用例可供我们分析:

(1)阿难。汝于如来功德不应限量。所以者何。如来功德甚深广大难可测故。(《大正藏》第3册第554页《方广大庄严经》)

(2)彼道去此。极为长远。而此沙门。乃能俄尔。已得往还。虽复神通难可测量。然故不如我道真也。(《大正藏》第3册第648页《过去现在因果经》)

(3)尊者善现。于此般若波罗蜜多。虽复种种方便显说欲令易解。而其意趣甚深转甚深。微细更微细。难可测度。(《大正藏》第5册第454页《大般若波罗蜜多经》)

(4)善现答言。甚多世尊。甚多善逝。如是福聚无数无量无边无限算数譬喻难可测量。世尊。若是福聚有形色者。十方各如殑伽沙界所不容受。(《大正藏》第5册第921页《大般若波罗蜜多经》)

(5)舍利弗言。世尊。是般若波罗蜜难可测量。佛言。色难可测量故。般若波罗蜜难可测量。受想行识乃至十八不共法难可测量故。般若波罗蜜难可测量。(《大正藏》第8册第314页《摩诃般若波罗蜜经》)

(6)是故菩萨住此地中。身身业难可测知。口口业难可测知。意意业难可测知。神力自在难可测知。观三世法难可测知。诸三昧行入难可测知。智力难可测知。游戏诸解脱难可测知。变化所作神力所作如意所作难可测知。乃至举足下足菩萨住善慧地者不能测知。(《大正藏》第9册第574页《大方广佛华严经》)

(7)佛子。菩萨摩诃萨。在此法云地。得如是诸菩萨三昧。无量无边百千万亿。以是故。此菩萨。住是地中。身身业。难可测知。口

264

口业。难可测知。意意业。难可测知。神力自在。难可测知。观三世法。难可测知。诸三昧行入。难可测知。智力。难可测知。游戏诸解脱。难可测知。变化所作。神力所作。势力所作。难可测知。略说。乃至举足下足。乃至小王子菩萨。住妙善地者。不能测知。(《大正藏》第 10 册第 531 页《十住经》)

(8)一切诸法。皆是实相。非佛妙智。难可测知。必不思议微妙之智。乃可得也。(《卍续藏》第 19 册第 652 页《维摩经无我疏》)

例(1)"如来功德甚深广大难可测"是"佛的功德很深很广,难以测知"之意;例(2)"虽复神通难可测量"是"虽然有神通也难以测量"之意;例(3)"意趣……难可测度"是"意趣……难以推测"之意;例(4)"福聚难可测量"是"福报难以测量"之意;例(5)"般若波罗蜜难可测量"是"无上智慧难以测量"之意,"色难可测量"是"可见的事物难以测量"之意,"受想行识乃至十八不共法难可测量"是"感受、思维、行为、认识及唯佛与菩萨特有之十八种功德法难以测量"之意;例(6)(7)是说菩萨的方方面面都难以测知;例(8)"一切诸法……难可测知"是"一切现象的本质……难以测知"之意。可见,"难"是形容词,不是名词,"难可测知"是"难以推测得知"之意。《景德传灯录译注》释"难可测"为"难以预测"(第 2432 页),可取。

5.1.3 卷二十——众中忽有个衲僧出来道

常德府德山子涓禅师,潼川人也。上堂:"见见之时,见非是见。见犹离见,见不能及。"遂喝曰:"鲸吞海水尽,露出珊瑚枝。"众中忽有个衲僧出来道:"长老休寐语!却许伊具一只眼。"(《德山子涓禅师》,第 1397 页)

《白话全译》译为:

常德府德山的子涓禅师,潼川人。一次他上堂说:"见到所见的时候,见不是见。见如同离开见,见是不能见到的。"于是喝道:"大鲸把海水喝光了,露出珊瑚枝。"僧众中忽然有个衲僧出来说:"长老别说梦话,要允许他具有一只慧眼。"(第 1298 页)

仅仅看这一段话,是看不出问题的,必须把中华书局版整段记载全部录下来才能看出问题所在:

常德府德山子涓禅师，潼川人也。上堂："见见之时，见非是见。见犹离见，见不能及。"遂喝曰："鲸吞海水尽，露出珊瑚枝。"众中忽有个衲僧出来道："长老休寐语！却许伊具一只眼。"上堂，横按拄杖曰："一二三四五六七，七六五四三二一。循还逆顺数将来，数到未来无尽日。因七见一，因一七七。踏破太虚空，铁牛也汗出。绝气息，无踪迹。"掷拄杖曰："更须放下这个，始是参学事毕。"上堂，拈拄杖曰："有时夺人不夺境，拄杖子七纵八横。有时夺境不夺人，山僧七颠八倒。有时人境两俱夺，拄杖子与山僧削迹吞声。有时人境俱不夺。"卓拄杖曰："伴我行千里，携君过万山。忽然撞着临济大师时如何？"喝曰："未明心地印，难透祖师关。"

这段文献，有7处是德山子涓禅师说的话，只有1处是一个无名衲僧说的话，这就跟文献记载习惯很不一致了，文献记载习惯要么是师徒之间一问一答，要么是师傅说到底。这就令人产生了疑问。更令人感到奇怪的是，无名衲僧说的话是批评德山子涓禅师的，后者竟然无一语反驳，这也是不合习惯的。

可见"众中忽有个衲僧出来道：'长老休寐语！却许伊具一只眼。'"这个文献或其校点是有问题的。《卍续藏》第79册第420页《五灯会元》的源头文献《嘉泰普灯录》有相同的文字记载，可见文献无误，误的应该是校点。

项楚(1991:187)认为，第1397页的上述文献是一人之语，误标点为两人之语。应作："遂喝曰：'鲸吞海水尽，露出珊瑚枝。众中忽有个衲僧出来道："长老休寐语。"却许伊具一只眼。'""众中"句中的"忽"字是如果之义。

上述观点可取。

校点既明，则上述原文第1397页的文献可以考虑释译为：

常德府德山的子涓禅师，潼川人。一次他上堂说："见到所见的时候，见不是见。见如同离开见，见是不能见到的。"于是接着喝道："大鲸把海水喝光了，露出珊瑚枝。假使僧众中有个衲僧出来说：'长老别说梦话！'我倒会认可这个衲僧具有一只慧眼。"

5.2 主要基于语言能力的一般句子训诂

5.2.1 卷十五——我事不获已，向你诸人道

我事不获已，向你诸人道，直下无事，早是相埋没了也。(《云门文

偃禅师》,第 923~924 页)

《白话全译》译为:我的事情还没有了结,给你们各位说没有事情,早就是相互埋没了。(第 873~874 页)

我们认为将"我事不获已"释译为"我的事情还没有了结"值得商榷。何谓"事不获已"?《汉语大词典》收"不获已":

【不获已】不得已。《后汉书·独行传·严授》:"[张显]蹙令进,授不获已,前战,伏兵发,授身被十创,殁于阵。"《新唐书·沈既济传》:"四方形势,兵未可去,资费虽广,不获已为之。"金·董解元《西厢记诸宫调》卷三:"妾兄郑相幼子桓,年今二十,郑相以亲见属,故相不获已,以莺许之桓。"清·王韬《淞隐漫录·田荔裳》:"若以非礼相干,虽死非所闻命……如不获已,焰坑血湖,刀山剑岭,皆我毕命所也,一任处置,何足惧哉!"(第 1 卷,第 472 页)

佛典中的很多用例支持《汉语大词典》的解释:

(1)其来归附者。大王则为施设厨膳。大官设膳皆须烹杀牛羊六畜以具众味。烹宰之时辄当先白王。心虽慈事不获已颔头可之。缘是得罪勤苦如是。(《大正藏》第 3 册第 409 页后汉·安世高译《太子慕魄经》)

(2)虽心不忍事不获已。终不相放。(《大正藏》第 3 册第 455 页西晋·竺法护译《佛说鹿母经》)

(3)儿便语言。我受师教。要七日中。满得千指。便当得愿生于梵天。日数已满。更不能得。事不获已。当杀于母。(《大正藏》第 4 册第 424 页元魏·慧觉等译《贤愚经》)

(4)事不获已。乃听饮之。醉卧三日。醒悟心悔怖惧。(《大正藏》第 24 册第 944 页《佛说戒消灾经》)

(5)山僧今日事不获已。曲顺人情方登此座。若约祖宗门下。称扬大事。直是开口不得。无尔措足处。山僧此日以常侍坚请。那隐纲宗。还有作家战将直下展阵开旗么。对众证据看。(《大正藏》第 47 册第 496 页唐·慧然集《镇州临济慧照禅师语录》)

例(1)为我们所见的"事不获已"的最早用例(后汉即东汉,安世高大师约公元二世纪安息国人,于东汉桓帝建和二年即公元 148 年来到洛阳,从事译经工作二十余年)。本例说大王心慈,不忍杀生,但大王需要招待前来投奔的大官们,所以不得不杀生。

例(2)说猎者虽心不忍,但王命急切,故无奈之下,不敢释放母鹿。

例(3)说儿子虽孝敬母亲,但为了凑足一千个手指头以便生天,无奈之下,只好杀母。

例(4)说大姓家子虽持不饮酒戒,但在外面遇到同学、亲友,却不得不饮酒。

例(5)说祖师禅虽"开口不得。无尔措足处",但"常侍坚请",万般无奈之下,才"曲顺人情"登座说法。

综上所述,"事不获已"可直译为"事情不得停止","获"即"得","不获已"犹今言"不得已",亦可意译为"万般无奈"。

5.2.2 卷十六——大方无外,含裹十虚

大方无外,含裹十虚。(《君山显升禅师》,第1019页)

《白话全译》译为:大方无外缘,含裹十虚。(第952页)

"大方无外"释为"大方无外缘"不妥。欲释此语,当先释"方"。

《汉语大词典》第6卷:

方³:通"旁"。广大;广博。《国语·晋语一》:"晋国之方,偏侯也。"韦昭注:"方,大也。"(第1551页)"广大,广博"的义项明显是适合"大方无外"这一组合的。

再释"大方"。《汉语大词典》第2卷:

【大方】谓方正之极。《老子》:"大方无隅,大器晚成,大音稀声。"唐·权德舆《奉和新卜城南郊居得与卫右丞邻舍因赋诗寄赠》:"大方本无隅,盛德必有邻。"(第1329页)"隅"有"弯曲处、角落、边侧"等义项,在组合"大方无隅"中,"隅"应为"边侧"义,"大方无隅"通俗地解释就是"大得没有边"的意思。

"大方"其实就是"方"的意思,"大方"是"方"的义素"广大、广博"中的"大"外现的结果,义素外现后,加强了"大"的含义。因此,通俗地理解,"大方"就是"无限大"的意思。可见,《汉语大词典》释"大方"为"方正之极"欠妥。因为,无论如何"方正",总还是有边的。我们认为释为"无限大"比较贴切。

"大极了"的主事是什么呢?在佛典中,就是指"佛性"。前面我们说过,禅宗语录主要记载的是两大教学内容,第一大教学内容是回答什么是佛性,如《五灯会元》中对佛性有如下描述:"有一鱼兮伟莫裁,混融包纳信奇哉。能变化,吐风雷,下线何曾钓得来。"(第275页)"有一物上拄天,下拄地,黑

似漆,常在动用中。"(第780页)意思都是说佛性无限大。而在《老子》中主事指的是"道",这个"道"也是"无限大"。《道德经》第二十五章云:"有物混成,先天地生。寂兮寥兮,独立不改,周行而不殆,可以为天下母。吾不知其名,字之曰道,强为之名曰大。"可见,《老子》中的"道"与佛典中的"佛性"是同义的。

再释"大方无外"就比较容易了。禅籍中的"大方无外"与"大方无隅"意义是类似的,结构上都是"主语+动词+宾语",意义上都是"无限大""大得没有边"。如果要落实到字面上,就是"大得没有外面"之义。

佛典中,尚有"大方无轨辙"(《大正藏》第48册第24页《宏智禅师广录》)、"大方无垠"(《大正藏》第55册第75页《出三藏记集》)、"大方无处所"(《卍续藏》第69册第759页《大川普济禅师语录》)、"大方无内无外"(《卍续藏》第70册第111页《无明慧性禅师语录》)、"大方无滞碍"(《卍续藏》第73册第727页《憨山老人梦游集》)等说法,与"大方无外"意义相近。

再释"含裹十虚"。"含裹"即"包容"(《卍续藏》第11册第1025页《楞严经笺》)。"十虚"何义?《三藏法数》卷第二十三:"十虚即十方虚空也。""十虚者十方虚空也。"(第324页)"十方"是指"东、西、南、北、东南、西南、东北、西北、上、下"(丁福保《佛学大辞典》第217页)。因此,"含裹十虚"是动宾结构,意义上宜释为"包含东、西、南、北、东南、西南、东北、西北、上面、下面十方的虚空"。

5.2.3 卷十八——知见立知,即无明本

知见立知,即无明本。知见无见,斯即涅槃,无漏真净。(《道场法如禅师》,第1170页)

《白话全译》译为:

知见立知,就是没有明白根本。知见无见,这就是涅槃,不漏真净。(第1081页)

我们认为"即无明本"的翻译值得商榷。

此语出自《大正藏》第19册第124页《大佛顶如来密因修证了义诸菩萨万行首楞严经》,是佛教界一句很有名的句子。要正确释句,必须先解释佛教常用词"无明"。

"无明"本是佛教界常用词。丁福保《佛学大辞典》:"【无明】(术语)梵语

阿尾你也 Avidyā。谓暗钝之心无照了诸法事理之明。即痴之异名也。本业经上曰：'无明者，名不了一切法。'大乘义章二曰：'于法不了为无明。'同四曰：'言无明者，痴暗之心。体无慧明，故曰无明。'俱舍论十曰：'明所治无明。(中略)其相云何？谓不了知谛宝业果。'(四谛三宝业因果报)。唯识论六曰：'云何为痴？于诸事理迷暗为性，能障无痴一切杂染所依为业。'"(第2158页)

"无明"义项甚多，作为白话翻译，释成"愚痴"即可。"无明本"即"愚痴的根本"。

再释句。《大佛顶如来密因修证了义诸菩萨万行首楞严经》被称为"经中之王"，历朝历代都有注疏，应该参考。

《首楞严义疏注经》："言知是者。略举六根之二也。立知者。又略见字。影在次文。意谓。若于六根三事。不了性无立为实有起遍计执。惑业由生自取轮回狂入诸趣。斯则六根是无明生死结缚之本。苟或于此体真达妄执取不生。妄知见觉泯然虚寂。唯一圆成清净宝觉。斯则六根。是菩提涅槃元清净体。更欲何物说为异因。"(《大正藏》第39册第891页)

《楞严经集注》："孤山云。立知略见。无见略知。经文互影也。执知见实有名立知见。此即妄心。是生死轮回之本。达知见无性名无知见。此即真心安乐妙常。是则唯一真心更无别法。"(《卍续藏》第11册第409页)

《楞严经要解》："根尘本真。故曰同源。结解俱幻。故曰无二。梦识无初。故譬空花。物境成有。故由尘发。知因根有相。此根尘识。譬如束芦互相依倚。虽粗有相。其体全空。故曰相见无性同于交芦。既无自性。则随缘转变。故于知见立识知之心。则结为无明之本。于知见无见觉之妄。则解为涅槃真净。既曰真净。岂容立知。故曰云何是中更容他物。此总示妄结依根尘识起。但妄识不立则妄结自解。是为解结真要。所以学道。务去识情也。"(《卍续藏》第11册第823页)

《楞严经笺》："是故汝今知见立知。即无明本。笺云。知本来真知。见本来真见。若向此上。立能知能见。此即无明本也。知见无见。斯即涅槃无漏真净。云何是中更容佗物。笺云。苟能知能见上。不立见知。即是涅槃。此云圆寂。肇师云。夫涅槃之道。寂寥虚旷。不可以形名得。微妙无相。不可以有心知。超群有而幽升。量大虚而永久。"(《卍续藏》第11册第1002页)

综上，这段话我们可以用白话释译为：

若在六根与六尘相触产生六识之中或之后，执着能见的根识与所见的外尘为实有的存在，这就是愚痴的根本。当六根接触六尘产生六识及其诸相时,我们应马上觉悟到,这一切有为法都是生灭无常的梦幻泡影,终究归于空寂,不去分别执着妄想,如是一空到底,这样就迈向大涅槃的成佛之路了。

5.3 基于背景知识的一般句子训诂

5.3.1 主要基于与言语所指对象有关的社会文化背景知识的一般句子训诂

与言语所指对象有关的社会文化背景知识,除了如上所述的禅宗教学内容这个主要背景知识外,还有佛教教义、佛教历史典故等方面的背景知识。

5.3.1.1 卷一——须菩提岩中宴坐

世尊才见,乃诃云:"莲花色比丘尼,汝何得越大僧见吾?汝虽见吾色身,且不见吾法身。须菩提岩中宴坐,却见吾法身。"(《释迦牟尼佛》,第5页)

《白话全译》译为:

世尊一见到她,就呵斥道:"莲花色尼姑,你凭什么超越大僧而来见我?你虽然见到了我的色身,却没有见到我的法身。要在须菩提岩中安坐,才能见到我的法身。"(第4页)

"须菩提岩中宴坐,却见吾法身"应为"须菩提虽在岩石之间静坐,但能见到我的法身"之意。

"须菩提"是佛陀十大弟子之一,并非岩石之名,佛典中有 29127 条记载。《佛说阿罗汉具德经》云:"复有声闻常行布施而能不灭解空第一。须菩提苾刍是。"(《大正藏》第 2 册第 831 页)这是说的须菩提的本领。《撰集百缘经》云:"尔时世尊。初始成佛。便欲教化诸龙王故。即便往至须弥山下。现比丘形。端坐思惟。时有金翅鸟王。入大海中。捉一小龙。还须弥顶。规欲食噉。时彼小龙命故未断。遥见比丘端坐思惟。至心求哀。寻即命终。生舍卫国婆罗门家。名曰'负梨'。端政殊妙。世所希有。因为立字。名须菩提。年渐长大。智慧聪明。无有及者。唯甚恶性。凡所眼见人及畜生。则便瞋骂。未曾休废。父母亲属皆共厌患。无喜见者。遂便舍家入山林中。乃见鸟兽及以草木。风吹动摇。亦生瞋恚。终无喜心。"(《大正藏》第 4 册第 250 页)这是说的须菩提的前世。《佛光大辞典》:"【须菩提】又称苏补底、须扶提、须浮帝、数浮帝修、浮帝、须枫。意译为善业、善吉、善现、善实、善见、空生。乃佛陀十大弟子之一。原为古代印度舍卫国婆罗门之子,智慧过人,然性恶劣,瞋恨炽盛,为亲友厌患,遂舍家入山林。山神导之诣佛所,佛陀为说瞋恚之过患,师自悔责忏罪。后得须陀洹果,复证阿罗汉果。系佛陀弟子中最善解空理者,被誉为'解空第一'。于佛陀之说法会中,常任佛陀之当机众,屡见于般若经典中。[中阿含卷四十三拘楼瘦无诤经、增一阿含经卷三、卷二十八、大毗婆沙论卷一七九、大智度论卷五十三]"(第 5361 页)

《白话全译》的训释也可以说是词语训释不当,但因为词语训释不当而引起了对句意的误解,把转折复句训释成了条件复句,这就属于释句方面的问题了,凡属这类现象我们都归入句子训释这一章。

5.3.1.2 卷五——宜作舟航,无久住此

宜作舟航,无久住此。(《药山唯俨禅师》,第 257 页)

《白话全译》译为:

你应当坐船航行,不要长久地住在这里。(第 233 页)

把"宜作舟航"释为"你应当坐船航行",值得商榷。把上下文都引出来就比较清楚了:

祖曰:"子之所得,可谓协于心体,布于四肢。既然如是,将三条篾束取肚皮,随处住山去。"师曰:"某甲又是何人,敢言住山?"祖曰:"不然!未有常行而不住,未有常住而不行。欲益无所益,欲为无所为。宜作舟航,无久住此。"师乃辞祖返石头。

"祖"指马大师。从上下文可以看出,马大师见药山唯俨禅师悟道了,就劝他去住山,以便教化众生,马大师把"住山教化众生"比作了众生出苦海的凭借,即舟航。

以舟航为喻体的例子在佛典里很常见:

(1)两国相邻,念人民而沉业海;二王同誓,随愿力以作舟航。一发

无上正真心,果因成就;一愿众生皆度尽,方证菩提。(《藏外佛教文献》第 6 册第 278 页《地藏慈悲救苦荐福利生道场仪》)

(2)大唐有天台教迹。最堪简邪正。晓偏圆。明止观。功推第一。可能译之。将至此土耶。……余省躬揣见。自觉多惭。回以众缘。强复疏出。纵有立破。为树圆乘。使同志者。开佛知见。终无偏党。而顺臆度。冀诸览者。悉鉴愚诚。一句染神。咸资彼岸。思惟修习。永作舟航。随喜见闻。恒为主伴。若取若舍。经耳成缘。或顺或违。终因斯脱。(《卍续藏》第 75 册第 275 页《释门正统》)

(3)诸佛自受大法乐,住心地观妙宝宫,受职菩萨悟无生,观心地门遍法界……此法能作大舟航,令渡中流至宝所;此法最胜大法鼓;此法高显大法幢。(《大正藏》第 3 册第 328 页《大乘本生心地观经》)

(4)当使我身成大善业,于生死海作大舟航。(《大正藏》第 3 册第 332 页《菩萨本生鬘论》)

(5)住家者是烦恼海,出家者是舟航;住家者是此岸,出家者是彼岸……(《大正藏》第 14 册第 506 页《文殊师利问经》)

(6)我当造作智慧舟航,度诸众生于生死海发增广心……(《大正藏》第 16 册第 257 页《大乘宝云经》)

(7)庶使顺菩提之妙业,成实相之嘉谋,作六趣之舟航,为三乘之轨躅者也。(《大正藏》第 22 册第 1015 页《四分律比丘戒本》)

(8)夫戒德难思。冠超众象。为五乘之轨导实三宝之舟航。(《大正藏》第 40 册第 1 页《四分律删繁补阙行事钞》)

(9)一念才起。生死如烟。驾五阴六入之舟航。结十二种类之窟宅。(《大正藏》第 48 册第 863 页《宗镜录》)

(10)世出世间,以上善为本:初即因善而趣入,后即假善以助成。实为越生死海之舟航;趣涅槃城之道路。(《大正藏》第 48 册第 960 页《万善同归集》)

例(1)"随愿力以作舟航"是把"愿力"比作舟航,例(2)是把注疏大唐天台教迹比作舟航,例(3)是把"观心地门"比作舟航,例(4)是把"大善业"比作舟航,例(5)是把"出家者"比作舟航,例(6)是把"智慧"比作舟航,例(7)是把"菩提之妙业""实相之嘉谋"比作舟航,例(8)是把"戒德"比作舟航,例(9)是把"一念"比作舟航,例(10)是把"上善"比作舟航。"舟航"在佛典里一般只是比喻说法,是"作众生依靠""度众生出苦海"之意,并非写实。

5.3.1.3 卷六——一代时教，只是整理时人手脚，……不可将当衲衣下事

一代时教，只是整理时人手脚，直饶剥尽到底，也只成得个了事人，不可将当衲衣下事。(《大光居诲禅师》，第 303 页)

《白话全译》译为：

一个朝代用某种教义来教导人们，只是为了整治和束缚人们的手脚。就算这些人的私欲被剥除到最后，也只能够做个合格的官僚，不能够把这样的人认取做修行佛理的人。(第 279 页)

《白话全译》对"一代时教""了事人""衲衣下事"的训释欠妥，导致了整句句意不可解。

其一，把"一代时教"释为"一个朝代用某种教义来教导人们"，欠妥。《佛光大辞典》："【一代时教】指释尊自成道至灭度之一生中所说之教法，即三藏、十二部经、八万四千法门等。又作一代教、一代诸教、一代教门。"(第 28 页)唐·窥基撰《阿弥陀经通赞疏》："二明西天判教。此土判教而有五人。一魏时三藏菩提流支此云觉受。以佛一代时教总判为一时。有二义不同教似有多。一教同根异。如天雨是一所润三草二木不同等。教法是一。众生悟解不同。如声闻缘觉作四谛十二因缘解。菩萨作六度解。约根教似有异。二理同证异。三乘证理不同如三兽之度河浅深别。故判教一时。二宋朝三藏昙无谶判如来一代时教为顿渐二时。顿教者。佛一代时有说二空三性三无性八识二无我等教。皆是顿教。所以华严声闻对目不闻等是。渐教者。佛一代时有说四谛缘生五八戒等总名渐教。三梁朝真谛三藏判如来一代时教为三时……"(《大正藏》第 37 册第 330 页)宋·重显颂古、克勤评唱《佛果圜悟禅师碧岩录》："释迦老子。四十九年住世。三百六十会。开谈顿渐权实。谓之一代时教。"(《大正藏》第 48 册第 154 页)

其二，把"也只成得个了事人"释为"也只能够做个合格的官僚"，《景德传灯录译注》释为"也只是成就个人罢了"(第 1160 页)，所释均欠妥。《云门匡真禅师广录》记载："举雪峰勘僧。什么处去。僧云。识得即知去处。峰云。尔是了事人。乱走作什么。僧云。莫涂污人好。"(《大正藏》第 47 册第 560 页)这里的"了事人"是"僧"。宋·蕴闻编《大慧普觉禅师语录》云："佛是众生界中了事汉。众生是佛界中不了事汉。欲得一如。但佛与众生。一时放下。则无了无不了。"(《大正藏》第 47 册第 893 页)这里的"了事人"是"佛"。可见"了事人"不是"合格的官僚"，"了"是"明了"，"事"是"本分事"

"本来面目","了事"是"明了本来面目"之意。

其三,把"不可将当衲衣下事"释为"不能够把这样的人认取做修行佛理的人",欠妥。在"五灯"中,有不少"衲衣下事"的用例:

  (1)问。如何是衲衣下事　师云。赫赤穷汉(《卍续藏》第78册498页《天圣广灯录》)

  (2)问。如何是衲衣下事　师云。千山销断云(《卍续藏》第78册第518页《天圣广灯录》)

  (3)问。如何是衲衣下事　师云。千山万水。(《卍续藏》第78册第521页《天圣广灯录》)

  (4)问。如何是衲衣下事　师云。举意即乖。(《卍续藏》第78册第531页《天圣广灯录》)

  (5)问。如何是衲衣下事　师云。鸟飞千里毛球落。鱼跃潭中水自浑。(《卍续藏》第78册第555页《天圣广灯录》)

  (6)问。如何是衲衣下事。师云。皮裹骨。(《卍续藏》第78册第690页《建中靖国续灯录》)

  (7)举。僧问香林。如何是衲衣下事。林云。腊月火烧山。(《卍续藏》第78册第813页《建中靖国续灯录》)

  (8)问。如何是衲衣下事。曰。天旱为民愁。(《卍续藏》第79册第353页《嘉泰普灯录》)

从答语可以看出,"衲衣下事"是"佛性"之意。

5.3.1.4　卷六——所以道四十九年明不尽……珍重!

  所以道四十九年明不尽,标不起,到这里合作么生？更若切切,恐成负累。珍重!(《大光居诲禅师》,第303页)

《白话全译》译为:

  因此说人活了四十九岁对佛理也体悟不完全、揭示不完备。在这种情况下,这样的人应该做什么样的人呢？何况这种人更有忧念情绪,担心自己会成为人世间的负担和累赘。愿你保重自己!(第279页)

《白话全译》对"四十九年""到这里合作么生""更若切切,恐成负累"的训释欠妥,导致了整句句意不可解。

其一，把"四十九年"释为"人活了四十九岁"，欠妥。"四十九年"在佛典中是特指释迦牟尼佛说法的时长，并非"人活了四十九岁"。前文"4.1.11"已对"四十九年"有较多探究，在此不再重复。

其二，"到这里合作么生"释译成"在这种情况下，这样的人应该做什么样的人呢"，值得商榷。

首先，"到这里"是"（修行）达到这一步"的意思，禅典中多有用例：

（1）师云。汝解犹在心。信位即得。人位未在。云。除却这个。别更有意也无。师云。别有别无即不堪也。云。到这里。作么生即是。师云。据汝所解。只得一玄。得坐披衣。向后自看。（《大正藏》第47册《袁州仰山慧寂禅师语录》）

（2）师在长芦受请。拈疏示众。云言语道断文字性空。到这里可谓。鲸吞海水尽。露出珊瑚枝。诸人还会么。其或未然。更烦知音底人。为我说破。（《大正藏》第48册第1页《宏智禅师广录》）

（3）师云。我则不然。饭罗里坐胀杀人无数。海水没头浸杀人无数。以前伤乎不吞。以后失乎不吐。只如云门道通身是饭通身是水。到这里无尔吞吐处。（《大正藏》第48册第28页《宏智禅师广录》）

（4）若是见性之人。目前无法。亦无众生心。脱体全忘。不存踪迹。通身手眼。不立纤尘。十二因缘。六度万行。一时顿脱。无苦无乐。无集无灭。无道无德。到这里。修证即不无。染污即不得。一超直入如来地。（《卍续藏》第26册第950页《般若心经注解》）

（5）那咤太子。析肉还母。析骨还父。然后现本身运大神力。为父母说法　佛眼远云。肉既还母。骨聚还父。用什么为身。学人到这里若见得去。廓清五蕴吞尽十方。（《卍续藏》第65册第491页《禅宗颂古联珠通集》）

（6）动静双收。则颠顶佛性。到这里。直得穷天玄辩。竭世枢机。用一点不着。（《卍续藏》第68册第400页《续古尊宿语要》）

以上诸例中的"到这里"都是指"达到修行极高境界"之意，禅典中的"到这里"一般即此意。

其次，"作么生"是"怎么办"的意思，这也是禅典常用语。丁福保《佛学大辞典》："【作么生】（杂语）禅录之语。疑问之词。犹言如何。"（第1189页）《佛光大辞典》："【作么生】禅林用语。又作怎么生、似么生、作么、作生。作么，即'何'；生，为接尾词。相当于'如何了''怎么样'。本为宋代俗语，禅宗多用于公案之感叹或疑问之词。临济慧照禅师语录勘辨(大四七·五○三上):'后沩山问仰山:"此二尊宿意作么生?"'又作么会,即'如何体会'之意。"(第2780页)

其三,"更若切切,恐成负累"释译成"何况这种人更有忧念情绪,担心自己会成为人世间的负担和累赘",值得商榷。

"切切"虽有"忧愁"的义项,但在禅典中一般是"絮烦、唠叨"的意思:

(7)古人入门便棒便喝。唯恐学者承当不性燥。况切切怛怛。说事说理。说玄说妙。草里辊耶。(《大正藏》第47册第893页《大慧普觉禅师语录》)

(8)临济虽则坐筹帷幄。决胜千里。侍者撞入重围。几乎收身不上。普化纵饶八面受敌。要且无佛法身心。乌巨若更切切。定招拔舌地狱。(《大正藏》第47册第980页《密庵和尚语录》)

(9)僧云。南泉云。苍天即且止。如何是庵中主。主云。会即便会。不用切切。南泉拂袖便行。此意又如何。师云。上座今日太杀切切。(《大正藏》第48册第66页《宏智禅师广录》)

(10)远曰。汝妙悟玄微耶。对曰。设有妙悟也须吐却。时有资侍者在旁曰。青华严今日如病得汗。青回顾曰合取狗口。汝更切切我即便呕。(《大正藏》第49册第670页《佛祖历代通载》)

(11)长髭曰在彼即怎么。来我遮里作么生。师曰。不违背。长髭曰。太切切生。师曰。舌头未曾点着在。(《大正藏》第51册第316页《景德传灯录》)

(12)若遇明眼禅和。何必切切巧说。自有丹霞递相证据。(《卍续藏》第67册第340页《林泉老人评唱丹霞淳禅师颂古虚堂集》)

例(7)"切切怛怛。说事说理。说玄说妙","切切"明显是对"说"的摹拟。例(8)"乌巨若更切切。定招拔舌地狱","切切"明显是跟"说"有关,否则不会有"拔舌地狱"之恶报。例(9)"僧云。南泉云。苍天即且止。如何是庵中主。主云。会即便会。不用切切","切切"明显是对"南泉云"含义的概括。"僧云。……师云。上座今日太杀切切","切切"明显是对"僧云"含义的概括。例(10)"青回顾曰合取狗口。汝更切切我即便呕","切切"明显和"口"有关,否则不会提到"狗口"。例(11)"师曰。不违背。长髭曰。太切切生。师曰。舌头未曾点着在","切切"明显和"口"有关,否则不会说"舌头"。例(12)"切切巧说","切切"是"巧说"的状态。

277

禅宗的宗旨是"言语道断,心行处灭",因此,"更若切切,恐成负累"宜释译为"再要唠叨,恐怕反而会成为修道的负担"。

5.3.1.5 卷八——问:"九旬禁足三月事如何?"师曰:"不坠蜡人机。"

问:"九旬禁足三月事如何?"师曰:"不坠蜡人机。"(《洛京柏谷和尚》,第438页)

《白话全译》译为:

问:"老年人不过问年轻人的事时怎样?"和尚说:"不要坠入了猎人的机关。"(第423页)

《景德传灯录译注》译为:

有僧人问道:"九旬禁足则三月春天之事怎么样?"柏谷和尚回答:"不坠落腊人的机缘。"(第1173~1174页)

以上释译有两点值得商榷。

其一,将"九旬禁足三月事如何"训释为"老年人不过问年轻人的事时怎样"或"九旬禁足则三月春天之事怎么样",均欠妥。

清·弘丽罗峰著《圆觉经句释正白》:"三月者。九旬禁足之期。"(《卍续藏》第10册第687页)

宋·戒环解《楞严经要解》:"九旬禁足莫由觐佛。故于休夏。咨决心疑。自恣决疑。皆所以考九旬德业也。"(《卍续藏》第11册第778页)

明·真鉴述《楞严经正脉疏》:"休夏者。佛制夏月护生避嫌。九旬禁足安居不令乞食。"(《卍续藏》第12册第193页)

明·释德清述《楞严经通议》:"休夏自恣乃佛律制。比丘当初夏时即结制名为护生。亦名坐腊。九旬禁足。无由见佛。夏满之日同诣佛所。自有过失恣任僧举。佛为作法忏悔。名为羯摩。"(《卍续藏》第12册第535页)

所以在佛典中有"九旬禁足三月护生"的说法:

(1)僧问。九旬禁足三月护生。只如花猫取断南泉分身两段。斑蛇适会赤眼就地一锄。(《大正藏》第47册第751页《圆悟佛果禅师语录》)

(2)死得活人活得死人。便能刮龟毛于铁牛背上。截兔角于石女腰边。不作奇特商量。不作玄妙解会。何须九旬禁足三月护生。谨守蜡人无绳自缚。(《大正藏》第47册第837页《大慧普觉禅师语录》)

(3)结制上堂问九旬禁足三月护生未审护个什么生(《嘉兴藏》第27册第229页《隐元禅师语录》)

"九旬"即九十天,即三月。"九旬禁足三月护生"是佛制定的律制,规定僧众在夏季的三个月不外出化缘,而是定居于某处,名曰"安居",以免踩到地面上行走的众生,这是佛法慈悲的体现。

因此,"九旬禁足三月事如何"应训释为"佛制定夏季的三个月不外出化缘的本意是什么"。

其二,《白话全译》将"不坠蜡人机"释译为"不要坠入了猎人的机关",不妥。"坠"应是"(让)坠落、衰落、断绝"之意,并非"坠入",下面的用例可证:

(4)心体常净。虽遍五道。不受彼色。则沦五趣而不坠。(《大正藏》第48册第926页《宗镜录》)

(5)同安显代曰。怎么则云岩一枝不坠也。(《大正藏》第47册第514页《筠州洞山悟本禅师语录》)

(6)务要拈花面壁之风不坠。以图报佛祖深恩。(《大正藏》第47册第1015页《虚堂和尚语录》)

(7)欲后代以流传。宜躬书以成集。则使教风不坠。道久弥芳。(《大正藏》第48册第1046页《缁门警训》)

(8)遗教东流,六百余祀,腾、会振辉于吴、洛,谶、什钟美于秦、凉,不坠玄风,咸匡胜业。(《大正藏》第50册第225页《大唐大慈恩寺三藏法师传》)

(9)弟子应清等十余人。奉师遗训不坠其道焉。(《大正藏》第50册第787页《宋高僧传》)

(10)三春景秀。四序芬芳。白日流光。古今不坠。是个什么物。代云。化得么。(《大正藏》第47册第615页《汾阳无德禅师语录》)

(11)俾圭峰禅师研真显正。化导群迷之意。永久不坠。(《大正藏》第48册第397页《禅源诸诠集都序》)

例(4)"沦五趣而不坠"是"沉沦五道而不坠落"之意,例(5)"云岩一枝不坠"是"云岩一枝不断绝(后继有人)"之意,例(6)"拈花面壁之风不坠"是"世尊拈花迦叶微笑、达摩面壁的道风不衰落"之意,例(7)"教风不坠"是"教风不衰落"之意,例(8)"不坠玄风"是"不让道风衰落"之意,例(9)"不坠其道"是"不让其道衰落"之意,例(10)"古今不坠"是"(自性)古今不断绝"之意,例(11)"永久不坠"是"永久不断"之意。

"蜡人"何意?《大正藏》第 48 册第 1150 页《敕修百丈清规》对"蜡人"及其由来有详细解释:"僧不序齿而序腊以别俗也。西域三时以一时为安居。出入有禁止。凡禅诵行坐依受戒先后为次。而制以九旬策勋于道。以三旬营资身之具。使内外均养身心俱安也。克期进修不舍寸阴。护惜生命行兼慈忍。旨哉圣训万世永遵。而五竺地广暑寒霖潦气候之弗齐。故结制有以四月五月十二月。然皆始以十六日。所谓雨安居者。因地随时惟适之安。或曰坐夏或曰坐腊。戒腊之义始此。如言验蜡人冰以坐腊之人。验其行犹冰洁。或谓埋蜡人于地。以验所修之成亏者。"

最后,"机"也不能释译为"机关"。《佛光大辞典》:"【机】根机、机缘等之意。即具有遇缘而发动之可能性,亦即堪受佛陀教法之素质能力。或指佛陀说法之对象。机与法、教并称为机法或机教。佛陀随应机类说教,称为对机说法;教法契合根机,称为逗机。机成为说教之缘,称为机缘。机感应教法,称为机感;佛陀应机,称为佛应。机感与佛应合称感应,机与应合称机应。佛陀随时应机而作适宜之教法利益众生,称为当机益物,此为天台宗五时之中,法华以前之四时,乃令众生机根成熟,受圆教之意。此外以水比喻众生之机根,称为机水。又禅宗将机认为是指导者(师家)心之作用,因为机乃绝言语思虑者,此作用施加于受教者之心,故接受指导之学人必须与师家之心相应,此即为投机。"(第 6249 页)

可见,"不坠蜡人机"与"不坠玄风""不坠其道"等同义,当意译为:不让修道之风衰落。

5.3.1.6 卷八——眨上眉毛着

(1)问:"昔日觉城东际,象王回旋,五众咸臻。今日太守临筵,如何提接?"师曰:"眨上眉毛着。"(《报恩宗显禅师》,第 509 页)

(2)问:"如何是十方眼?"师曰:"眨上眉毛着。"(卷八《罗汉桂琛禅师》,第 449 页)

袁宾(1987:132)认为,以上例句中的"眨上眉毛"含有"动脑思索"的意思。

我们认为,禅宗反对动脑思索,主张"言语道断,心行处灭",所以以上两例中的禅师说法应该属于禅宗灯录的主要教学内容研究中提到的"在眼曰见"类(参见 2.4.2.2.3"在眼曰见"类)。类似例子如:

(3) 劝君休莽卤,眨上眉毛须荐取。(卷十四《天章枢禅师》,第910页)

(4) 眨上眉毛,速须荐取。(卷二十《大沩善果禅师》,第1321页)

(5) 腾空正是时,应须眨上眉。从兹出伦去,莫待白头儿。(卷八《大宁隐微禅师》,第441~442页)

(6) 诸禅客,要会么?剔起眉毛有甚难,分明不见一毫端,风吹碧落浮云尽,月上青山玉一团。(卷十七《兜率从悦禅师》,第1148~1149页)

(7) 赵州相唤吃茶来,剔起眉毛须瞥地。(卷十八《万寿念禅师》,第1176页)

(8) 敲空击木,尚落筌蹄。举目扬眉,已成拟议。去此二途,方契斯旨。(卷十二《长水子璇讲师》,第742页)

(9) 若是知心达道人,不在扬眉便相悉。(卷十四《梁山善冀禅师》,第881页)

(10) 相见不扬眉,君东我亦西。(卷十五《普安道禅师》,第971页)

"眨上眉毛、剔起眉毛、举目扬眉、扬眉"均是提醒学人注意那个能使眉眨上/剔起/举/扬的主体(即佛性)。

5.3.1.7 卷十——云峰三到,投子九上,洞山盘桓往返

古德为法行脚,不惮勤劳。如云峰三到,投子九上,洞山盘桓往返,尚求个入路不得。(《五云志逢禅师》第607页)

《白话全译》译为:

古代高僧为禅法而行脚,不怕辛劳。比如云峰禅师三次登门,投子禅师九次上山,洞山禅师往返数次,就这样还求不到一条入门的路。(第580页)

中华书局版校点错误,以致《白话全译》翻译出错。要正确校点,必须有相关背景知识。

《虚堂和尚语录》:"后来法眼一宗。大行于世。盖从雪峰玄沙气脉中来。所谓祖父有田舍翁阴德。尔看雪峰一出岭来。先买一把勺头。缉一条手巾。到处行益结缘。誓不吃头堂饭。及到德山会里。先占作饭头。以至三到投子。九上洞山。千辛万苦。成就道业。后来建大伽蓝。开大法施。

聚一千五百众。"(《大正藏》第 47 册 1018 页)

《佛果圜悟禅师碧岩录》:"雪峰与岩头钦山同行。凡三到投子九上洞山。后参德山。方打破漆桶。"(《大正藏》第 48 册第 162 页)

《万松老人评唱天童觉和尚颂古从容庵录》:"雪峰行脚时。三到投子。九上洞山。"(《大正藏》第 48 册第 241 页)

《续传灯录》:"重念先德率多参寻。如雪峰九上洞山三到投子遂嗣德山。"(《大正藏》第 51 册第 491 页)

《古尊宿语录》:"又如雪峰和尚。三到投子。九上洞山。"(《卍续藏》第 68 册第 210 页)

《释氏通鉴》:"雪峰义存禅师。自出岭游方。久历禅会。三到投子。九上洞山。"(《卍续藏》第 76 册第 120 页)

《五家正宗赞》:"师讳义存。泉州曾氏子。出岭。首谒盐官。三到投子。九上洞山。因缘不契。后参德山。遂悟于言下。"(《卍续藏》第 78 册第 583 页)

《建中靖国续灯录》:"福州雪峰义存禅师 九上洞山。三到投子。寻到德山。师资缘契。"(《卍续藏》第 78 册第 646 页)

可见,上面第 607 页的句子应该校点为:"古德为法行脚,不惮勤劳。如云峰三到投子,九上洞山,盘桓往返,尚求个入路不得。"应该训释为:"古代高僧为禅法而行脚,不怕辛劳。比如云峰禅师三次到投子禅师那里求教,九次到洞山禅师那里求教,来来去去,往返多次,就这样还求不到一条入门的路。"

5.3.1.8 卷十二——昔日灵山分半座,二师相见事如何?

问:"昔日灵山分半座,二师相见事如何?"师曰:"记得么?"僧良久,师打禅床一下,曰:"多年忘却也。"(《大愚守芝禅师》,第 708 页)

《白话全译》译为:

问:"以前灵山只有半个法座,两位大师相见后又会怎样呢?"禅师说:"记得吗?"僧人等了一会儿,禅师敲一下禅床说:"多年不记得了。"(第 673 页)

这里将"昔日灵山分半座"释译为"以前灵山只有半个法座"值得商榷。

关于灵山分半座的事,佛经多有记载。《杂阿含经》记载:"彼(摩诃迦叶)少欲知足,头陀第一,如来施以半座及僧伽梨衣,悯念众生,兴立正法。"

(《大正藏》第2册第168页)"时,诸比丘见摩诃迦叶从远而来,见已,于尊者摩诃迦叶所起轻慢心,言:'此何等比丘？衣服粗陋,无有仪容而来,衣服佯佯而来。'尔时,世尊知诸比丘心之所念,告摩诃迦叶:'善来！迦叶！于此半座,我今竟知谁先出家,汝耶？我耶？'彼诸比丘心生恐怖,身毛皆竖,并相谓言:'奇哉！尊者！彼尊者摩诃迦叶,大德大力,大师弟子,请以半座。'"(《大正藏》第2册第302页)《释迦谱》记载:"次复示摩诃迦叶塔语王言。此是摩诃迦叶禅窟。应当供养。王问曰彼有何功德。答曰彼少欲知足头陀第一。如来施以半座及僧伽梨衣。悯念众生兴立正法。"(《大正藏》第50册第79页)可见,"灵山分半座"实指"释迦牟尼佛分半座给禅宗初祖摩诃迦叶",并非"灵山只有半个法座"。

5.3.1.9 卷十二——句里明机,也似迷头认影

乃曰:"且住！且住！若向言中取则,句里明机,也似迷头认影。若也举唱宗乘,大似一场寐语。虽然如是,官不容针,私通车马。放一线道,有个葛藤处。"(《大愚守芝禅师》,第708页)

《白话全译》译为:

又说:"等一下！等一下！如果在话中找法则,从句子里明禅机,也好像晕着脑袋看影子。如果也举说宗乘,就很像一场梦话。即使这样,官家难容一针,私下却能通车马。留一点余地,好有个安身之处。"(第673页)

这里将"迷头认影"释译为"晕着脑袋看影子"值得商榷。"迷头认影"是出自《楞严经》中的一个成语。《大佛顶如来密因修证了义诸菩萨万行首楞严经》:"汝虽除疑,余惑未尽。吾以世间现前诸事今复问汝。汝岂不闻,室罗城中演若达多,忽于晨朝以镜照面,爱镜中头眉目可见,瞋责己头不见面目,以为魑魅无状狂走。于意云何,此人何因无故狂走？"(《大正藏》第19册第121页)

《首楞严义疏注经》:"汝岂不闻。室罗城中演若达多。忽于晨朝以镜照面。爱镜中头眉目可见。瞋责己头不见面目。以为魑魅。无状狂走 演若达多此云祠授。本头与镜俱喻性觉。照面喻强觉忽生所相妄立。爱喻坚执不舍认相为真。既喜有相。反恶无相。故瞋己头不见面目。真无形相。不顺妄情。便生惊怖。执相迷性轮回不息。故云狂走。"(《大正藏》第39册第881页)

《大佛顶如来密因修证了义诸菩萨万行首楞严经》:"精真妙明本觉圆净,非留死生,及诸尘垢乃至虚空,皆因妄想之所生起,斯元本觉妙明真精,妄以发生诸器世间,如演若多迷头认影。妄元无因,于妄想中立因缘性,迷因缘者称为自然;彼虚空性犹实幻生,因缘、自然,皆是众生妄心计度。"(《大正藏》第 19 册第 154 页)

可见,"迷头认影"应直译为"迷失脑袋,执着影像"的意思,引申为"迷失本性,不见自己的本来面目"。

5.3.1.10 卷十二——长期进道西天

长期进道西天,以蜡人为验,未审此间以何为验?(《长庆惠棱禅师》,第 760 页)

《白话全译》译为:

长期进行谈论西天,用蜡人来验证,不知道这一问用什么来验证?(第 718 页)

我们认为首先宜进行校勘,这段话的"西天"应属下,"西天以蜡人为验"是佛教背景知识。《释氏要览》云:"夏腊即释氏法岁也。凡序长幻。必问。夏腊多者为长。故云天竺以腊人为验焉。经音疏增辉记皆云。腊接也(蔡邕独断云。腊者。岁之终也。晋博士张亮议云。腊接也新故交接俗谓腊之明日为初岁也。今释氏。自四月十六日)。前安居入制。至七月十五日。为受腊之日。若俗岁除日也。至十六日。是五分法身生养之日。名新岁也自夏九旬。统名法岁矣。"(《大正藏》第 54 册第 298 页)

丁福保《佛学大辞典》云:"【夏腊】又曰夏臘,法臘。比丘之年岁也。比丘每岁为九旬之安居,由其安居之数,以算法龄,称曰法臘几岁,故安居中与安居竟之日,犹如世俗之旧腊与岁首。此所以用夏腊之字也。以此夏腊之多少而定僧中之长幼。月灯三昧经六曰:'当问其夏腊。'僧史略下曰:'经律中以七月十六日是比丘五分法身生来之岁首,则七月十五日是腊除也。比丘出俗,不以俗年为计,乃数夏腊耳。经律又谓十五日为佛腊日也。'蔡邕独断曰:'腊者岁之终也。'贾岛诗曰:'夏腊今应三十余。'"(第 1715 页)

同时,佛典中也有"西天以夏蜡人为验"的表达:

(1)问西天以蜡人为验。未审此间以何为验。(《大正藏》第 47 册第 752 页《圆悟佛果禅师语录》)

(2)九峰因僧问。西天坐夏。以蜡人为验。多有得道果者。未审此间如何。(《卍续藏》第65册第642页《禅宗颂古联珠通集》)

(3)般若启柔禅师(嗣云门)僧问。西天以蜡人为验。未审此土以何为验。师曰。新罗人草鞋。(《卍续藏》第65册第698页《禅宗颂古联珠通集》)

(4)圆悟因僧问。西天以蜡人为验。此土以何为验。师曰。生铁铸就昆仑儿。(《卍续藏》第65册第725页《禅宗颂古联珠通集》)

(5)解夏上堂。僧问。西天以蜡人为验。和尚此间以何为验。师云。铁弹子。(《卍续藏》第68册第261页《古尊宿语录》)

(6)夏满日。僧问。西天以蜡人为验。未审此土以何为验 师云。贼人胆底虚。(《卍续藏》第78册第547页《天圣广灯录》)

(7)僧问。西天以蜡人为验。此土以何为验。师云。新罗人草鞋。(《卍续藏》第79册第228页《联灯会要》)

(8)僧问。西天解夏。以蜡人为验。未审鹿门以何为验。曰。雨来山色暗。云出洞中明。(《卍续藏》第79册第322页《嘉泰普灯录》)

(9)僧问。西天以蜡人为验。此土如何。师曰。新罗人草鞋。(《卍续藏》第80册第311页《五灯会元》)

以上均是唐宋语料的例证,句读虽是后人所加,但不影响"西天以蜡人为验"组合和事实的存在。因此,"长期进道西天,以蜡人为验,未审此间以何为验?"应标点为"长期进道,西天以蜡人为验,未审此间以何为验?"可释译为:"长期修行,可知西方以人度过的夏腊作为衡量比丘年岁的长短,我们这里以什么来衡量修行人年岁的长短?"

5.3.1.11 卷十三——阇黎,他后有把茅盖头

山曰:"阇黎,他后有把茅盖头。忽有人问,如何祇对?"(《云居道膺禅师》,第793页)

《白话全译》译为:

洞山说:"轨范师,他背后有把茅盖头。要是忽然有人问起,你怎么对答?"(第749页)

这个释译存在好几个问题:

一是句号应该为逗号,洞山的话是一个假设条件句,"他背后有把茅盖

头"是假设条件,"要是忽然有人问起,你怎么对答"是结果。中华书局版的句号同样应改为逗号。

二是"阇黎"不可释为"轨范师",这是佛门常用尊称,犹如"尊者、大德、善知识"等。《三藏法数》:"田阇黎,梵语具云阿阇黎,华言正行。以能纠正弟子之行,即教授得戒等师也,因依此戒得生禅定智慧,其恩实重,人能供养恭敬,即获福利,故名阇黎田。(纠,督责也。)"(第355页)

三是"他后"不是"他背后",当为"日后、将来"之意。请看下面的例子:

(1)举岩头辞德山。山云。子什么处去。头云。暂辞和尚下山去。山云。子他后作么生。头云。不忘和尚。山云。子凭何有此语。(《大正藏》第48册第31页《宏智禅师广录》)

(2)峰云。他后如何即是。头云。他日若欲播扬大教。一一从自己胸襟流出将来。与我盖天盖地去。峰于言下大悟。(《大正藏》第48册第163页《佛果圜悟禅师碧岩录》)

(3)尔辈他后忽风云际会。出来为人天师范者。切宜以此事自勉。(《大正藏》第48册第1085页《缁门警训》)

例(1)"子他后"明显是"你将来"的意思;例(2)"他后"与"他日"在问答中在相同位置出现,明显其义相同;例(3)"尔辈他后"明显是"你们将来"之意。

四是"把茅盖头"未释。在禅籍中"把茅盖头"是个常见组合:

(4)尔辈他日若有把茅盖头。当以此而自勉。(《大正藏》第48册第1018页《禅林宝训》)

(5)此子已后设有把茅盖头。只成得个知解宗徒。(《中华藏》第77册第917页《古尊宿语录》)

(6)此子向后设有把茅盖头 也只成得个知解宗徒。(《永乐北藏》第154册第517页《宗门统要正续集》)

(7)公等设有把茅盖头。当不忘所自逮。(《卍续藏》第71册第444页《恕中无愠禅师语录》)

(8)你他时异日。有把茅盖头。人来问你。你作么生祗对。(《卍续藏》第73册第64页《法昌倚遇禅师语录》)

"把茅盖头"为"住持寺庙"之意。例(4)意为"你们将来假若做了庙里的住持,应当以此而自勉",例(5)(6)意为"这人将来假若成了住持,也不过是个有知无行的人罢了",例(7)意为"诸位以后假如住持寺院,应当不要忘了自己是如何开悟的",例(8)意为"如果将来你做了住持,有人来问你禅法,你如何回答"。唐·道宣撰集、清·读体续释《毗尼作持续释》:"欲期正定。须依树下静修长利。而云别房者。谓不同众居。独止一室。尖头屋者。乃阿练若团瓢。以把茅盖头也。小房者。谓内深一丈九尺二寸。广一丈一尺二寸。准作小房。羯磨可知。石室者。谓起不碍头。坐容转侧。两房一户者。拣非为众同住之大房也。"(《卍续藏》第 41 册第 407 页)

5.3.1.12 卷十五——大地微尘诸佛

乾坤大地微尘,诸佛总在里许争佛法,觅胜负,还有人谏得么?若无人谏得,待老汉与你谏看。(《云门文偃禅师》,第 928 页)

《白话全译》译为:

乾坤大地微尘,各佛总在那里争论佛法,寻找胜负,有人能够直言规劝吗?如果没有人能直言规劝,等老汉来和你直言规劝看看。(第 877 页)

我们认为"乾坤大地微尘"语义不明,"各佛总在那里争论佛法,寻找胜负"违背佛理。

先看"乾坤大地微尘"的问题。1989 年 9 月中华书局《五灯会元》的第二次印刷本标点为:乾坤大地微尘,诸佛总在里许争佛法。项楚(1991:184)认为:第一句的"微尘"和第二句的"诸佛"合为一句。"微尘诸佛"形容极多之佛。项楚的观点本来是正确的,中华书局 1992 年修订《五灯会元》时也采纳了,却在"大地"后加个逗号,把文意点断了,以致释译出现了问题。如果"乾坤大地微尘诸佛"中间不断开,文意就很通畅了。我们可以在佛典中找到大量的例证支撑该观点:

(1)如一佛所,闻十方世界微尘诸佛,皆能受持大法明雨,复能过此无量无边,于一念顷亦能受持,是故名为法云地。(《大正藏》第 9 册第 573 页《大方广佛华严经》)

(2)如以十方一切微尘诸佛刹土。内芥子中。云何得入。(《大正藏》第 20 册第 358 页《不空羂索神变真言经》)

(3)乃以拄杖指云。乾坤大地微尘诸佛。总在里许。(《大正藏》第

47册第549页《云门匡真禅师广录》)

(4)师以拄杖指面前云。乾坤大地微尘诸佛总在里许。(《大正藏》第51册第357页《景德传灯录》)

(5)于此明得。大地微尘诸佛。西天二十八祖。唐土六祖。天下老宿。一时拈来山僧拄杖头上转妙法轮。(《卍续藏》第78册第519页《天圣广灯录》)

(6)师上堂云。尽乾坤大地微尘诸佛总在福昌者。里拈拄杖划地一下。云。说佛说法。(《卍续藏》第78册第529页《天圣广灯录》)

(7)八万四千波罗蜜门。门门长开。三千大千微尘诸佛。佛佛说法。(《卍续藏》第78册第710页《建中靖国续灯录》)

例(1)"闻十方世界微尘诸佛"动宾结构,中间不可能断开,"十方世界"是限定"微尘"的,"十方世界微尘"是限定"诸佛"的。

例(2)"以十方一切微尘诸佛刹土"是个介宾结构,中间也不可能断开。"十方一切"限定"微尘","十方一切微尘"限定"诸佛"。

例(3)例(4)"乾坤大地微尘诸佛"中间似乎可以断开成"乾坤大地"和"微尘诸佛",但"微尘诸佛"语义不明。

例(5)"大地微尘诸佛"中间如断开成"大地"和"微尘诸佛",则成了二者并列了,语义不通,"微尘诸佛"语义不明。

例(6)"尽乾坤大地微尘诸佛"中间如断开成"尽乾坤大地"和"微尘诸佛",则"尽乾坤大地"不可解,"微尘诸佛"语义不明。

例(7)"三千大千"是"三千大千世界"的略称。"三千大千微尘诸佛"如断开成"三千大千""微尘诸佛",那么前面的"八万四千波罗蜜门"亦应断开成"八万四千""波罗蜜门"才能上下句相对。"八万四千波罗蜜门"本是定中结构,"八万四千"是数词做定语,"波罗蜜门"是中心语。"数词+中心语"的结构一般不宜在数词后停顿。

再看"各佛总在那里争论佛法,寻找胜负"的问题。很明显,佛是大觉悟者、彻底解脱者,不可能"争论佛法,寻找胜负"。《白话全译》是依文释义,似乎不错。但所依之文是有问题的。我们认为,"诸佛总在里许争佛法"应标点为"诸佛总在里许。争佛法"。"争佛法"的不是"诸佛",而是没有开悟的佛门弟子们。相关例证如下:

(8)投子因雪峰侍立。师指庵前一魂石曰。三世诸佛总在里许。峰曰。须知有不在里许者。(《卍续藏》第65册第629页《禅宗颂古联

珠通集》)

(9)天堂地狱镬汤炉炭盖却尔头。三世诸佛总在尔脚跟下。(《大正藏》第 47 册第 564 页《云门匡真禅师广录》)

(10)上堂云。如天普盖似地普擎。三世诸佛总在尔鼻孔里。三十年后不得辜负老僧。(《大正藏》第 47 册第 644 页《杨岐方会和尚语录》)

(11)师指庵前一块石曰。三世诸佛总在里许。雪峰曰。须知有不在里许者。(《大正藏》第 51 册第 319 页《景德传灯录》)

(12)师云。尽尔神通。向什么处去。进云。也知和尚在里许。(《大正藏》第 47 册第 741 页《圆悟佛果禅师语录》)

(13)大藏五千卷。维摩不二门。总在里许。(《大正藏》第 48 册第 299 页《无门关》)

以上诸例中的"总在里许"是属上的。可见，如上第 928 页的文献应该标点为："乾坤大地微尘诸佛，总在里许。争佛法，觅胜负，还有人谏得么？若无人谏得，待老汉与你谏看。"可以释译为：

数量如乾坤大地的微尘那么多的各位佛祖，总是与我们同在。我们却在争论佛法，寻找胜负。有人能够直言规劝吗？如果没有人能直言规劝，等老汉来和你直言规劝看看。

5.3.1.13 卷十五——抛向面前漆桶

问："雪峰道：'尽大地撮来如粟米粒大，抛向面前漆桶。不会打鼓，普请看。'未审此意如何？"(《虎丘绍隆禅师》，第 1280 页)

《白话全译》译为：

有僧人问："雪峰和尚说，把整个大地收拢来只有粟米一样大，抛在面前的漆桶里。不会打鼓，召集众僧在旁边看。不晓得这话的意旨怎样呢？"(1189 页)

要释译本句，必须先对"漆桶"在佛典中的特殊意义有所了解：

(1)漆桶要教连底脱。大家齐用着工夫。(《大正藏》第 47 册第 231 页《乐邦文类》)

(2)上堂良久有僧出礼拜。师云。太迟生。僧应喏。师云。这漆

桶。(《大正藏》第47册第551页《云门匡真禅师广录》)

(3)第二座拟议。师打一掌云。者漆桶也乱做。(《大正藏》第47册第642页《杨岐方会和尚语录》)

(4)峰云。是什么。僧亦云是什么。峰云。者漆桶。僧无语。(《大正藏》第47册第689页《明觉禅师语录》)

(5)唯有一件长。爱打破漆桶。(《大正藏》第47册第808页《圆悟佛果禅师语录》)

(6)师云。人从桥上过。桥流水不流。进云。只如傅大士向鱼行酒肆里接人。未审和尚向什么处接人。师云。向一切处接人。进云。未审接得几个。师云。只尔一个漆桶不会。(《大正藏》第47册第827页《大慧普觉禅师语录》)

(7)雪峰于棒下。方打破漆桶。(《大正藏》第47册第907页《大慧普觉禅师语录》)

(8)聚集四方衲子。九十日内。立期立限。决要打破漆桶成就慧身。(《大正藏》第47册第1006页《虚堂和尚语录》)

(9)今朝九月初一。打板普请坐禅。第一切忌瞌睡。直下猛烈为先。忽然爆破漆桶。豁如云散秋天。(《大正藏》第48册第123页《如净和尚语录》)

可见,"漆桶"是指修禅者开悟以前的糊涂状态。在禅典里,任何修行人,只要没有开悟,就是"漆桶"。丁福保《佛学大辞典》云:"漆桶(譬喻)无分别之眼暗黑,喻以漆桶。骂无眼子之词也。犹言黑漆桶,漆桶不会等。"(第2530页)

再释译"普请"。《敕修百丈清规》:"普请之法盖上下均力也。凡安众处有必合资众力而办者。库司先禀住持。次令行者传语首座维那。分付堂司行者报众挂普请牌。仍用小片纸书贴牌上云(某时某处)或闻木鱼或闻鼓声。各持绊膊搭左臂上。趋普请处宣力。除守寮直堂老病外。并宜齐赴。当思古人一日不作一日不食之诫。"(《大正藏》第48册第1144页)《百丈清规证义记》:"证义曰。普请之法。上下均力也。山中梵刹。坡事尤多。遇期。鸣梆齐行。虽住持。亦不得好逸推劳。有病则不勉强。至老方可歇息。同居大众。开遮亦尔。按唐。同州。志超。冯翊人。依并州开化寺赞禅师出家。旋为木寺住持。洁正身心。勤理众务。安僧数百。衣食恒备。每有苦役。必以身先噇。古之住持。类多如是。故丛林兴盛。今之住持。则养尊处优。劳人自逸。欲得丛林复整。难矣哉。"(《卍续藏》第63册第

485页)按《敕修百丈清规》,普请的信号是"或闻木鱼或闻鼓声",有大量语料可以证明"闻鼓声"普请的方式很常见:

(10)上堂。今朝正月半。有则旧公案。点起数碗灯。打鼓普请看。看即不无。忽尔油尽灯灭时。暗地里切忌撞着露柱。(《大正藏》第47册第822页《大慧普觉禅师语录》)

(11)上堂。今朝七月五。打鼓普请看。万里无片云。犹欠一大半。且作么生是那一半。(《大正藏》第47册第832页《大慧普觉禅师语录》)

(12)团圞擘不开。打鼓普请看。(《大正藏》第47册第845页《大慧普觉禅师语录》)

(13)举雪峰示众云(一盲引众盲。不为分外)尽大地撮来如粟米粒大(是什么手段。山僧从来不弄鬼眼睛)抛向面前(只恐抛不下有什么伎俩)漆桶不会(倚势欺人。自领出去。莫谩大众好)打鼓普请看(瞎。打鼓为三军)。(《大正藏》第48册第144页《佛果圜悟禅师碧岩录》)

(14)上堂。昨日有僧从渤潭来。却往仰山去。暮拈拄杖云。筠阳城中。圣寿院里。打鼓普请吃茶。(《卍续藏》第68册第274页《古尊宿语录》)

(15)上堂。诸州丐士经年去。次第归来复纳疏。打鼓普请共证明。今朝九月二十五。(《卍续藏》第68册第288页《古尊宿语录》)

(16)又云。云门大师。在拄杖头上踣跳。还见翠岩眉毛么。若也不见。洞山为你注破。长庆来也。遂掷下云。吹笛打鼓普请看。(《卍续藏》第68册第393页《续古尊宿语要》)

(17)今朝正月半。明月正团圆。打鼓普请看。(《卍续藏》第79册第319页《嘉泰普灯录》)

也就是说,"打鼓普请"为常见组合。

综上,上面第1280页的文献应断句为:

问:"雪峰道:'尽大地撮来如粟米粒大,抛向面前,漆桶不会,打鼓普请看。'未审此意如何?"

可释译为:

有僧人问:"雪峰和尚说:'把整个大地收拢来只有粟米一样大,抛在面前,未开悟的蠢人不领会其意,打鼓召集众僧做点事看看。'不知道这话的意旨怎样呢?"

5.3.1.14 卷十七——空把山童赠铁鞭

僧问:"昔日沩山水牯牛,自从放去绝踪由。今朝幸遇师登座,未审时人何处求?"师曰:"不得犯人苗稼。"曰:"怎么则头角已分明。"师曰:"空把山童赠铁鞭。"(《大沩怀秀禅师》,第1116页)

最后一句,《白话全译》译为:

怀秀说:"拉住山里孩子,送给他一根铁鞭,徒劳。"(第1034页)

我们认为对"空把山童赠铁鞭"的释译值得商榷。

《五灯会元》该句直接出自《建中靖国续灯录》:"师云。两重公按。复云。雪覆芦花欲暮天。谢家人不在渔船。白牛放却无寻处。空把山童赠铁鞭。"(《卍续藏》第78册第654页)

后面两句,则出自禅宗的牧牛典故。明·株宏所作《牧牛图颂》"序"说明了禅宗把制心比作"牧牛"的由来:"遗教经云譬如牧牛执杖视之不令纵逸犯人苗稼则牧牛之说所自起也嗣是马祖问石巩汝在此何务答曰牧牛又问牛作么生牧答曰一回入草去蓦鼻拽将来则善牧之人也又大沩安公之在沩山也曰吾依沩山住不学沩山禅但牧一头水牯牛又白云端公之于郭功辅也诘之曰牛淳乎若自牧若教他牧层见迭出于古今者益彰彰矣后乃有绘之乎图始于未牧终于双泯品而列之为十其牛则如次初黑继白以至于无粲如也"(《嘉兴藏》第23册第357页)。"牧牛图"依层次高低共有10张,每张图配有4句七言诗,最初为普明禅师所配。《建中靖国续灯录》中的"白牛放却无寻处。空把山童赠铁鞭"应该是"牧牛图"中第八张图的境界,普明禅师作诗形容此境界云:"白牛常在白云中。人自无心牛亦同。月透白云云影白。白云明月任西东。"(《卍续藏》第78册第654页)这就是说,心这头牛找不到了,拿着打牛的铁鞭也没有用处了。

明白了典故,释译就比较容易了,"空把山童赠铁鞭"应释为"空拿着山童赠送的铁鞭","山童赠"修饰限制"铁鞭"。

5.3.2 主要基于反映事物及其联系的知识的一般句子训诂

在《五灯会元》句子训诂中,反映事物及其联系的知识主要是禅理、佛理。可以这么说,如果不明白禅理、佛理,即使我们能够解释一句话的每一个词语,整个句意也未必能够理解。

5.3.2.1 卷二——尊重礼拜……毁辱嗔恚

僧问:"如何是大阐提人?"师曰:"尊重礼拜。"曰:"如何是大精进人?"师曰:"毁辱嗔恚。"(《嵩岳破灶堕禅师》,第 77 页)

《白话全译》:

僧人问:"怎样才是断灭一切善根的人?"和尚说:"尊重、礼拜佛家。"僧人又问:"怎样才是最精进的人?"和尚说:"毁谤、侮辱、惹恼佛家。"(第 73 页)

《景德传灯录译注》:

有僧人问道:"什么是大阐提人?"破灶堕和尚回答:"尊重祖师,礼拜佛陀。"那僧人又问道:"什么是大精进人?"和尚回答:"毁坏、侮辱佛法,愤恨、恼怒佛祖。"(第 255 页)

以上把"尊重礼拜"释译为"尊重、礼拜佛家"或"尊重祖师,礼拜佛陀",值得商榷。宾语"佛家"都是原文没有的,从大乘佛教的佛理上说,大乘佛教认为众生平等,以普度众生为己任,因而尊重、礼拜的对象可以是一切众生,不限于佛家、祖师或礼拜佛陀。

同样的道理,把"毁辱嗔恚"释译为"毁谤、侮辱、惹恼佛家"或"毁坏、侮辱佛法,愤恨、恼怒佛祖"也值得商榷。"毁辱嗔恚"的对象也可以是一切众生,不限于佛家、佛法或佛祖。

另外,把"嗔恚"释为"惹恼"也值得商榷,因为前者是不及物动词,后者是及物动词。何谓"嗔恚"?《法界次第初门》:"若对违境。心生忿怒。名为瞋恚。"(《大正藏》第 46 册第 669 页)"瞋恚"即"嗔恚"。《三藏法数》:"谓于不可意之境无所爱乐而自生嗔忿也。"(第 489 页)丁福保《佛学大辞典》没有单独解释"嗔恚",而是把"嗔恚"列入"三毒"之一的"嗔毒",释"嗔毒"曰:"恚忿之心名为嗔。以迷心对于一切违情之境起忿怒者。"(第 309~310 页)《汉语大词典》释"嗔恚"为"恼怒"(第 3 卷第 458 页)。以下是"嗔恚"在佛典中的用例:

(1)彼土众生贪欲甚多、嗔恚甚多、愚痴甚多……(《大正藏》第16册第242页《大乘宝云经》)

(2)若一念心嗔恚邪淫即地狱业。悭贪不施即饿鬼业。愚痴暗蔽即畜生业。(《卍续藏》第61册第380页《净土指归集》)

(3)往于神室者。谓入向道场之时。勿起嗔恚及与贪欲。专念本尊。(《大正藏》第18册第695页《苏悉地羯罗供养法》)

(4)汝莫起嗔恚,害心向如来,其嗔恚向佛,终不生善处。(《大正藏》第24册第872页《鼻奈耶》)

(5)彼国人等,极甚暴恶,凶粗犷戾,恶毒嗔恚。若当以木石等而打汝者,于意云何?(《大正藏》第24册第12页《根本说一切有部毗奈耶药事》)

(6)如是有情无始世来经历生死长时流转。更互或为父母兄弟姊妹师友。皆当发起平等性心利益安乐与乐胜解。是名寻思修慈愍观。能离嗔恚故。(《大正藏》第33册第445页《仁王护国般若波罗蜜多经疏》)

例(1)"嗔恚甚多","嗔恚"做主语;例(2)"心嗔恚邪淫","嗔恚"做谓语组成部分;例(3)、例(4)"起嗔恚","嗔恚"做宾语;例(4)"嗔恚向佛","嗔恚"做状语;例(5)"彼国人等,极甚暴恶,凶粗犷戾,恶毒嗔恚","嗔恚"做谓语的组成部分;例(6)"离嗔恚","嗔恚"做宾语。

检索《CBETA电子佛典集成June 2016》,"嗔恚"出现1086例,未见"嗔恚"后面接宾语的现象。

5.3.2.2 卷三——只此不污染,诸佛之所护念

师曰:"修证则不无,污染即不得。"祖曰:"只此不污染,诸佛之所护念。汝既如是,吾亦如是。西天般若多罗谶汝足下出一马驹,踏杀天下人。应在汝心,不须速说。"(《南岳怀让禅师》,第126页)

《白话全译》:

禅师说:"修持证验则不会没有,牵累即不行。"六祖说:"只此不受牵累,皆因有众佛护持。你既然是这样,我也是这样。西天般若多罗预言你足下会出一匹马驹,踏死天下的人。病在你心时,不必急于说出。"(第116页)

《景德传灯录译注》：

> 怀让禅师回答："修持证悟则不会没有，污染牵累则不行。"六祖大师说道："只此没有污染牵累，都因有诸佛护持。你既是这样的，我也是这样的。西天般若多罗大师预言说你的门下将出一匹马驹子，可以征服天下人。病根就在你自己的心里，不需急着说出。"（第332页）

第一，《白话全译》释译者因未明确"污染"的意义，导致所释译的句子令人费解。

丁福保《佛学大辞典》："【污染】（术语）污染于世间之五尘也。无量寿经下曰：'犹如莲华，无污染故。'"（第1073页）《佛光大辞典》："【污染】谓人受五欲六尘之影响，而使自性不得清净。又污染亦含有烦恼之意。无量寿经卷下，以莲花比喻清净无污染。盖莲花出污泥而不染，故自古以来多以之比喻不为世俗环境所污染之人。此外，现今社会上亦广泛使用'污染'一语，如'空气污染''水污染''环境污染'等，然此'污染'多指污秽不洁之意。"（第2472页）

第二，《白话全译》将"只此不污染，诸佛之所护念"释为"只此不受牵累，皆因有众佛护持"，《景德传灯录译注》译为"只此没有污染牵累，都因有诸佛护持"，均值得商榷。"只此不污染"与"诸佛之所护念"之间不是因果关系，而是同一关系，应译为"正是这个不污染的状态，是诸佛时刻要保持的"。也就是说，佛就是时时刻刻保持着不污染的心态。《汾阳无德禅师语录》："祖云。还假修证也无。修证即不无。污染即不得。祖云。只此不污染。是诸佛之护念。汝善护持。因师顾问自何来。报道嵩山意不回。修证即无不污染。拨云见日便心开。""只此不污染"与"诸佛之所护念"之间有判断词"是"。类似"只此……是……"的句式，在佛经中有不少例证：

(1) 休更问归路。只此是蓬莱。（《卍续藏》第67册第686页《拈八方珠玉集》）

(2) 如昔有人作好饮食供养圣僧。尔时圣僧化作凡僧形像来食其食。主人见即骂辱言。我本供养圣僧。不知上人何得受我供养。然只此上人是圣僧身。主人自不识耳。（《卍续藏》第69册第111页《善慧大士语录》）

(3) 只此形骸。即是其人。（《卍续藏》第83册第392页《罗湖野录》）

(4) 只此无下手处。正是得力处。（《卍续藏》第87册第37页《枯

崖漫录》)

(5)只此三道是三如来蜜种。(《大正藏》第38册第686页《维摩经略疏》)

(6)难只此所获一分功德。便是此人造福。他人受果。应乖唯识义。(《大正藏》第48册第700页《宗镜录》)

(7)答只此无成方是成佛意。以无所得得菩提故。(《卍续藏》第3册第886页《续华严经略疏刊定记》)

(8)只此一明字便是灵灵不昧了了常知之明。(《卍续藏》第10册第175页《圆觉经类解》)

这是一种特殊的判断句,现代汉语没有完全与之对应的句式,可译成"只有……才正是"。

第三,《白话全译》把"应在汝心"释为"病在你心时",《景德传灯录译注》释为"病根就在你自己的心里",上下文意脱节,均颇为费解。

先看文献。虽然《大正藏》第48册第230页《万松老人评唱天童觉和尚颂古从容庵录》、《大正藏》第51册第749页《传法正宗记》、《大正藏》第71册第331页《了庵清欲禅师语录》、《卍续藏》第79册第36页《联灯会要》、《卍续藏》第80册第69页《五灯会元》、《卍续藏》第80册第622页《五灯严统》、《卍续藏》第85册第122页《锦江禅灯》、《卍续藏》第85册第395页《禅宗正脉》、《嘉兴藏》第25册第572页《天隐和尚语录》、《中华藏》第77册第615页《古尊宿语录》、《乾隆藏》第157册第525～526页《天隐修禅师语录》均作"病在汝心",但《大正藏》第51册第240页《景德传灯录》作"并在汝心"。《景德传灯录》成书年代早,影响巨大,此书编成之后,道原诣阙奉进,宋真宗命杨亿等人加以刊订,并敕准编入大藏流通。《景德传灯录》在宋、元、明各代流行颇广,是我国第一部真正有全国影响的灯录。另外《卍续藏》第86册第633页《八十八祖道影传赞》亦作"并在汝心"。

从语义上看,"并在汝心"可解,"并"就是"一起、一齐"的意思。《战国策·燕策二》:(蚌、鹬)两者不肯相舍,渔者得而并禽之。"南朝宋·谢灵运《登临海峤初发强中作 与从弟惠连见羊何共和之》:"欲抑一生欢,并奔千里游。"因此,"并在汝心"就是"一齐都在你的心中"的意思。

把"并在汝心"释为"一齐都在你的心中",是符合语境要求的,因为前文说的是六祖预言怀让将会得到一名高足,接着说"(预言的内容)一齐都在你的心中",再接着说"不须速说(预言的内容)",始终以"预言"为话题,文意贯通。

禅宗认为，习禅到一定程度，会有神通产生，未来的事情自会在心中显现。佛典中多有记载。《景德传灯录》："然禅定一行最为神妙。能发起性上无漏智慧。一切妙用万行万德。乃至神通光明皆从定发故。三乘学人欲求圣道必须修禅。离此无门离此无路。"(《大正藏》第51册第306页)《历朝释氏资鉴》："师曰。此事学不得。教不得。须是当人自悟。始得悟得也。可可地。一切神通变化。皆自具足。不用外求。"(《卍续藏》第76册第236页)《建中靖国续灯录》："尔时摩诃迦叶尊者。分坐传衣。因花悟道。岩间石室。演法度生。世尊示灭。结集圣教。斥出阿难。未尽诸漏。毕钵岩前。磐陀石上。坐至中夜。便证道果。即现神通。透石而入。于是迦叶付正法眼。"(《卍续藏》第78册第641页)《建中靖国续灯录》："良久。云。于斯见得。无量神通三昧本自圆成。恒沙诸佛法门自然具足。"(《卍续藏》第78册第787页)

佛教有"六通"之说。《佛光大辞典》："【六通】指六神通，为佛菩萨依定慧力所示现之六种无碍自在之妙用。即：神足通、天耳通、他心通、宿命通、天眼通、漏尽智证通。[中阿含卷十九迦絺那经、长阿含卷九增一经]"(第1292页)《法相辞典》："……通有六种。一、神境智证通。二、天眼智证通。三、天耳智证通。四、他心智证通。五、宿住随念智证通。六、漏尽智证通。……"(第294页)"并在汝心"，这其实就是神通(他心通、宿命通)的表现。《祖堂集》(《大藏经补编》第25册第349页)《宗镜录》(《大正藏》第48册第940页)就有"神通妙用，并在汝心"的记载。

5.3.2.3 卷三——非遇上根，宜慎辞哉

一切法皆从心生。心无所生，法无所住。若达心地，所作无碍。非遇上根，宜慎辞哉！(《南岳怀让禅师》，第127页)

《白话全译》：

一切法都从心生，心无所生，法无所在。如果达于心地，所作无碍。不遇上等秉赋的人，说话要谨慎。(第117页)

《景德传灯录译注》：

一切法都从心上产生，心无所生，法也就不能住。如若通达心地之法，所作所为都没有障碍。不是遇到上等禀赋的人，就应该谨慎措辞

啊！（第333页）

我们认为把"非遇上根，宜慎辞哉"释为"不遇上等秉赋的人，说话要谨慎"或"不是遇到上等禀赋的人，就应该谨慎措辞啊"，前后两分句均缺乏联系。本句两分句间有省略，释译时应补出来，即释译成："不遇上等秉赋的人，不要随便说法，说法要谨慎。"

为什么不要随便说法呢？《为霖道霈禅师还山录》中这个意思说得很明确："昔博山无异和尚尝有言曰。宗门中事贵在心髓相符。不在门庭相绍。苟得其人。见知闻知先后一揆。绝未尝绝。若不得人。乳添水而味薄。乌三写而成马。存岂真存。吾意宁不得人。勿授非器。不得人者。嗣虽绝而道真。自无伤于大法。授非器者。嗣虽存而道伪。反自破其先宗。故博山当时道满天下。竟未尝轻可一人。永老人平生缜密严重。至年八十始以正宗付嘱于师。有一发欲存千圣脉。此心能有几人知之。语其所期如此。宜乎知之者希。今师年七十有四。亦珍重慎择不闻轻有付授。余观三师护法之心不谋而合有若符节。政古德所云。非遇上根宜慎辞哉。又云。宗门爪牙遇个中人才拈出。若投机则共用。不则便铲却。盖防末流之滥觞。堑法门之严城。卫群灵之慧命。岂非大有造于人心法道哉。"（《卍续藏》第72册第645页）可见，禅师不随便传法的原因是"授非器者。嗣虽存而道伪。反自破其先宗"，"盖防末流之滥觞。堑法门之严城。卫群灵之慧命"。《佛祖三经指南》："非遇上根 宜慎辞哉 噫 可与智者道也。"（《卍续藏》第37册第812页）大法只可对智者说。

因此，这里的"慎辞"并非"说话要谨慎"或"谨慎措辞"，而是专指传法要谨慎。

5.3.2.4 卷六——从门入者，不是家珍

（1）所以道：从门入者，不是家珍。认影迷头，岂非大错。（卷六《黄山月轮禅师》，第323页）

（2）头喝曰："你不闻道，从门入者不是家珍。"师曰："他后如何即是？"头曰："他后若欲播扬大教，一一从自己胸襟流出，将来与我盖天盖地去。"（卷七《雪峰义存禅师》，第380页）

（3）殊不知从门入者，不是家珍。认影迷头，岂非大错？（卷十四《净因自觉禅师》，第894页）

（4）所以从门入者，不是家珍。认影迷头，岂非大错？（卷十五《洞山晓聪禅师》，第985页）

《禅宗大词典》释云:"【从门入者,不是家珍】从门外取来之物,终非自家的珍宝。比喻向外驰求所获得的,并非自心本佛。"(第63~64页)

所释值得商榷,"从门入"应训为"从门进入"。

《五灯会元》第453页云:"若从文殊门入者,一切无为。土木瓦砾,助汝发机。若从观音门入者,一切音响,虾蟆蚯蚓,助汝发机。若从普贤门入者,不动步而到。"可见,"从门入"是"从某一张门进入"之意,并非"从门外取来""向外驰求"。

但禅宗讲求顿悟,主张无门而入。

第933页云:"十方无壁落,四面亦无门。净裸裸,赤洒洒,没可把。"

第942页云:"悟本无门,如何得入?"

第1330页云:"圆通门户,八字打开。若是从门入得,不堪共语。须是入得无门之门,方可坐登堂奥。所以道,过去诸如来,斯门已成就。现在诸菩萨,今各入圆明。未来参学人,当依如是法。从上诸圣,幸有如此广大门风,不能继绍,甘自鄙弃。穿窬墙壁,好不丈夫!敢问大众,无门之门作么生入?"

所以,宋禅僧慧开著有《禅宗无门关》一书,该书收于《大正藏》第四十八册。慧开抄录古来闻名之公案四十八则,再加颂与评唱而成。各则先举本则,次出评唱,后附自作之颂。"颂"常被视为另一则公案,故本书又可计为九十六则公案。本书第一则"赵州狗子"(大四八·二九二下):"参禅须透祖师关,妙悟要穷心路绝;祖关不透,心路不绝,尽是依草附木精灵。且道,如何是祖师关?只者一个无字,乃宗门一关也。遂目之曰禅宗无门关。"全书旨在阐明"无"之境地,同时,入悟应以"无"为"门","无门"即是"门"。该书古来即与《碧岩录》《从容录》广行于禅林间,唯临济家特以其属于正系,故最重用之。

5.3.2.5 卷十——会即便会,嗱啄作什么

会即便会,嗱啄作什么?(《临济义玄禅师》,第647页)

《白话全译》译为:

领会倒是领会了,何别探头探脑的呢?(第615页)

这里把"会即便会"释为"领会倒是领会了","嗱啄作什么"释为"何别探头探脑的呢",均值得商榷。先看"会即便会"。《五灯会元》中有多处"会即便会":

(1)……宜自看远近,是阿谁面上事。若会即便会,若不会即散去。(第190页)

(2)会即便会,莫忉忉。(第192页)

(3)会即便会,着什死急!(第538页)

(4)僧拟议,师曰:"会即便会本来底,不得安名着字。"僧拟开口,师便打出。(第1175页)

(5)会即便会,玉本无瑕。若言不会,碓嘴生花。试问九年面壁,何如大会拈花?南明怎么商确,也是顺风撒沙。(第1313页)

(6)惭愧菩萨摩诃萨,春风几时来,解此黄河冻?令鱼化作龙,直透桃花浪。会即便会,痴人面前且莫说梦。(第1333页)

例(1)"会即便会,若不会即散去"是说"如果会,就马上会,如果不会,就散去"。例(2)"会即便会,莫忉忉"是说"如果会,就马上会,不要絮叨"。例(3)"会即便会,着什死急"是说"如果会,就马上会,不要着急(着急也没用)"。例(4)"会即便会本来底"是说"如果会,就马上会本来的(主体)"。例(5)"会即便会,玉本无瑕"是说"如果会,就马上会,因为玉本来无瑕(无需雕琢)"。可见"会即便会"是假设句,也就是要顿悟之意,释译成"领会倒是领会了"就不是假设句了。

再看"啗啄作什么"。我们前面已论及,"啗"当作"啖",《说文》:"啖,食也。从口,炎声。读与含同。"《汉语大字典》第二版:"同'啖'。吃;咬。"《说文》:"啄,鸟食也。""啖啄"即"咀嚼"之意,可进一步引申为"推敲"。禅宗最反对思量推敲,讲究顿悟。因此,"啖啄作什么"可译为"推敲作什么"。

5.3.2.6 卷十一——有一无位真人……未证据者看看

有一无位真人,常在汝等诸人面门出入,未证据者看看。(《定上座》,第662页)

《白话全译》译为:

有一位无位真人,常常在你们面前出入,但未能证实是谁。(第630页)

这里将"面门"释为"面前","未证据者看看"释为"但未能证实是谁",都值得商榷。

"面门"一词,《汉语大词典》失收。《禅宗大辞典》:"【面门】面孔。"(第290页)所释未确。丁福保《佛学大辞典》有详细解释:"【面门】(杂名)有三释:或云口,或云面颜,或云鼻下与口上之中间。唐华严经一曰:'即于面门众齿之间,放(仿)佛刹微尘数光明。'涅槃经一曰:'从其面门放种种光。'临济录曰:'有一无位真人在汝面门出入。'探玄记三曰:'面门者诸德有三释:一云是口,一云是面之正容,非别口也。光统师云:鼻下口上中间是也。(中略)今释,依梵语称面及口并门。悉名目佉(Mukha),是故翻此为面门也,故知此中通举其事。'"(第1555页)《佛光大辞典》也有解释:"【面门】梵语mukha。有三释:(1)指口,(2)指面之正容,(3)指鼻下与口上之间。北本涅槃经卷一(大一二·三六五下):'从其面门放种种光。'华严经探玄记卷三(大三五·一五一中):'面门者,诸德有三释。(中略)今释依梵语,称面及口并门悉名目佉(梵 mukha),是故翻此目佉为面门也。故知此中通举其事。'[八十华严经卷一]"(第3988页)后两部词典的解释可取。

第二个疑误,先应弄清"证据"一词在禅籍中的含义。该词各大佛学词典均失收。唯见《禅宗大辞典》收录:"【证据】证明。"(第513页)该词在禅籍中颇为常见:

(1)山僧此日以常侍坚请。那隐纲宗。还有作家战将直下展阵开旗么。对众证据看。(《大正藏》第47册第496页《镇州临济慧照禅师语录》)

(2)众中还有久参先德天下横行具顶门上眼底衲僧么。出来为白云证据。也要畅快平生。(《大正藏》第47册第662页《法演禅师语录》)

(3)只诸人分上还证据得么。若证据得。三世诸佛于中成道。神通变化于中流出。大地山河于中发现。(《大正藏》第47册第716页《圆悟佛果禅师语录》)

(4)兴化上堂云。今日不用如何若何。便请单刀直入。兴化为尔证据。(《大正藏》第47册第852页《大慧普觉禅师语录》)

(5)永嘉玄觉禅师,温州戴氏子。少习经论,精天台止观法门。因看《维摩经》发明心地。偶师弟子玄策相访,与其剧谈,出言暗合诸祖。策云:"仁者得法师谁?"曰:"我听方等经论,各有师承。后于《维摩经》悟佛心宗,未有证明者。"策云:"威音王已前即得,威音王已后,无师自悟,尽是天然外道。"曰:"愿仁者为我证据。"策云:"我言轻。曹溪有六祖大师,四方云集,并是受法者。若去,则与偕行。"(《大正藏》第48册

第 357 页《六祖大师法宝坛经》)

以上例证表明,《禅宗大辞典》所释可取,尤其是例(5)"证明"与"证据"先后出现,更能说明"证据"即"证明"之意。

因此,"未证据者看看"宜释为"还没有证明无位真人存在的人好好看看"。

5.3.2.7 卷十五——去道转远

上堂:"我事不获已,向你诸人道,直下无事,早是相埋没了也。更欲踏步向前,寻言逐句,求觅解会。千差万别,广设问难。赢得一场口滑,去道转远,有什么休歇时?……"(《云门文偃禅师》,第 923~924 页)

《白话全译》译为:

禅师上堂说:"我的事情还没有了结,给你们各位说没有事情,早就是相互埋没了。还想踏步向前,研究别人语句,寻求理会。千差万别,大量设置疑难问题。赢了一场口舌之争,然后又去给别人说,有什么休歇的时候?……"(第 873~874 页)

这里把"去道转远"释译为"然后又去给别人说"值得商榷。我们先看佛典中的一些用例:

(1)若以憎爱存心。憎则怨。爱则喜。怨恨见爱。总是情想。以此求道。去道转远。故云皆不成就。(《卍续藏》第 10 册第 339 页《圆觉经夹颂集解讲义》)

(2)一切诸法。悉自心生。离心外求。去道转远。(《卍续藏》第 59 册第 441 页《释门归敬仪护法记》)

(3)求之太急去道转远当下知归就路而返。(《卍续藏》第 86 册第 624 页《八十八祖道影传赞》)

例(1)意思是"假如心里有了爱憎,有憎就有了怨恨,有爱就有了欢喜。怨恨喜爱,都是情想。以情想来求道,会离道越来越远。所以说都不成功",例(2)意思是"一切现象都是心生成的,离开心到外面去求,离开正道变远了",例(3)意思是"求得太急,会离开正道变远;当下知道归路,沿路就可以返回正道"。

可见,"去道转远"是"离正道越来越远"之意。

5.3.2.8 卷十五——以此故知一切有心，天地悬殊

上堂："……若从学解机智得，只如十地圣人，说法如云如雨，犹被呵责，见性如隔罗縠。以此故知一切有心，天地悬殊。……"(《云门文偃禅师》，第923～924页)

《白话全译》译为：

禅师上堂说："……如果从学会机智得到，只如十地圣人，说法如云如雨，还被斥责，见性就如像隔了一层丝。因此就知道一切都有心机，只是有天地的悬殊。……"(第873～874页)

此释有两处可以商榷。一是将"学解"释为"学会"似不妥当。我们先看佛典例子：

(1)而师愿力勇猛。学解淹博。周游湖岭。探索筌蹄。(《大正藏》第47册595页《汾阳无德禅师语录》)

(2)法师仲韵。四明人。久参圆辩学解卓异。(《大正藏》第49册第235页《佛祖统纪》)

(3)根识暗钝。平生学解尽落情见。(《大正藏》第47册第919页《大慧普觉禅师语录》)

(4)到这里。学解思量计较。总使不着。(《大正藏》第48册212页《佛果圜悟禅师碧岩录》)

(5)尽情将从前学解露布粘皮贴肉知见。一倒打撲。(《大正藏》第47册第784页《圆悟佛果禅师语录》)

(6)莫将闲学解。埋没祖师心。(《大正藏》第47册第796页《圆悟佛果禅师语录》)

(7)从上诸圣。无言语传授。只说以心传心而已。今时多是师承学解。背却此心。(《大正藏》第47册第892页《大慧普觉禅师语录》)

(8)我此禅宗从上相承已来。不曾教人求知求解。只云学道早是接引之词。然道亦不可学。情存学解却成迷道。道无方所名大乘心。此心不在内外中间。实无方所。(《大正藏》第48册第382页《黄檗山断际禅师传心法要》)

例(1)至(4)"学解"充当主语，例(3)"学解"前有"平生"限定，例(4)

303

"学解""思量""计较"并列。例(5)(6)"学解"做"将"的介词宾语,例(7)(8)"学解"作动词"是""存"的宾语。可见,"学解"作名词用,应是"学问知识、理解能力"的意思。上例"从学解机智得""学解"与"机智"并列做介词"从"的宾语。

第二个值得商榷处是把"以此故知一切有心,天地悬殊"释译为"因此就知道一切都有心机,只是有天地的悬殊"。"一切有心,天地悬殊"很明显是个假设复句,意为"如果一切有了心,那就与正道相去甚远了"。禅宗的宗旨是"言语道断,心行处灭"(《大正藏》第16册第168页),指的就是要"无心",连"无心"这样的念头也不要有,这样才能开悟。《大慧普觉禅师语录》:"佛法要妙。离言说相。离文字相。离心缘相。不可以有心求。不可以无心得。不可以语言造。不可以寂默通。"(《大正藏》第47册第829页)《圆悟佛果禅师语录》:"勿谓无心便是道。无心犹隔一重关。"(《大正藏》第47册第749页)

5.3.3 主要基于语言背景知识的一般句子训诂

5.3.3.1 卷五——欲益无所益,欲为无所为

欲益无所益,欲为无所为。(《药山惟俨禅师》,第257页)

《白话全译》译为:

想增益却无所增益,想作为而无所作为。(第233页)

此译值得商榷。看上下文,"欲"应该不是"想"的意思,而是"需要、应该"之意。《文子·微明》:"心欲小,志欲大。"《文心雕龙·征圣》:"泛论君子,则云情欲信,辞欲巧。"《齐民要术·耕田》:"凡秋耕欲深,春夏欲浅,犁欲廉,劳欲再。"清·龚自珍《平均篇》:"王者欲自为计,盍为人心世俗计矣。"这些例子中的"欲"都不是"想"而是"应该"之意。

"益无所益""为无所为"是一种固定句式,可以用格式表示为"V无(所)V","所"可以不出现。这是一种特殊的动宾结构,"V"是动,"无(所)V"是宾,而不是转折关系。这种格式在禅典中十分常见:

(1)悾怕为无为。孤哉自有邻。(《大正藏》第52册第350页《广弘明集》)

(2)欲益无所益。欲为无所为。(《大正藏》第47册第721页《圆悟

佛果禅师语录》)

(3)便乃用无所用。常转无尽法轮。为无所为。普现无边身相。(《卍续藏》第86册第694页《丛林盛事》)

(4)住无所住行无所行。见无所见用无所用。各人脚跟下廓同太虚。如十日并照触处光辉。(《大正藏》第47册第797页《圆悟佛果禅师语录》)

(5)用一心门。统收万汇。则见无所见。众相参天。闻无所闻。(《大正藏》第48册第914页《宗镜录》)

(6)传曰。僧问天台云居智禅师曰。性即清净。不属有无。因何有见。答曰。见无所见。(《卍续藏》第63册第178页《智证传》)

(7)一一法中成一境性。一一字句闻无所闻。(《大正藏》第19册第532页《守护国界主陀罗尼经》)

(8)云何为非身。所谓非身我得我分别。我无我见无见闻无闻。非有见非有闻。是谓非身。是谓菩萨于十八明慧成就十五法。(《大正藏》第16册第45页《菩萨璎珞经》)

(9)从无生而生则生无所生。演无说之说则说无所说。(《大正藏》第33册第429页《仁王护国般若波罗蜜多经疏》)

例(1)至例(3)"为无(所)为",都是"做无为之事"的意思,不是"想作为而无所作为";例(4)至例(6)"见无所见",都是"见不可见之物"的意思;例(7)和例(8)"闻无(所)闻",都是"听不可听见之声"的意思;例(9)"说无所说"是"说不可说之语"的意思;它们都是动宾结构,不是转折关系。

5.3.3.2 卷九——只这思底便是大德

峰曰:"寻常还思老僧否?"曰:"常思和尚,无由礼觐。"峰曰:"只这思底便是大德。"师从此领旨。(《双峰古禅师》,第549页)

《白话全译》译为:

双峰又问:"你平时想到过老僧吗?"古禅师说:"平时常常想到和尚,只是没有机会前来拜见。"双峰说:"仅仅有这样的思想就是大德。"古禅师从此领悟。(第521页)

将"只这思底"释译为"仅仅有这样的思想"值得商榷,应释为"就是这个能够思念的"。相关禅理,我们已经在"2.4.2与言语所指对象有关的社会文化背景知识对语义的制约"部分做了详细阐述。类似表达,《五灯会元》中还可以找到一些例子：

(1) 又曰："不会不疑底，不疑不会底。"（第 67 页）

(2) 山曰："会么？"师曰："不会。"山曰："何不成襯取不会底。"（第 386 页）

(3) 师曰："能思者是心，所思者是境。彼处楼台林苑，人马骈阗，汝反思底还有许多般也无？"曰："某甲到这里，总不见有。"（第 536 页）

(4) 师曰："是什么物恁么来！"曰："和尚试道看。"师曰："适来礼拜底。"（第 665 页）

"不疑底"即"不怀疑的那个主体"，"不会底"即"不会的那个主体"，"反思底"即"能够反思的那个主体"，"礼拜底"即"能够礼拜的那个主体"。

《五灯会元》以外的佛典中用例也不少：

(5) 尔欲得识祖佛么。只尔面前听法底。（《大正藏》第 47 册第 497 页《镇州临济慧照禅师语录》）

(6) 大德。你担钵囊屎担子傍家走。求佛求法。即今与么驰求底。你还识渠么。（《卍续藏》第 78 册第 472 页《天圣广灯录》）

(7) 问。如何是第一义。师云。问底是第几义。（《卍续藏》第 78 册第 518 页《天圣广灯录》）

(8) 进云。如何是佛未出世时佛法。师云。是汝问底。（《卍续藏》第 78 册第 563 页《天圣广灯录》）

(9) 曰。和尚试道看曰。适来礼拜底。曰。错。曰。礼拜底错个什么。曰。再犯不容。（《卍续藏》第 78 册第 586 页《五家正宗赞》）

(10) 师作傅大士讲经因缘偈曰。大士何曾解讲经。志公方便且相成。一挥案上俱无取。直得梁王努眼睛。谓凝曰。努底是什么。此一句乃为凝说老婆禅。（《卍续藏》第 78 册第 592 页《五家正宗赞》）

(11) 师曰。冬冬鼓。一头打。两头鸣问。古者道。敲打虚空鸣壳壳。石人木人齐应诺。六月降雪落纷纷。此是如来大圆觉。如何是敲打虚空底。（《卍续藏》第 78 册第 620 页《五家正宗赞》）

这些都是"V＋底"的结构，大致相当于现代汉语的"V＋的"的结构。我们之所以说"大致相当"，是因为现代汉语的"V＋的"的结构，既可以指称施事,还可以指称受事,如"开的",既可指称施事"司机",如甲问:这车谁开的? 乙答:开的是一名小伙子。也可指称受事"车",如小伙子开的是宝马。而禅籍中的"V+底"结构,只指施事。例(5)"尔面前听法底"意思是"你面前听法的那个主体",例(6)"今与么驰求底"意思是"现在能那样追求的那个主体",例(7)"问底"意思是"能提出问题的那个主体",例(8)"汝问底"意思是"汝能提问的那个主体",例(9)"礼拜底"意思是"能礼拜的那个主体",例(10)"努底"意思是"能努眼睛的那个主体",例(11)"敲打虚空底"意思是"能敲打虚空的那个主体",总而言之,那个主体,就是佛性的意思。

可见,"只这思底"应释译为"只是这思念的主体"。

5.3.3.3 卷十二——己事不明,失出家之利

自至法席已再夏,不蒙指示,但增世俗尘劳,念岁月飘忽,已事不明,失出家之利。(《石霜楚圆禅师》,第699页)

《白话全译》译为:

自从我到您的法席,已经到了第二个夏天,没有得到您的指点,只是增加了一些世俗尘劳,但岁月流逝,许多事都不明白,荒废了出家的打算。(第664页)

以上训释有两点值得商榷。

其一,将"已事不明"训释为"许多事都不明白",值得商榷。"已事不明"当作"己事不明"。佛典中有"己事不明"的大量用例:

(1)问 师常苦口 为什么学人己事不明。(《大正藏》第51册第420页《景德传灯录》)

(2)岁月飘忽己事不明。失出家之利。(《大正藏》第49册第664页《佛祖历代通载》)

(3)念岁月飘忽。己事不明。失出家之利。(《卍续藏》第65册第161页《辟妄救略说》)

(4)念岁月飘忽。己事不明。失出家之利。(《卍续藏》第85册第470页《禅宗正脉》)

(5)僧问己事不明乞师开示(《嘉兴藏》第25册第754页《大沩五峰学禅师语录》)

(6)是故未能自度先能度人者菩萨也因是而己事不明好为人师则

非矣(《嘉兴藏》第33册第54页《云栖法汇》)

(7)师便打一棒 问 己事不明 乞师指示(《中华藏》第77册第888页《古尊宿语录》)

(8)不得已事不明。好为人师(《卍续藏》第63册第486页《百丈清规证义记》)

还有"己事未明"的大量用例：

(9)本为生死事大无常迅速己事未明故。参礼宗师求解生死之缚。却被邪师辈添绳添索。旧缚未解而新缚又加。(《大正藏》第47册第911页《大慧普觉禅师语录》)

(10)师云。作么。云己事未明乞师指示。(《大正藏》第51册第292页《景德传灯录》)

(11)僧问己事未明乞和尚指示。(《大正藏》第51册第312页《景德传灯录》)

(12)僧曰。学人咨和尚。师乃喝出。问己事未明以何为验。师抗音似未闻。(《大正藏》第51册第351页《景德传灯录》)

(13)问己事未明乞师指示。师曰。何不礼谢。(《大正藏》第51册第376页《景德传灯录》)

(14)僧问。己事未明以何为验。师曰。木镜照素容。(《大正藏》第51册第393页《景德传灯录》)

(15)自曰。己事未明。敢望慈悲。悟曰。公不自欺。但有疑处举来。(《卍续藏》第83册第369页《雪堂行拾遗录》)

(16)问 己事未明 如何指示 云 不避来机 还当得么(《中华藏》第77册722页《古尊宿语录》)

只见1例"已事不明",5例"已事未明"：

(17)一夕䜣之曰。至法席再夏不蒙指示。但增世俗尘劳。岁月飘流已事不明失出家之利。(《大正藏》第49册第865页元·觉岸编《释氏稽古略》)

(18)问已事未明。如何指示。师云。不避来机还当得么。(《大正藏》第47册第547页《云门匡真禅师广录》)

(19)师云。已事未明。乞师指示。州开门一见便闭却师。(《大正

308

藏》第 47 册第 573 页《云门匡真禅师广录》)

(20)慕膻高举兴何穷。秋在黄芦叶里风。已事未明如蹈火。白云深处见岩翁。(《大正藏》第 47 册第 1059 页《虚堂和尚语录》)

(21)广东道韶州云门山光奉院禅师。……以已事未明。往参睦州陈尊宿。(《大正藏》第 49 册第 850 页《释氏稽古略》)

这些用例,当是"己"因形近误作"已",因为从语义上看,"已事"不可解,"己事"明显是"自己的事",即"自己明心见性的事",从以上用例的语境看,亦当是此意。

其二,将"失出家之利"训释为"荒废了出家的打算",值得商榷。

《菩萨本生鬘论》云:"佛在世时。王舍城中有一长者。名曰福增。年过百岁齿衰力屈。家中大小无不生厌。闻说出家心生欢喜。功德无量譬喻不及。出家之利。高于须弥。深于巨海。广于虚空。所以然者。由出家故方得成佛。三世诸佛未有不因舍家出家成佛者也。"(《大正藏》第 3 册第 343 页)从"出家之利"的谓语"高于须弥,深于巨海,广于虚空"来看,"出家之利"当指"出家的功德"。

《大智度论》云:"如是种种因缘。出家之利功德无量。以是故白衣虽有五戒不如出家。"(《大正藏》第 25 册第 161 页)"出家之利"的谓语是"功德无量",且下文与白衣比较,也说明"出家之利"当指"出家的功德"。

因此,"失出家之利"宜训释为"失去了出家的功德"。

5.3.3.4 卷二十——也是你诸人

恶!这条活路,已被善导和尚直截指出了。也是你诸人,朝夕在径路中往来,因什么当面蹉过阿弥陀佛?(《东山齐己禅师》,第 1366 页)

《白话全译》译为:

呵!这条活路,已经被善导和尚简单明白地指出了。也是你们这些人,早晚在小路中往来,因为什么当面错过阿弥陀佛?(第 1274 页)

项楚(1991:187)认为:第三句的"也"字属上,其余部分"是你诸人"则连下句读。"也"字属上置于句末的例子,禅典中很常见:

(1)山僧说法与天下人别。只如有个文殊普贤出来目前。各现一身问法。才道咨和尚。我早辨了也。老僧稳坐。更有道流来相见时。

我尽辨了也。(《大正藏》第 47 册第 498 页《镇州临济慧照禅师语录》)

(2)举僧问赵州。某甲乍入丛林。乞师指示。州云。吃粥了也未。僧云。吃粥了也。(《大正藏》第 47 册第 554 页《云门匡真禅师广录》)

(3)师云。只将此四转语。验天下衲僧。才见尔出来。验得了也。(《大正藏》第 47 册第 597 页《汾阳无德禅师语录》)

(4)上堂云。适来思量得一则因缘。而今早忘了也。却是拄杖记得。(《大正藏》第 47 册第 651 页《法演禅师语录》)

(5)僧云。三十年后敢为流芳。师云。赚了也。(《大正藏》第 47 册第 669 页《明觉禅师语录》)

(6)进云。争奈金星河。师云。蹉过了也。(《大正藏》第 47 册第 718 页《圆悟佛果禅师语录》)

(7)入院上堂。山僧未离泉州时。已与诸人相见了也。临安府亦与诸人相见了也。及乎来到山中击动法鼓坐立俨然眼眼相觑。(《大正藏》第 47 册第 812 页《大慧普觉禅师语录》)

(8)乌巨葛藤。尽被诸人觑破了也。诸人鼻孔眼睛。(《大正藏》第 47 册第 958 页《密庵和尚语录》)

(9)我在三圣处。得个宾主句。总被师兄折倒了也。乞个安乐法门。(《大正藏》第 47 册第 1043 页《虚堂和尚语录》)

以上诸例,置于同一位禅师说的一段话的末尾的"也"是不可能属下的,因为无"下"可属。置于同一位禅师说的一段话中间的一句话末尾的"也",也不宜属下。如例(1)"我早辨了也。老僧稳坐"如断句成"我早辨了。也老僧稳坐",例(4)"而今早忘了也。却是拄杖记得"如断句成"而今早忘了。也却是拄杖记得",例(7)"已与诸人相见了也。临安府亦与诸人相见了也。及乎来到山中击动法鼓坐立俨然眼眼相觑"如断句成"已与诸人相见了。也临安府亦与诸人相见了。也及乎来到山中击动法鼓坐立俨然眼眼相觑",例(8)"尽被诸人觑破了也。诸人鼻孔眼睛"如断句成"尽被诸人觑破了。也诸人鼻孔眼睛",例(9)"总被师兄折倒了也。乞个安乐法门"如断句成"总被师兄折倒了。也乞个安乐法门",都会明显导致语法或语义问题。

那么,在禅典中,"也"是否只能属上呢?回答是否定的。禅典中大量的例证表明"也"可以属下:

(10)云横吞巨海。倒卓须弥。衲僧面前。也是寻常茶饭。(《大正

藏》第47册第636页《黄龙慧南禅师语录》)

(11)释迦老子着跌。偷笑云盖乱说。虽然世界坦平。也是将勤补拙。(《大正藏》第47册第641页《杨岐方会和尚语录》)

(12)作家宗师。天然犹在。虽然如是。也是作贼人心虚。(《大正藏》第47册第847页《大慧普觉禅师语录》)

(13)直得朝到西天。暮归唐土。也是脚跟不点地汉。(《大正藏》第48册第54页《宏智禅师广录》)

(14)你头上直饶拈一毫头。尽大地一齐明得去。也是剜肉作疮。然虽如是。亦须到这田地始得。(《卍续藏》第78册第648页《建中靖国续灯录》)

(15)每日见山被山阂。见水被水流。直饶一句下承当。也是三家村里汉。(《卍续藏》第78册第656页《建中靖国续灯录》)

以上例句中句首的"也"表示转折或让步之意。

(16)寅朝清旦古今总见。更问如何。也是痴汉。(《大正藏》第47册第641页《杨岐方会和尚语录》)

(17)进云。怎么则当阳无向背。亲体露全机。师云。无尔插嘴处。进云。争奈前三三后三三。师云。也是巩县茶瓶。(《大正藏》第47册第735页《圆悟佛果禅师语录》)

(18)进云。如何是真常流注似镜常明。意旨如何。师云。也是一句合头语。(《大正藏》第47册第745页《圆悟佛果禅师语录》)

(19)僧云。今日得见赵州。师云。尔会他东壁挂葫芦么。僧云。也是家常茶饭。(《大正藏》第47册第997页《虚堂和尚语录》)

(20)武帝顽涎不退。更问对朕者谁。于他梁王分上。也是好心。(《大正藏》第48册第228页《万松老人评唱天童觉和尚颂古从容庵录》)

(21)师云。不到乌江畔。知君未肯休。僧便喝。师云。惊杀我。僧拍一拍。师云。也是死中得活。(《卍续藏》第78册第716页《建中靖国续灯录》)

以上例句中句首的"也"犹"亦",承接上文,表示同样。
既然如此,"也"属上还是属下的问题,就要具体问题具体分析了。
我们回到上面第1366页的例子。该例与例(10)至例(15)的情形颇为

311

一致：这个句子可以分为两半，前半表示让步，后半表示转折。与例(12)"虽然如是。也是作贼人心虚"特别接近，"也是"后均为主谓结构。因此，第1366页的例子"也"应属下。

要释此句，还有一个词必须解释，那就是"径路"。该词有"小路""捷径、近路"两个义项。《白话全译》使用的是第一个义项，这是不合佛教习惯的，佛教习惯于把修习净土宗比喻成走捷径：

(22)苟惟不然。则轮转五道。方未有涯矣。然则生死之难出。有如此者。较之净土横截径路之修。可不加勉哉。(《大正藏》第47册第238页《乐邦遗稿》)

(23)彼若先世知有西方径路。域意进功。则一念托生彼国。便得不退。(《大正藏》第47册第248页《乐邦遗稿》)

(24)任是千般快乐。无常终是到来。唯有径路修行。但念阿弥陀佛。(《大正藏》第47册第267页《龙舒增广净土文》)

(25)唯净土法门是修行径路。故诸经论偏赞净土。佛法灭尽。唯无量寿佛经百年在世。十方劝赞。信不徒然。(《卍续藏》第59册第645页《芝园遗编》)

(26)复据撫教藏。发明旨趣。一以示万法唯心。一以指西方径路。较余功德。真所谓百千万亿分。不及一者欤。(《大正藏》第47册第189页《乐邦文类》)

(27)其故何哉。良以念佛法门径路修行。(《大正藏》第47册第293页《净土或问》)

(28)只此一念是出三界之径路。只此一念是本性弥陀。只此一念达唯心净土。(《大正藏》第47册第340页《庐山莲宗宝鉴》)

(29)夫念佛三昧者。实使群生超三界生极乐之径路也。(《大正藏》第47册第359页《宝王三昧念佛直指》)

可见，第1366页的例子中"朝夕在径路中往来，因什么当面蹉过阿弥陀佛"的"径路"是针对净土法门说的，当是"捷径"的意思。

综上，第1366页的例子可以释为：

呵！这条活路，虽然已经被善导和尚简单明白地指出了，但是你们这些人，早晚在捷径中往来，为什么当面错过了阿弥陀佛？

5.4 基于语法、语义规律的一般句子训诂

5.4.1 卷二——所以道心能转物,即同如来

师曰:"本有之物,物非物也。所以道心能转物,即同如来。"(《嵩岳破灶堕禅师》,第 77 页)

《白话全译》译为:

和尚说:"本有的物,物非物。所以禅心能转化万物,就同如来。"(第 73 页)

我们认为,"道"应该不是一个很难训释的词,就是"说"的意思,"所以道"即"所以说"之意。但释译者以为"道"属下,与"心"组合,然后把"道心"释译成"禅心"。

"所以道"表"所以说"义的例子,在《五灯会元》中甚多:

(1)所以道:从门入者,不是家珍。(第 323 页)
(2)所以道,诸行无常,直是三乘功果,如是可畏。(第 394 页)
(3)所以道,大唐国内宗乘中事,未曾见有一人举唱。(第 397 页)
(4)鼓山所以道,句不当机,言非展事。(第 409 页)
(5)所以道古今常露,体肘无妨,不劳久立,珍重!(第 480 页)
(6)所以道,烈士锋前少人陪,云雷击鼓剑轮开。(第 498 页)
(7)只拟轻重来机,所以道石头是真金铺,我这里是杂货铺。(第 631 页)
(8)所以道:微言滞于心首,尝为缘虑之场;实际居于目前,翻为名相之境。(第 561 页)
(9)所以道,东去亦是上座,西去亦是上座,南去亦是上座,北去亦是上座。(第 571 页)

《景德传灯录译注》将"所以道心能转物,即同如来"译作"所以说心能依因缘而转化万物,就同如来一样"(第 254 页),是正确的。

5.4.2 卷十——去果八万四千

问:"教中道,树能生果,作玻璃色,未审此果何人得吃?"师曰:"树从何来?"曰:"学人有分。"师曰:"去果八万四千。"(《报恩玄则禅师》,第594页)

《白话全译》译为:

有僧人问:"教义中说:树能生果,是玻璃色。不知此果什么人能吃?"禅师道:"树从哪里来?"僧人说:"学人有份。"禅师说:"走开,果有八万四千个。"(第568页)

我们认为,"去果"不应断开,"去果八万四千"的"去"不是"走开"而是"距离"的意思,佛典中有大量例证:

(1)问顺现法受业能近得果。于诸业中可说为胜。顺后次受业去果悬远。云何最胜耶。答顺现法受业虽近得果。而果下劣不名最胜。顺后次受业虽去果远。而果殊胜难尽故名最胜。如外种子有近得果而果下劣。有去果远而果最胜。如秋苗经三半月则便结果。此果最近而最下劣。如稻麦等经于六月其果乃熟。去果次远而次为胜。如佉梨树经五六年或十二年方结其果。此果次胜。如多罗树经于百年方结其果。此果最胜。如外种子去果最近其果最劣。去果次远其果次胜。去果最远其果最胜。种随其果胜劣差别。内业亦尔。顺现法受业。去果最近而果最劣。顺次生受业去果次远而果次胜。顺后次受业。去果最远而果最胜。(《大正藏》第27册第594页《阿毗达磨大毗婆沙论》)

(2)又人云六度等者有理度事度名为世出世杂。去果既远故名远乘。道品一向是出世法。去果近故。名为近乘。(《大正藏》第33册第931页《法华玄义释签》)

(3)今悠悠凡夫。去果辽邈。未有信善。而说有果。事同都未怀妊。作生子想也。(《大正藏》第37册第457页《大般涅槃经集解》)

以上例证中"去果"的"去",均是"距离"的意思;"去果"则是"距离果报"的意思,如在"去"后断开,则于语义不合。上例"去果八万四千"则是"距离吃到果实尚十分遥远"之意。

5.4.3 卷十——大凡参学未必学

上堂:"大凡参学未必学,问话是参学未必学,拣话是参学未必学,代语是参学未必学,别语是参学未必学,捻破经论中奇特言语是参学,未必捻破祖师奇特言语是参学,若于如是等参学,任你七通八达,于佛法中倘无见处,唤作干慧之徒。岂不闻古德道:聪明不敌生死,干慧岂免苦轮?……"(《瑞鹿本先禅师》,第 618 页)

《白话全译》译为:

又有一次,禅师上堂说:"大抵上,凡认为是参学的却不一定就是参学;认为问话是参学,但不一定就是参学;认为拣话是参学,但不一定是参学;认为替人答话是参学,但不一定就是参学;认为另拟答语是参学,但不一定就是参学;认为悟透了经论中的奇言妙语就是参学,但不一定就是参学。如果像这等参学,任你七通八达,在佛法中如果没有任何见地,只能叫作干慧之徒。难道没听见古代高僧说过:聪明敌不过生死吗?干慧又怎能免除生死轮回之苦呢?……"(第 590 页)

我们认为,中华书局本"大凡参学未必学"在语义上是不成立的,不合佛理,佛理是主张参学的,下文就讲到参学的具体做法:"诸人若也参学,应须真实参学始得。行时行时参取,立时立时参取,坐时坐时参取,眠时眠时参取,语时语时参取,默时默时参取,一切作务时,一切作务时参取。"(第 618 页)

相应的白话本"大抵上,凡认为是参学的却不一定就是参学"的释译也就有问题了。要正确释译这段文字,必须先校勘。

《景德传灯录》:"师有时云。大凡参学佛法未必问话是。参学未必学拣话是。参学未必学代语是。参学未必学别语是。参学未必学捻破经论中奇特言语是。参学未必捻破诸祖师奇特言语是。参学若也于如是等参学。任尔七通八达。于佛法中倘无个实见处。唤作干慧之徒。"(《大正藏》第 51 册第 426 页)

《联灯会要》:"示众云。大凡参学。未必学问话。是参学。未必学拣话。是参学。未必学代语。是参学。未必学别语。是参学。未必学捻破经论中。奇特言语。是参学。未必学捻破诸祖师语言。是参学。若也如是参学。任你七通八达。于佛法中。倘无真实见处。唤作干慧之徒。"(《卍续

藏》第 79 册第 244 页)

《指月录》:"上堂。大凡参学。未必学问话是参学。未必学拣话是参学。未必学代语是参学。未必学别语是参学。未必学捻破经论中奇特言语是参学。未必捻破祖师奇特言语是参学。若于如是等参学。任你七通八达。于佛法中。倘无见处。唤作干慧之徒。"(《卍续藏》第 83 册第 674 页)

日僧无着道忠(1653~1744)编《禅林象器笺》:"师有时云。大凡参学佛法。未必学问话是参学。未必学拣话是参学。未必学代语是参学。未必学别语是参学。未必学捻破经论中。奇特言语。是参学。未必捻破诸祖师奇特言语是参学。若也于如是等参学。任你七通八达。于佛法中。倘无个实见处。唤作干慧之徒。"(《大藏经补编》第 19 册第 450 页)

以上文献的句读是后人加的。《景德传灯录》的句读,明显导致表达过于啰嗦,不可取。《联灯会要》的句读,在不该停顿的地方也停顿了,不可取。《指月录》的句读,使"参学"都置于句尾,语意前后呼应,语气一贯,可取。《禅林象器笺》的句读,只有"未必学捻破经论中。奇特言语。是参学"中间停顿过多,其余跟《指月录》一致。

项楚(1991:182)认为:这段话的句读应该是:"大凡参学,未必学问话是参学,未必学拣话是参学,未必学代语是参学,未必学别语是参学,未必学捻破经论中奇特言语是参学,未必捻破祖师奇特言语是参学。"大意是说,若仅仅局限于"学问话"等等,并非真正的"参学"。

项楚的句读与《指月录》的句读是一致的,我们赞同项楚的观点。原句可以考虑释译为:

大凡参学,不一定学习如何向别人问话是参学,不一定学剽窃他人的话是参学,不一定学代替人答话是参学,不一定学另拟答语是参学,不一定学参透经论中的奇言妙语是参学,不一定学参透祖师中的奇言妙语是参学。

5.4.4 卷十二——击拂子

上堂:"香山有个话头,弥满四大神洲。若以佛法批判,还如认马作牛。诸人既不作佛法批判,毕竟是什么道理?击拂子、无鏴锁子,不厌动摇。半夜枕头,要须摸着。"下座。(《香山道渊禅师》,第 772 页)

《白话全译》译为:

道渊禅师上堂说:"香山有一个话题,在四大神洲都流传,如果用佛法去批判,还像把马认作牛。你们既不用佛法批判,到底是什么原因?击拂子,没有锁鐍的锁子,不停地摇动。半夜的枕头,要小心才能摸到。"说完下了法座。(第728页)

项楚认为:"击拂子"是穿插在上堂话语中间的动作,应该抽出来,夹在两组引号之间。我们赞同项先生的观点,因为从语意上看,道渊禅师不可能说"击拂子",如果"击拂子"是道渊禅师的说话内容,则前后语意明显不连贯;同时佛典中有"击拂子"做插入语的大量例证:

(1)中秋上堂。金风吹落叶。玉露滴清秋。叵耐寒山子。无言笑点头。且道。笑个什么。击拂子。既能明似镜。何用曲如钩。(《大正藏》第47册第985页《虚堂和尚语录》)

(2)师云。云门大似任公子设以五十犗。投竿钓东溟。山僧寻常善于包荒。不欲宣人之过。因什如此。击拂子。何官无私。何水无鱼。(《大正藏》第47册第1005页《虚堂和尚语录》)

(3)师乃云。临济栽松。老卢蹈碓。仰山畲粟。地藏种田显一段衲子家风。作丛林千古标准。二林到此因什颠毛卓竖。击拂子。曾经巴峡猿啼处。铁作心肝也断肠。(《大正藏》第47册第1041页《虚堂和尚语录》)

(4)师乃顾谓众曰……去年逢青春。朱颜映桃李。今年逢青春。白发压双耳。人生七十年。疾若东流水。了不本来心。生死何由离击拂子。下座。(《卍续藏》第68册第512页《续古尊宿语要》)

(5)上堂云。春雨微微。百事皆宜。禾苗发秀。蔬菜得时。阿难如合掌。迦叶亦攒眉。直饶灵山会上拈花微笑。算来犹涉离微。争似三家村里老翁深耕浅种。各知其时。有事当面便说。谁管瞬目扬眉。更有一般奇特事。末后一着更须知。击拂子。下座。(《卍续藏》第78册第718页《建中靖国续灯录》)

(6)师召众曰。释迦老子初成佛道之时。大都事不获已。才方成个保社。便生退倦之心。胜因当时若见。将钉钉却室门。教伊一生无出身之路。免得后代儿孙递相仿敩。不见道。若不传法度众生。是不名为报恩者。击拂子。下座。(《卍续藏》第79册第348页《嘉泰普灯录》)

(7)召大众曰。着力。着力。复曰。苦哉。苦哉。育王被人推倒了也。还有路见不平。拔剑相为底么。若无。山僧不免自倒自起。击拂子。下座。(《卍续藏》第79册第373页《嘉泰普灯录》)

(8)上堂。春雨微微。百事皆宜。禾苗发秀。蔬菜得时。阿难如合掌。迦叶亦攒眉。直饶灵山会上。拈花微笑。算来犹涉离微。争似三家村里。老翁深耕浅种。各知其时。有事当面便说。谁管瞬目扬眉。更有一般奇特事。末后一着更须知。击拂子下座。(《卍续藏》第80册第359页《五灯会元》)

以上例句中的"击拂子"明显不是禅师说话的内容。"击拂子"后常出现"一下""曰",则更是编撰者描述性话语了:

(9)云。百丈耳聋犹自可。三圣瞎驴愁杀人。击拂子一下(《卍续藏》第78册第679页《建中靖国续灯录》)

(10)上堂云。清平过水。投子卖油。一年三百六十日。不须频向数中求。击拂子一下。(《卍续藏》第78册第699页《建中靖国续灯录》)

(11)良久云。樗蒲若识本面采。尽教骰子满盘红。击拂子一下。(《卍续藏》第79册第146页《联灯会要》)

(12)二月十五日上堂。击拂子一下。彰至今日将三十年前冷灰中爆出一粒乌豆。换老鹘眼睛去也。(《卍续藏》第83册第291页《增集续传灯录》)

前三例"击拂子一下"置于句尾,与禅师的说话内容相配合,有总结的意思。后一例"击拂子一下"置于句首,有引出话题、引起注意的意思。

(13)上堂。腊月二十日。一年将欲尽。万里未归人。大众。总是他乡之客。还有返本还源者么。击拂子曰。门前残雪日轮消。室内红尘遣谁扫。(《卍续藏》第79册第332页《嘉泰普灯录》)

(14)上堂曰。枯木岩前夜放华。铁牛依旧卧烟沙。侬家鞭影重拈出。击拂子曰。一念回心便到家。(《卍续藏》第79册第350页《嘉泰普灯录》)

(15)上堂。香山有个话头。弥满四大神洲。若以佛法批判。还如认马作牛。诸人既不作佛法批判。毕竟是什么道理。击拂子曰。无镮锁子。不厌动摇。半夜枕头。要须摸着。珍重。(《卍续藏》第79册第365页《嘉泰普灯录》)

(16)上堂曰。要明个事。须是具击石火。闪电光底手段。方能险峻崖头全身放舍。白云深处得大安居。如其觑地觅金针。直下脑门须逆裂。到这里。假饶见机而变。不犯锋芒。全身独脱。犹涉泥水。只如本分全提一句又作么生道。击拂子曰。淬出七星光灿烂。解拈天下任横行。(《卍续藏》第 79 册第 418 页《嘉泰普灯录》)

据笔者掌握的语料,"击拂子曰"一般是插在同一个禅师的讲话内容中间,一般是"击拂子曰"前面的说话内容多,后面的说话内容少,插入语"击拂子曰"有避免听者走神的作用。"击拂子曰"亦作"击拂子云","击拂子云"既可插在同一个禅师的讲话内容中间,亦可置于句首,起引起注意的作用。置于句首的例子如:

(17)示众。击拂子云。一击响玲珑。喧轰宇宙通。知音才侧耳。项羽过江东。怎么会得。恰认得驴鞍桥。作阿爷下颔。(《卍续藏》第 79 册第 111 页《联灯会要》)

置于句首,有引出话题、引起注意的意思。不过这样的例子很少。
"击拂子"的性质既明,我们就可以重新标点前文"5.4.4 卷十二——击拂子"的文献如下。

上堂:"香山有个话头,弥满四大神洲。若以佛法批判,还如认马作牛。诸人既不作佛法批判,毕竟是什么道理?"击拂子:"无镭锁子,不厌动摇。半夜枕头,要须摸着。"下座。

可以考虑释译为:
道渊禅师上堂说:"香山有一个话头,在四大神洲都流传,如果用佛法去批判,还像把马认作牛。你们不能用佛法去批判,想想究竟是什么原因?"道渊禅师打了一下拂子,继续说:"没有锁簧的锁,转动锁芯也没有用。半夜的枕头,应该摸到。"说完下了法座。

第六章　广义语义场视域下的偈颂训诂研究

偈颂，是梵语"偈佗"的别称，即佛经中的唱颂词。每句三字、四字、五字、六字、七字以至更多字不等，通常以四句为一偈。亦多指释家隽永的诗作。又称"偈子"。

根据来源不同，偈可分为两种，一种是法偈，一种是僧偈。在汉译之前，佛经一般由三种文体组成，即修多罗、祇夜与伽陀。修多罗（Sūtra）是指佛经中的长行部分，不押韵，不限定字数，句式也不整齐，类似于中国传统文体中的散文。《三藏法数》："【修多罗】梵语修多罗，华言契经。契者，上契诸佛之理，下契众生之机也。经，法也、常也，乃圣教之总名。今言修多罗，即经中长行之文也。谓直说法相，随其义理长短，不以字数为拘，是为长行。"（第366页）祇夜（Geya）指以韵文形式重复前面长行内容的诗体文字。《三藏法数》："梵语祇夜，华言应颂，又云重颂。谓应前长行之文，重宣其义，或六句、四句、三句、二句，皆名颂也。"（第485页）伽陀（Gāthā）指以韵文形式直接宣说佛教教义的诗体文字。《三藏法数》："【伽陀】梵语伽陀，华言讽颂，或名不颂颂，谓不颂长行也；或名直颂，谓直以偈说法也。"（第138页）汉译之后，伽陀与祇夜被统一称为偈颂。虽然在印度的诗学系统中祇夜与伽陀是不折不扣的诗歌，但由于梵汉语言文字的差异，汉译之后的法偈与诗就大相径庭了。如果拿汉译之后的法偈与中国传统诗歌相比，我们大概只能找到两处类似，一是韵律感，二是齐言。对于翻译者来说，齐言不难做到，可是韵律感却很难得到体现。所以法偈并不是严格意义上的中国诗。

法偈之外的偈颂，统称为僧偈。僧偈是僧俗人士仿照法偈而作的偈颂，基本上是以诗歌阐释佛理。它大体上包括自创的佛理偈、有韵法语、禅宗颂古等。僧偈与法偈一样，是处于祇夜、伽陀与中国传统诗歌之间的一种文体。二者不同的是，法偈更忠实于祇夜与伽陀，僧偈整体上更倾向于中国诗。僧偈相对于法偈来说，在语言的使用上更为自由，也更为本土化，形式上更加接近中国传统诗歌。

张昌红（2012:155）根据来源不同把偈分为经偈和诗偈两种。其实，诗偈并非根据来源所做的分类。既然根据佛教来分类,就要符合教理。佛教有三宝,那就是"佛、法、僧",相应地,偈就应该分为法偈、僧偈。如果是佛说的,则另立"佛偈"一类亦可。当然,僧偈也有俗人所作,但这种俗人也是在家信众,是佛的在家弟子,与出家弟子没有本质区别。

《五灯会元》中偈颂很多,以"偈"命名的有 413 首,以"诗"命名的有 8 首,基本上都属僧偈。学界很少对《五灯会元》的偈颂展开研究。宋代有五老峰释、子升录《禅门诸祖师偈颂》以插科打诨的形式间接训释了很多禅宗偈颂(《卍续藏》第 66 册)。蒋宗福、李海霞主译的《〈五灯会元〉白话全译》对《五灯会元》中的偈颂做了全面翻译,可以说对《五灯会元》偈颂训诂的成果都集中在这个白话本里了。《五灯会元》的偈颂有不少来自《景德传灯录》,顾宏义的《景德传灯录译注》也有不少《五灯会元》偈颂的训诂成果。我们即以这些成果为参考展开研究。

6.1 主要基于语言能力的偈颂训诂

6.1.1 十二祖马鸣尊者偈研究

隐显即本法,明暗元不二。今付悟了法,非取亦非离。(卷一《十二祖马鸣尊者》,第 21 页)

《白话全译》:

隐显即是本法,明暗原非两样,今天传付了悟之法,既非信取又非弃去。(第 21 页)

《景德传灯录译注》:

昭示隐秘、显现即是本法之旨,就如明亮与黑暗原来就不是两件事。今天传付的觉悟了然之正法,既不要索取亦不要离绝。(第 55 页)

以上两个释译均值得商榷,"隐显即是本法""信取""昭示隐秘、显现即是本法之旨""觉悟了然之正法""既不要索取亦不要离绝"均不可理解。

训释本偈,有三点需要注意。

一要注意"隐显"的主体。十一祖富那夜奢尊者偈曰:"迷悟如隐显,明暗不相离。今付隐显法,非一亦非二。"(第 20 页)善慧大士《心王铭》曰:"非有非无,隐显不定。心性虽空,能凡能圣。"(第 118 页)南岳慧思禅师偈曰:"顿悟心源开宝藏,隐显灵通现真相。"(第 119 页)可见"隐显"的主体是"心性"。

二要注意"取"的含义。"取"是佛学专有词,不可解作"信取"之类。

丁福保《佛学大辞典》:"【取】(术语)取着所对之境界谓之取。爱之异名也。又为烦恼之总名。唯识论八曰:'取是着义。'大乘义章五本曰:'取执境界,说名为取。'胜鬘宝窟中末曰:'取者是其爱之别称,爱心取着,故名为取。'"(第 1355 页)陈义孝编《佛学常见辞汇》:"【取】对所爱的境界,执取追求。"(第 191 页)

朱芾煌《法相辞典》列举了八个义项:"【取】瑜伽八卷六页云:能取自身相续不绝,故名为取。二解瑜伽八十三卷十八页云:所言取者,谓诸欲贪,亦名为取。由不安立及安立故。说有四取。三解瑜伽八十四卷十四页云:又依现在,能为未来胜方便故;说名为取。四解集论一卷一页云:何等为取?谓诸蕴中所有欲贪。何故欲贪说名为取?谓于未来现在诸蕴,能引不舍故。希求未来染着现在欲贪名取。杂集论一卷四页云:欲者:希求相。贪者:染着相。由欲希求未来自体为方便故;引取当蕴,令起现前。由贪染着现在自体为方便故;执取现蕴,令不舍离。是故此二说名为取。五解集论四卷十三页云:执取净根,执取后有,是取义。六解成唯识论八卷八页云:惑苦名取。能所故。取是着义。业不得名。七解俱舍论二十卷十六页云:能为依执,故名为取。又云:执欲等故,说名为取。八解入阿毗达磨论下一页云:薪义是取义。能令业火炽然相续而生长故。如有薪故,火得炽然;如是有烦恼故,有情业得生长。又猛利义是取义。或缠裹义是取义。如蚕处茧自缠而死;如是有情,四取所缠,流转生死,丧失慧命。"(第 815 页)

三要注意"离"的含义。佛学辞典未见解释。从其与"取"相对为文看,应是"取"的反义词。我们还注意到《五灯会元》中有如下表达:

(1)师曰:"一切学道人,随念流浪,盖为不识真心。真心者,念生亦不顺生,念灭亦不依寂。不来不去,不定不乱,不取不舍,不沈不浮。"(第 83 页)

(2)一日谓众曰:"汝等诸人,……夫求法者应无所求。心外无别佛,佛外无别心。不取善,不舍恶,净秽两边,俱不依怙。……"(第 128 页)

(3)师示偈曰:"摩诃般若,非取非舍。若人不会,风寒雪下。"(第578页)

其他佛典中也有大量类似表达:

(4)夫求无上大道。先明自心。自心若明。心外无别佛。佛外无别心。心佛一如。不取善。不舍恶。净秽两途。俱不依怙。不取不舍之心。念念现前。(《卍续藏》第70册第577页先睹、祖灯等录《方山文宝禅师语录》)

(5)不取一法如微尘。不舍一法如秋毫。我常如是见于佛。而亦无见不见者。善哉优填亦如是。不取不舍于释迦。目连神足亦复然。(《卍续藏》第71册第615页文晟正隆等编《楚石梵琦禅师语录》)

(6)真心者念生亦不顺生。念灭亦不依寂。不来不去不定不乱。不取不舍不沉不浮。无为无相。活鱍鱍。平常自在。(《卍续藏》第75册第194页祖琇撰《隆兴编年通论》)

(7)菩萨人已于三界菩提决定不舍不取。不取故。七大中觅他不得。不舍故。外魔亦觅他不得。(《卍续藏》第78册第455页李遵勖编《天圣广灯录》)

(8)若一念不生。则前后际断。照体独立。物我皆如。直造心源。无智无得。不取不舍。无对无修。(《卍续藏》第83册第424页瞿汝稷集《指月录》)

可见"取"的反义词在佛典中一般是"舍"。而"舍"又是佛学专名。丁福保《佛学大辞典》:"【舍】(术语)又作攞,奢。悉昙五十字门之一。为一切法本性寂之义,信勤念定慧之声也。大日经曰:'舍字门一切法本性寂故。'文殊问经曰:'称舍字时,是出信勤念定慧声。'又,善心所之一。内心平等而无执着,名为舍。简别于受蕴中之舍受,名为行舍,行蕴所摄故也。俱舍论四曰:'心平等性,无警觉性,说名为舍。'大乘义章二曰:'内心平等,名之为舍。'同十二曰:'亡怀称舍,心无存着故曰亡怀。'"(第1962页)

朱芾煌《法相辞典》列举了十个义项:"【舍】俱舍论四卷四页云:心平等性、无警觉性、说名为舍……二解瑜伽三十一卷九页云:云何为舍?谓于所缘、心无染污、心平等性;于止观品。调柔正直、任运转性;及调柔心有堪能性;令心随与任运作用。……"(971页)

综上所述,我们认为,合适的训释应作:

心性无论隐显,皆是一法,明暗虽二,原本不二。今付明心见性之妙法,不可执取亦不可舍弃。

6.1.2 十八祖伽耶舍多尊者偈研究

有种有心地,因缘能发萌。于缘不相碍,当生生不生。(卷一《十八祖伽耶舍多尊者》,第 27 页)

《白话全译》原文照录。
《景德传灯录译注》:

有种子有心地,就可因缘而能发萌芽。于因缘不相妨碍,当生生不生。(第 76 页)

"当生生不生"未释。丁福保《佛学大辞典》:"【生不生不可说】(术语)四不可说之一。"(第 890 页)《三藏法数》:"生不生不可说,生者即前根尘相对所生之法也;不生者,了此所生之法,当体即空也。既达所生之法本空,故云生不生也。此是通教所诠之理,理本无言,故云不可说也。"(第 140 页)
因此,本偈宜释为:
有了种子,有了心,有了内因,有了外缘,就能出生诸法相。因缘合适,就会生生不息,不过虽生生不息,但当体即空,实则无生。

6.1.3 二十祖阇夜多尊者偈研究

言下合无生,同于法界性。若能如是解,通达事理竟。(卷一《二十祖阇夜多尊者》,第 29 页)

《白话全译》:

所说本当未产生,无不同于法界性。若是能作如此解,通达事理无障碍。(第 28 页)

《景德传灯录译注》:

言语之下理当无生,而同于法界之性。若能作如是之解,就能通达事理之境。(第 82 页)

第六章　广义语义场视域下的偈颂训诂研究

本偈释译难点在前两句。

第一句"言下合无生",网上多作"言不合无生"。查宋宝祐本《五灯会元》(第 14 页)、蓝吉富主编《禅宗全书·景德传灯录》(第 33 页)、商务印书馆版《祖堂集校注》(第 49 页),均为"言下合无生"。可见,中华书局本文献是正确的。

那么,什么是"言下合无生"呢？这里有两个词需要解释。

一是"合"。《三藏法数》:"合,即相合之义。引余义合此正说之理也。谓如五蕴法中本无有我,而人颠倒妄执有我,既遮破已,即知无我。既知无我,则知常等亦无,是名合。"(第 345～346 页)

二是"无生"。丁福保《佛学大辞典》:"【无生】(术语)涅槃之真理,无生灭,故云无生。因而观无生之理以破生灭之烦恼也。圆觉经曰:'一切众生于无生中。妄见生灭。是故说名转轮生死。'最胜王经一曰:'无生是实,生是虚妄,愚痴之人,漂溺生死,如来体实,无有虚妄,名为涅槃。'仁王经中曰:'一切法性真实空,不来不去,无生无灭,同真际,等法性。'梵网经上曰:'伏空假,会法性,登无生山。'止观大意曰:'众教诸门,大各有四,乃至八万四千不同,莫不并以无生为首。今且从初于无生门遍破诸惑。'肇论新疏游刃中曰:'清凉云:若闻无生者,便知一切诸法皆悉空寂无生无灭。但于严土利他不生喜乐,而趣于寂故,成声闻乘也。若闻无生,便知从缘,故无生等,成缘觉乘。若闻无生,便知诸法本自不生。今则无灭,即生灭而无生灭,无生灭不碍于生灭。以此灭恶生善,利自利他,成菩萨乘。'垂裕记二曰:'无生寂灭,一体异名。'"(第 2150 页)陈义孝编《佛学常见辞汇》:"【无生】不生不灭的意思,亦即涅槃的道理。"(第 253 页)

因此,"言下合无生"可以释为:"刹那之间与涅槃之真理相合"。

第二句"同于法界性",需要解释"法界性"。丁福保《佛学大辞典》:"【法界性】(术语)单名法界,又曰法性。合云法界性。法界即法性也。圆觉经曰:'法界性,究竟圆满遍十方。'华严经十九曰:'若人欲了知三世一切佛,应观法界性,一切唯心造。'"(第 1398 页)陈义孝编《佛学常见辞汇》:"【法界性】简称法界或法性。法界与法性,同体异名。"(第 187 页)"【法界】就事相来说,法者诸法,界者分界,现象界的一切事物,各有其差别不同的相,而且不能混淆,名'事法界';就理体来说,诸法在外相上虽千差万别,但皆同一性,名'理法界'。"(第 187 页)

综上所述,我们可以把本偈释译为:

我们的心必须刹那之间与涅槃之真理相合,与法界"究竟圆满遍十方"的特性一致。若能有如此认识,则通达事理全无障碍。

6.2 主要基于语言背景知识的偈颂训诂

6.2.1 拘那含牟尼佛偈研究

佛不见身知是佛,若实有知别无佛。智者能知罪性空,坦然不怖于生死。(卷一《拘那含牟尼佛》,第2页)

《白话全译》:

不见其身,心知是佛。知觉实在,也就无佛。智者方知,罪孽本体一场空,生死坦然不惊恐。(第2页)

《景德传灯录译注》:

佛不现其身知道是佛,如若确实有所知晓就没有了佛。智者能知晓罪孽的本性空幻,则能坦然面对生死而不恐怖。(第8页)

本偈释译的难点在前两句。要释第一句,必须要熟悉相关的语言背景知识:南宗禅法的源头在《金刚经》,这个内容我们已经在前面的"1.4.2《金刚经》"一节中做了详细说明,不再赘述。

《金刚经》中记载了佛与须菩提的对话:

"须菩提,于意云何?可以身相见如来不?""不也,世尊。不可以身相得见如来。何以故?如来所说身相,即非身相。"佛告须菩提:"凡所有相,皆是虚妄。若见诸相非相,则见如来。"(第749页)

"须菩提,于意云何?佛可以具足色身见不?""不也,世尊!如来不应以具足色身见。何以故?如来说具足色身,即非具足色身,是名具足色身。""须菩提。于意云何?如来可以具足诸相见不?""不也,世尊,如来不应以具足诸相见。""何以故?如来说诸相具足,即非具足,是名诸相具足。"(第751页)

《金刚经》对话的意思就是破除身见。身见是执着身体为实有的邪见,为五见之一。萨伽耶见，译曰身见，这是一种外道的见解，认为五蕴实有，执此为我，而生出种种谬误的见解。《成唯识论》曰："萨伽耶见，谓于五取蕴执我、我所，一切见趣所依为业。"

拘那含牟尼佛偈的第一句，表达的就是《金刚经》的这两段对话的意思。

第二句，关键是一个"知"字。在禅宗修行中，这个"知"很重要，不是偶尔知，而是要时时刻刻分分秒秒都知。《杂阿含经》："于色当正思惟。色无常如实知。所以者何。比丘于色正思惟观色无常。如实知者。于色欲贪断。欲贪断者。说心解脱。如是受想行识。当正思惟。观识无常。如实知。所以者何。于识正思惟。观识无常者。则于识欲贪断。欲贪断者。说心解脱。"(《大正藏》第2册第1页)

《杂阿含经》有很多这类说法，可见一个修行者如能分分秒秒都能如实地"知"，也不需要追求成佛作祖，自然就合道了。

因此，本偈可以考虑释译为：

佛不执着身体为实有，但知道自己是佛；如果能如实地知道五蕴皆空，那么另外也没有佛的存在了；智者能知晓罪孽的本性空幻，则能坦然面对死亡而不恐怖。

6.2.2 一祖摩诃迦叶尊者偈研究

法法本来法，无法无非法。何于一法中，有法有不法？（卷一《一祖摩诃迦叶尊者》，第11页）

《白话全译》：

法是效法本来之法，实则无法亦无非法。为何要在一法之中，有法有不法？（第11页）

《景德传灯录译注》：

所效法之法本来就是法，没有一法不是正法。但为何在一法中，却有法与有不法的区别？（第24页）

《禅门诸祖师偈颂上之上》："法法本来法（不修而得。念念无违）。无法无非法（一真之体。无是无非。非法亦无）。何于一法中（一路涅槃门）。有法有不法（一路之门岂分有无。用自无体。无体无妨）。"（《卍续藏》第66册

第721页)

《白话全译》的释译比较可取,《景德传灯录译注》的释译问题比较明显。

要释此偈,需要有佛典语言背景知识,即应该熟悉《金刚经》特殊的表达方式。《金刚经》中有大量的"A,非A,是名为A"的句式。

"须陀洹名为入流,而无所入,不入色、声、香、味、触、法,是名须陀洹。"(第749页)

"斯陀含名一往来,而实无往来,是名斯陀含。"(第749页)

"阿那含名为不来,而实无来,是故名阿那含。"(第749页)

"庄严佛土者,则非庄严,是名庄严。"(第749页)

"佛说非身,是名大身。"(第749页)

"诸微尘,如来说非微尘,是名微尘。如来说世界,非世界,是名世界。"(第50页)

"如来说三十二相,即是非相,是名三十二相。"(第50页)

"如来说第一波罗蜜,非第一波罗蜜,是名第一波罗蜜。"(第750页)

"如来说诸心,皆为非心,是名为心。"(第751页)

"说法者,无法可说,是名说法。"(第751页)

"所言法相者,如来说即非法相,是名法相。"(第752页)

鸠摩罗什的《金刚般若波罗蜜经》译本中有大量的类似于"如来说X,即非X,是名X"的文字。佛之慧眼,能看清超越实相与非相的真理。"既是实相,亦是非相;既非实相,亦非非相",想要看清超越实相与非相的真理,先要有一个大乘正宗的境界,要理解"无我相、无人相、无众生相、无寿者相"的含义。

这些文字是《金刚经》的一个重要立论:即所有的东西,都只是名相而已。这种立论被称为《金刚经》的三段论,以阐述大乘佛教的空性不二哲理。

明白了上面的道理,摩诃迦叶尊者偈就可以释译了,宜释为:

教法以自然法为法,没有法,也没有非法。为什么对同一个法,既肯定又否定?

第一句是迦叶尊者要表达的本意,又担心学人执着,所以接着两句马上加以否定。又担心学人不知所措,所以后两句提醒学人对这种逻辑起疑,有疑才有悟。

6.2.3 五祖提多迦尊者偈研究

通达本法心,无法无非法。悟了同未悟,无心亦无法。(卷一《五祖

提多迦尊者》,第 16 页)

《白话全译》:

  通达本是法心,无法也无非法。觉悟如同不悟,无心便也无法。(第 16 页)

《景德传灯录译注》:

  通达佛乘的途径本是以心为法,然而没有法不是非法。故悟彻也便等同于没有了悟,没有心亦没有法。(第 40 页)

  本偈其实表达的是如上所述《金刚经》的"如来说 X,即非 X,是名 X"所体现的思想。丁福保《佛学大辞典》:"【通达】(术语)通于事理而无壅也。金刚经曰:'若菩萨通达无我法者,如来说名真是菩萨。'无量寿经下曰:'通达诸法性,一切空无我。专求净佛土,必成如是刹。'"(第 1950 页)因此,该偈应释为:

  通达万物及心的本来面目,就会知道,没有万物(X),也并非没有万物(非 X)。悟彻了(X),等同于并非悟彻了(非 X),所通达的心、万物都是假名而已。

  因为学人喜欢执着,说 XX,便执着于 XX,所以禅师教人,常常像《金刚经》一样采取"X,非 X,是 X"的表达式。最后一句,是针对第一句说的,学人听说有万物及心可以通达,难免执着为有,所以禅师马上说被通达的也是空的。通观这四句,无非是破执而已。

6.3 基于语法规律的偈颂训诂

6.3.1 毗婆尸佛偈研究

  身从无相中受生,犹如幻出诸形象。幻人心识本来无,罪福皆空无所住。(卷一《毗婆尸佛偈》,第 1 页)

宝祐本《五灯会元》所引文字同上。

《禅门诸祖师偈颂上之上》："身从无相中受生（于无住本，立一切法），犹如幻出诸形像（念念是幻，山河大地是幻）。幻人心识本来无（东涌西没是什么），罪福皆空无所住（水月镜像）。"（《卍续藏》第66册第720页）

《景德传灯录》卷第一、《联灯会要》卷第一："身从无相中受生 犹如幻出诸形象 幻人心识本来无 罪福皆空无所住"。（《大正藏》第51册第204页）

《祖堂集》卷第一："身从无相中受生，喻如幻出诸形像。幻人心识本来空，罪福皆空无所住。"

以上文献，基本一致。其中，《禅门诸祖师偈颂》为五山版，下册书末有鼓山和尚的跋，时间为淳祐丁未仲夏，可知该书成书于1245年阴历五月，比《五灯会元》要早。

再看释读。《白话全译》释曰：

> 生于无相之中，好似幻出诸多形象。身行幻术心明白，罪孽福分空无常。（第1页）

《景德传灯录译注》释曰：

> 身体自无相中感受而生，就如幻境中现出诸般形象。幻惑人之心识本来即无，罪与福皆为空故而无所留住。（第3页）

前两句《白话全译》释译不够准确：第一句"受"无着落，第二句主语不明。《景德传灯录译注》释译准确，第一句"受"释译为"感受"，有着落；两句主语都是"身体"，表意清楚。

第三句"幻人心识本来无"，《白话全译》所释明显不当。《景德传灯录译注》把"幻人"释为"幻惑人"，动宾结构，"幻惑"是动词，"人"是宾语，值得商榷。我们认为应该释为"虚幻之人"，偏正结构。因为《五灯会元》中出现7例"幻人"，均为偏正结构：

(1) 镜像现三业，幻人化四衢。（第62页）

(2) 师曰："幻人相逢，拊掌呵呵。"（第314页）

(3) 问："祖意教意，是同是别？"师曰："铁狗吠石牛，幻人看月色。"（第334页）

(4) 时有小静上座答曰："幻人兴幻幻轮围，幻业能招幻所治。不了

幻生诸幻苦,觉知如幻幻无为。"(第456页)

(5)曰:"恁么则亦不敢道有所在。"师曰:"如幻人心心所法。"(第537页)

(6)曰:"争奈六年苦行何?"师曰:"幻人呈幻事。"(第809页)

(7)须是功勋不犯,形迹不留,枯木寒岩,更无津润,幻人木马,情识皆空,方能垂手入尘,转身异类。(第917页)

从上面的例子我们不难看出"幻人"是偏正结构,"幻业""幻生""幻苦""幻事"等也是偏正结构。

第四句"罪福皆空无所住",《白话全译》所释"住"无着落;《景德传灯录译注》释"住"为"留住","住"虽有着落,但"住"的施事不明。《景德传灯录译注》把第四句释为"罪与福皆为空故而无所留住","无所留住"的施事是什么呢?《汉语大词典》:"留[1]:停止在某一处所或地位上不动;不离去。"(第7卷第1324页)按此解释,"罪福"也可以"停止在某一处所或地位上不动",可以做"无所留住"的施事。但法海本《六祖坛经》云:"无住者。为人本性。念念不住。前念念念后念。念念相续无有断绝。若一念断绝法身即是离色身。念念时中。于一切法上无住。一念若住念念即住名系缚。于一切法上念念不住即无缚也。以无住为本。"(《大正藏》第48册第338页)可见"无住(无所留住)"的施事应该是"念",而不是"罪福"。因此,应该把"住"释为"执着",让"念"做施事,就没有问题了。因为"罪福"不可能充当"执着"的施事。

综上分析,毗婆尸佛偈应释为:

身体自无相中感受而生,就如幻境中现出诸般形象。虚幻之人的心识本来即无,罪福皆空故心念无所执着。

6.3.2 十五祖迦那提婆尊者偈研究

本对传法人,为说解脱理。于法实无证,无终亦无始。(卷一《十五祖迦那提婆尊者》,第24页)

《白话全译》:

本来对你传法人,应说解脱理。我并没有证佛法,无始无终是真理。(第24页)

《景德传灯录译注》：

原本面对传授正法之人，为其讲说解脱之理。于法实无从证得，其无有终结亦无有开始。(第66页)

释译本偈，有三点需要注意。

一要注意的是本偈是一个让转复句，前两句是"让"，后两句是"转"。两个释译均未体现这一点。因为第二句说"为说解脱理"，第三句说"于法实无证"，意思明显不一致。

二要注意"于法实无证"。"于法实无证"义同"于法心不证"。

三要注意"无终亦无始"的主语是什么。既然"于法实无证"义同"于法心不证"，那么，"证"的主语是"心"，"无终亦无始"的主语自然也是"心"了。

因此，本偈可以释译为：

虽然现对传法人，暂说解脱之理。但是不应起心求证佛法，因为真心是无始无终的(一"起心"就有始有终了)。

6.3.3 二十一祖婆修盘头尊者偈研究

泡幻同无碍，如何不了悟，达法在其中，非今亦非古。(卷一《二十一祖婆修盘头尊者》，第30页)

《白话全译》：

泡影幻相空无碍，怎能不了悟；通达三法在其中，非今亦非古。(第29页)

《景德传灯录译注》：

明了万事万物如同水泡一样幻灭无常，就自是无碍无疑，那为何还不了悟于心？通达之正法就在其中，不是今法亦不是古法。(第85页)

《白话全译》"同""非今亦非古"均未译，"三法"不知指哪"三法"。

《景德传灯录译注》"同"未译，"达法"释为"通达之正法""非今亦非古"释为"不是今法亦不是古法"均值得商榷。

要正确释译本偈，必须熟悉《五灯会元》的理论源头文献，这个内容我们在"1.4《五灯会元》的理论源头文献"一节中有详细说明,在此不再赘述。本偈四句,有三句与理论源头文献密切相关。

一句是与"泡幻同无碍"。此句其实表达的是《五灯会元》的理论源头文献《金刚经》"一切有为法,如梦幻泡影,如露亦如电,应作如是观"(《大正藏》第 8 册第 752 页《金刚般若波罗蜜经》)的思想,"泡幻同无碍"就是"(一切有为法)如泡如幻都无碍"的意思。

二句是"达法在其中"。本句体现的是《五灯会元》的理论源头文献《六祖大师法宝坛经》中"佛法在世间,不离世间觉,离世觅菩提,恰如求兔角"(《大正藏》第 48 册第 351 页《六祖大师法宝坛经》)的思想。"其中"的"其"就是指"如梦幻泡影"般的"世间"。另外,还需要注意"达法"的结构。佛典中"达法"一般是动宾结构,未见有偏正结构者:

(1)师曰。汝名法达。何曾达法。(《大正藏》第 48 册第 355 页元·宗宝编《六祖大师法宝坛经》)

(2)寂照智生故穷达法性。穷达法性故则得涅槃。(《大正藏》第 48 册第 377 页唐·第五祖弘忍禅师述《最上乘论》)

(3)释慧苑。京兆人也。少而秀异蔚有茂才。厌彼尘寰投于净域。礼华严法藏为师。陶神练性。未几深达法义。号上首门人也。(《大正藏》第 50 册第 739 页宋·赞宁等撰《宋高僧传》)

(4)诸德提将钵囊拄杖千乡万里行脚。盖为生死不明。要得达法悟道。到处岂无亲觐尊宿善知识。(《卍续藏》第 68 册第 250 页宋·赜藏主集《古尊宿语录》)

例(1)至(3)"达"分别受"何曾""穷""深"修饰,明显是动词。例(4)"达"与"悟"对举,自然是动词。当然,"说有易,说无难",但是,把"达法"看作动宾结构我们可以举出上千个例证,因而看作动宾结构比较稳妥。

三句是"非今亦非古"。此句表达的是《五灯会元》的理论源头文献《金刚经》中的"无寿者相"(《大正藏》第 8 册第 750 页《金刚般若波罗蜜经》)的观点。丁福保《佛学大辞典》:"【寿者相】(术语)于假和合之体上认寿命而误解者。"(第 2454 页)"【寿命】(术语)梵语曰儞尾单 Jivita,命根为体,寿暖识为相,活动为用。辅行七之三曰:'一期为寿,连续曰命。一期连持,息风不断,名为寿命。'"(第 2453 页)通俗地说,"寿者相"就是古代、现代、未来这些时间观念,"无寿者相"就是指学佛者必须没有时间的概念,才能开悟。

综上,本偈当释译为:

人造作的一切现象,如水泡和幻影一样,都不应该成为修道者的障碍,明白了这一点,怎能不开悟?要在水泡和幻影一般的现象中通达万法,超越"现在""过去"这些概念。

6.4 基于广义语义场综合要素的偈颂训诂

6.4.1 六祖弥遮迦尊者偈研究

无心无可得,说得不名法。若了心非心,始解心心法。(卷一《六祖弥遮迦尊者》,第 17 页)

宝祐本《五灯会元》(第 9 页)、宋代子升录《禅门诸祖师偈颂》(第 3 页)、商务印书馆版《祖堂集校注》(第 35 页)所引文字同上。

《白话全译》:

无心便无可得,有得便不叫法。悟得心即非心,方知心心之法。(第 16 页)

《景德传灯录译注》:

没有心就不可能悟得大道,口中诵说者不能名之为正法。如若明了心本不是心,始得悟解以心为心之玄法。(第 42 页)

两个释译本差距甚大。究竟哪个正确?《景德传灯录译注》第一句"没有心就不可能悟得大道"违背禅理,禅宗就是无心之法,六祖弥遮迦尊者的偈不可能强调心的重要。第二句"口中诵说者不能名之为正法"也于理不通,释迦牟尼佛说法四十九年,都是"口中诵说者",各位祖师说法,也多用口说,且把"说得"释译成"口中诵说者"亦属勉强。

释译本偈,有三点需要注意。

一要注意"得"的含义及《金刚经》对"得"的态度。丁福保《佛学大辞典》:"【得】(术语)不相应法之一。梵语钵罗钵多 Prāpta,谓有情所得之法,系于有情之身者。因而譬以绳,谓之得绳。如善恶之诸业及圣道,此得绳系于吾身故,全归我有也。谓以所得法上之'得绳'生而得其法也。……"(第 1995 页)

《金刚经》关于"得"有如下论述：

"须菩提！于意云何？须陀洹能作是念：'我得须陀洹果'不？"须菩提言："不也，世尊！何以故？须陀洹名为入流，而无所入，不入色、声、香、味、触、法，是名须陀洹。""须菩提！于意云何？斯陀含能作是念：'我得斯陀含果'不？"须菩提言："不也，世尊！何以故？斯陀含名一往来，而实无往来，是名斯陀含。""须菩提！于意云何？阿那含能作是念：'我得阿那含果'不？"须菩提言："不也，世尊！何以故？阿那含名为不来，而实无来，是故名阿那含。""须菩提！于意云何？阿罗汉能作是念：'我得阿罗汉道'不？"须菩提言："不也，世尊！何以故？实无有法名阿罗汉。世尊！若阿罗汉作是念：'我得阿罗汉道。'即为着我、人、众生、寿者。世尊！佛说我得无诤三昧，人中最为第一，是第一离欲阿罗汉。我不作是念：'我是离欲阿罗汉。'世尊！我若作是念：'我得阿罗汉道。'世尊则不说须菩提是乐阿兰那行者。以须菩提实无所行，而名须菩提是乐阿兰那行。"佛告须菩提："于意云何？如来昔在然灯佛所，于法有所得不？""世尊！如来在然灯佛所，于法实无所得。"（第749页）

陈雄曰："修行般若波罗蜜多时，不着预流果，不着一来果，不还果，阿罗汉果，抑又见四罗汉得是果，而不存所得之心也。"（《金刚经集注》第61页）李文会曰："以无取心，契无得理。无取则心空，无得乃理寂。"（《金刚经集注》第62页）

可见，《金刚经》说的是"无所得"的法，因此不能把"无可得"释译为"不可能悟得大道"。

要注意的第二点是"心即非心"的表达方式。这其实是《金刚经》"如来说X，即非X，是名X"的省略表达，"心即非心"的完整表达应该是：心，即非心，是名心。

第三点是最后一句的"心心法"。"心心法"是佛典常用词汇，我们可以找到大量例证：

（1）然心心法。两义释之。若以别相论。但六识中心法共相应起。妄意中无心心法俱相应起义。（《卍续藏》第21册第137页《大乘密严经疏》）

（2）若离贪障。不欲方便自害。害他。自他俱害。不现法后世受斯罪报。彼心心法常受喜乐。如是离瞋恚愚痴障阂。不欲自害。不欲害他。自他俱害。不现法后世受斯罪报。彼心心法常受安乐。于现法中远离炽然。不待时节亲近涅槃。即此身现缘自觉知。(《大正藏》第2册第229页《杂阿含经》)

(3)诸菩萨众修行般若波罗蜜多。远离颠倒心心所法。证心本性清净明白。于中都无心心法起。(《大正藏》第7册第1096页《大般若波罗蜜多经》)

(4)于念念中。见十佛世界众生。于诸趣中死此生彼。或好或丑。或之善处或入恶道。知彼众生诸心心法。心意所行及诸根海。行业善根皆悉明达。(《大正藏》第9册第749页《大方广佛华严经》)

(5)云何比丘。观心心法而自娱乐。于是比丘有爱欲心便自觉知有爱欲心。无爱欲心亦自觉知无爱欲心。(《大正藏》第2册第568页《增壹阿含经》)

(6)眼色二种缘　生于心心法(《大正藏》第2册第88页《杂阿含经》)

(7)三世一切劫　佛刹及诸法　诸根心心法　一切虚妄法(《大正藏》第9册第627页《大方广佛华严经》)

(8)不思那庾拘胝劫　照世明灯悉随念　亦念过往自他生　如观掌内五庵果　随念名姓色分别　住寿命尽诸生趣　含灵具足如是因　知时如应为说法　诸过去世无边际　众生所有心心法　是心无间是心生　最胜大智皆能了(《大正藏》第11册第222页《大宝积经》)

例(1)"心心法"后接"两义""俱",表明"心心法"至少是两个概念。什么是"心"？丁福保《佛学大辞典》："【心】(术语)阿赖耶识之别名。心有积集,集起二义。阿赖耶识为集诸法种子又生起诸法者,故名曰心。唯识论三曰：'或名心,由种种法,熏习种子所积集故。'述记三末曰：'梵云质多,此名心也。即积集义,是心义,集起义,是心义。以能集生多种子故,说此识以为心。'唯识论三,述记三末,了义灯四本,揭数多之异名也。"(第1437页)陈义孝编《佛学常见辞汇》："【心】1.泛指一切无形的精神作用,包括八识心王和五十一心所。2.心是集起之义,集是指阿赖耶识中所积集的善恶种子,起是指这些善恶种子遇到缘就会生起现行(起作用),所以阿赖耶识就叫'心'。唯识论说：'杂染清净,诸法种子之所集起,故名为心。……彼心即是此第八识。'3.佛教所说的心,是指我们自性本来具足的真心,这真心超越时间,不落空间,竖穷三际,横遍十方,法尔如是,迷为众生,悟则成佛。"(第92页)

什么是"心法"？丁福保《佛学大辞典》："【心法】(术语)一切诸法,分色心二法,有质碍为色法,无质碍而有缘虑之用,或为缘起诸法之根本者为心

法。此心法,显密二教相违。显教以心法为无色无形,密教以为有色有形。显密共立种种之心法。"(第 705 页)

综上所述,本偈可以考虑释译为:

心空了,便没有了所得之心。说自己有所得法,那就不是正法。如果明白"心,即非心,是名心"的道理,就能领悟心及心法的真谛。

6.4.2 十四祖龙树尊者偈研究

为明隐显法,方说解脱理。于法心不证,无瞋亦无喜。(卷一《十四祖龙树尊者》,第 23 页)

《白话全译》:

为明隐显之法,方说解脱之理,心里不证法,无怒亦无喜。(第 22 页)

《景德传灯录译注》:

为了昭明隐秘与显现之正法,方才演说解脱之妙理。因心具足而不须印证于法,故而没有愤恨亦没有欢喜。(第 60 页)

这里要注意"于法心不证"的含义。《五灯会元》中有不少类似表达:

(1) 偈曰:"本对传法人,为说解脱理。于法实无证,无终亦无始。"(第 24 页)

(2) 偈曰:"于法实无证,不取亦不离。法非有无相,内外云何起?"(第 25 页)

(3) 祖曰:"道由心悟,岂在坐也。经云:'若见如来,若坐若卧,是行邪道。'何故?无所从来,亦无所去。若无生灭,是如来清净禅。诸法空寂,是如来清净坐。究竟无证,岂况坐邪?"(第 55 页)

(4) 问:"有一人不舍生死,不证涅槃,师还提携也无?"(第 556 页)

(5) 问:"如何是不证一法?"师曰:"待言语在。"(第 568 页)

(6) 观色即空成大智,故不住生死。观空即色成大悲,故不证涅槃。生死不住,涅槃不证,汉地不收,秦地不管,且道在什么处安身立命?(第 1363 页)

可见，从普济的个体语言习惯而言，"法"应指"解脱法""涅槃法"，而不是一般的方法或佛法。

什么是"证"呢？丁福保《佛学大辞典》："【证】（术语）无漏之正智，能契合于所缘之真理，谓之证。胜鬘宝窟中末曰：'缘起相应，名之为证。'大乘义章一曰：'己情契实，名之为证。'同九曰：'证者是知得之别名也。'俱舍论二十五曰：'如实觉知四圣谛理，故名为证。'"（第2855页）陈义孝编《佛学常见辞汇》："【证】即证果，亦即一般人所说的开悟或得道。"（第311页）

为什么"于法心不证"呢？岂不与俗人一样？其实这是表达的《金刚经》的"无所得"的思想，"证"还是要实实在在地"证"，前提是要不"起心"。

综上所述，本偈可以释译为：

为指明众生自性的隐藏与显露的关系，才传授解脱大法。这个解脱大法就是：不起心求证佛法，没有嗔恨，也没有欢喜。

第七章 结　语

通过对《五灯会元》的训诂及训诂研究,我们可以发现,禅籍训诂最重要的是从广义语义场的角度入手。这个理论是根据传播学理论提出的。传播学作为一门独立的新兴学科,是探索和揭示人类传播的本质和规律的科学,也是传播研究者在最近几十年对人类传播现象和传播研究成果进行系统分析和有机整合而发展成的知识体系。组织传播、大众传播、跨国传播等都跟语言密切相关。无论是哪种语言传播,都必须具备传播行为过程的五个要素:谁传播,传播什么,通过什么渠道传播,向谁传播,传播的效果怎样。语言表达作为一种传播行为,必然要受到五要素的制约。这五要素在语言交际中具体表现为语言习惯、语言能力、背景知识、语境、语言的三要素、文字、修辞等七个要素。我们的研究表明,这七个要素中,语言习惯、语言能力、背景知识对禅籍训诂的制约尤为明显,因此,我们应该重视这三个要素对禅籍训诂的制约作用。

7.1　禅籍训诂应重视语言习惯对语言的制约

在本书第三、四、五章中我们都从语言习惯角度进行了训诂研究。其实第六章也可以从这个角度看,比如"6.1.1 十二祖马鸣尊者偈研究"中对"隐显"的主体确认,就引用了《五灯会元》的以下资料:

十一祖富那夜奢尊者偈言:"迷悟如隐显,明暗不相离。今付隐显法,非一亦非二。"(第20页)

善慧大士《心王铭》曰:"非有非无,隐显不定。心性虽空,能凡能圣。"(第118页)

南岳慧思禅师偈曰:"顿悟心源开宝藏,隐显灵通现真相。"(第119页)

然后得出结论:"隐显"的主体是"心性"。这个结论其实就是基于语言习惯做出的。

总的说来,语言习惯对言语表达的制约主要表现为早期文献对后期文献的制约(早期文献出现频率高时对后期文献的制约更强)、后期文献对前期文献的印证、同一文本中前后文的相互制约、同一文本同一段落中前后句式的相互制约、群体表达习惯的制约。这些制约在校勘、训释中都会充分体现出来。

上面对"隐显"主体的确认,就属于体现语言习惯的同一文本中前后文的相互制约。

受语言习惯制约特别明显的是校勘。如对"跨跳"的校勘,早于《五灯会元》(1252)的文献资料如《云门匡真禅师广录》(宋熙宁九年〔1076〕序刊)、《大慧普觉禅师语录》(宋乾道八年〔1172〕刊行)、《瞎堂慧远禅师广录》(宋淳熙四年〔1177〕序刊)、《杨岐方会和尚语录》(卷末附文政和尚于宋皇祐二年〔1050〕所撰之《潭州云盖山会和尚语录序》及宋哲宗于元祐三年〔1088〕所题之语《题杨岐会老语录》)、《保宁仁勇禅师语录》(卷首收有宋元丰元年〔1078〕杨杰的序文)、《建中靖国续灯录》(书成于宋建中靖国元年〔1101〕)、《禅林僧宝传》(宋代慧洪〔1071~1128〕撰)是主要校勘依据,这是早期文献的出现频率对后期文献的制约。

对"持义张弓"的校勘,早于《五灯会元》的《嘉泰普灯录》、《销释金刚经科仪会要批注》的文献记载是支持"持叉张弓"的主要证据,这是早期文献对后期文献的制约;宋以后的文献《卍续藏》第81册费隐编《五灯严统》(第145页)、《卍续藏》第83册瞿汝稷集《指月录》(第686页)、《卍续藏》第82册超永编《五灯全书》(第15页)、《卍续藏》第88册彭际清述《居士传》(第228页)均作"持叉张弓",这是后期文献对前期文献的印证。我们可以假设,某种表达方式处于一种习惯的语流中,这个语流中的任意一段并非都是一致的,但总的来说是一致的,只有极个别的语流段表现异常,我们就可以用总体一致的语流,去证误表现异常的极个别的语流段;后期文献只要表现为总体一致的语流,就可以去证误表现异常的前期文献的语流段。我们不可以想象,某一段语流,在唐代是一个样子,到宋代则完全变成了另外的样子,这只能说是唐代那一段语流出现了状况。

同时,"张"为动词,"弓"为具体名词,"张弓"为动宾结构,而"持"为动词,根据言语习惯,可以推测"持"后也应该接具体名词。这是同一文本同一段落中前后句式的相互制约。自然界有习惯,人类思维也有习惯,表现在言语中就是表达习惯,符合习惯,我们才感觉舒服、妥帖。修辞中的很多现象都可以由此得到解释。最明显的是排比和对偶。排比必须是3个或3个以上结构相同、相近的短语、句子组合在一起,如果出现前两个短语、句子结构相同,第三个短语、句子结构不同,那是难以接受的。对偶必须是两个结构相同、相近的短语、句子组合在一起,前后结构相同,就比较容易接受,这也符合人类思维的惰性。如果前面是A结构,后面是B结构,无论对表达者还是接受者而言,B结构都是新事物,是不大愿意接受的。广义地说,"持叉张弓"也是对偶,"张弓"是动宾,"持叉"如果不是动宾,那就不符合思维习惯,不可接受。

由上可见,对"持义张弓"的校勘,基本上是基于言语习惯的。

再如对"尽乾坤大地都来,是汝当人个体"的校刊。我们发现《五灯会元》中共出现6处"都来",5例"都来"均置于动词前,做状语,唯独一例置于分句尾,与普济的表达习惯不符,从而判断"尽乾坤大地都来,是汝当人个体"应断句为"尽乾坤大地,都来是汝当人个体"。这就表现出习惯力量对同一文本中前后文的相互制约。

语言习惯还可以为训释提供线索。《五灯会元》卷七《保福从展禅师》有如下记载——"又僧出礼拜,师曰:'大德好与,莫覆却船子。'"如把"好与"释为"好啊"或"好为之"或叮嘱之辞,则与《五灯会元》作者普济的个人习惯不符,因为《五灯会元》中"好与"常用为"宜于给予"之意,唯独"大德好与"中的"好与"不能作"宜于给予"训释,这就使我们对前贤的"好与"训释产生了疑问。有了疑问,解决问题就比较好办。

再比如有学者认为《五灯会元》中的"赚"有"错"义,它与现代汉语中"赚"的意义完全不同,"赚杀"就是"错得很","赚却"就是"错了","自赚"即"自错"之意。如果对《五灯会元》中的"赚"做一穷尽性研究,我们就会明白《五灯会元》常把"赚"用于"骗"义,未见一例用于"错"义,这就是普济的语言习惯。

值得注意的是,我们应该区分社会习惯、群体习惯、个人习惯。

对于语言的社会习惯性,学界已经有比较充分的研究。就人类行为或人类文化角度而言,语言可以说是一种社会习惯。古今中外不少哲学家、人类学家和语言学家都把语言看作社会习惯,看作类似于风俗性的东西。在我国,比如荀子,是把语言当作风俗习惯来讨论的[①]。在西方,比如作为文化人类学家的马林诺夫斯基,他(1987:6)也认为"说话是一种人体的习惯……和其他风俗的方式在性质上是相同的"。美国著名的语言学家萨

---

① 可参见《荀子》的《儒效》《荣辱》两篇。

丕尔(1964:1)也说语言"是长期相沿的社会习惯的产物"。

群体习惯是指某个特殊群体使用语言的习惯。对于群体习惯,学界有所忽视。就佛经而言,就有佛教界这个群体的表达习惯。就禅宗而言,就有禅宗爱好者这个群体的表达习惯。这种表达习惯会强烈地制约个体的表达。比如对"不惜眉毛、惜取眉毛、眉须堕落"的训释就是这样。其实在佛教禅宗这个群体里,使用"眉毛"一词表达因果报应是很常见的。不理解这个群体习惯,就无法正确解释与"眉毛"相关的词语。

而且如果某个语料同时受社会习惯和群体习惯的制约,那么应该优先考虑后者。有学者依据宋宝祐本沈净明跋"安吉州武康县崇仁乡禺山里正信弟子沈净明……命诸禅人,集成一书,名曰《五灯会元》以便观览",做出结论说:"编撰刊刻《五灯会元》的始末由来,就是首先由武康县的里正沈净明提出刊刻的请求,里正这种农村里的基层管理者,一般都是比较有财力和能力的,这就是他能够成为《五灯会元》刊行之赞助人的原因。"从社会习惯看,"禺山里正信弟子"这个语料中,"里正"是常见组合。而从佛教习惯看,"正信""正信弟子"才是常见组合。检索国家语委语料库,"里正"达158条记录;"正信"才26条记录,且有14条出自佛教经典;查《CBETA 电子佛典集成 June 2016》,作为"农村里的基层管理者"意义的"里正"无记录,表"虔信佛所说正法之心"义的"正信"却达2944条记录。《五灯会元》的语言属于唐宋汉语,受唐宋社会习惯制约;又属于佛教禅宗语录,受佛教表达习惯制约。两者同时制约导致语流形态不一致(如"禺山里正∣信弟子"与"禺山里∣正信弟子")时,后者的制约处于主导地位,受后者制约的语流形态("禺山里∣正信弟子")才是正确的。

7.2 禅籍训诂应重视前人的语言能力

我们发现一种有意思的现象,有些词语的训诂,古人早已做过了,而且做得很好,而我们现在的语言学家却完全不提、不顾古人的训诂,还是按照语言学家的一套办法,自顾自地在研究。这种现象不是个别的,这不但浪费个人时间,而且也容易造成误导。

王力(1980:343)在谈到古训时说:"汉儒去古未远,经生们所说的故训往往是口口相传的,可信的程度较高。汉儒读先秦古籍,就时间的距离说,略等于我们读宋代的古文。我们现代的人读宋文容易懂呢,还是千年后的人读宋文容易懂呢?大家都会肯定是前者。因此,我们应该相信汉代的人对先秦古籍的语言比我们懂得多些,至少不会把后代产生的意义加在先秦的词汇上。甚至唐宋人的注疏,一般地说,也是比较可靠的,最好是不要轻易去做翻案文章。"

王力的观点值得我们重视。我们认为,训诂禅籍应该重视的古训文献有如下一些。

《法界次第初门》

作者智顗(538~597),南朝陈至隋初的一位高僧,世称智者大师,是中国天台宗的开宗祖师。俗姓陈,字德安,荆州华容(今湖北潜江西南)人。

《法界次第初门》共上中下三卷。收于《大正藏》第46册,为第1925号经。略称《法界次第》。乃智顗为天台之初学者阐述毗昙等之教义及诸法之名目,并兼明诸教之浅深次第,以作为习学三观者之阶梯。卷首之《自序》列举作本书之三个目的:"一为读经寻论随见法门。脱有迷于名数者。二为未解圣教所制法门浅深之次第。三为学三观之者。当以此诸法名相义理。一一历心而转作。则观解无碍。触境不迷。若于一念心中。通达一切佛法者。则三观自然了了分明也。"自"名色初门"以下至"三念处初门",对共计六十个门类的天台宗佛学名词进行解释。

《一切经音义》

唐代慧琳撰。慧琳(737~820),唐京师西明寺僧,俗姓裴,疏勒[①]人,幼习儒学,20岁出家,师事佛教密宗二祖——不空三藏大师(与善无畏、金刚智并称"开元三大士",与鸠摩罗什、玄奘、真谛并称中土佛教四大译经家),名师出高徒,慧琳法师对印度声明、中国训诂等都有深入的研究。太常寺奉礼郎景审在《一切经音义·序》中赞慧琳法师"内精密教。入于总持之门。外究墨流。研乎文字之粹。印度声明之妙。支那音韵之精。既瓶受于先师。亦泉泻于后学"。

他认为佛教音义一类的书籍,在以前虽有北齐道慧法师撰《一切经音》若干卷,唐初有玄应法师撰《一切经音义》二十五卷,云公撰《涅槃经音义》一卷,慧苑法师撰《新释华严经音义》二卷,窥基撰《法华经音训》一卷,等等;但有的只限于一经,有的有讹误。因在各家音义基础之上,根据《韵英》《考声》《切韵》等释音,根据《说文》《字林》《玉篇》《字统》《古今正字》《文字典说》《开元文字音义》等释义,并兼采一般经史百家学说,合并旧玄应、慧苑两家音义,以佛意为标准,具释众经,始于《三藏圣教序》及《大般若经》,终于《护命放生法》,共一千三百部,计五千七百余卷。自唐贞元四年(788)年开始,至

[①] 疏勒为唐代安西四镇之一,故地在今新疆喀什。

唐元和五年(810)止,中经二十三年方撰成《一切经音义》百卷。于唐宣宗大中五年(851),奏准入藏。《大正藏》收于第 54 册。

辽僧希麟法师承接唐代慧琳《一切经音义》,略解开元(713～741)以后入藏之新译经典,从《大乘理趣六波罗蜜多经》起,至《续开元释教录》止,总一百一十部、计二百六十六卷之难字、梵语等音义,并订正讹误,作《续一切经音义》十卷。宋初并刊入藏。《大正藏》亦收于第 54 册。

《释氏要览》

北宋道诚法师集。道诚是宋咸平、景德年间(998～1007)在汴京讲解经论的赐紫沙门,自京师罢讲返乡(钱塘),以十年时间披阅大藏,遇到出家人须知的事就抄录下来。

天禧三年(1019)八月宋真宗大赦天下,普度僧尼。他因此整理旧钞,分类并添了一些传记书疏材料,编成此书,供新度者阅读。本书为类书体。共二十七篇,六百七十九目,析为三卷。卷上九篇,包括姓氏、称谓、居处、出家、师资、剃发、法衣、戒法、中食等九方面的佛门常识;卷中九篇,包括礼数、道具、制听、畏慎、勤懈、三宝、恩孝、界趣、习学等九方面的佛门常识;卷下九篇,包括说听、躁静、诤忍、入众、择友、住持、杂记、赡病、送终等九方面的佛门常识,多以辑录佛典的记载为主。收于《大正藏》第 54 册。

《祖庭事苑》

北宋睦庵(善卿)编。据四明比丘法英《祖庭事苑·序》,睦庵生于东越,姓陈,号善卿,字师节。年幼出家,事开元慈惠法师,访道诸方。元符(1098～1100)中,以母老不忍远游,而归隐乡里。昔睦州有尊宿,姓陈,亲老无所归,织蒲屦鬻以自给,上人窃慕之,因命所居曰睦庵。睦庵作《祖庭事苑》的缘由乃是因过去云游禅林见大宗师升堂时允许学习者记诵云门、雪窦诸家禅录,出众举之,而为演说其缘,学者或得其土苴绪余,辄相传授,其间援引释教之因缘、儒书之事迹,往往不知其源流,而妄为臆说,其误累后学,为不浅鲜,故对文偃、雪窦、义怀、延昭等禅师之语录进行注释,凡其书中之难解语句,包括对佛教或世典之故事、成语、名数、人名、俚语、方言等,遍询善友,或闻一缘、得一事,则录之于心,编之于简,而又求诸古录,以较其是非,念兹在兹,近二十载,得二千四百余项,皆加以诠解,最终得以编成《祖庭事苑》一书。

《祖庭事苑》宋大观二年(1108)刊行,八卷,收于《卍续藏》第 64 册、《禅宗全书》第 84 册。

《大明三藏法数》

明代上天竺寺住持沙门一如等奉敕编纂。丁福保《重刻三藏法数序》:"一如法师,会稽人。天姿聪颖。勤学问,强记览。大小教部之文,一目成诵,若宿习然。出家杭州上天竺讲寺,为高僧具庵法师之弟子,得师之正传。博通教义,讲说闲熟。善讲法华经,著有法华经科注。永乐间诏修大藏,命法师总其事。后为僧录司右阐教。洪熙元年三月卒。仁宗赐祭葬焉。"

《大明三藏法数》略称《大明法数》《三藏法数》,凡五十卷。成书于明永乐年间(1403～1424),收于《永乐北藏》第181～183册。本书系辑录大藏经典中诸法数之名词,依数字增加为序编撰而成。名目起自"一心",终于"八万四千法门",通俗地说就是先释与"一"有关的佛学名词,再释与"二"有关的,如果与"二"有关的名词没有,就跳到与"三"有关的名词,一直到与"八万四千"有关的名词,共收一千五百五十五条,每条并附有略解,凡出于某经某论或某某撰述者,皆详注于各条之下;若遇各家或各宗派说法不同,则征引诸家之异说,内容极为详备。

《佛学大辞典》

由百科全书式学者、佛学奇才丁福保转译日本真宗大谷派学僧织田得能著作《织田佛学大辞典》而成。

丁福保(1874～1952),字仲祜,号畴隐居士,一号济阳破衲,江苏无锡人。22岁入江阴南菁书院,受学于长沙王先谦。23岁补无锡县学生员。25岁,任俟实学堂教习。光绪三十年(1904),任京师大学堂译学馆算学兼生理卫生学教习。是年,他偶读《释氏语录》,录其警句做座右铭,此为其接触佛教之始,以后结识佛学者杨仁山居士,始知佛教大意。1916年起,他信奉佛教,宣扬佛学。

丁福保在《佛学大辞典》自序中说:"余自四十以后,皈依象教,发愿笺注佛经。窃欲矫前贤之失,立不朽之言。"(《自序一》第5页)佛教为形象以教人,故又谓之象教。他中年后开始学佛、信佛,全力研究佛学。1912年起正式着手编纂《佛学大辞典》,至1919年完成编纂工作,1922年由上海医学书局正式出版。作为中国第一部新式佛学辞典,它的出版可说是二十世纪中国佛教界乃至文化界的一件大事。这部三百六十多万字的皇皇大典,共收辞目三万余条,内容非常广泛,基本上囊括了佛教各种专门名词、术语、典故、典籍、专著、名僧、史迹等等。丁福保在《佛学大辞典》自序中说:"余注经之愿于此已偿,此后便当烧却毛颖,碎却端溪,兀然作一不识字之人,而专修禅净矣。"(《自序一》第7页)可见他很注重解行并重,他对佛经的理解必然比一般学问家深刻。

《法相辞典》

民国朱芾煌编。朱芾煌(1877～1955)，又名黻华，四川江津人。1901年考中清朝秀才，1906年他入读上海中国公学，1909年在日本求学后加入同盟会。1912年夏与吴玉章返回四川，发起组织四川省俭学会，为留法勤工俭学的开始，受惠者包括陈毅、聂荣臻、赵世炎、刘伯坚、邓小平等数百川人。1913年赴欧洲考察，后历任临清关、张家口关监督等职。1922年隐退，居北京，醉心佛学，追随著名的佛教学者韩清净，组织了"法相研究会""三时学会"等。《法相辞典》周善培叙："江津朱芾煌屏一切学，志乎佛；专法相之学二十年。"

朱芾煌编纂《法相辞典》的动机，是他认为一般的佛学辞典，在编纂上有十种失误：泛载俗名者多，唯取法名者少；于所载法名中，随自意解释者多，依圣教解释者少；于所依圣教中，依中土诸师之说多，依佛菩萨之说少；于佛菩萨之说中，依不了义经者多，依了义经者少；依了义经者，译文讹误者多，译文正确者少；等等。(见《法相词典》自序)《法相辞典》始编于1934年，迄1937年成书，共二百六十余万言。该书以玄奘所译之经论为取材范围，列出相关的佛学名词并全部引用佛经原文进行释义而不加编者诠释。此外，又标明所录文字之出典卷数、页数等，故成为研究大小乘经论之入门辞书。问世八十多年来，一直是佛教研学者案头参考之必备辞典，影响甚大。

《佛光大辞典》

由监修佛光山星云大师，主编慈怡法师，编修委员比丘尼慈庄、慈惠、慈容、慈嘉、慈怡、依严、依空、依淳及达和法师等，经历十余年，共同编辑完成，佛光文化事业有限公司1988年10月初版。

该辞典以简明实用与完整为原则，编修范围广泛，在类别上涵盖佛教术语、人名、地名、书名、寺院、宗派、器物、仪轨、古则公案、文学、艺术、历史变革等，在地域上包括印度、中国、韩国、日本、东南亚各国、欧美等地，有关佛教研究或活动之资料，乃至其他各大宗教发展、社会现象之资料等，凡具有与佛教文化对照研究之价值者，皆在编纂之列。共收录两万两千六百零八条独立条目，十余万项附见词目。在条目正文之外，共采用两千七百余幅图片。该辞典乃迄今为止最为权威、最为完备的佛学辞典。

还有不少古训文献，就不一一列举了。在训诂禅籍时，如果能全面参阅这些古训文献，训诂成果就可能可靠得多。以上所列古训文献，都有一个共同的特点，那就是著作者都是佛门弟子(包括出家弟子和在家弟子)。这是因为佛教是一种特殊的信仰，其力量是无法想象的。同时，从佛学角度看，写作佛教著作属于"法施"①的范畴,是一种非常神圣的宗教行为,这种神圣感也使得作者们有一种强烈的责任感。另外,出家佛门弟子一般不需要"为稻粱谋",不需要赶任务,能够充分地静下心来做研究,其研究成果可信度很高。

我们在训诂实践中,遇到这样一个问题:根据语言能力要素,训诂结果应该是 A,但根据语言习惯要素,训诂结果却是 B。这时我们应该以哪个要素的结果为标准呢?比如,《五灯会元》卷十一中有"籓破"(第 675 页)一词,根据善卿《祖庭事苑》释《风穴众吼集》中"籓破"时的观点,"当作搽。千候切。插也。籓。初救切。卒也。非义"。也就是说,根据语言能力制约理论,"籓破"当作"搽破"。但检索佛典,却无 1 例"搽破",而"籓破"竟达 55 例。这就意味着,根据语言习惯制约理论,"籓破"应该是正确的。当两者相冲突时,我们选择语言习惯,因为没有什么比习惯的力量更强大。这样的情况我们经常遇到。

再比如《五灯会元》卷十一中有"一犬吠虚,千猱嚌实"(第 676 页)一句,《祖庭事苑》在释《风穴众吼集》"千猱"时认为"千猱。当作㺜"(《卍续藏》第 64 册第 394 页),但"千猱"在佛典中达 30 例,而"千㺜"竟未发现 1 例。那么,我们就认为"千猱"是正确的。

7.3 禅籍训诂应重视佛学背景知识

背景是相对于现场而言的。同语言的生成与理解有关的背景知识可以分为三类:一是语言知识,二是与言语所指对象有关的社会文化背景知识,三是反映事物及其联系的知识。

训诂禅籍,宜重点考虑与言语所指对象有关的社会文化背景知识。

有三点值得注意,一是禅籍中有大量佛学词汇,不可望文生义。如禅籍中之"污染"就是一个佛学专用词,指"污染于世间之五尘",并非我们一般所说"环境污染"之"污染"。又如禅籍中之"娑婆"并非"婆娑","婆娑"指"盘旋舞动的样子",而"娑婆"是佛教专有名词,专指"三千大千世界之总名,一佛摄化之境土"。再如"三衹"是大乘佛教经典的专有名词,并非"三只",而是表示极其漫长的时间。类似例子,俯拾即是。可见,要正确训释这些词语,必须要多疑。有了疑问,再去查阅佛学词典,问题就能得到解决。

---

① 丁福保《佛学大辞典》:"【法施】三施之一。说法使人闻之也。"(下册第 1395 页)

二是禅籍中有不少佛教典故,要求训释者熟悉佛教典籍。如对"不惜眉毛、惜取眉毛、眉须堕落"的训释就是这样,训释者不熟悉《法苑珠林》《弘赞法华传》《法华传记》《华严经传记》《古清凉传》的因果报应故事,就可能不能正确训释这 3 个词语。再如"出队",来自禅宗典章制度,这就要求释译者对《禅林象器笺》等有所涉猎。

三是禅宗语录说的往往是佛理、禅理,要求训释者懂得佛学、禅学。在《五灯会元》中,两千多位禅师说法,各有特色:有的苦口婆心,不厌其烦;有的三言两语,不肯多言;有的问东答西,指鹿为马;有的大喝一声,有的轮棒就打;有的动动眉毛,挤挤眼睛。如不懂佛学、禅学,就会如坠五里云雾之中。有人把"汝欲识佛,不识者是"释为"你想认识佛,不认识的这位,我就是";有人把"话头也不照顾"释为"说话也不考虑一下",把"阇黎且住,话在"释为"阇梨将不再说话了";不少人把"只如说佛界道界底是什么人"释为"只说说佛界道界各是些什么人";有人把"凡耳听不闻"释为"凡耳听不见"。这些在佛教界禅宗信众看来,都是不可思议的。释读欠妥的原因,都是译者对佛学特别是禅学缺乏理解。

另外,佛教以外的社会文化背景知识也应注意,背景知识要素是相关线索激活的,训释者有必要注意相关线索。如释译"案山"时,训释者已经注意到了南宋赵与时《宾退录》卷二的材料"朱文公尝与客谈世俗风水之说,因曰:'冀州好一风水:云中诸山,来龙也;岱岳,青龙也;华山,白虎也;嵩山,案也;淮南诸山,案外山也",并据此得出"案山即是与主山相对的低矮之山"的结论。但没有注意到"冀州好一风水"一句中"风水"的线索,这一线索激活了堪舆学背景知识,因而"案山"必须用堪舆学背景知识来解释。再如释译"肥边"时,训释者未注意上文"与客棋,远(浮山远禅师)坐其旁。文忠收局,请远因棋说法"这一线索,这线索激活了围棋背景知识,因而"肥边"必须用围棋背景知识来解释。

7.4 禅籍训诂应重视激活广义语义场诸要素的线索

广义语义场诸要素的制约作用,都是各种线索激活的。训诂学家其实就好像侦探,循着各种蛛丝马迹去寻找答案。训诂领域的线索就好比侦探世界的"各种蛛丝马迹",首先要求我们重视,其次要求我们心细如发。如对"打僜"的训释。原句如下:

问："如何是湖南境？"师曰："艛船战棹。"曰："还许学人游玩也无？"师曰："一任阇黎打僜。"(卷十三《报慈藏屿禅师》，第 845 页)

滕志贤(1995:91)释曰：

"打僜"，《五灯会元》独此一例。亦不见于《汉语大词典》等辞书。《广韵》去声嶝韵："僜，徒亙切，倰僜，不着事。"可见"僜"只是联绵词"倰僜"的词素，一般不单用。"打僜"即"打顿"，犹逗留、停歇，此语今仍流行于吴方言地区。长编叙事吴歌《林氏女望郎》："侬文人之辈一个读书人，远路出门要留心少打顿。""一任阇黎打僜"即任由阇黎逗留游玩。"阇黎""学人"都是指僧人。一问一答，语意极为吻合。顿，《广韵》都困切，去声恩韵端纽，与"僜"声韵皆近。

我们认为，该训释虽然可取，但线索使用不当。这里有三条线索被忽视了，一条是本例记载的是"潭州报慈藏屿匡化禅师"的法语。潭州是隋朝至明朝时期州治或府治长沙的古称。隋朝开皇九年(589)以地有昭潭而名，改湘州为潭州。潭州曾作为一级行政单位潭州行省，是大部分湖南地区以及部分湖北地区在古代的称呼，也曾作为二级行政单位潭州或潭州府，地域包括今长沙、湘潭、株洲、岳阳南、益阳、娄底等地。第二条线索是"湖南境""游玩"。第三条线索是下文的对答"问如何是龙牙山。师曰。益阳那边"中出现的湖南地名"益阳"。三条线索均指向湖南，所以理应从湖南方言中而不是吴方言地区寻找答案。

《现代汉语方言大词典·娄底方言词典》："打磴，说话不流利，时断时续：他讲话要时不时地～。"(第 49 页)《现代汉语方言大词典·长沙方言词典》未见收录。找寻更多的湖南方言语料，应该可以得到"打僜"的确切字形和释义。

再如对"翻递"的训释。原句如下：

僧问："如何是灯灯不绝？"师曰："青杨翻递植。"曰："学人不会。"师曰："无根树下唱虚名。"(卷十五《开先清耀禅师》，第 957 页)

《五灯会元》仅此 1 例。《汉语大词典》等辞书均失收。

滕志贤(1995:91)认为：

"翻递"实即"翻底"，翻转过来底朝天。"翻递植"就是倒转过来栽，树梢向下，树根朝上，这样栽的树自然就是"无根树"了。《广韵》："递，特计切，霁韵定纽；底，都礼切，荠韵端纽。""递""底"二字，声韵并近。自可通假。

该训释抓住了"植""无根树"的线索,释"翻递"为"翻底",语义上是可以接受的。但佛典文献中"翻底"用例极少,而且"翻递"也只在《景德传灯录》中找到1例,所以还必须利用上文的线索,也就是说,这段话是"庐山开先清耀禅师"说的,"庐山"就是个容易忽视的线索,循此线索,我们到庐山方言中去寻找答案,也许会有满意的结果。

对"媚痴抹跶"的训释也是这样。原文如下:

> 问僧:"什么处来?"曰:"黄云来。"师曰:"作么生是黄云郎当媚痴抹跶为人一句?"僧无对。示众曰:"作么生是长连床上取性一句?道将来!"(卷十五《龙境伦禅师》,第948页)

黄灵庚(1999:22)认为:

"郎当"言疲惫不振貌。媚痴与迷痴、墨屎、眠娗为一字之变体,盖言迷蒙不明之义。"抹跶"即媚痴之异体,"媚痴抹跶"为同义复语,皆言欺谩、胡涂之意。或作抹搭。或作没挞。

但"媚痴、抹跶"用例极少,宋代佛典用例仅2例,另1例见于《五灯会元》的源头文献《景德传灯录》。《大正藏》第51册第385页《景德传灯录》收录了广州新会黄云元禅师、广州义宁龙境伦禅师的法语,"媚痴抹跶"就出自广州义宁龙境伦禅师的法语,可知"黄云郎当媚痴抹跶"中的"黄云"即指广州新会黄云元禅师。两位禅师,都是广州人,《景德传灯录》这就给我们提供了"广州"的线索,那么我们到广州话中就可能找到答案。

有时候,根据某一条线索得出的结论未必是可靠的,这就需要多找线索。如对"刺脚"的训释就是这样。原文如下:

> 问僧:"近离什处?"曰:"审道。"师于面前画一画曰:"汝刺脚与么来,还审得这个么?"曰:"审不得。"(卷五《石霜庆诸禅师》,第288页)

《五灯会元》仅此1例。《禅宗大词典》释云:"【刺脚】伸出腿脚、迈步。"(第63页)《白话全译》释为"伸脚"(第264页)。这仅仅是根据第288页的上下文语境线索得出的结论。查各字词典,"刺"均无"伸出、迈"之意,那么对"刺脚"的训释就有些可疑了。

这就需要我们寻找更多的上下文语境线索。我们可以在佛典中找到多例"刺脚":

(1)吾昔一时在他村中游行教化。吾为马枪刺脚。孔上下彻疼痛无量。复使耆域治之。(《大正藏》第 12 册第 1056 页《菩萨从兜术天降神母胎说广普经》)

"吾"即佛。佛之所以说自己"为马枪刺脚",是为了说明"行业果报,难可得离"的佛法。

(2)我往昔作萨薄。贪财分死。度海与彼争船。以镩矛刺萨薄脚。以是因缘。无数千岁经地狱苦。堕畜生中。为人所射。无数千岁在饿鬼中蹈铁锥上。今虽得金刚之身。以是余殃故。今为木枪所刺。(《大正藏》第 53 册第 731 页《法苑珠林》)

这里是说佛因为"贪财分死。度海与彼争船。以镩矛刺萨薄脚"而受到"木枪所刺"的果报。

(3)复有一鬼。白目连言。我常有热铁针。入出我身。受苦无赖。何因缘故尔。目连答言。汝前世时。作调马师。或作调象师。象马难制。汝以铁针刺脚。又时牛迟。亦以针刺。是故受罪如是。此恶行华报。地狱苦果。方在后耳。(《大正藏》第 17 册第 558 页《佛说杂藏经》)

这里是说鬼因为"象马难制,汝以铁针刺脚;又时牛迟,亦以针刺"而受到"常有热铁针,入出我身,受苦无赖"的果报。

(4)由业因缘。是故大王。当知依于业因。此在于禁闭脚被刺破。又不得食苦害其身。(《大正藏》第 24 册第 190 页《根本说一切有部毗奈耶破僧事》)

这里是说影胜王"由业因缘"受"脚被刺破"的果报。
以上 4 例,"刺脚"基本都与恶报有关。

(5)时六群比丘着草屣在和尚阿阇梨前后经行。有余比丘亦皆效之。诸比丘以是白佛。佛言不应和尚阿阇梨前着草屣。犯者突吉罗。有因缘于和尚阿阇梨前着草屣无犯。若地有棘刺。若地有刺脚草。若

351

地有沙石。若病时若暗时。(《大正藏》第22册第146页《弥沙塞部和醯五分律》)

依据这段经文,如果地上有刺脚草,和尚就可以穿皮鞋。

(6)尔时比丘。与白衣拘萨罗国道路共行。为木刺刺脚血大出甚患之不能行。时白衣即以所着革屣与比丘。时比丘畏慎不敢取。恐犯迦那富罗革屣。佛言。有如是因缘听受。(《大正藏》第22册第846～847页《四分律》)

依据这段经文,如果地上有"木刺刺脚",和尚就可以接受白衣所赠革屣。

(7)汝等比丘。宁以热戟刺脚。当受信乐善男子善女人接足作礼耶。如是二事何者为善。诸比丘白佛言宁受信乐善男子善女人接足作礼。何以故。热戟刺脚受大苦痛故。佛告诸比丘。我今告汝宁以热戟刺脚。何以故。不以此因堕三恶道。(《大正藏》第22册第1010页《四分律》)

这里以"热戟刺脚"比喻极大的痛苦。

(8)佛在阿罗毗国。有营理比丘。日日为材木为竹入山。入山时道中。畏师子虎狼熊罴多罗叉。畏不依道行。行时棘刺皂荚刺刺脚。是比丘以龙须草作屣。道中多受泥水坏脚。佛言。应作鞋通泥水出。(《大正藏》第23册第286页《十诵律》)

这里是说"营理比丘"因"行时棘刺皂荚刺刺脚"等原因,故"应作鞋"。

总之,佛典中出现的"刺脚",均未见与"伸脚"有关者。"刺"应该就是"以剑矛之刃向前直戳"(《汉语大词典》第2卷第649页)的意思。

有时候,我们会遇到因线索过多而纠结的情况。如对"突晓"的训释。原句如下:

曰:"如何是不狂者?"师曰:"突晓途中眼不开。"(卷六《九峰道虔禅师》)

李开(1999:218)认为:

"突"是"突"的误字,"突晓"当是"突晓";宋·司马光《切韵指掌图》图一:有"窨""晓"同为"小""筱"韵字相邻,而"小"韵又有"夭"字相邻,窨、晓亦即突、晓。"突晓"构成叠韵词是完全可能的。"突晓"是说半暗半明、乍暗乍明,犹言拂晓以前;古代从"犬"字和从"夭"之偏旁是可以互通替代的,"笑、笑"为异体,同理"突'与"突"古通亦可互相替代;"突",深隐,暗;晓,明。该词是反义语素构成的双音节叠韵词;例句是说半暗半明的途中,尚看不清周围事物时不要睁开眼,以防止被看不清的事物所惑乱生狂,从而保持内心的宁静和头脑的聪明。

雷汉卿、王长林(2014:88~89)认为:

改字为训只能看成是一种理论上的推测,不能做到版本的互参互证;通检佛教文献未见"突晓"用例,"突晓"则用例丰赡,可见"突晓"为自古常用词,对其含义亦当依其本字加以训释;"突晓"即"黎明",人们把从黑夜过渡到白天的这段时间称之为"黎明",文献中相同的表述有破晓、侵早、侵晓、侵晨、平旦、打明、黎旦等等,这些词语在构词上都采用"动词+时间名词"的方式;黑夜和白天的分界点叫做"天亮",人们采用侵、投、迟、黎、拂、至、平以及破、打等表示"临近"甚至"突破"的动词,再加上表示"天亮"的时间名词来形象地刻画"天亮"这一动态的过程;就词义而言,"突"有"破"义。

两家所言,各有道理。李开抓住了"突"与"突"字形相似的线索,改字为训,但无"突晓"的文献实例。

雷汉卿、王长林抓住了"晓"的线索,"晓"的线索激活"破晓、侵早、侵晓、侵晨、平旦、打明、黎旦"等背景知识,从而释义,也颇有道理。但"突晓"其实并非"用例丰赡"。检索《CBETA 电子佛典集成 June 2016》,仅得"突晓"31例,其中,"突晓途中眼不/未开"21例,"不遇大商空突晓"2例,"两个大商俱突晓"3例,"突晓途中人不讳"1例,"十八变中看突晓"1例。重复的都是源与流的关系,也就是说,不同的只有5例而已,而且这5个不同的例子都只出现在韵文里。这就显得例证过少,散文中缺乏例证,依本字训释的证据就显得不足了。

在线索纠结的情况下,我们不妨另找线索,比如上下文线索,从"突晓"的相关组合中寻找答案。在"突晓途中眼不/未开""突晓途中人不讳""十八变中看突晓"这些组合中,"突晓"释为"拂晓以前"或"黎明"似乎都没有太大的问题,而在"不遇大商空突晓""两个大商俱突晓"这两个组合中,就明显不能做如上解释了,"突晓"不可能是名词,只可能是动词或形容词。《法华经玄赞要集》:"三乘人修行。取佛果菩提。名大商。求二乘果。名小商。"(《卍续藏》第34册第319页)"大商"也即大乘菩萨。据禅理及上下文意可知,"突晓"乃是"打破漆桶"的意思(相关内容见"5.3.1.13卷十五——抛向面前漆桶")。

  以上所论,唯一家之言,难免是一孔之见,尚祈专家教正。

参 考 文 献

一、《五灯会元》的版本

[1] 蒋宗福、李海霞,1997,《〈五灯会元〉白话全译》,重庆:西南师范大学出版社。
[2] 李艳琴、郭淑伟、严红彦,2011,《〈祖堂集〉〈五灯会元〉校读》,成都:巴蜀书社。
[3] 李英健、李克,2008,《五灯会元》(插图本),沈阳:万卷出版公司。
[4] [宋]普济,《五灯会元》//前田慧云、中野达慧等,1905~1912,《卍续藏》(第80册),日本京都:京都藏经书院。
[5] [宋]普济,《五灯会元》,1976年影印版,台北:德昌出版社。
[6] [宋]普济著,苏渊雷点校,1992,《五灯会元》,北京:中华书局。
[7] [宋]普济,《五灯会元》//蓝吉富,2004,《禅宗全书》,北京:北京图书馆出版社。
[8] [宋]普济,《五灯会元》//[清]允禄、弘昼、释超盛等,2008,《乾隆大藏经》(第145册、146册),北京:中国书店。
[9] [宋]普济辑,朱俊红点校,2011,《五灯会元》,海口:海南出版社。
[10] 苏泽恩,2008,《图解〈五灯会元〉》,济南:山东美术出版社。
[11] 张恩富,2008,《五灯会元》(精译彩图本),重庆:重庆出版社。

二、"五灯"的版本

[1] [宋]道原,《景德传灯录》//高楠顺次郎、渡边海旭、小野玄妙等,1922~1934,《大正新修大藏经》(第51册),台北:新文丰出版有限公司。
[2] 顾宏义,2010,《景德传灯录译注》,上海:上海书店出版社。
[3] [宋]李遵勖,《天圣广灯录》//前田慧云、中野达慧等,1905~1912,《卍续藏》(第78册 No.1553),日本京都:京都藏经书院。
[4] [宋]李遵勖辑,朱俊红点校,2011,《天圣广灯录》,海口:海南出版社。
[5] [宋]惟白,《建中靖国续灯录》//前田慧云、中野达慧等,1905~1912,《卍续藏》(第78册 No.1555),日本京都:京都藏经书院。

[6][宋]惟白辑,朱俊红点校,2011,《建中靖国续灯录》,海口:海南出版社。
[7][宋]悟明,《联灯会要》//前田慧云、中野达慧等,1905~1912,《卍续藏》(第79册),日本京都:京都藏经书院。
[8][宋]正受,《嘉泰普灯录》//前田慧云、中野达慧等,1905~1912,《卍续藏》(第79册),日本京都:京都藏经书院。
[9][宋]正受辑,朱俊红点校,2011,《嘉泰普灯录》,海口:海南出版社。

三、《五灯会元》的理论源头文献

[1][唐]般若译,《大乘本生心地观经》//高楠顺次郎、渡边海旭、小野玄妙等,1922~1934,《大正新修大藏经》(第3册),台北:新文丰出版有限公司。
[2]高振农,1992,《大乘起信论校释》,北京:中华书局。
[3]郭朋,1983,《坛经校释》,北京:中华书局。
[4][唐]惠能,《金刚经解义》//前田慧云、中野达慧等,1905~1912,《卍续藏》(第24册No.0459),日本京都:京都藏经书院。
[5][唐]惠能说,法海集录,《南宗顿教最上大乘摩诃般若波罗蜜经六祖惠能大师于韶州大梵寺施法坛经》//高楠顺次郎、渡边海旭、小野玄妙等,1922~1934,《大正新修大藏经》(第48册No.2007),台北:新文丰出版有限公司。
[6]净慧法师,2009,《心经禅解》,北京:文化艺术出版社。
[7][后秦]鸠摩罗什译,《金刚般若波罗蜜经》//高楠顺次郎、渡边海旭、小野玄妙等,1922~1934,《大正新修大藏经》(第8册),台北:新文丰出版有限公司。
[8]石刚,2007,《六祖坛经今注》,北京:首都经济贸易大学出版社。
[9][北魏]昙摩流支译,《信力入印法门经》//高楠顺次郎、渡边海旭、小野玄妙等,1922~1934,《大正新修大藏经》(第10册),台北:新文丰出版有限公司,1922~1934。
[10]虚云,2007,《开示:虚云老和尚说法》,西安:陕西师范大学出版社。
[11][唐]玄奘译,《瑜伽师地论》//高楠顺次郎、渡边海旭、小野玄妙等,1922~1934,《大正新修大藏经》(第30册),台北:新文丰出版有限公司。
[12]印顺法师注释,2010,《金刚般若波罗密经》,北京:九州出版社。
[13][明]朱棣集注,一苇校点,2007,《金刚经集注》,济南:齐鲁书社。

四、《五灯会元》的材料源头文献

[1][唐]本寂述,[明]郭凝之编集,日僧宜默玄契补编,《抚州曹山本寂禅师语录》//高楠顺次郎、渡边海旭、小野玄妙等,1922~1934,《大正新修大藏经》(第47册),台北:新文丰出版有限公司。
[2][宋]丹霞子淳著,林泉从伦评唱,《林泉老人评唱投子丹霞颂古》//前田慧云、中野达慧等,1905~1912,《卍续藏》(第67册),日本京都:京都藏经书院。

[3] [唐]洞山良价,《筠州洞山悟本禅师语录》//高楠顺次郎、渡边海旭、小野玄妙等,1922~1934,《大正新修大藏经》(第47册),台北:新文丰出版有限公司。

[4] [日]古贺英彦,「訓注祖堂集」//花园大学国际禅学研究所,2003,《花园大学国际禅学研究所研究报告》,日本京都:花园大学国际禅学研究所。

[5] [宋]宏智正觉,《宏智禅师广录》//高楠顺次郎、渡边海旭、小野玄妙等,1922~1934,《大正新修大藏经》(第48册),台北:新文丰出版有限公司。

[6] [宋]黄龙慧南撰,九顶惠泉编集,《黄龙慧南禅师语录》//高楠顺次郎、渡边海旭、小野玄妙等,1922~1934,《大正新修大藏经》(第47册),台北:新文丰出版有限公司。

[7] [宋]慧洪,《禅林僧宝传》//前田慧云、中野达慧等,1905~1912,《卍续藏》(第79册),日本京都:京都藏经书院。

[8] [五代南唐]静、筠二禅师,《祖堂集》//朝鲜雕造大藏经版本司,1993,《高丽再雕版大藏经》第四十五卷,北京:全国图书馆缩微复制中心。

[9] [五代南唐]静、筠二禅师,《祖堂集》//佛光大藏经编修委员会,1994,《佛光大藏经》,高雄:佛光出版社。

[10] [唐]三圣慧然,《镇州临济慧照禅师语录》,//高楠顺次郎、渡边海旭、小野玄妙等,1922~1934,《大正新修大藏经》(第47册),台北:新文丰出版有限公司。

[11] 孙昌武、衣川贤次、西口芳男点校,2007,《祖堂集》,北京:中华书局。

[12] [宋]投子义青禅师撰,自觉重编,《义青禅师语录》//前田慧云、中野达慧等,1905~1912,《卍续藏》(第71册),日本京都:京都藏经书院。

[13] 吴福祥、顾之川点校,1996,《祖堂集》,长沙:岳麓书社。

[14] [宋]五老峰释,子升录,《禅门诸祖师偈颂》//前田慧云、中野达慧等,1905~1912,《卍续藏》(第66册),日本京都:京都藏经书院。

[15] [宋]晓莹,《罗湖野录》//前田慧云、中野达慧等,1905~1912,《卍续藏》(第83册),日本京都:京都藏经书院。

[16] [宋]圆悟克勤撰,虎丘绍隆等编,《圆悟佛果禅师语录》//高楠顺次郎、渡边海旭、小野玄妙等,1922~1934,《大正新修大藏经》(第47册),台北:新文丰出版有限公司。

[17] [宋]蕴闻,《大慧普觉禅师语录》//高楠顺次郎、渡边海旭、小野玄妙等,1922~1934,《大正新修大藏经》(第47册),台北:新文丰出版有限公司。

[18] 张华点校,2001,《祖堂集》,郑州:中州古籍出版社。

[19] 张美兰,2009,《〈祖堂集〉校注》,北京:商务印书馆。

五、《五灯会元》的后续文献

[1] [清]超永,《五灯全书》//前田慧云、中野达慧等,1905~1912,《卍续藏》(第81册),日本京都:京都藏经书院。

[2] [明]费隐,《五灯严统》//前田慧云、中野达慧等,1905~1912,《卍续藏》(第80册),日本京都:京都藏经书院。

[3] [元]念常,《佛祖历代通载》//高楠顺次郎、渡边海旭、小野玄妙等,1922~1934,《大正新修大藏经》(第49册),台北:新文丰出版有限公司。

[4][明]文琇,《增集续传灯录》//前田慧云、中野达慧等,1905~1912,《卍续藏》(第83册),日本京都:京都藏经书院。

[5][明]远门净柱,《五灯会元续略》//前田慧云、中野达慧等,1905~1912,《卍续藏》(第80册),日本京都:京都藏经书院。

[6][宋]志磐,《佛祖统纪》//高楠顺次郎、渡边海旭、小野玄妙等,1922~1934,《大正新修大藏经》(第49册),台北:新文丰出版有限公司。

六、佛教工具书

[1]陈兵,1994,《新编佛教辞典》,北京:中国世界语出版社。

[2][明]陈实编,姚舜渔重辑,《大藏一览》//紫柏、密藏、袁了凡等,2016,《嘉兴藏》(第21册),北京:国家图书馆出版社。

[3]陈义孝,1988,《佛学常见辞汇》,台北:文津出版社。

[4]慈怡,1988,《佛光大辞典》,台北:佛光文化事业有限公司。

[5][元]德辉,《敕修百丈清规》//高楠顺次郎、渡边海旭、小野玄妙等,1922~1934,《大正新修大藏经》(第48册),台北:新文丰出版有限公司。

[6]丁福保,2014,《佛学大辞典》,台北:财团法人佛陀教育基金会。

[7][宋]法云,《翻译名义集》//高楠顺次郎、渡边海旭、小野玄妙等,1922~1934,《大正新修大藏经》(第54册),台北:新文丰出版有限公司。

[8][明]费隐撰,百痴行元编,《丛林两序须知》//前田慧云、中野达慧等,1905~1912,《卍续藏》(第63册),日本京都:京都藏经书院。

[9][日]花园大学禅文化研究所,1992,《禅语辞书类聚》,上海:学林出版社。

[10][五代后晋]可洪,《藏经音义随函录》//《域外汉籍珍本文库》编辑委员会,2004,《高丽大藏经》(第34~35册),北京:线装书局。

[11][五代后晋]可洪,《新集藏经音义随函录》//《域外汉籍珍本文库》编辑委员会,2004,《高丽大藏经》(第35册),北京:线装书局。

[12]蓝吉富,1984,《大藏经补编》,台北:华宇出版社。

[13]蓝吉富,1988~1990,《禅宗全书》,台北:文殊出版社/文殊文化有限公司。(注:第1至32册由文殊出版社出版,第33册至100册由文殊文化有限公司出版)

[14]蓝吉富,2000,《印顺、吕澂佛学辞典》,台南:中华佛教百科文献基金会。

[15]礼山、江峰编,1994,《禅宗灯录译解》,济南:山东人民出版社。

[16][唐]李师政,《法门名义集》//高楠顺次郎、渡边海旭、小野玄妙等,1922~1934,《大正新修大藏经》(第54册),台北:新文丰出版有限公司。

[17][宋]睦庵(善卿),《祖庭事苑》//前田慧云、中野达慧等,1905~1912,《卍续藏》(第64册),日本京都:京都藏经书院。

[18]菩提文教基金会、西莲教育基金会,2016,《CBETA 电子佛典集成 June 2016》,台北:中华电子佛典协会。

[19][元]中峰明本,《幻住庵清规》//前田慧云、中野达慧等,1905~1912,《卍续藏》(第63册),日本京都:京都藏经书院。

[20]任继愈,2002,《佛教大辞典》,南京:凤凰出版社。
[21]日本京都藏经书院,1923,《卍续藏》,上海:商务印书馆涵芬楼影印。
[22][南朝梁]僧旻、宝唱等,《经律异相》//高楠顺次郎、渡边海旭、小野玄妙等,1922~1934,《大正新修大藏经》(第53册),台北:新文丰出版有限公司。
[23][清]释超海等,《重订教乘法数》(清光绪三十四年(1908)常州天宁寺刊本)//河北禅学研究所,1995,《佛学三书》,北京:中华全国图书馆文献缩微复制中心。
[24][宋]释处观,《绍兴重雕大藏音》//《中华大藏经》编辑局,1984,《中华大藏经》(第59册)北京:中华书局。
[25][宋]释道诚,《释氏要览》//高楠顺次郎、渡边海旭、小野玄妙等,1922~1934,《大正新修大藏经》(第54册),台北:新文丰出版有限公司。
[26][唐]释道世,《法苑珠林》//高楠顺次郎、渡边海旭、小野玄妙等,1922~1934,《大正新修大藏经》(第53册),台北:新文丰出版有限公司。
[27][唐]释道世,《诸经要集》//高楠顺次郎、渡边海旭、小野玄妙等,1922~1934,《大正新修大藏经》(第54册),台北:新文丰出版有限公司。
[28][唐]释怀海,[清]释仪润,《百丈清规证义记》//前田慧云、中野达慧等,1905~1912,《卍续藏》(第63册),日本京都:京都藏经书院。
[29][唐]释慧琳,《一切经音义》//高楠顺次郎、渡边海旭、小野玄妙等,1922~1934,《大正新修大藏经》(第54册),台北:新文丰出版有限公司。
[30][明]释一如等,1991,《三藏法数》,杭州:浙江古籍出版社。
[31]孙祖烈,1998,《佛学小辞典》,扬州:江苏广陵古籍刻印社。
[32]王锳,2001,《唐宋笔记语辞汇释》,北京:中华书局。
[33][宋]惟勉,《丛林校定清规总要》//前田慧云、中野达慧等,1905~1912,《卍续藏》(第63册),日本京都:京都藏经书院。
[34][宋]无量寿,《入众日用》//前田慧云、中野达慧等,1905~1912,《卍续藏》(第63册),日本京都:京都藏经书院。
[35]吴汝钧,1992,《佛教大辞典》,北京:商务印书馆国际有限公司。
[36][日]无着道忠,《禅林象器笺》//蓝吉富,《禅宗全书》,1990,台北:文殊文化有限公司。
[37][辽]希麟,《续一切经音义》//高楠顺次郎、渡边海旭、小野玄妙等,1922~1934,《大正新修大藏经》(第54册),台北:新文丰出版有限公司。
[38][辽]行均,1985,《龙龛手鉴》,北京:中华书局,据日本影印《高丽藏》版影印。
[39]熊十力,2007,《佛家名相通释》,上海:东方出版中心。
[40][唐]玄应,《众经音义》//《中华大藏经》编辑局,1984,《中华大藏经》(第56~57册),北京:中华书局。
[41][五代后周]义楚,《释氏六帖》//蓝吉富,1984,《大藏经补编》(第13册),台北:华宇出版社。
[42][宋]佚名,《入众须知》//前田慧云、中野达慧等,1905~1912,《卍续藏》(第63册),日本京都:京都藏经书院。
[43][唐]佚名,《翻梵语》//高楠顺次郎、渡边海旭、小野玄妙等,1922~1934,《大正新修大藏经》(第54册),台北:新文丰出版有限公司。
[44][元]弌咸,《禅林备用清规》//前田慧云、中野达慧等,1905~1912,《卍续藏》(第63

册),日本京都:京都藏经书院。
[45]于谷,1995,《禅宗语言和文献》,南昌:江西人民出版社。
[46]袁宾,1990,《禅宗著作词语汇释》,南京:江苏古籍出版社。
[47]袁宾,1991,《中国禅宗语录大观》,南昌:百花洲文艺出版社。
[48]袁宾,1994,《禅宗词典》,武汉:湖北人民出版社。
[49]袁宾,1999,《禅语译注》,北京:语文出版社。
[50]袁宾、康健,2010,《禅宗大词典》,武汉:崇文书局。
[51][宋]元恺,《大川普济禅师语录》//前田慧云、中野达慧等,1905～1912,《卍续藏》(第69册),日本京都:京都藏经书院。
[52][明]元贤,《禅林疏语考证》//前田慧云、中野达慧等,1905～1912,《卍续藏》(第63册),日本京都:京都藏经书院。
[53][清]智祥,《禅林宝训笔说》//前田慧云、中野达慧等,1905～1912,《卍续藏》(第64册),日本京都:京都藏经书院。
[54]中国佛教文化研究所,2008,《俗语佛源》,天津:天津人民出版社。
[55]朱芾煌,1939,《法相辞典》,上海:商务印书馆。
[56][宋]宗赜,《禅苑清规》//前田慧云、中野达慧等,1905～1912,《卍续藏》(第63册),日本京都:京都藏经书院。

七、一般词典、文集

[1]李荣,1998,《现代汉语方言大词典·长沙方言词典》,南京:江苏教育出版社。
[2][日]长泽规矩也,1989,《明清俗语辞书集成》,上海:上海古籍出版社。
[3][宋]陈彭年,《大宋重修广韵五卷》,日本国立国会图书馆藏宋刊本。
[4]辞海编辑委员会,2000,《辞海》,上海:上海辞书出版社。
[5]方毅等,1915,《辞源正续编合订本》,上海:商务印书馆。
[6]汉语大词典编辑委员会、汉语大词典编纂处,1986,《汉语大词典》,上海:上海辞书出版社。
[7]汉语大字典编辑委员会,2010,《汉语大字典》(第二版),武汉:湖北长江出版集团·崇文书局,四川出版集团·四川辞书出版社。
[8]江蓝生、曹广顺,1997,《唐五代语言词典》,上海:上海教育出版社。
[9]李荣,1994,《现代汉语方言大词典·娄底方言词典》,南京:江苏教育出版社。
[10]李如龙等,1994,《福州方言词典》,福州:福建人民出版社。
[11]李新魁,1994,《广东的方言》,广州:广东人民出版社。
[12]刘钧仁,1930,《中国地名大辞典》,北平:国立北平研究院。
[13]彭定求、沈三曾、杨中讷等编校,中华书局编辑部点校,1992,《全唐诗》,北京:中华书局。
[14]唐圭璋,1965,《全宋词》,北京:中华书局。
[15]唐圭璋,1979,《全金元词》,北京:中华书局。
[16]王德春,1990,《汉语国俗词典》,南京:河海大学出版社。

[17]许宝华、宫田一郎,1999,《汉语方言大辞典》,北京:中华书局。
[18][东汉]许慎,2001,《说文解字》,北京:九州出版社。
[19]余迺永,2008,《互注宋本广韵》,上海:上海人民出版社。
[20][清]阮元,《经籍籑诂》,清嘉庆阮氏琅嬛仙馆刻本。
[21]臧励龢,2014,《中国古今地名大辞典》,上海:上海书店出版社。
[22][清]张玉书,《康熙字典》,康熙五十五年武英殿刻本。
[23]张相,1979,《诗词曲语辞汇释》,北京:中华书局。
[24]中国社会科学院语言研究所词典编辑室,2016,《现代汉语词典》(第7版),北京:商务印书馆。
[25]李荣,1995,《现代汉语方言大词典·武汉方言词典》,南京:江苏教育出版社。
[26]宗福邦、陈世铙、萧海波,2003,《故训汇纂》,北京:商务印书馆。

八、相关论著

[1][美]Adele E. Goldberg 著,吴晓波译,2007,《构式:论元结构的构式语法研究》,北京:北京大学出版社。
[2][美]Adele E. Goldberg 著,吴晓波译,2013,《运作中的构式:语言概括的本质》,北京:北京大学出版社。
[3]Adele E. Goldberg, 2006, *Constructions at work: The Nature of Generalization in Language*, Oxford: Oxford University Press.
[4][美]爱德华·萨丕尔著,陆卓元译,1964,《语言论》,北京:商务印书馆。
[5][清]爱新觉罗·福临,《西山天太山慈善寺题壁诗》//钱仲联,2004,《清诗纪事》(壹),南京:凤凰出版社。
[6]陈望道,1997,《修辞学发凡》,上海:上海教育出版社。
[7]陈垣,1933,《元典章校补释例》//历史语言研究所,1933,《庆祝蔡元培先生六十五岁论文集》,北平:国立中央研究院。
[8]陈垣,2011,《通鉴胡注表微·校勘篇》,北京:商务印书馆。
[9]《德清县志》编纂委员会,1992,《德清县志》,杭州:浙江人民出版社。
[10][清]董诰,1983,《全唐文》,北京:中华书局。
[11]董志翘,1990,《〈五灯会元〉语词考释》,《中国语文》(第1期),第64~68页。
[12]董志翘,1991,《中华古籍标点献疑》,《古籍整理研究学刊》(第1期),第30~34页。
[13][汉]董仲舒撰,阎丽译注,2003,《春秋繁露》,哈尔滨:黑龙江人民出版社。
[14][美]都希格著,吴奕俊等译,2013,《习惯的力量》,北京:中信出版社。
[15][唐]杜甫著,王心湛校刊,1936,《杜少陵全集》,上海:广益书局。
[16][晋]杜预注,[唐]陆德明释文,[唐]孔颖达疏,《春秋左传注疏》,东京大学东洋文化研究所藏六十卷本。
[17][唐]段成式,1981,《酉阳杂俎·卷十一·广知》,北京:中华书局。
[18][清]段玉裁,1983,《六书音韵表》,北京:中华书局。
[19][瑞士]费尔迪南·德·索绪尔著,高名凯译,1999,《普通语言学教程》(第五版),北

京:商务印书馆。

[20]冯国栋,2004,《〈五灯会元〉版本与流传》,《宗教学研究》(第4期),第89~91页。

[21][唐]韩愈撰,马其昶校注,1986,《韩昌黎文集校注》,上海:上海古籍出版社。

[22]黄俊铨,2007,《禅宗典籍〈五灯会元〉研究》,复旦大学博士论文库,第1~233页。

[23]黄灵庚,1999,《〈五灯会元〉词语札记》,《浙江师大学报》(社会科学版)(第3期),第22~26页。

[24]黄伟宗,2004,《走出神教迷信误区,确立六祖惠能的文化地位,弘扬妈祖、龙母文化的精华》,《肇庆学院学报》(第4期),第1~3页。

[25]阚绪良,2003,《〈五灯会元〉虚词研究》,浙江大学博士学位论文,第1~216页。

[26]Lakoff, G. 1987, *Women, Fire and Dangerous Things : What Categories Reveal about the Mind*, Chicago: University of Chicago Press.

[27]拉斯韦尔,1949,《大众传播学》,厄巴纳-香槟:伊利诺伊大学出版社。

[28]雷汉卿、王长林,2014,《禅录方俗词解诂》,《阅江学刊》(第4期),第88~93页。

[29][宋]黎靖德,1996,《朱子语类》,长沙:岳麓书社。

[30][宋]李昉著,王晓天、钟隆林校点,1994,《太平御览》,石家庄:河北教育出版社。

[31]李开,1999,《〈五灯会元〉词语考释》//《艺文述林·语言学卷》,1999,上海:上海文艺出版社。

[32]李旭,2014,《〈五灯会元〉词语札记》,《宁夏大学学报》(人文社会科学版)(第1期),第29~31页。

[33]凌景埏校注,1962,《董解元西厢记》,北京:人民文学出版社。

[34]刘大为,2010,《从语法构式到修辞构式》,《当代修辞学》(第3期),第7~17页。

[35]刘凯鸣,1992,《〈五灯会元〉补校》,《文献》(第1期),第170~174页。

[36][宋]陆游,《南唐书》,明崇祯毛氏汲古阁刊本。

[37]马建忠著,吕叔湘、王海棻编,2005,《〈马氏文通〉读本》,上海:上海教育出版社。

[38][英]马林诺夫斯基著,费孝通等译,1987,《文化论》,北京:中国民间文艺出版社。

[39][清]穆彰阿等,《嘉庆重修一统志》//张元济主编,2015,《四部丛刊续编·史部》,上海:上海书店出版社。

[40][清]钱德苍编撰,汪协如点校,2005,《缀白裘》,北京:中华书局。

[41]钱仲联,2004,《清诗纪事》(壹),南京:凤凰出版社。

[42]乔立智,2012,《〈五灯会元〉点校疑误举例》,《宗教学研究》(第1期),第139~142页。

[43]邱震强,2004,《〈五灯会元〉"把"字研究》,《中国语文研究》(第2期),第32~44页。

[44]邱震强,2006,《"回向"及其源流》,《国学研究》(第12期),第211~229页。

[45]邱震强,2007,《〈五灯会元〉释词二则》,《中国语文》(第1期),第68~71页。

[46]邱震强,2010,《〈庞居士语录〉校读札记》,《长沙理工大学学报》(第3期),第102~105页。

[47]邱震强,2014,《〈五灯会元〉编书发起人沈净明并非"里正"》,《华夏文化》(第12期),第33~34页。

[48]邱震强,2015,《佛学视角下的〈五灯会元〉词语训诂举隅》,《重庆邮电大学学报》(社会科学版)(第5期),第140~144页。

[49]邱震强,2017,《〈五灯会元〉中的"出队"并非"出队列"》,《华夏文化》(第6期),第

35~36页。

[50]任半塘,1987,《敦煌歌辞总编》(卷三·求因果),上海:上海古籍出版社。

[51]任连明,2013,《中华本〈五灯会元〉校读札记》,《暨南学报》(哲学社会科学版)(第8期),第131~135页。

[52][清]孙诒让,2001,《墨子间诂》,北京:中华书局。

[53]谭伟,2001,《〈庞居士语录〉校读札记》,《古汉语研究》(第2期),第86~88页。

[54]滕志贤,1995,《〈五灯会元〉词语考释》,《古汉语研究》(第4期),第90~91页。

[55]王德春、陈晨,2001,《现代修辞学》,上海:上海外语教育出版社。

[56]王力,1980,《龙虫并雕斋文集》(第一卷),北京:中华书局。

[57]王丽心,2002,《佛教寺院的文化内涵》//吴言生,2002,《中国禅学》(第一卷),北京:中华书局。

[58][清]王念孙,1983,《广雅疏证》,北京:中华书局。

[59][清]王念孙,1985,《读书杂志》,北京:中国书店。

[60][清]王引之撰,虞思徵等校点,《经义述闻》,上海:上海古籍出版社。

[61]王重民、王庆菽、向达、周一良、启功、曾毅公,1957,《敦煌变文集·卷五》,北京:人民文学出版社。

[62][清]吴鼒,《阳宅撮要》(卷一),清嘉庆庚午春三月石印本。

[63]项楚,1987,《〈五灯会元〉点校献疑三百例》,《古籍整理出版情况简报》(172期)。

[64]项楚,1991,《〈五灯会元〉点校献疑续补一百例》//李铮、蒋忠新,1991,《季羡林教授八十华诞纪念论文集》,南昌:江西人民出版社。

[65]项楚,2006,《敦煌变文选注》,北京:中华书局。

[66][明]徐善继、徐善述,《地理人子须知》(卷三上之二·穴法总论),清嘉庆石印本。

[67][明]徐善继、徐善述,《地理人子须知资孝地理心学统宗》(卷五上·砂法),清嘉庆石印本。

[68]虚云,2009,《禅修入门》,南京:江苏文艺出版社。

[69][唐]杨益、杨筠松,《疑龙经批注校补》(中卷),光绪十八年冬月刻本。

[70][唐]杨益、杨筠松,《疑龙经批注校补》(下卷),光绪十八年冬月刻本。

[71]叶敦平,2003,《马克思主义哲学原理》,北京:高等教育出版社。

[72][清]尹一勺,《四秘全书》(地理精品·论砂),光绪元年刻本,宝华顺藏版。

[73]袁宾,1986,《〈五灯会元〉词语释义》,《中国语文》(第5期),第377~381页。

[74]袁宾,1987,《〈五灯会元〉词语续释》,《语言研究》(第2期),第125~134页。

[75]袁宾,1987,《〈五灯会元〉口语词探义》,《天津师大学报》(第5期),第77~81页。

[76]元音老人,2014,《略论明心见性》,北京:宗教文化出版社。

[77][明]臧晋叔,1958,《元曲选》,北京:中华书局。

[78][宋]曾巩撰,陈杏珍、晁继周点校,1984,《曾巩集》,北京:中华书局。

[79]张昌红,2012,《论诗、偈的异同及偈颂的诗化》,《河南师范大学学报》(哲学社会科学版)(第6期),第155~159页。

[80]张弓,1963,《现代汉语修辞学》,天津:天津人民出版社。

[81]张美兰,1997,《〈五灯会元〉词语二则》,《古汉语研究》(第4期),第30页。

[82]张锡德,1987,《〈五灯会元〉词语拾零》,《温州师院学报》(社会科学版)(第4期),第

43~49页。
[83]浙江省地名委员会,1988,《浙江地名简志》,杭州:浙江人民出版社。
[84][汉]郑玄注,[唐]孔颖达疏,龚抗云整理,2000,《礼记》,北京:北京大学出版社。
[85][唐]智周,《成唯识论演秘》//高楠顺次郎、渡边海旭、小野玄妙等,1922~1934,《大正新修大藏经》(第54册),台北:新文丰出版有限公司。
[86]中共中央马克思恩格斯列宁斯大林著作编译局,1972,《马克思恩格斯选集》,北京:人民出版社。
[87]周清艳,2008,《〈五灯会元〉中副词"都"的用法》,《周口师范学院学报》(第4期),第40~43页。
[88]周绍良,1984,《〈长兴四年中兴殿应圣节讲经文〉校证》//周绍良,1984,《绍良丛稿》,济南:齐鲁书社。
[89]朱平楚注译,1982,《西厢记诸宫调注译》,兰州:甘肃人民出版社。

后　记

偈曰："诸法因缘生，缘谢法还灭；我佛释迦文，常作如是说。"拙著终于得以完成，得益于诸多因缘；如果说这些文字还有些意义，那么这些因缘即是善缘，都是末学应该感谢的。

拙著能够顺利完成，首先要感谢 20 世纪 80 年代的研究生同学黄文龙，是他对《六祖坛经》的钻研热情引起了我对佛学的兴趣，这种兴趣让我不断地研究佛学，持续三十多年没有中断，受益匪浅。因为具备了研究佛学的心得体会，所以末学能够开设全校性选修课"佛教与中国文化"课程而不致过于误人子弟。

还要感谢末学所在教研室的胡正微教授。胡教授学识渊博，勤于探索，发现了语言运用中的综合制约现象，看清了现行语法体系的局限性，另辟蹊径，将场论用于语法研究中，于《中国语文》1980 年第 4 期发表《汉语语法场浅探》一文；1992 年完成专著《汉语语法场导论》，提出了言语场论的理论框架，建立了语法场论的理论体系。末学经常向胡教授求教，胡教授都能耐心详细地加以解答，使末学受益匪浅，拙著的不少理论都是在胡教授的影响下形成的。

拙著能够顺利完成，还要感谢《中国语文》编辑部的编辑老师给末学的肯定和鼓励。训诂学的文章颇难刊载，静下心来做学问颇为不易。笔者大约 2005 年就对《五灯会元》产生了兴趣，试着写了一篇文章，题目为"《五灯会元》释词匡谬"，当时释了 3 个词：案山、肥边、䁥䁥。拙文投到《中国语文》，大约到末学几乎忘记投稿之事时，忽然收到了编辑部的来信，说了两点意思：一说标题不够平实，建议改为"《五灯会元》释词二则"；二说前两词有理，后一词证据不足。于是去"䁥䁥"一词，以建议的标题刊发了。末学当时颇受鼓舞，一是觉得选题应该是有意义的，二是觉得自己应该有能力研究下去。于是，陆续完成了《〈五灯会元〉"把"字研究》（刊于《中国语文研究》）、《"回向"及其源流》（刊于《国学研究》）、《〈祖堂集〉词语考释》（刊于《古籍整理研究学刊》）等。这些文字构成了本专著的基础。

拙著在撰写过程中，参考了不少论著。这些论著的观点有的是非常正确的，有的是似可商榷的，有的是不敢苟同的；不管是哪种情况，都能给拙著以借鉴或有益的启迪，都是帮助拙著顺利完成的重要成果。笔者已在参考文献中一一列出，在此对相关专家致以敬意并表示感谢。

　　拙著能最终完成，还必须感谢国家社科基金后期资助项目评审专家对拙著的基本肯定，因为这种肯定使末学在受制于岗位目标考核的人心浮躁的学术大环境里能平静地将书稿进一步完成。也感谢专家们给末学提出了不少尖锐而中肯的意见，这些意见使末学诚惶诚恐，脚踏实地，修改了不少不当的内容，删去了不少证据不足的观点。当然，问题肯定还有不少，敬祈各位专家教正。

邱震强

2023年2月